书在版编目(CIP)数据

四资本/刘汉太著.—北京:中国铁道出版社,2012.1(2013.1重印)
ISBN 978-7-113-13701-4

Ⅰ.①第… Ⅱ.①刘… Ⅲ.①宏观经济-研究-中国 Ⅳ.①F123.16

中国版本图书馆CIP数据核字(2011)第205188号

书　　名:第四资本
作　　者:刘汉太　著

责任编辑:张艳霞　　编辑部电话:010-51873179　　邮箱:zyxbooks@126.com
封面设计:王　岩
责任校对:张玉华
责任印制:李　佳

出版发行:中国铁道出版社(100054,北京市西城区右安门西街8号)
网　　址:http://www.tdpress.com
印　　刷:北京铭成印刷有限公司
版　　次:2012年1月第1版　2013年1月第2次印刷
开　　本:700 mm×1 000 mm　1/16　印张:26.5　字数:400千
书　　号:ISBN 978-7-113-13701-4
定　　价:98.00元

第四资

The Fourth Capi

刘汉太 著

中国铁道出版社
CHINA RAILWAY PUBLISHING HOUSE

作 者 简 介

刘汉太，江苏南通人，武汉大学汉语言文学学士，美洲大学经济学硕士，哥伦比亚经管学院经济学博士，斯蒂格里茨经济学院金融学博士，国鼎先锋工程科学院院长，蒙代尔金融学院院长，紫光阁发展研究中心主任。

原为作家，著有《寻找巨人》《狼性高原》《黑洞》《断肠草》《第二战场纪事》《中国的乞丐群落》《孤雾》《冰点极光》《少女的冰酒》《诗一般的眼睛》《从南极到北极》《绿太阳》等文学作品，屡次获奖。

20 世纪 80 年代末期转向经济研究，曾在国务院发展研究中心工作多年，主要经济学著作有：《货币大沉浮》《总裁的胜算》《中国股市风云录》《飞跃九重天——可口可乐销售总裁自述》《非常态突起》《消费的福祉》《打开创意经济的魔盒》《超级财富解码》《蓝海飞渡》等。

撰写的《阿 Q 的王国》被日本翻译出版；《断肠草》在中国香港和英国出版；《外贸战将》获国务院发展研究中心 1996 出版物金奖；《中国股市风云录》获 1993 年全国报告文学一等奖；《寻找巨人》震动中南海并获“纪念毛泽东诞辰 100 周年全国征文”一等奖。

《非常态突起》《消费的福祉》《打开创意经济的魔盒》《自我认知学》《第四资本》被罗伯特·蒙代尔、海闻、谢伏瞻、孟庆轩、周卫国、孙健、王江、弗里德曼、塔菲尔等经济学家称为理论上“既简洁又颇有天才创见”的扛鼎之作。

《消费的福祉》被媒体喻为“消费福利学之父”；《打开创意经济的魔盒》获得“中国创意经济学第一人”称谓；《自我认知学》被誉为继弗洛伊德、华生、马斯洛之后国际认知心理学第四思潮的引领人。

《第四资本》系统总结了 100 年来的资本嬗变，揭示了 G20 后时代的资本走向，被称为“继马克思、希法亭之后系统阐述新时期资本特征和国际资本走向的划时代的理论读本”。

序言

中国需要在国际上吹口琴的人

哥伦比亚国际学院教授　孟庆轩

经济全球化的进程拓宽了中国文化走向世界的通道，从经济的强盛、货币的强盛到文化的强盛是现代化的必由之路。资本、社会和文化问题的综合正在成为跨学科最重要的研究方向。在一个充满复杂性的变幻不断的未来世界舞台上，只有经济的发展而没有与之匹配的文化进步，真正意义上的国际化是很难实现的，让一个民族昂立于世界也是不可能的。因此，对国家文化战略给予充分重视并投入专门力量推动发展，实现经济和文化的双重复兴是中国人在本世纪内应该完成和正在完成的重要历史使命。

毫无疑问，文化的复兴不仅包括优秀传统文化的继承，同时还包括现代文化的创造，包括对于既成的和正在发生的甚至发现的经济规律和经济学说的研究、总结、提升和传播。一国或一地经济的发达，文化的发达必然与之伴随。

我的学生刘汉太一直孜孜不倦地做着这项工作。他非常喜欢思考社会、经济和资本走向这类战略问题，辛勤笔耕，卓有成果。他先前出版的《非常态突起》、《消费的福祉》、《打开创意经济的魔盒》、《超级财富解码》等书就说明了这一点。这次他的《第四资本》，洋洋洒洒数十万言，纵横捭阖，精辟总结100年来的资本嬗变和美国金融危机的教训，全面阐发资本在全球化环境下的运行轨迹以及时代赋予它的新意义和新特点，值得关注和玩味。

这本新作值得我们认真阅读并加以吸收：关于“G20，第四资本的兴起”、“资本的基因组学”、“替代货币的秘密”、“离岸金融：九条命的猫”、“投机与投资”、“无极网银与云计算”、“巧资本”、“社会资本”、“宇宙定律：资本暗能量”、“风险管制”、“G2 基轴与不动点”、“通向资本自由之路”等章节是很精彩和富于创见的。

全书主题鲜明，结构严谨，目录引人入胜，文如行云流水，读罢书稿，顿觉云停心间，颇受启发。

经历 30 多年的改革发展，中国社会成功转型并维持了经济高速稳定的增长，中国未来在经济总量方面位居世界各经济体前列的局面已经可以预见。目前中国应该加速推进的工作是加强科技和金融的原创能力，使国家从经济总量的大国发展为经济质量的强国，增加国家的竞争力——通向这个光明目标的重要途径，包含着对资本这个经济核心的把握。

发生在美国并蔓延全球的金融和经济危机警示我们，从国家层面、产业层面、货币金融体系层面和文化层面综合研究国家战略是一项紧迫的任务。与过去不同的是，我们需要找到国际公认的科学方法论和思维准则并以之作为基点，开展跨学科的综合研究和交流对话。

要应对这样的问题，必须借鉴最先进的国际经济、金融和战略理念，大力发掘中国文化的优秀成分并与现代观念接通、融合与创新，研究分析前人没有遇到也没有解决的复杂决策系统，复杂系统理论。中国的传统哲学思想和世界经济科学前沿诺贝尔奖得主群体开创的学术思想与方法，亦是我们用以解决问题的方法论和解剖刀。

中国已经成为世界制造业的一个中心，国际化和复杂性给国家政策制定和企业管理层面带来了越来越多的挑战，要使中国成为一个资本宏阔与经济实体并立发展的世界中心，加强宏观的综合的研究以及发展预测非常重要。透过刘汉太的著作，我们可以看到，金融危机绝非单纯的货币问题，它牵涉到社会生活的方方面面，牵涉到宏观和微观的总系统和子系统，牵涉到历史的区域的线性的非线性层面，只有综合研究才能观其全貌，窥其本质，明其究里，定其对策。

发达国家在经济高速发展之后，无不异常重视国家战略的多层次研究和文化的复兴，世界上一些著名的智库在这个方面发挥了很好的作用，比如美国的兰德公司、布鲁金斯学会、斯坦福大学的胡佛研究所和史密森研究所等，不惜投入大量人力和巨资做长期的学术研究，并将其成果和知识体系市场化和社会化，反向推动经济和社会的发展。事实上，正如刘汉太所说，文化不仅是“软实力”，同时也是“巧资本”，将世界上占据权威学术地位的经济、资本和决策理论引入中国的转轨经济实践，并与中国的传统文化融合并扎根实际应用，这是中国社会经济和文化发展的突破所在！毫无疑问，经济、资本和战略决策的研究和弘扬必将有益于中国整体的社会发展，帮助各级政府和企业掌握在生态资源紧缩的条件下实现效用最大化，推动中国向着创新型国家的科学方向发展。

中国的经济改革已经进入全面融入国际主流经济的重要阶段，市场化和国际化转轨加速，社会经济发展与监管模式上凸现的越来越多的矛盾迫切需要解决，宏观的研究尤其重要。目前的状况是，这些问题的讨论解决思路颇多，但因大多缺乏科学合规性，实际推行必然造成社会和经济的损失。经验告诉我们，诸多问题的解决不是包括经济学在内的单一学科方法能够解决的，而是需要采用综合整治方法论加以研究和解决，我认为刘汉太在其著作中采用的综合研究方法是难能可贵的，“第四资本”的“新”，新在不拘泥于前人，新在见解独立，新在富有创意，新在阐发真知灼见。

这种研究精神是很值得称道的，开拓性的思维是极具裨益的。

在国际上，中国迫切需要一些刘汉太式的吹口琴的人，采用国际普遍接受的思维方式与准则，阐释中国与全球化相关的问题，为达到中国和世界的和谐共赢建立舆论基石。

因此，打造一个有话语权的政经学术平台不仅是当务之急，而且是非常之需。工业产品走向世界中国人已经做到了，下一步应该追求的是文化的国际化。随着中国在世界经济影响力的增加，可以预见在未来二十到三十年中，中国文化在世界上的地位和辐射力也必将随之加强。目前我们应该着手的紧迫工作是，以经济和学术为基石，建立有世界影响力的政经舆论平台。我们应该有意识地培养国际化的经济学人团队，以学术为立足点建立国际范围内的政经学术联盟和学派，强化舆论导向和文化感染，以提高中国在国际社会中的话语权，为国家改革、经济与社会的持续发展服务。

正因此，中国需要大批在国际上吹口琴的人。我希望在刘汉太先生这本书之后，有更多的思想家、经济学家和实践家加入这个行列，更多的志士仁人汇入这个日益壮大的乐队，倾心追求，奋发努力，不断拓展创新思维的边疆！

目录
CONTENTS

引言

适应色彩变化的世界

从“华盛顿共识”到“北京共识”的转变过程以及金融危机的终结和中国的崛起后世界经济格局的改变，使得西方面临的挑战是要在古典、凯恩斯、撒切尔—里根模式的基础上创建第四种资本主义模式以适应21世纪的需要……

阿纳托尔·卡莱斯基的话给我提了个醒：那些必须的改变是显而易见的，而且已经发生了……

我忽然想回答他的问题，只是我的出发点更为公正——我试图告诉人们，在古典、凯恩斯、撒切尔—里根模式之后我们应该如何创建第四种模式（亦即“第四资本”），“第四资本”带来的变化以及我们如何在“第四资本”时代生存与发展……

长期以来，我们一直在寻求超越西方的方式，寻找跨越式发展的路径，寻找力量对比的大转折的时刻。

现在，这样的时刻、这样的机遇、这样的转折已经到来——次级贷引发的世界经济危机爆发了，美国、欧洲及其盟友陷入空前的恐慌，全球经济进入百年未遇的衰退，而中国阵脚稳定、社会繁荣、经济继续保持增长，中国幸运，国人自豪，同时也清闲不得，轻慢不得。

有人说，我们应该去国外抄底；

有人说，我们应该挺进华尔街；

有人说，我们应该建立国际信贷组织；

有人说，我们应该走出去兼并收购当资产收容队……

所有的话都对，所有的想法都对，但我要说：

我们更应该学习和思考，因为危机是一所大学校。

2008年冬天以来，报纸和电视上充斥着关于美国金融危机的报道，经济丑闻，政府消息，人物角色，各种各样的救市举措，各种各样的学术会议与高峰论坛，各种各样的声嘶力竭的表演，各种各样的面孔，各种各样的咖啡与威士忌，混杂着焦虑、哀痛、窃喜和失望，仿佛一座高级环幕影院，上演着人世的悲欢离合，演绎着惊险过山车式的的商海沉浮……

在危机中，我们在一天学到的东西远比平常一年学到的还要多。

危机是不应被浪费的，我们不应失去在危机中成长的机会。

正是在这样的动机下，我花了三年时间，收集资料，浏览报纸，高速度地阅读金融书籍，与国内外的老先生们网聊，在博士研修班、茶座、咖啡馆、卧铺车厢甚至公共汽车上，和人们一起讨论从雷曼兄弟公司、次贷证券、美林银行、摩根大通到罗斯福、奥巴马、伯南克、斯蒂格利茨、麦道夫丑闻、斯坦福阴谋、底特律巨头行乞、亿霖犯罪、迪拜震撼到花旗奖金、卡恩硬话、世界货币等话题，分享着焦虑、愤怒、谴责、牵挂、猜度、绝望和幻想……

我开始沉思。卢梭说，孤独是一种高尚的情感。唯独孤独可以带来沉思、湎泗沉思和陶醉沉思。

我在沉思中忽然有了发现，对资本主义的发现，对资本主义的资本主义的发现——危机正在悄悄改变一切，就像秋风狂扫落叶一样，在厚厚的枯枝败叶覆盖之下，在混乱和代价的废墟下面，春来了，小草和蘑菇正在发芽。

于是，我看到一种迹象，危机的惯性力量不肯退出舞台，可事物却在背叛原有的轨道朝向另一个方向。于是我发现了某种趋势及辙印。

我于是有了电光石火的猜想，便策马顺着逻辑的思路奔腾。

2009 年末的一天，我在英国《泰晤士报》网站读到阿纳托尔·卡莱斯基的《我们需要建立新的资本主义模式来与中国抗衡》。文章说，在之前的达沃斯论坛上，显然有些话没人敢提及：即将主导世界的新资本主义模式是经过大刀阔斧改革的西方民主体系，还是中国和俄罗斯及许多其他新兴经济体所喜欢的独裁国家资本主义的变体？

文章在论述世界从“华盛顿共识”到“北京共识”的转变过程以及金融危机的终结和中国的崛起后世界经济格局的改变，指出西方面临的挑战是要在古典、凯恩斯、撒切尔—里根模式①的基础上创建第四种资本主义模式以适应 21 世纪的需要……

阿纳托尔·卡莱斯基的话给我提了个醒：那些必须的改变是显而易见的，而且已经发生了……

我忽然想回答他的问题，只是我的出发点更为公允——我试图告诉人们，在古典、凯恩斯、撒切尔—里根模式之后我们应该如何创建第四种模式（亦即“第四资本”），“第四资本”带来的变化以及我们如何在“第四资本”时代生存和发展……

如果用四色作比喻，红色代表公共资本，黄色代表私有资本，白色代表无形资本，蓝色代表创新资本。那赭色是红色与黄色和蓝色的调和色，一种吸纳多种色彩并且具有高雅的“领略之美”“格调之美”“光影之美”“生机之美”“享用之美”的统一体。

这就是正在蜕变中的资本主义；

这就是资本在经受金融风暴后走向的 G20 后时代。

这就是我所推崇的赭色的第四资本范式。

---

① 撒切尔夫人和里根是在几乎相同的经济背景下上台执政的，二人一反传统的新政式的资本主义经济发展模式，采用新的经济理论，推行私有化为中心的“新自由主义”，在摆脱了滞胀、复苏、经济的同时，也带来高赤字和监管失控，为后来的经济危机埋下伏笔。

第一章

G20，第四资本兴起的标志

危机意味着困境，也意味着希望。

危机意味着阻塞，也意味着改变。

G20就这样在金融危机中登上舞台并载入历史：

全球金融秩序由寒江独钓走向同室操戈，由脱缰狂乱走向有序平衡。

当今资本从此与过去诀别并改变色彩。

世界就这样开始了发展性、相融性、共享性、多样性的第四资本时代。

危机中的峰会

正如流感如影随形，危机总是伴随时光。自 2008 年夏天起，一场发生在华尔街的金融危机迅速席卷美国及世界。

这场危机来势之猛、波及之广、破坏之深不亚于一场十二级龙卷风和九级地震引发的印度洋海啸。

危机中最忙活的是那些处在世界舞台中心的人物。

2009 年 4 月，中国、美国、英国、法国、德国、意大利、日本、澳大利亚、俄罗斯、印度、巴西、加拿大、墨西哥、西班牙、土耳其等 20 个国家的元首齐聚伦敦，集中讨论金融危机问题。

在此之前，于伦敦举办了 20 国财长和央行行长会议，先期讨论当前迫切需要解决的危机影响度、汇率、国际储备货币、经济刺激计划、制定共同规则、新兴市场国家话语权等等问题。会议一方面听取意见，探讨解决之道，一方面释放信息，为 G20 领导人峰会热身。

从此，G20 这个字眼频频在媒体亮相并引起世人关注。

其实，在 G20 峰会前，即布什卸任前夕，就在华盛顿召开了全球经济市场金融峰会。与会者除 G8 集团成员领导人外，联合国、世界银行、国际货币基金组织、金融稳定论坛等国际机构负责人也出席了会议，研究由美国次级贷危机引发的全球金融危机。

就在此次会上，美国发出强烈呼声：拯救金融危机，大家一起来！

布什说，本次峰会的目的是解决目前的危机，同时为今后的改革奠定基础，防止类似的危机重演。他同时强调一次会议不可能解决所有的问题，此次峰会只是解决问题的开始。

“有必要携手工作，因为我们共处这场危机。”布什认为，“任由一场历时数月的危机否定 60 年来的成功，这将是一个可怕的错误。”

布什警告说：如果不采取决定性的措施，我们这些国家将陷入比当年大萧条更严重的萧条。

一个冷战后的独角犀牛首次寻求别国的帮助，这是异乎寻常的，它表明资本主义出了问题，并且是严重的问题。

的确，从贝尔斯登到雷曼、美国银行、英国巴克莱银行的一连串金融机构的倒闭，国际金融界呈现多米诺骨牌效应。

短短的200天里，发生了不亚于“9·11”的一系列银行恐怖事件：富国集团、摩根大通、花旗集团、美国银行、高盛集团、摩根斯坦利、美林公司、纽约梅隆银行、AIG、道富银行面临崩溃……

以花旗银行为例，它的市值是2 000亿美元，实有资本是72亿美元，可账面上只有60亿美元，显然资不抵债，破产了……

AIG的市值是4 000亿美元，但账面上只剩下了不到200亿美元，早已花凋草枯，灵魂出窍……

金元帝国风雨飘摇，更可怕的是连锁反应，欧洲的银行随后也因次级贷债券的影响出现危机——法国巴黎银行、兴业银行、英国巴克莱银行、莱斯银行、苏格兰哈利法克斯银行、瑞士信贷银行、苏格兰银行、慕尼黑银行、波兰银行、奥地利银行等欧洲银行因参加美国抵押贷款而陷入困境。

德国南部的巴登-符腾堡州的普福尔茨海姆市以汽车、钟表设计、珠宝、首饰制造著名，金融危机爆发后，这座“黄金之城”陡然陷入萧条。随着欧宝汽车代理商倒闭、连锁百货店“新乐弗”关张、70%的店铺缩短1/4营业时间，上班的人薪酬缩减40%，奢侈品行业大大收缩，9.8%的人失业，德国的出口额下降了23%，工业出口同比收缩20.6%。

而一心要成为金融强国的冰岛，在金融风暴肆虐下三天梦碎，考普兴银行、国家银行、格利特尼尔银行三大商业银行，因为克朗濒临崩溃而被政府接管。

金融危机把风险弹射回欧洲和美国本土。穆迪警告说，波兰、捷克、斯拉伐克、塞尔维亚、立陶宛、匈牙利、罗马尼亚等国因资金紧缩以致“硬着陆”触礁。

哈佛大学教授、国际货币基金组织前首席经济学家肯尼斯·罗戈夫说：“现在的多米诺骨牌效应，国际信贷市场彼此相联系，东欧和巴尔干国家滚雪球式的信贷危机肯定导致纽约市政债券下跌。”

果不其然，美国商务部2010年2月26日公布的数据显示，美国经济前年第四季度年率计算下降了6.2%，创27年来最大跌幅。此消息刺激股市迅速下挫，糟糕数据远超预期。

波兰货币与欧元的比价自前年夏天的最高位已经下跌48%；匈牙利货币的汇率下跌30%；捷克货币则下跌21%。事实和舆论经济顾问公司的罗伯特·布鲁金卡说，很简单，东欧已经成为欧洲版本的次贷市场。

由于需求下降，通用汽车公司在波罗的海国家的销量，平均每月下降57%，匈牙利购买进口商品的人数下降53%。

而2月份，拉脱维亚经济速减10%以上，国际信用评级机构标准普尔将其主权信用的等级调至CC的“垃圾级”，联合政府成为继冰岛之后第二个垮掉的欧洲政府。

危机同样影响加勒比海国家，巴西、哥伦比亚、阿根廷、智利、古巴经济也受到不同程度的冲击。智利和巴西的矿业纷纷封门，失业深重。雷亚尔最近的跌幅超过40%。

国际货币基金组织预测，2009年世界经济的增长率为2.2%。而世界银行的报告称，全球GDP的增长率将从2008年的2.5%下降到2009年的0.9%，全球经济正从发展中国家带动的“长期强劲增长”转变为“严重的捉摸不定”。

亚洲开发银行在2008年报告中指出，全球金融资产的缩水超过50万亿美元，相当于全球一年的经济产出。亚行的报告还指出，亚洲2007年金融资产价值损失了9.6万亿美元。

日本《中央公论》月刊称，全球正向“阴郁时代”转变。

通货紧缩，流动性缺失，血液快要凝固……

金融危机引发制造巨头纷纷倒闭。通用、福特和克莱斯勒三大汽车制造商陷于破产，数百万人随之失业。它们曾经作为翘楚傲视群雄，如今却痛不欲生。

金融危机引发商业巨头纷纷落马。曾是信用卡商业巨头的韦斯特倒闭、从英国电信到蓝色巨人IBM忙不迭更换CEO。洛克菲勒的首席执行官詹姆斯·麦克唐纳则举枪自杀。

金融危机引发报业萎缩。《时代日报》的发行量下降3.6%，《洛杉矶时报》下降5.2%，《每日纽约时讯》下降7.2%，《纽约邮报》下降6.3%，《芝加哥论坛》下降7.8%，而《休斯敦记事周刊》下降比例更是高达11.7%。另外，周末版报纸发行销售量下降4.85%，而2007年同期的下降率为3.5%。报纸发行量的迅速下滑，广告收入大幅下降，报业集团纷纷重组和大幅裁员。先是世界最大的杂志出版机构美国时代集团裁员600人，即全部员工的6%。与此同时，《巴尔的摩太阳报》《底特律自由报》《棕榈滩邮报》《波士顿环球报》等6份在地区有强大影响力的报纸也不得不裁员以缓解资金压力。如今，《纽约时报》也爆出“钱荒”，资金缺口5亿美元。

再看看因为身家缩水数十亿美元而向政府排队求援的俄罗斯“寡头”名单吧——

米克哈伊·普洛科洛夫，ONEXIM集团总裁，曾经拥有195亿美元净资产；

罗曼·阿布拉莫维奇，铝业巨头，拥有庄园、城堡、乡间别墅、超级游艇、私人飞机……曾以230亿美元资产位列《福布斯》全球富豪榜第二名；

弗拉基米尔·基辛，钢铁大亨，曾以239亿美元控制庞大的冶金帝国；

瓦吉特·阿列克佩罗夫，俄最大的卢克石油公司总裁，曾拥有资产123亿美金；

苏莱曼·克里莫夫，俄闻名的商业大亨和政治活动家，在《福布斯》公布的2006年世界富豪榜上，他以71亿美元的资产名列全球第72位，俄罗斯富豪第8位；

米哈伊尔·弗里德曼，百亿美元身价，控制着俄罗斯的电信帝国；

弗拉基米尔·波塔宁，俄罗斯矿业巨头、俄传媒大王、俄罗斯七大寡头之一；

奥列格·德里帕斯卡，曾是一名物理学家，26岁就成了俄罗斯最大的铝业；40岁的俄罗斯商界传奇人物，曾以140亿美元的身价，成为俄罗斯的新首富；

德米特里·里伯洛耶夫，资产300亿美元的矿业寡头；

阿利舍尔·乌斯曼洛夫，金属大王，凭借149亿美元的身家，一举跃居榜首……

如今，他们一个个金身褪去，霉气满盈，成了伸手乞怜的穷人——历史真是台荒诞剧，它一会儿使人神气，一会儿使人晦气……

雷曼兄弟、斯坦福公司破产、贝尔斯登公司的出售，华盛顿互助银行、联邦储蓄银行、英国莱斯银行、巴克莱银行的倒闭只是冰山一角。

通用、克莱斯勒、福特三大汽车巨头的巨亏更裸露出美国实体经济的创伤。

通用CEO官里克·瓦格纳在求援的国会听证会上说：我需要300亿美元。作为削减开支的措施，通用公司562座时钟因停换电池而停摆，新募员工的时薪也由昔日的70美元降至14美元。

克莱斯勒董事长兼CEO罗伯特·纳尔代利说：我至少需要90亿美元！在他们公司，办公室的抹布、铅笔两个月没发放了——一切为紧缩开支。

福特CEO艾伦·穆拉利说：我需要180亿美元或更多！老牌的福特早就举步维艰，风雨飘摇，政府的"救市"可让他们抓住了"救生圈"。

国会领导人在痛斥他们的同时，开出了"苛刻"的条件，要求他们提高公司的运营透明性和产品信誉度；保证在偿还其他贷款前优先偿还政府贷款；实行更严格的高薪标准，限制对高官分红以及拿出职员医保和养老金的方案等。

三大巨头应声诺诺。不久，他们得到150亿美元的财政援助。

可是，毛毛细雨岂解大旱龟裂的土地？不久，他们再次提出216亿美元的诉求，说轿车和小卡车行业出现滞销，公司现已停产……

"消费者拒绝购买你的产品，从经济角度说公司已经破产"，经济学家说。

事实上"汽车之都"底特律那时已步入严冬，大幅裁员业已开始。如果三大巨头破产，300万工人将流落街头。

美国的金融危机引发的经济危机，又一次验证了希法亭的名言："危机和萧条的循环，是资本主义生产注定要经历的经验和规律，它从一个阶段过渡到另一个阶段，是通过危机这个中间环节来完成的。"

当西方领导人喋喋不休地推销他们的社会模式时，突发的危机却给他们自己上了深深的一课。

历史是现实的一面镜子。今日美国发生的金融危机与昔日何等相似？难道我们眼睁睁地放任又一场大萧条降临？

人不能两次踏进同一条河流。显然，事态不能再继续下去，因为危机不仅会摧毁美国，还会贻害世界。正因此，美国意识到必须迅速采取行动，依靠集体的智慧和力量来拯救危机，寻求对策。

美国注意到了大洋彼岸的中国。作为鲜明对比的是，中国不仅没有受到危机的正面冲击，而且风景这边独好——在经历30年的高速增长之后还在继续增长。中国物价稳定，市场繁荣，并且拥有2万亿美元的巨大外汇储备，在它身后，还有紧紧跟随的“金砖”四国……

西方不得不承认，中国强大了，新兴市场国家崛起了。

学者们由此得出的结论是：离开了中国和这些国家的增长和它们的协助，离开了新规则的制定与实施，西方资本将永无宁日。

必须召开发达与相对发达国家参加的G20峰会，集思广益，合力应对。

就这样，G20登上了历史舞台。

伦敦峰会就这样开创了东西方对话与联手的先例。

G20峰会取得了五个方面的重要成果：①树立信心，协调行动，共同应对危机；②采取刺激措施，推动经济复苏；③IMF成为国际金融秩序的管理者与监督者；④提高中国及新兴国家在IMF的特别提款权和投票权；⑤将G20峰会由论坛变为世界金融规则的制定者、指导者和协调者。

2009年10月于纽约召开的第二次G20峰会，再次凸显了世界金融秩序领导者的角色，而IMF则变成不折不扣的具体执行者。

会议25日发表的《领导人声明》，表示短期内仍将继续实施刺激计划以支持经济活动，直至出现明确的复苏。

会议决定发展中国家和转型经济体在世界银行将至少增加3%的投票权。

会议承诺将新兴市场和发展中国家在国际货币基金组织的份额提高到至少5%以上。

会议承诺将竭尽全力，争取在哥本哈根举行的联合国气候变化大会上通过相关谈判达成协议。

会议各方将共同反对贸易保护主义，致力于在2010年成功完成多哈回合谈判。

会议承诺在2010年年底前制定为各国所能接受的规章制度，改善银行资本的数量和质量，并将在2010年年底前将其全部付诸实施。

会议决定下两次领导人金融峰会将于2010年6月和11月分别在加拿大和韩国举行。各方期望峰会今后每年举行一次。2011年将在法国举行。

会议确定G20成为“国际经济合作的主要平台”。

世界就这样进入 G20 后资本时代。

共治时代的开始

深重的危机使人们很快联想到 1937 年的经济大萧条，想起那段连粮食汽油都要配给、麦子烂在地里、数千只羊杀死扔进峡谷、整个冬天吃不到一只苹果、普通人在垃圾堆里捡拾黄菜叶的不堪回首的岁月……

1929 年的美国，看起来似乎日趋繁荣，工业生产指数在 1928 年 7 月就已上升到 110，1929 年更升到 126。股票市场热气腾腾，夏天 3 个月里，西屋公司股票从 151 美元上涨到 258 美元，通用电气公司股票由 268 美元上升到 391 美元，美国钢铁公司股票从 165 美元上升到 258 美元。实业家、政府领导人和学院派经济学家都对经济充满信心，财政部长安德鲁·W·梅隆①曾向公众保证："现在没有担心的理由，这一繁荣将继续下去。"

可危机却潜伏着。由于投资过度，美国的黄金储备增加到世界黄金总供应量的一半，高高的关税壁垒形成的贸易顺差，使外国的金元源源不断地流入美国。与此同时，美国每年对外的投资则高达 11 亿美元，好多国家有意无意地拖欠美国的债务。英国大战前就已是债权国，它用外来投资和贷款的收入支付长期的入超。

与此同时，美国工业生产率猛增而职工的工资却勉强维持生计。农民由于税负太高而荒废田园，陷入贫困。一方面是产能的过剩，另一方面则是消费不足。

这种不平衡犹如定时炸弹，而单独经营的银行却没有为应对金融风暴进行货币的战略储备。终于，股票市场的崩盘引发信心危机，人们蜂拥前往银行提现，从而引发破坏整个金融链条的连锁反应。由纽约而影响

---

① 安德鲁·威廉·梅隆（Andrew W. Mellon），企业家、银行家，开过石油公司、钢铁公司、煤炭公司、铅公司、钢砂公司，创建不同种类的多样化企业，通过银行作为控制协调中心，并利用联合信托公司进行各种活动。梅隆家族的财产不下数十亿美元。这个庞大的企业帝国在美国已成为超级巨富。在美国第 19 任总统沃伦·哈定内阁担任财政部长。他的性格孤僻、冷傲，具有强烈占有欲，喜欢独立思考。从孩提时代起，最感兴趣的就是做生意。他我行我素，不喜欢社交活动，一直过着一种恬静的生活。

全境，随后波及全世界，银行倒闭、生产停滞、工人失业、贸易萎缩、经济长期萧条……

这场危机持续了7年之久，并促使希特勒登台而导致第二次世界大战。

1929年的大萧条不仅成为历史事件，而且成为经济学的经典案例，美联储主席伯克南将大萧条称为经济学的“圣杯”。

这场危机有许多教训值得总结，值得记取。

贸易的不平衡导致金融的不平衡固然是一个重要因素，银行、规则、监管、金融秩序还有货币的供给本身存在的问题一直没有受到重视。

在美元取代英镑成为世界储备货币后，世界就成了一个声音，一个标准：一切唯美元马首是瞻。于是，美国成了造币机器：当它需要投资时，就让货币流向全世界；当它需要升值时，就让货币实行紧缩。顺差，是美元的输出；逆差，是美元的回流。美元成了一个瓶中的魔鬼，操纵全世界的资源、商品、技术、财富。美国君临其上，充当霸主。

然而，世上有矛就有盾。其他国家总能找到办法自保。贸易保护主义，区域货币主义、政府掌控汇率以及盯住美元的政策，加上美国制造业的萎缩，使得美元长期逆差。而过高的债务和财政赤字，则使美国的包袱越背越重。过分信奉市场的力量，失去监管的华尔街，令人眼花缭乱的金融衍生品以及衍生品的衍生品，则把金融泡沫变成了增长的海市蜃楼。美国人开始失去判断力，危机的种子由此播下。

在经济全球化条件下，全球国家风险水平激增。

因此，总结1929年的教训，直面21世纪的特点，大多数国家认识到，这场危机策源地在美国，覆盖面却在全世界，谁都不可袖手旁观，谁都难逃劫难。即使中国，也因美国消费萎缩而致出口受阻，外贸企业纷纷倒闭。次级贷和迷你债券则使中国的银行数十亿美元砸在手上，搞不懂的衍生品更使中国金融机构竖损横亏。美元的贬值不仅使中国的巨额外汇储备缩水，而且热钱的涌入也推高了房价和奢侈品的定价。

更为重要的是，“峰高谷深”——这就是目前美国所谓的G2（两国集团）对峙的经济态势：中国的巨额外储和美国的巨额负债。

所以，世界银行行长佐利克与副行长林毅夫联合发表署名文章，认为世界金融危机的解决需要中美两国联手：“中国经济增长率2009年会下跌。美国经济处于严重的衰退之中。世界经济要想复苏，这两个经济发展的发动机必须合作，并成为20国集团的引擎。没有G2（两国集团）强劲发展，G20就将令人失望。”

“峰高谷深”的局面是两种不同的文化所造成的结果：

• 美国人忽视生产而中国人依赖出口；

• 中国人倚重储蓄而美国人偏重消费；

• 中国人看重“明天”而美国人看重“今天”；

• 中国人不买美国国债则美元会滥印增发，而美元贬值又会造成中国外汇的巨大损失；反过来，中国人抛空美国国债则会严重打击脆弱的美国经济，但美元的升值又势必造成人民币的贬值。

从这个意义上说，中美两国构成了巨大利益攸关方，G2合作是相互的支持，相互的需要。

但中国人始终认为，消除危机，建立公正、稳定、平衡的金融秩序不是一两个国家所能解决的，而是大多数国家、特别是发展中国家共同参与的事情。

中国的观点得到大多数国家的欣赏，由此也达成共识——同治共管。

这些原则包括：

• 通过协商和谈判，形成共同理念与认识；

• 制定公平、公正、公允的国际金融法律与金融规则；

• 采用大多数国家都可接受的货币度量、定价和结算方式；

• 协调发达国家、新兴市场国家、发展中国家的立场和关系，尽力消除歧视与不平等；

• 调整国际货币结构，确保合理、均衡和科学；

• 共同承担国际责任，采取协调政策与行动；

• 加强金融预测与资本监管，对危害国际金融秩序的逃税、洗钱以及非法垄断进行打击；

• 建立G20的常设机制，确保国际金融齐治共管的科学化、实时化与制度化。

第一次，东西方坐到了一张板凳上商量问题；

第一次，发达国家和发展中国家同时采取协调行动；

第一次，大家在同一蓝天下寻求经济、贸易和货币间的平衡。

这是世界的进步，人类的进步，文明的进步。

在6个月的时间或者说200天里，G20国家全都实行减税、降息和宽松货币政策的措施。中国率先推出4万亿元的经济刺激计划放开金融业发展规模，给中小企业贷款松绑，让下落的房地产业重上高峰，使濒临倒闭的出口企业死而复生，让大批劳动者获得创业就业机会，给疲弱的商业消费注入动力，保增长，保民生，保稳定……

此外，G20还联手对瑞士、百慕大、维尔京群岛等“避税天堂”实施打击，强迫他们公开银行账户，查处金融黑洞，调查洗钱犯罪，消除国际金融腐败与丑闻。

所有这一切表明，G20峰会成为环球经济议事厅，由临时性的峰会走向务实性的常设机构，就关切全球经济发展的重大问题进行会商和决策，以便采取协调的立场，共同治理和合力救治，对全球正常金融秩序的恢复和经济的稳定是有效和有益的。

修复性的资本重构

作为深受其害的美国，采取的经济刺激措施更为坚决、果断、大胆。美联储不惜血本，规划9 000亿美元输血银行体系，并准备为商业银行存款准备金支付利息，以减轻金融机构持有流动性备付的压力，同时避免市场利率过度偏离目标利率。这也暗示了联邦基金目标利率最低只能是0.75%。美国财政部实施用1 250亿美元购买九大银行股份的计划。这是美国政府为应对金融危机出台的7 000亿美元救市方案的重要内容。

美国政府从救市方案中动用2 500亿美元直接购买部分金融机构股份，以支持它们恢复正常放贷活动，促进金融系统稳定。包括花旗、富国等在内的美国九大银行同意参与此计划。

美国财政部4月23日宣布，利用政府和私人部门资金，购买金融机构“有毒资产”，以促进信贷恢复流动。

它们设立一个“公共—私人投资项目”，以处理金融机构的“有毒资产”问题。该项目利用来源于政府和私人部门的750亿美元至1 000亿美元资金，购买5 000亿美元的“有毒资产”。而且，这个项目之后有扩大到10 000万亿美元。

投资者认为，这一计划将改善银行的资产负债表，有助于恢复市场信心。在大型银行股的带动下，纽约股市一开盘即大幅攀升，截至美国东部时间上午10时半，道琼斯指数已较前一个交易日上涨了250多点，最后强劲上扬近500点，三大股指涨幅均超过6.5%。

三管齐下恢复市场信心。根据计划的设计框架，扩大现有的"有毒资产"剥离项目，并创建新的项目。打折的价格和政府的援助吸引投资者购买这些资产，但也使该计划对于私人领域投资者的依赖性大增。

该计划还建立一个由美国联邦存款保险公司(FDIC)支持的实体，由它来购买并持有那些不良贷款。

此外，财政部还扩大美联储一项贷款安排的规模，将那些所谓的历史遗留不良资产打包。这项名为定期资产支持证券贷款工具(TALF)的项目目前只购买支持所有消费者和小企业贷款的新发行证券。但一些最具"毒性"的资产是2005年和2006年发行的证券，TALF今后连这些证券也可以购买了。

该计划主要分为5个步骤进行，分别是：①银行首先自行决定各自需要出售的不良资产的规模；②银行决定所售不良资产规模后，由美国联邦储蓄保险公司主持对不良资产进行拍卖，例如价值100美元的抵押贷款可能以84美元的价格被拍卖；③按照计划，美国联邦储蓄保险公司在84美元中出资72美元，剩下的12美元将由财政部和个人投资者共同承担；④财政部提供50%的募股资金，其余一半由个人投资者在市场中交易；⑤个人投资者在市场中按照规定对不良资产进行买卖。

这一计划立即刺激欧系货币兑美元探底反弹，欧元兑美元自时段低点1.348 6反弹至时段新高1.365 5，英镑兑美元由1.445 0回升至1.458 5。美国宣布将剥离银行业不良资产的计划，降低了市场对避险货币的需求，引发非美货币强劲反弹，美元和日元基本全盘承压。同时，美国2月NAR成屋销售远好于预期，表明美国房产市场出现好转迹象，进一步释放了风险厌恶情绪。但受模式账户买盘推动，美元兑日元突破了97.00整数关口，上扬至时段新高97.32。在持续卖盘打压下，美元兑瑞朗自1.133 8下跌至时段新低1.121 2，美元兑加元由1.234 6下跌至时段新低1.220 1。美股周一高开高走，三大股指收盘均涨逾6.0%。受风险偏好上升推动，澳元兑美元突破了0.700 0整数关口，创2个月新高0.705 7，纽元兑美元突破了 0.570 0 整数水平，刷新 2 个月新高 0.572 5。

英国、法国、德国、意大利、比利时、巴西、印度、韩国、日本、包括冰岛都采取了一系列刺激措施。

根据伯南克的理论，金融危机主要表现为流动性缺失，因此最有效的手段就是补给货币，给其充足的供应率和流动性。为之，美联储不惜动用非常手段，自己购买 3 000 亿美元国债。

在增发货币的同时，还要维持货币价值的平衡，美国不惜借助外力。中国动用外汇储备购买 8 700 亿美国国债位居全球第一，日本购买 7 100 亿美元位居第二。

为了依靠中国输血，美国纽约银行局快速批准中国银行挂牌营业。目前中国在美国的银行已经有中行、工行、招行、建行、汇丰等六大银行正式落户。

为了分散和转移风险，美国不惜拆散华尔街过于庞大、陷入麻烦的大的金融机构。白宫主张金融机构应自定“拆分法”。方案要求这类金融机构保留更多的储备金，并对其以资产作抵押进行高倍率借贷设置更高的门槛。白宫方案还要求这些“太大而不能死”的金融机构如果想存活下去，必须制定陷入危机时自行拆分的计划，并提前公之于众。而且，这些议案或方案在监管金融机构方面授予美国政府空前的权力，并对金融机构施以更多束缚。以往它们在陷入困境时，往往面对的是破产而非政府的接管。

美国选民对政府斥巨资救援美国国际集团(AIG)、花旗集团、美国银行之举的愤怒，促使国会议员在拟定关于金融监管的议案时，铁定给大金融机构增加更多限制。美国国会中的两党议员都同意，以往那种用纳税人的钱来救援“太大而不能倒闭”的金融巨头的政策必须进行改革。

一些经济学家认为，“巨无霸”式的金融机构是对整个金融体系的威胁，因为这些公司知道政府不可能允许它们倒闭，因此它们往往不惮于冒险。

美国现有的监管框架下，政府在插手非银行金融机构的危机方面权力有限，这类机构最有名的例子就是已经倒闭的雷曼兄弟和贝尔斯登，以及依赖政府救助款的 AIG。

目前，华尔街的交易已恢复正常，金融业的权力比危机爆发前更加集中在几家巨头手中，因此也加剧了关于怎样降低金融系统风险的讨论。

英格兰银行（英国央行）行长默文·金、美国经济复苏顾问委员会主席保罗·沃克尔等专家已经建议欧美各国政府对大金融机构“下重手”，剥离其高风险部门。

默文·金在一次演讲中表示，决策者应该考虑拆分那些最大的银行，并且像大萧条时期那样在投资银行和商业银行之间建立起隔离墙。“有人说这些建议不可行，我看不出有何不可行，”他说，“事实上，不可行的恰恰是目前的政策。”

但在华盛顿，目前占据主流的观点仍然相对保守。美联储理事丹尼尔·塔鲁洛表示，拆分大银行“更大程度上是一种煽动性的主意而不能称其为一种建议”。

在波士顿联储举办的一次会议上，美联储主席伯南克在回答英格兰银行一位前副行长的提问时也说，他宁可采取“更精巧”的措施，以不必丧失混业经营的国际性金融企业给经济带来的好处。

华尔街已对美国国会与政府拟出台的方案感到恐慌。在弗兰克的议案内容被披露前，就有金融机构高管和律师表示，国会与政府的相关立法将使他们的经营在金融业的“和平时期”也成本高昂。

美国证券业及金融市场协会主席蒂莫西·赖恩说：金融危机的确表明“用以管理大型金融机构的政策框架有失败之处”，但华尔街上的很多机构担心政府与国会的方案将撤除大金融机构以往能够享受的破产保护措施。

尽管还有50家小的金融机构倒掉或将被收购兼并，但对有20万家金融企业的美国来说，金融躯体已经不再伤筋动骨。

金融机构的唯一出路是盈利，这是美国政府官员的口头禅。

资本强势需要盈利来兑现。美国财政部去年公布，10家银行已偿还了680亿美元救助资金，甚至一些小型银行更早就偿还了救助资金，一些银行股价也恢复至高位，像高盛股价目前仍然高达120多美元，这种逐渐扩散的资本强势说明许多金融机构已初步走出困境。花旗CEO也表示，花旗完成向政府配股之后将成为世界上资本能力最充足的银行。但是，这些金融机构，无论是银行，还是其他金融企业，资本强势并非问题的关键，兑现盈利才是最核心的问题。换句话说，在强势的资本状态之下如果不能产生相应的利润流，那么这种资本强势本身就是蕴藏风险的。

资本水平仅仅是金融机构的动态指标，可靠的盈利是维护资本水平的重要条件，也是强势资本的核心实质。《巴塞尔协议Ⅱ》并非只是错误，在金融机构盈利大幅增长、前景乐观的条件下，资本水平的下降是相对有条件的，或者是可以允许的。但是，如果像目前这样，资本水平高速上升而盈利水平相对萎缩，就是另一个极端了。

从美国国内来看，资产清理整顿的进退维谷局面逐步打破，监管改革计划、公私基金计划的启动实施开辟了新的空间，金融机构在这种局面下所表现出来的资本强势、盈利弱势也是必然的，但金融机构仍可以选择境外市场来缓冲，或开辟新的盈利空间。美国已与瑞士就双重课税达成协议，这是在央行货币互换之后的一个重要信号，意味着美国资本在瑞士的金融业务活动周期重新开始。由此可以预见美国金融机构会陆续在欧洲和新兴市场等地展开新的业务周期。

资本的河流总是双向流动的。在目前美国本土重压下，美元资本回流更多是美国资本周期调整的序幕，美元仍在流向世界各地，以寻找安全的处所和可靠的盈利增长空间，只是现在空降任何国家和地区都有一定的不利因素。

东方不亮西方亮，黑了南方有北方。毫无疑问，美国金融机构的创新活动在本土受到监管改革的约束，就必然会随美元资本的调整重新在世界各地寻觅栖息地。美国金融机构绝不会困守苦境，坐以待毙。

该出手时就出手。美国金融机构在境外市场的创新拓展，其首选目标是新兴市场国家和国际金融中心。AIG的亚洲保险子公司AIA已计划上市，打包募集资本。这是其强势资本条件下试图恢复可靠盈利的动向，更是其全球资本调整的轨迹。

2008年9月24日访问纽约时，世界还是一片迷茫，但温家宝总理就指出，信心要比黄金重要。作为经受金融危机冲击较轻的中国，不仅要抓住机遇顽强崛起，更要充当世界经济的火车头。在危机肆虐的时候，温家宝一次次指出：克服危机要有信心。只有信心才能产生勇气和力量，只有勇气和力量才能战胜困难。

中国人不光口头说说，而且采取果断的行动遏制危机，恢复经济增长。因为世界经济需要火车头，需要领头羊，人们需要看到希望。一个充满活力和发展前景的中国，就是对人类的贡献，对世界经济的贡献。正是在这一点上，中国政府采取果敢的行动：

——2008 年 6 月，中国政府宣布实施 4 万亿元刺激计划。4 万亿元中只有 1.18 万亿元来自中央政府投资，其余来自地方债券。1.18 万亿元中央投资全是新增的，投资预算至 2009 年 3 月已落实 0.595 万亿元。大规模的政府投入是最直接、最有力、最见效的措施。政府直接投资 1.18 万亿元，包含着通过投资项目的实施，吸引社会投资和民间投资，包括银行的信贷。政府投入的 1.18 万亿元主要用于民生工程、技术改造、生态环境保护和重大基础设施建设；提高企业退休工人养老金的标准；对 1 200 万名教师实行绩效工资，提高他们的工资水平；增加农民的收入，扩大补贴范围，提高补贴标准；在 3 年内使用 8 500 亿元实行医药卫生体制改革。所有这些资金都不在 4 万亿元当中。中国 2009 年预算赤字达到创纪录的 9 500 亿元，地方预算中也首次出现了 2 000 亿元的赤字。

——加大出口补助力度。

——大规模减税，给企业和农民减免税费实际达到 6 000 亿元。

——启动民间资本，给中小企业贷款提供便利。2008 年 11 月份贷款 4 700 亿元，12 月份 7 700 亿元，2009 年 1 月份 1.62 万亿元，2 月份 1.07 万亿元。

——实行创业激励政策，鼓励以创业促进就业创造新的而经济增长点。国家提供经费进行创业培训，并对创业人员实行创业财政补贴和免税。渣打银行、荷兰银行、招商银行、北京银行、民生银行、工商银行等纷纷退出“现贷派”“无质贷”“创业贷”项目，优先给大学生和下岗职工创业提供贷款。苏州、杭州、南宁、北京等地还对“海归派”火锅创业提供 50 万元至 100 万元贷款和 20 万元至 50 万元奖励，极大地调动了创业人员的积极性。

美国《华尔街日报》2008 年 11 月 17 日载文《中国点中美国死穴》，文章指出，多印钞票势必导致流动性泛滥，如果没有汇率坚挺作后盾，美元会变成一堆废纸；而要想大量举债就必须提高美元资产的吸引力，在经济疲软、企业利润下滑的当前，只有强势美元才能做到这一点。而中国刚刚推出的 5 000 亿美元经济刺激计划恰恰点中美元的“死穴”。

这一计划公布后，澳元等高收益率货币兑美元的汇率纷纷上扬，这显示投资者的风险偏好显著回升，也表明只要新兴市场国家能够采取有力措施应对当前危机，投资者还是愿意回归新兴市场以及投资新兴市场相关货币的。长久以来，美国一直凭借其“金融恐怖”左右逢源：经济好时可以靠美国资产的高收益率吸引全球资金；经济不好时美国又当仁不让地成为全球资金避风港，照样能把世界的资金吸来给自己应急。美国此次应对全球危机的如意算盘是，只要其他国家的经济与美国一样糟、甚至更糟，美国就能成为全球资金吸尘器，用全世界的钱垫脚爬出泥坑。

而中国这一计划的出台不仅推升高收益率货币的汇率，还连带推高了日元等亚洲经济体的货币，而且这些国家还从中国的扩张性财政政策中获益，日元兑美元和欧元汇率双双上扬也就不足为奇了。

因此，中国扩张性财政政策的成功实施一下打乱美国的资金“避风港”算盘，迫使美元与高收益率货币以及欧元和日元等发达国家货币平等竞争。美国再也不能仅凭一副空架子就坐拥强势美元，美国必须拿出稳健、扎实的财政和货币政策才行，也就是说大幅降息和海量发债这条路走不通了，美国经济要“咸鱼翻身”必须采取扎实、过硬的举措。

与其说刺激美国，刺激世界，毋宁说刺激中国。因为，办好中国的事，恢复中国的经济增长，就是对修复世界金融危机的最好结构性措施。

对话与合作

G20是个松散的组织，它包含发达国家、新兴市场国家和发展中国家的代表；同时，组织内的国家和联盟各自又分别代表不同的区域，以亚洲来说，有东亚、南亚、东北亚、西亚之分；以欧洲来说。所谓“老欧洲”，里面既有老牌资本主义的鼻祖英国，又有法德轴心的法国德国，而德国又是欧元的宗主国，其GDP几乎占欧洲的60%。情况千差万别，错综复杂。

以结算而论，欧洲不仅有欧元，还有英镑、法郎、马克、克朗、美元和里拉。而俄罗斯是横跨欧亚的国家，本身认为是欧洲国家，但又是被排斥在北约之外。斯堪德纳维亚北欧五国则是联合国认定制度完美、发展平衡、社会和谐的样板国家。在G20中，就中美还比较单纯，中国是一党执政，政府稳定且决策高速；美国是世界上最强大的国家，金融危机并没有损伤内核，其国家制度、市场机制依然健全，美元依然坚挺。

中美分别处在太平洋两岸，没有领土纷争，没有历史伤痕，而且发展模式不同，由此则可以构成互补性。

更为重要的是，中美两国的发展模式，一个高储蓄，一个高消费；一个注重出口和硬通货，一个则注重知识经济和美元垄断；一个存在巨大外汇储备，一个高负债。二者的经济发展模式的不同是构成世界经济失衡的重要原因之一。

另一个方面，在世界事务中，一个代表发展中国家，一个代表发达国家，二者的不同立场需要相互协调。

当然，更重要的是中国是世界上人口最多、市场最大和消费潜力最强的国家，中国连续保持了 30 年平均 10%左右的高增长，无论是发展速度、发展规模还是发展前景都是最令世界震惊的。美国不能无视中国的崛起和中国的力量，美国在消弭金融危机和恢复经济复苏过程中必须得到中国的配合与支持。正如奥巴马所说，美国不谋求遏制中国，美国支持中国崛起，强大的中国与美国符合世界人民的利益。而在恢复世界金融秩序上，美国尤其需要中国施以援手，双方实行“超级融合”。

“超级融合”是美国经济学家扎切里·卡拉贝尔最新著作的名字，用以形容“已成为世界经济轴心的中美两国间独特关系”。

诺贝尔经济学奖得主福格尔预测称，到 2040 年，中国经济总量将占全球 GDP 的 40%，而美国只占 14%。经济基础的转移不可避免地带来政治和文化影响力的变局。有学者风趣地说，哪怕就是中国的经济总量达到美国的 80%，中国的政治和文化影响力都会令世界无法忽视。

近来美国学者正围绕中美关系前景展开论战：作为全球最为重要的双边关系之一，中美之间到底是会进一步融合还是走向蜜月终点？

“中美经济融合论”在当前全球极力谋求经济快速发展的大背景下是个非常引人关注的概念。中美两国是当之无愧的经济和贸易大国，2002 年双边贸易额为 1 500 亿美元，2008 年达到4 500 亿美元，2009 年的全球性经济危机也不会使这一数字有大的减少。不过，“超级融合”含义要远大于此。正如卡拉贝尔所说，两大巨人已成为“紧密关联、融为一体的超级经济体”。

无独有偶，美国学者奈尔·弗格森和莫里茨·苏拉里克在几年前曾创造出“中美共同体”(Chimerica)一词来形容中美间密切的经济关系，并称中美共同体是"世界经济的真正动力所在。"

看起来各方的观点颇为一致，然而，卡拉贝尔此番推出的"超级融合论"却遭遇了一场有关中美关系的论战，对方恰恰是此前创造"中美共同体"概念的弗格森，后者对中美共同体的脆弱性及其面临的风险提出了警告。在其最近的讲话和文章中，弗格森指称中美共同体在很大程度上促成了全球金融危机，并且提出中美这段美好姻缘已近终结，双方之间的关系可能被新的冲突和对抗所取代。

在弗格森看来，中美共同体可以归结为一个简单的公式：即中国存钱，美国消费，前者手握超过 2 万亿美元的外汇储备，后者则大把借贷。弗格森最近在美国《新闻周刊》杂志上撰文称："中美共同体一度看起来如同天作之合。两国经济飞速增长，1998 年至 2007 年间贡献了全球经济增长的 40%。现在最大的问题是这段婚姻是否正在触礁。随着中国经济与美国脱钩，出口对美国市场的依赖减少，中美共同体结束的日子即将来临。"

与之相反，卡拉贝尔则认为中美"超级融合"关系非常稳定和健康，成功地减轻了全球经济危机的影响，否则的话，后果要严重得多。他在最近的一次谈话中指出，通常情况下，发生危机的时候是采取经济报复措施的最佳时机，例如贸易限制和提高关税等。事实上，这些在此次危机中极少发生，其中一个原因是有关国家采取这些措施的能力受到了限制。

而在卡拉贝尔看来，人们总是过多地强调中美贸易失衡和中国持有美国债券等问题，却较少关注美国获得的收益，这其中就包括美国企业在其他市场表现低迷的同时，在华销售业绩却大幅提升。他在书中写道："美国企业从中国经济增长中获得了惊人的利润，这一点毫无争议。"他举出的例子中包括肯德基、联邦快递、雅芳等多类型企业。他还认为，经常被忽视的美国在华投资减轻了金融危机的影响，因为这些钱没有进入房地产市场及衍生金融产品的泡沫中。此外，中国购买美国债，使美国获得经济刺激计划所需资金，从而阻止了事态进一步恶化。针对质疑中美共同体走向的说法，卡拉贝尔表示："两国经济已经密切联系在一起，任何一方要抽身而去必将受到极大的损害。美国不仅是中国商品最重要的市场，还是众多助推中国国内经济增长的创意和投资的来源地。中国既是美国政府债券的重要买家，又是美国大小企业寻找新的增长点的必要市场。”

显然，卡贝拉的观点已被奥巴马采纳。在访问中国期间，他不止一次强调中美之间的共同利益，强调双方是“共同面对全球挑战的平等伙伴”。

毋庸置疑，G2 基轴已经形成。

正是两个强大经济体的“超级融合”，构成了两股平行力量，即国际金融与国际经济秩序中的“双螺旋”结构。

从古典、凯恩斯、里根—撒切尔模式到第四范式

英国阿纳托儿·卡莱斯基发表《我们需要建立新的资本主义模式来与中国抗衡》的文章，指出：“自金融危机后，媒体对谈论‘华盛顿共识’不感兴趣，到处都在谈论‘北京共识’，西方迫切需要建立一个与我们的政治观点一致的新资本主义模式与中国抗衡。如果我们不彻底改造原有的模式，我们势必会失败。”

卡莱斯基的话发出了强烈信号，也使人们深刻反思现行的资本主义制度，研究如何进行创新改革。

在人类历史上，资本主义发展模式大体经历了古典模式（亚当·斯密）、凯恩斯（周期性危机与调整）模式、里根—撒切尔（新自由主义）模式。

古典资本主义模式是建立在亚当·斯密《国富论》基础上的，主张实行市场自行调节体制。由于处于资本主义发展初期，也由于制度相对健全，资本主义在欧洲、后来在美国表现出无与伦比的生产力、消费力和发展力。

凯恩斯模式则是建立在通货膨胀基础上的。它认为经济的高速发展必然引起通货膨胀和周期性的经济危机，政府应加以负责的宏观调控，防止局势失衡。凯恩斯的思想帮助许多国家渡过了危机。

里根—撒切尔主义，也被称为“新自由主义”和“市场原教旨主义”，认为冷战的结束是西方的胜利，应该在全球实施西方模式，实行完全的自由市场制度。市场缺失监管的结果导致金融危机的爆发。

同时，本次金融危机也使人们看到资本主义的严重缺陷，例如，盲目盯着美元就吃了大亏。

在任何意义上，美元都是一个失去信用的国际储蓄货币。美国 2010

年财政赤字高达 1.6 万亿美元(相当于 GDP 的 10.6%),这是无法长期维持的债务水平。美联储目前所维持的货币发行量,是正常时期的一倍有余,利率接近于零,两者均是史无前例的。美国经济在 2009 年第四季度获得 5.7%的强劲增长,不过有 3.4 个百分点来自自补库存,最终需求增长只有 2.2%。

就是这样的基本面,美元汇率最近却一升再升,迫使套利交易连环拆仓,在商品市场和股票市场均造成重大冲击。市况之大起大落,乃雷曼倒闭危机之后所罕见。

其实,与其说是美元的基本面改善了,不如说是其他主要货币的基本面转差了。套用最近的流行语法,美元是"被升值"了。

在欧洲,希腊 2010 年就有 532 亿欧元的国债到期,对于一个2 400 亿欧元的经济体来说,如果不能续借,它需要动用经济产出的 20%来还债,这显然是不可能的。然而,欧盟及欧洲央行在拯救希腊问题上,却说得少做得更少,因为动用本国纳税人的钱,来拯救在本国没有投票权的希腊,在政治上是极其不得人心的,在财力上也颇为吃力。不仅希腊,西班牙、葡萄牙、爱尔兰的赤字,均占到本国 GDP 的 10%以上,远远高过 3%的安全线和欧盟自身的标准,三个国家随时可能成为市场动荡的源头。

但是如果不对深陷债务危机的国家施以援手,一旦出现债务违约,欧元几乎无可避免地会发生动荡,造成汇率进一步大幅下挫。希腊危机暴露出欧洲货币联盟的结构性缺陷。欧盟有 27 个主权国家,27 个财政政策及 27 个经常收支项目,各国的经济活力各不相同,政策方针各不相同,选民诉求各不相同,却被捆绑在同一个货币平台上,要求在货币政策上统一行动。同时,尽管货币、财政政策要求一致的标准,多国的政治领袖却是本国选民选出的,决策以本国利益为最高原则。

正因此,货币战争在欧洲愈演愈烈。尤其是失业率高达 19%的西班牙,正面临楼市泡沫破裂、负债累累、预算赤字巨大的暗淡前景。如果说希腊引发了欧元动荡不安的危机,那么西班牙则是真正考验欧元的祸首,这可是个决定 16 个国家使用欧元是屹立还是倒下的关键——毕竟,西班牙 1.6 万亿美元的经济规模,几乎是陷入困境的希腊、葡萄牙和爱尔兰加在一起的两倍。据法国巴黎银行估计,如果采取旨在重振西班牙财政状况信心的措施,大规模的注资行动至少需要 2 700 亿美元,而对希腊、葡萄牙和爱尔兰的注资则分别需要 600 亿、410 亿、470 亿美元。无疑，对西班牙展开任何救助都要付出高昂的代价。

而通过削减开支的方法来减少赤字也极具政治风险。希腊政府试图提高税收、改革养老制度、公共部门减薪等措施时，引发公务员、清洁工和教师走上街头抗议。在货币一体化情势下，希腊无法采用古老的贬值手段来削减债务欧元区存在的宏观调控缺陷，使得希腊主权债务的崩盘必然累及整个欧元区。一旦欧元区的债务升级酿成危机，欧元贬值也只能是唯一的选择。

日本前年下半年曾出现昙花一现的升值，不过随着民主党第一任财相的离职，汇率政策又回到了政府官僚主导、刻意打压日元的老路。以丰田、索尼为首的日本主干出口企业，正面临着战后罕见的严峻考验。丰田的"召回门"事件和 200 亿美元的损失给日本市场振兴重重一击，不仅全球衰退带来需求下降，更因日本产品质量、产品结构、产品竞争等因素而出现市场占有率下滑，其势头已经威胁到日本经济的最重要支柱。

同时，日本的通缩情况在恶化，日本银行明言不会坐视不理。其实，日本的量化宽松政策加码，只是一个时间问题。日本的财政状况，远比想象的更差。经济一蹶不振，政府扩大开支，令已经十分糟糕的公共债务负担雪上添霜。再加上套利交易又重新开始用日元作借贷货币，日元汇率看跌。

美元汇率走势，其实是欧洲、日本的问题，美元汇率走势，又是所有市场人士必须共同面对的不确定性。

经济的核心是金融，是资本问题。建立新的模式需要新的探索。这就是里根—撒切尔模式之后的第四种模式。

问题提出来了，却没人能解答。这就为笔者提供了机会。

将东方的活性经验和西方的刚性经验相结合，形成一种多义、多角、多侧面的富有弹性的资本模式，一种东西方可以相通共荣的模式——和而不同，是可以做到的。

这就是第四资本范式。

第二章

资本的反思与进化

“危机和萧条的循环，是资本主义生产注定要经历的经验和规律，它从一个阶段过渡到另一个阶段，是通过危机这个中间环节来完成的。”

美国的金融危机引发的经济危机，又一次验证了希法亭的名言。

当西方领导人喋喋不休地推销他们的社会模式时，突发的危机却给他们自己上了深深的一课。

这就是新自由主义的终结。

“倒金字塔”的坍塌

是谁打开潘多拉盒子，让魔鬼纵情表演一场恶搞秀？是谁像发怒的金刚在灿烂的天空撕开一道云缝，露出滴血的病容？是谁本想展翅狂飞、纵览锦天，结果却摔落地面，折戟沉沙？

答案是明白的：是新自由主义及其拥趸！

曾几何时，它曾因贻害经济与百姓而遭到经济学家的摒弃，被人们啐以吐沫，视若敝帚。可是到了冷战结束之后，却又被里根、撒切尔捡了起来，作为西方挥舞的旗帜。

这就是市场原教旨主义、撒切尔主义、里根经济学和所谓的“华盛顿共识”的基础，它赞成私有化、自由化以及由独立的中央银行集中注意力应对通货膨胀问题。

在这股飙风的推动下，新自由主义成了金融至上主义的代名词，成了货币崇尚主义的同义语，成了在“创新”掩护下不受监管的市场的保护神。

按照1944年的布雷顿森林体系，世界货币基金组织应该是世界货币的监管机构和宏观调控组织，可是在美国的影响下，或者说在长期的美元优势和货币霸权下，IMF不仅成了聋子的耳朵式的无所作为的摆设，而且成了将投资和援助与某些国家和地区的制度“改革”、权力“改善”和市场“开放”的施压工具，成为输出西方意识形态和政治制度的强力机器。

一切唯美元是瞻，一切唯美国是瞻，一切唯西方是瞻——这就是20世纪80年代以来的现实。美国打一个喷嚏，全世界都会感冒。华尔街伸一下懒腰，整个地球都得哀号。

另一方面，就是极力鼓吹过度消费以及由此派生的“刷卡主义”——借贷生活，预支明天。

“负债经营”曾被视为铁律。

“美元帝国”最重要的是美元本位制主导全世界的货币基准，它的支柱是债券市场，亦是货币的基石、资本市场的基石、国家信用的基石、纽约全球金融地位的基石、美国优先金融战略的基石、全球军事扩张的基石。它是1789年立国之日由32岁的财长汉密尔顿发明，创建最大的债券市场并全力维护它的信用。

债券生发的实际上是社会资本的集合效应。它是一辆联动火车。截至现在，美国国家债券 12 万亿美元，州和地方政府 4 万亿美元，公司债 24 万亿美元，家庭和个人债务 15 万亿美元。

美国国债的历史之久，规模之大，声望之高，流动性之好，风险率之低，堪为世界之最。

其市场作用有四：①货币指南与传导机制；②金融中枢与信用基石；③定价标尺与证券测表；④锁定机制与规模效应。

在美国，从政府负债、企业负债到个人负债，整个国家就是个负数的国家。可是这样一个泥足巨人却处处显露强大和不可一世的骄横，原因就在于美元的优根性——美国不仅控制着美元的涨落，而且控制着美元与其他货币的比值，控制着世界经济的命脉。

所以美国人敢负债，肯负债和善负债。

是的，按照投资学的原理，负债实际是一种贴现投资方式，一种提前收回投资和获得回报的方式，一种以借贷换时间的方式，一种机灵的理财范式。

美国 20 世纪 80 年代发行的规模空前的国债，由于利息颇高，极大地吸引了私人和非银行机构的投资者，外国中央银行也趋之若骛。在这个现有美元的回流重新使用的过程中，新美元创造较少。

到了 90 年代，由于打垮了世界主要竞争货币，美元国债仍然抢手，进口日常商品的价格在第三世界国家货币普遍贬值的情况下，也显得格外便宜，美国出现了高增长低通胀的黄金岁月。

2001 年以来，由于反恐战争的庞大开支和 20 世纪 80 年代以来大量发行的各种期限的国债纷纷到期以及越来越大的利息支出，迫使美国发行更多的新国债来替换老国债。从 1913 年到 2001 年，美国在 87 年里一共积累了 6 万亿美元的国债，而从 2001 年到 2006 年，短短的 5 年多的时间里，美国竟增加了近 3 万亿美元的国债，美国联邦国债总量高达 8.6 万亿美元，并以每天 25.5 亿美元的速度增加着。美国联邦政府的利息支出已在政府开支中高居第三位，仅次于医疗健康和国防，每年高达近 4 000 亿美元，占其财政总收入的 17%。

从 1982 年到 1992 年，美国货币增发尚处在“温和增加”状态，年均增加 8%。但从 1992 年到 2002 年，美国货币增发进入“高发期”，达到了

12%。从2002年开始，由于反恐战争和刺激濒临衰退的经济的需要，在战后利率接近最低点的情况下，美国货币增发速度仍达到了惊人的15%。

其实，从美国国债增发的陡度来看，一切已属必然。美联储在2006年3月宣布停止M3广义货币统计报告并不是偶然的。

任何事情总有边界，总有限度，不可一头撞击之。如果过了界、越了度还为之辩护，那就是谎言。马克·吐温说过，世界上有三种谎言——谎言、该死的谎言和统计数字的谎言。

许多美国权威人士、甚至诺奖得主也堂而皇之地成了谎言的制造者，他们总是说美国经济“增长良好”“泡沫不大”。格林斯潘甚至说美国经济就是“赤字经济”。

自2001年“9·11”以来，为挽救股市和债券市场，格林斯潘不顾后果地把利率从6%迅速降到1%，结果造成美元信贷暴涨，在全世界泛滥成灾。人们终于明白了，原来美元就是欠债，美元就是印着绿色花纹的纸片。于是，全世界的主要美元持有者几乎同时扑向了房地产、石油、黄金、白银、大宗商品等美联储变不出来的东西。

一位法国投资者说：“纽约人能发行美元纸币，但只有上帝才能发行石油和黄金。”其后果就是，原油价格从22美元一桶上涨到60美元，黄金、白银、白金、镍、铜、锌、铅、大豆、蔗糖、咖啡、可可等的价格分别是2002年价格的120%到300%，但经济学家仍然信誓旦旦地说通货膨胀只有1%～2%。

更加令人不安的是，2006年美国的总债务就已高达44万亿美元，这些债务是联邦国债、州与地方政府债务、国际债务、私人债务的总和。这些债务平摊到每一个美国人身上高达近15万美元，一个四口之家要负担近60万美元的债务。在私人债务中，最令人瞩目的就是数目庞大的住房按揭贷款和信用卡欠款。

如果以5%的保守利息计算，65万亿美元每年需要支付高达3.25万亿美元的利息，已经超过美国联邦政府全年的财政总收入。在全部债务中，近70% 的债务都是1990年以后“创造”出来的。现在的美国已经不可能再发动20世纪80年代初的高利率战争来套牢第三世界国家了，因为美国本身已经严重负债，任何高利率的政策都无异于自杀。

债务“金钱化”，再加上部分储备金这一超级放大器，严重透支了美国人民未来的财富。到2006年，美国人所上缴的个人收入所得税的总额，在联邦政府那里仅仅稍事停留两秒，就立刻全部转入银行系统以支付债务美元的利息。个人缴纳的所得税没有一分钱用到了政府身上，各地区的教育开支主要靠当地的地产税收入，全美国的高速公路建设和维护用的是汽油税，对外用兵的战争费用恰好等于美国公司缴纳的公司税。换句话说，3亿美国人被银行家“间接征税”了几十年，而且还要年复一年被继续盘剥下去。美国人民的储蓄，则通过长期通货膨胀被银行家的“潜在税收”再刮掉一层皮。

先不论美国的债务人是否还能还得清这利滚利的债务，问题是美国政府压根儿就没有偿还国债的打算，而是用“庞氏”手法滚轴似的不断用增加的新债券去替换老债券以及老债务所累积的利息，循环往复，以至无穷。

美联储费城银行说：“……日益增加的众多分析家现在认为国债是非常有用的，甚至是(经济的)福音。他们认为国债完全不需要减少。”

是啊，如果一个人可以不断依靠借助越来越多的债务来过着奢侈的生活，而且可以永远不用还钱，天底下只怕再也找不到这样的好事了。这种听起来类似“经济永动机”的“神话”，却在美国大行其道。一些经济学家认为可以用不断增加债务来永远消受“美好生活”的想法，与认为一国靠多印钞票就能致富的思路并无二致。

这些学者们还进一步指责亚洲和其他国家过多的储蓄才是造成世界经济结构失调的根本原因，这种得了便宜还卖乖的论调足以证明其学术道德已堕落到何等地步！亚洲国家过多的储蓄？他们哪里还有过多的储蓄呢？这些几十年辛苦积攒的储蓄正在源源不断地透过购买美国国债被吸进这个人类历史上规模空前的“经济永动机”的“伟大黑洞”了。

亚洲国家“出口导向”型经济对美国国债的需求，就像双翼风筝，没有另一翼就无法飞翔。而美国也乐得拿这种实质上“永不偿还”的国债来给亚洲人民打白条。不过，亚洲国家最终还是意识到，为了区区5%的名义回报，却冒着美元资产无法挽回的剧烈贬值的实质风险，无论如何不是一件划算的事情。

美国前财政部长萨默斯指出，如果中国停止平均每星期几十亿美元国债的购买量，美国经济就会有大麻烦，但是中国经济由于向美国出口萎缩也会有大麻烦，事实上，双方已经陷入“金融恐怖平衡”的胶着状态。

然而，凡事总得有个度，当事物超越了可以承受临界点时，厄运就降临了。中国有句俗语叫“不是不报，时辰未到”。当政府负债、企业负债和个人负债达到极限时，危机的爆发就是不可避免的了。

报载，曾五次出任美联储主席的格林斯潘，不止一次用“不可忍受”来形容美国债务的警戒线。

以联邦政府的债务为例，它的总额高达 65.5 万亿美元时已警铃大作，因为这一数字已经超过了世界年生产总值。即使不算本次经济刺激计划中新增的社会福利开支，美国政府未来所需偿还的全部债务——包括社会保障和医疗福利等开支在内——早已让美国陷于破产境地。

美国财政部发布的 2008 年政府财政报告显示，该年度美国政府的实际预算赤字是 5.1 万亿美元，而非先前国会预算办公室宣布的 4.55 万亿美元。这两个数字之所以大相径庭，是因为国会预算办公室发布的 4.55 万亿美元是基于现金记账法计算的，这意味着所有实际收缴的税收都用来冲抵政府债务。而政府财报显示的 5.1 万亿美元赤字则是依据公认会计准则(GAAP)计算的，此种计算方法将社保计划中债务净现值的年度变更包含在内。

经济学家约翰·威廉姆斯补充说：“由于经济刺激计划是在 2008 财政年度以后通过的，因此，无论采取哪种统计指标，2008 年巨大的预算赤字都没有包括该项计划所需的庞大支出。”

威廉姆斯指出，“按现金制计算，美国国会预算办公室预计 2009 财年联邦政府的赤字将高达 1.2 万亿美元，而这个数字还没有包括伊拉克和阿富汗战场上的开销以及奥巴马的 8 000 亿美元经济刺激计划。”

“急速增长的联邦政府赤字已经对整个金融系统的稳定运行构成威胁。人们普遍预计 2009 财年政府赤字必将超过 2 万亿美元，而这 2 万亿美元将不得不全部由财政部借款筹得，而为财政部提供这笔巨款的只可能是美联储，这种情况下，美联储将充当最终贷款人、购买财政部的债务，其后将这些债务货币化。”

所谓“货币化”，是指美联储仅仅通过开动印钞机增发货币以满足财政部的支出需要，因为除了美联储，财政部再也找不到其他机构愿意购买其巨额债务。

在过去，美国财政部很大程度上仰仗外国购买者，主要是中国、日本及其他以美元作为外汇储备持有的国家。但这场经济危机中，目睹了美国经济的迅速恶化之后，外国购买者对于继续购买巨额美国债务，已经改持一种更为审慎的态度。威廉姆斯指出："事实上，根本不存在绝对安全的社会保险。政府也并没有像纳税人期待的那样，拿出一部分税收用以在未来支付纳税人的社会福利和医疗保险，美国民众迟早会意识到他们的政府已经的的确确地破产了。"

此外，根据2008美国联邦政府财政报告中的数字，按照公认会计准则计算，在联邦政府累计债务达到65.5万亿美元的同时，联邦政府的净价值竟已是－59.3万亿美元。而65.5万亿美元的巨额赤字不仅是美国国内总产值的4倍还多，而且也超过了整个世界的生产总值。

如果把全球的资产按流动性分类，我们就会发现它是一个呈倒金字塔的结构，最底层是各国央行发行的基础货币，只占2%左右；再往上是股票、债券、房地产等投资品，占流动性的10%至20%；最顶端是衍生品，如信用违约互换、利率掉期等，占70%。

据统计，目前美国信贷违约市场规模约60万亿美元，相当于全世界10年的GDP，扣除各机构交叉持有的部分，净头寸约6万亿美元。

事实上，伯南克遇到的难题在于美国经济"倒金字塔"结构的顶端出现坍塌，而美联储只能控制基础货币的发行，它对衍生品市场的控制力很弱。

美国政府对经济的调节，是通过增减货币供应来实现控制的。美联储向银行等金融机构注入基础货币，银行再将这些货币借贷出去，利用乘数效应，最终影响实体经济以及衍生品资产。

然而，伯南克的货币刺激手段在银行这一环节出现了问题，由于次贷危机引发衍生品市场的去杠杆化，银行手中有货币也往往不敢贷款，而是采取超额准备金方式，重新流回到美联储手中。以往，美国的金融机构进行商业贷款后，通常要将这些贷款打包证券化，变成债券卖给投资者，回笼资金后重新用于借贷。但是当市场陷入流动性紧缩后，银行的资产证券化产品根本没有投资者接手，这一回路被截断。

美联储公布的数据也证实了这一点：2008年9月时，美联储账上只有各金融机构存入的存款准备金 620 亿美元，而到了 2009 年 3 月 19 日时却高达 1.08 万亿美元。

威廉姆斯强调，依据公认会计准则，当支付社会保险和医疗服务时，它们应该出现在联邦政府资产负债表的负债栏内，否则的话，这种行为就是不负责任的，“是试图向美国人民掩盖残酷真相，美国民众有权利了解联邦政府预算赤字恶化到了什么程度，而现今的局面已经越来越难以控制”。

在过去 7 年里，美国的年均赤字超过 4 万亿美元，不论怎么征税都不可能筹集到如此多的资金。简言之，如果政府不采取增印钞票并贬值美元的方法，就根本没有足够的钱以实现其承诺的社会福利水平。鉴于美国政府正在为其庞大的债务货币化，威廉姆斯预计，2010 年美联储将更多地增发货币并进一步贬值美元。

“联邦政府已经破产了，假如美国不是一个国家，而是一家诸如 GE 之类的公司，那么美国总统和财政部的官员早就应该关进监狱了。”威廉姆斯辛辣地嘲讽。

透支明天的困窘

以制造业为龙头的美国实体经济在十年内急剧下降，一切都靠科技和金融泡沫支撑，皮之不存，毛之附焉？

在美国，个人借贷，从购买汽车、电器、房屋、奢侈品到旅游、创业，“寅吃卯粮”“透支明天”，几百万亿的数字只是小巫一个！

次级贷只是这个不健康肌体长出的一个瘤子。

什么叫次级贷？如果你没有东西抵押，那么你只要付出比较高的手续费就可以获得按揭贷款，买到豪华舒适的住房，房地美、房丽美这样的开发商也会眉开眼笑。

两房的本金只有 300 亿美元，可抵押贷款的数额却达到了 2 000 亿美元，倍率何等令人惊悚。

更惊人的是，银行与担保商合作，把按揭贷款化装打包成“优质债券”、“掉期债券”和“迷你债券”，然后再推销给欧洲、美洲、亚洲的银行、投资商、承销商以及一切迷信“钱生钱”游戏的人们。而由这“垃圾债券”

层层衍生、互相抵押、拆借、换股、融资、买卖所制造的泡沫，就更是扑朔迷离，烟云缭绕，使人不知其所以了。

危机终于降临了——房主无法还清按揭贷款利息，更不用说本金，于是开发商也就无法还清银行贷款，掉期债券自然无法按期回收、承销商也就把购买来的纸券砸在手上，由之房产开发商倒闭、银行通货吃紧、经营链条的机构陷入困境，企业信用评级暴跌使得股民信心丧失，股市低迷，银行以及投资机构唯一获得资金的源头由此干涸——美元危机引发全面通货震荡，一场危机全球蔓延……

“巴西雨林一只蝴蝶轻轻扑打翅膀，就有可能在美国佛罗里达州引发一场龙卷风。”新兴的金融混沌学如是说，谁曾想它竟然如阿里巴巴的咒语一样灵验——通向灾难的大门打开了，而进去的，不仅仅是魔鬼，还有被孔方兄灵魂附体的幽灵，现在是他们到处寻找猎物的时候了。

曾经是全球银行业巨头的花旗银行，2008 年亏损总额超过 200 亿美元，是该行自 1812 年创立以来最大年度亏损。花旗银行的市值为 2 700 亿美元，可实际资产只有 60 亿美元，最近股票缩水到 70 亿美元，而负债高达 2 000 多亿美元，政府的第一次援款到账不到两月又拉资金警报啦！

迄今为止，美国已有 25 家金融集团倒闭，4 000 多家金融企业陷入财政危机，其中包括在国际金融界举足轻重的美国银行和全球最大保险公司 AIG 集团。

救，还是不救？《格拉斯・斯蒂格尔法案》废除的讨论过程中，评论家们曾担心会产生新的利益冲突。主张废除的人说“相信我们，我们会建立一道如长城般坚固的围墙”以确保没有越权。评论家们却对此产生怀疑：如果“长城”真能有效运作，那么范围经济里面有关合并的理论不就是一纸空谈吗？

投资银行和商业银行的界限一旦消除，无疑会产生更多的利益冲突。这一点在安然丑闻事件中已经得到充分的证明。例如，同一家银行集团的商业银行可以借钱给它们投资银行所投资的公司上市，使这一切看起来更具有“生命力”。

这些利益冲突可能并不是问题的核心，但显然它们是其中一个重要原因，何况是在 2007～2008 年的金融危机中。事实上，投资银行和商业银行的关系紧密得几乎同穿一条裤子，这使得美国联邦储备局必须担保贝尔斯登银行，注资花旗、富国银行，打捞摩根、美林等银行——这不仅因为许多投资者的财富危如累卵，更重要的是，如果银行群体倒下，整个美国的经济屏障将彻底崩裂。

斯蒂格利茨先生一针见血地指出，投资银行和商业银行的融合恰恰是造成金融崩溃的导火索——谁都知道商业银行保守主义的传统与投资银行投机取巧的本质是冰火不容的呀！

庞氏骗局的败露

据《华盛顿邮报》记者瑞顿·卡斯报道——

将伯纳德·麦道夫被指控的证券欺诈案形容为一种庞氏骗局①，这对一战后的传奇骗子查尔斯·庞齐有点不公平。他们的手法大体相同：都报出虚假的投资收益，用新上当者投入的现金去支付老顾客。不同的是，庞齐只骗取了数百万美元，而麦道夫骗局的价码据报高达500亿美元。对这个数字也不应相信，因为它出自麦道夫本人之口。

没有疑问的是，麦道夫对全世界无数大小投资者造成了空前的损失，受害者从西班牙、英国和日本的第一大银行，到好莱坞的斯皮尔伯格，以及埃利·维尔(诺贝尔和平奖得主)、莫特·扎克曼(房地产与媒体大亨)、弗兰克·劳滕伯格(民主党参议员)、叶西瓦大学以及无数名气没那么大的机构和个人。最可怜的是那些相信了麦道夫公司网站上堂皇语言的慈善机构。等此事过去后，“麦道夫式骗术”可能成为金融欺诈巨案的新代名词。

这件事在市场最需要信心时，进一步侵蚀了这一稀缺品。与庞齐不同的是，麦道夫是处于现代监管环境下，联邦和州级的无数主管机构本应时刻防范此类骗局。

金融界早已有人看出了蹊跷。麦的竞争对手哈里·马可波罗斯9年前就给证券交易委员会写信，称“麦道夫证券公司是世界的庞氏骗局”；此

---

① 查尔斯·庞齐是一位生活在19至20世纪的意大利裔投机商，1903年移民到美国，1919年他开始策划一个阴谋，骗人向一个事实上子虚乌有的企业投资，许诺投资者将在3个月内得到40%的利润回报，实际拿后面人的钱还前者。

后他又多次发出警告。对冲基金顾问行 Aksia 也写信给客户，列举麦道夫公司的异常做法，包括没有电子交易记录等。麦请的审计行是一家只有 3 名雇员的无名会计事务所。但监管者睡着了，证交委几年来的评估报告都没有发现什么大问题。

如证交委主席克里斯托弗·考克斯承认的，证交委的失职“让人深感不安”。此事不仅出在考克斯任内，也跨越了他两个前任的任期。

事过后再作断言肯定很正确，而且即使有人揭发，要戳穿像麦道夫这样一个骗子的把戏可能也很困难。但这桩丑闻证明，最精明的投资人同样可能受骗；公众必须保持警觉，政府法规应该更积极进取。这次监管者辜负了人们，对此和对案件本身一样，亟待展开调查。

看着麦道夫 500 亿美元诈骗巨案的受害者名单，我不禁回想起我小时候，父亲在听到坏消息后问的第一句话：“什么是犹太人？”他给的答案是，凡是对反犹主义的敏感、对其他犹太人同情的人。而麦道夫似乎专以犹太同胞为目标；拥有共同信仰至少是他把他们拉下水的部分原因。

麦案之所以令人震惊，因为它有点像偷自家人的钱。不过，骗子向与自己信仰和民族相同，或同属一个圈子的人下手的情况并不罕见。两年前证交委就发出警告，提醒人们提防“骗熟”圈套。

证交委列举了一系列针对同一群体成员的案例，其对象包括亚美尼亚裔、浸信会教友、耶和华的证人教派、非洲裔教派、韩裔等。在每个案例中，犯罪分子都利用了和自己同一群体的受害人的信任，提出的优惠条件会让缺乏这类共同纽带的人觉得好得难以相信。

同属一个群体也使得受害人觉得，很难启齿进行较真质问，这就像让姨妈给你开收据一样让人难为情。骗子们也知道并利用了这一点。

在犹太人之间，这种族群亲近感和信任感尤其高，大屠杀和长期遭排斥的经历导致犹太人互相依赖、照料，这是一种生存的本能，其结果是犹太人往往成为筹款和诈骗的首选目标。

这种骗熟手法的多发也体现了美国社会各群体内部的有力纽带。那位善于观察美国人的法国人阿历克西斯·德·托克维尔指出，我们是一个由各种组织和俱乐部、民间团体和教友会组成的国家，是一张由社会、民族、宗教群体结成的大网。我们自定义为美国人，同时也是犹太人和天主教徒、摩门教徒和浸信会教友、古巴人和意大利人、爱尔兰人和日本人，扶轮社成员和共济会成员，民主党人和共和党人。

证交委未能在过去10年中深究麦道夫受到的指责，并不是由于法规不足，而是不相信一个与这一行关系如此之深的人(他是前纳斯达克董事长，证交委顾问)竟然能犯下如此狠心的罪行。

如果迄今的新闻报道可以相信的话，麦道夫案似乎是一种特例——他的整个职业经历使得如此规模的骗局成为可能。他的结交圈子、宗教和团体归属、公私职位都让他的基金看上去既合法又不易进入。他也知道如何玩弄潜在顾客——何时应拒绝他们，何时应多给他们一点甜头。

麦道夫之适合行骗，就像音乐家霍罗维茨之善于弹钢琴一样。此案的核心是背叛信任，它显示的是法律的局限性，而不是多制定新法律的需要。

看看，一位赫赫有名的纳斯达克证券委员会主席，一位资深投资家，居然是一个恶意操纵资本的歹徒，其制造的不败神话原来是一场庞氏骗局。全世界震惊的不是那被骗的648亿美元，而是如此巨大骗局居然长时间无人揭穿。

事情说明了什么呢？“手段是微不足道的，目的就是一切。”为了获取高薪、高收入、包括高名声，华尔街的老板们、精英们，不惜绞尽脑汁，设计连环杠杆的投行神话。他们的行为与麦道夫有多大区别？

麦道夫只不过是跳过了几个步骤，每日由拿客户的钱去从事高风险的投资并从中赚取高额费用，改为直接把钱偷走而已。

麦道夫显然知道自己在干一件欺诈的事，但华尔街的人群却相信他的鬼话，因为他们几乎在干同一件事情：帮人理财，自己赚钱，而客户却眼睁睁地看着自己的真金白银消失。

近年来，金融业在美国国内生产总值中所占的比例，从20年前的不到5%上升到现在的8%。如果这多出的3%是不劳而获的话，那么一年就有约4 000亿美元被浪费、骗走和滥用。

显然，美国进入“庞氏骗局”时代所要付出的代价，肯定远超过被直接浪费的金钱。这涉及两党政治中的腐败，涉及美国证券交易委员会主席斯托弗·考克斯，涉及让对冲基金和私募股权基金经理人获益的人为网漏以及背后的议员和说客，涉及“为富不仁”的黑洞。

通过金融工具而快速致富的神话，吸引了大量最优秀最聪明的年轻人进入华尔街，却使科学、公共服务和其他行业招不到人才，这无疑给美国的未来产生很大影响。这还在其次，最现实的问题就是培养了许多“金融蛀虫”，许多靠“财务杠杆”吃饭的人，在天堂与地狱之间摇摆的人。

在次级贷危机爆发前，华尔街五大投资银行的平均财务杠杆高达30多倍。它们以三个鲜明的特征扮演整个大戏中的重要角色。

第一，投行过度依赖短期货币市场进行融资，经营的随机性很大。发行商业票据和债券回购的成本明显低于发行债券和银行贷款的成本。然而，过分依赖短期货币市场，使得投行资产负债都出现严重的期限错配。一旦短期货币市场出现流动性短缺，则投行的融资成本马上上升，甚至出现大面积资产减记与账面亏损，为之不得不通过抛售到期日更长的资产来获得资金。如此反复，在金融市场恶性循环。

第二，投行普遍实行在险价值(Value At Risk，VAR)的资产管理模式，将财务杠杆的变动内生化。在险价值的资产管理的核心思路是：财务杠杆的比率与投行对自身资产风险水平的评估成反向变动。风险越低，杠杆放人越大。在金融衍生品营销初期，投行一般对风险评估较低，这使他们的财务杠杆放大到30倍，想方设法去批发产品。而当账面资产价格下滑时，投行亦不得部通过出售账面资产的方式“去杠杆化”。如此逆动的结果，造成市场繁荣时急剧放大投行的资产规模与账面利润，而当市场衰退时，投行的资产减记与账面亏损业急剧放大。正所谓“容则容矣，损则损矣，成则如气球膨胀，败则似水溃长堤”。

第三，投行全面实施了市值定价的会计制度，人为因素巨大。比起传统的历史成本定价法，市值定价法有利于更加准确地反映银行账面资产的市场价值。但它的缺点是，形势好时，往往人为放大银行的账面资产价值，形成很大泡沫；而当形势不好时，往往又人为紧缩账面，披露亏损状况，使得企业雪上加霜。

以上分析可以看出，投行的三种状况决定了它们是赢与亏、进与退、荣与衰的矛盾高度集合体，经营一直处于不稳定状态，当$1+(-1)=0$时，这种“麦道夫化”的模式就难以为继了。

国际货币基金组织前总裁卡恩在世界劳工组织大会上指出，由于不法经营引发的金融危机为50年来所未有，全世界数百万人因此失业和陷入贫困。要改变目前的状况，早日实现经济复苏，各国政府必须采取坚决的措施，彻底清洗金融机构的毒素。

作为金融问题成堆的美国开始“排毒”行动，“三管齐下”为金融界“消毒”。

首先建立一个由美国联邦存款保险公司(FDIC)支持的实体，由它来购买并持有那些不良贷款。

此外，财政部还打算扩大定期资产支持证券贷款工具(TALF)项目的规模。该项目现在只购买支持所有消费者和小企业贷款的新发行证券，但一些2005年和2006年发行的最具毒性的资产也将包括在内。

最后，政府还将继续推进盖特纳草拟的一些计划，建立一系列公私合营的投资基金以购买抵押贷款支持证券和其他证券。这些基金虽将由民间的投资管理公司来经营，但由私人资本和政府资金联合提供资本金，双方将共享利润、共担损失。

这真是个化解“有毒资产”的最佳思路。该项目分成两个部分，分别清理“有毒贷款”和“有毒债券”。财政部和私人资产将提供资产融资，联邦储蓄保险公司将为用于购买抵押贷款和抵押贷款支持证券的债务融资提供担保。但是，财政部不会参与管理，资产管理将受到联邦储蓄保险公司的严格监督。

亚当·斯密的常青藤原理

作为古典经济学的主要创立者，亚当·斯密这位1723年出生于苏格兰的格斯哥大学的教授，以《道德情操论》确立了在知识界的威望，而后以1776年发表的伟大著作《国家康富的性质和原因的研究》(简称《国富论》)享受着荣誉和爱戴。

234年前，亚当·斯密就预言过分失衡将导致经济危机。如今的金融危机则再次证明了他的高瞻远瞩。

斯密在《国富论》中指出：“住宅不会为居住者带来任何收入，如果将其出租，由于房子本身并不能生产任何东西，因此租房者必须找到其他收入来支付房租。”所以，尽管房主可以通过房屋出租来挣钱，“但不会因此让整个人类的收入有一点点增加”。

过度投机的现象与自由市场的关系不大，倒是与高额利润密切相关。

斯密说:“当交易赢利高于通常情况时,过度交易便会成为一个普遍犯的错误。”他说,那些“利润率最高的国家将毁灭得最快”。

一个简单的想法将使得过度交易演变成一场投机灾难——不论是海洋贸易、股票、债券还是房贷。这个想法就是说,无限的信贷扩张将带来无穷的财富。

只有被斯密称为“纸币的美妙翅膀”才能带来这种效果。要生产足够多的纸币,必须由政府或相当于政府规模的机构参与。现代商业银行便发展为这样一种相当于政府规模的机构。斯密指出:“完全由撒谎的那个人组成的政府可能是最糟糕的政府。”

自由是一切的中心。斯密建议,每个人都应享受自由——自由选择职业、自由拥有和交换劳动成果,免于奴役,免于政治、经济和管理规则的压制。他对爱丁堡一个学术委员会说:“只需要和平、宽松和税负,可以承受的法制,除此之外,什么都不再需要,就可以实现高度的富裕。”

——那么,亚当·斯密,您将如何解决目前的困境呢?

“抱歉,”他说,“自由离不开劳动。”

——但问题必须解决,美国的智囊说,解决投机资产贬值的办法就是降低它们的价格。

“此法无效。”斯密说。

——我们可以把大量的国家财富注入银行。

但斯密说:“要想通过不必要的储备大量金银来增加一个国家的财富,这种做法十分荒唐。”

——我们排除专家进行救助,要给垂死的银行和企业打一剂强心针,采取大规模减税等措施……

斯密说:“我从来不知道那些拿我们的公共财富进行交易的人做过什么好事。”

——我们还有一个杀手锏,就是把企业国有化。

但斯密说:“一个有兴趣从事酒商和药剂师生意的国家不会太伟大。”

目前美国政府所做的一切似乎都是积极的,但对照亚当·斯密的表述,我们发现它们似乎是落后的、过时的、徒劳的……

亚当·斯密曾击倒过布尔什维克革命、法兰西的国家干预政策、凯恩斯主义、大萧条、二战时期的经济控制、1845 年英国工党的胜利、阿拉伯石油禁运、安东尼·吉登斯的"第三条道路"，目前的金融危机也再次为他的理论所KO。

亚当·斯密又赢了，这个万岁的常青藤！

其实，隐藏在金融危机背后的深层原因是"新自由主义"的作祟。

诺贝尔经济学奖得主、普林斯顿大学教授斯蒂格利茨早在2002年的5月，就出版了引起广泛争议的《全球化及其不满》，他用自己担任克林顿政府高级顾问七年政策生涯中与众不同的观察、思考，得出市场不是万能的、失去监管市场就会失灵的结论。

斯蒂格利茨回顾了在全球化的大背景下，过去数十年亚洲和拉美的金融危机的前因后果，第三世界和前共产主义国家经济发展和社会转型的经验和教训，以及以国际货币基金组织为首的国际组织南辕北辙的努力。斯蒂格利茨直言不讳地批评华盛顿政经界盛行的市场原教旨主义，倡导国际经济金融政策制定的民主性和公开性，要求改革主要的国际经济金融组织。

对于国际货币基金组织借经济援助推销意识形态的做法，斯蒂格利茨表示了极大的愤慨。他举例说，1997年国际货币基金组织要求埃塞俄比亚允许外资进入银行业，开放金融市场，让汇率自由浮动，建立国债拍卖市场，否则将停止对其贷款。在当时贫穷的埃塞俄比亚，整个银行系统的规模还不抵华盛顿郊区一个五万人的小镇，国际货币基金组织的做法何等荒唐可笑。斯蒂格利茨说，国际货币基金组织威权至上，蛮横地给贷款国强加各种苛刻的条件，干预经济，干预政治，甚至要求韩国修改《中央银行宪章》。

斯蒂格利茨认为，在重要的经济政策上，国际货币基金组织颠倒了目的和手段。

事实证明，急剧的私有化如果没有配套的创造就业的宏观政策，如果不能有效地控制腐败，必将是一场灾难。贸易的自由化原则上能够造福发展中国家，但是发达国家在贸易问题上采取双重标准，以保护国内的各种利益集团。过早的过度的完全开放资本市场，只是使国际金融资本收益。把一些已经在发达国家证明是不可取的政策强行推销给发展中国家，强制他们盲目引进外资，只会摧毁本国的相关产业，抑制经济生长的内在力量。在改革和转型的问题上，国际货币基金组织一味追求速度，不考虑先后次序，结果导致了许多发展中国家深刻的政治和社会问题。斯蒂格利茨强调，好的经济政策不仅要解决长痛，而且要避免短痛。

斯蒂格利茨认为，在相当大的程度上，国际货币基金组织的政策性错误不仅导致了东亚的金融危机的产生，而且加剧了危机向纵深发展。冷战结束以后，无数的国际资本流向新兴的市场，从东亚到拉美，从俄罗斯到印度。资本市场的完全开放不一定能够促进增长，尤其是对于高储蓄率的东亚国家而言，只会徒增不必要的风险。但是在美国财政部的支持下，一直到1997年10月东南亚危机的前夜，国际货币基金组织还在该地区不遗余力地推行资本市场的自由化。而当危机最初爆发的时候，又不考虑这些国家的特殊情况，反而开出紧缩性政策药方，强求预算平衡和贸易盈余，其结果加剧了以邻为壑的效应，导致了危机向周边国家的扩散。他们还指鹿为马地要危机国家提高利率，以吸引国际资本，保护本国货币价值，结果导致了更多的公司破产从而加深了银行体系的危机。其结果，危机国家的经济在供给和需求两方面都在收缩。当危机继续围剿的时候，国际货币基金组织又以想当然的思路推行结构性改革：关闭坏账累计的银行和破产资不抵债的公司。这一击，使一个本很脆弱的国家不得不倒地了……

国际货币基金组织最可悲的一个错误是将230亿美元的援助用去支撑汇率，保护西方的主要贷款银行，但是几乎没有任何资金用于帮助普通人民渡过危机时的艰难生活，这就不可避免地在东南亚出现了悲剧性的种族骚乱。

斯蒂格利茨赞扬了中国在保持经济的增长同时保持社会稳定的宏观思路和具体政策，同时指出俄罗斯休克疗法的一大失败。价格在一夜之间的放开导致了恶性通货膨胀，随后采取的货币紧缩政策又抑制了经济的活力。私有化意味着国家资产的流失，养肥一小部分的贪官污吏和不法奸商。与俄罗斯相比较，中国在最短的时间内减少了世界上最大的贫困人口，而俄罗斯则在最短的时间内制造了世界上最大的人口贫困。

斯蒂格利茨说，6年后的事实无情地证明市场原教旨主义神话的不攻自破。

所谓市场神话，就是认为市场能自动解决一切问题，政府越小越好，而市场越大越好。更理论化的表达是，市场机制就是这样一只“看不见的手”，当每个人追逐自身利益最大化时，社会利益就能够最大化。这是亚当·斯密开创的西方经济学的核心思想。就是这个核心思想的极端化使政府失去理论上的合法性，无论这个政府是民主的还是独裁的；而使资本家对经济和社会生活的统治具备合法性，无论资本家是善良的还是残酷的。

受过市场神话浸染的人会想，这有什么错呢？难道市场交易不是最公正、最公平的吗？难道市场不是在自动调节着价格和供求关系，从而供应着丰富的日常生活用品吗？难道科学技术的进步不是在市场的推动下取得的吗？

其实，这只是表面现象。市场交易看上去是两厢情愿，公平公正，实际上，由于交易双方的力量不对等，信息不对称，每一笔交易都是不平等的。供不应求时，卖方处于强势，可以向买方索取高价；供过于求时，买方处于强势，可以将价格压下来。供求平衡是瞬态，而供求不平衡是常态。考虑到特定空间和时间的分割，考虑到每一种商品的技术、性能、品牌的独特性，事实上，绝大多数的商品都处于程度不同的垄断地位，这就构成了卖方对买方的总体优势。而劳动力市场上总是供大于求，因此劳方总是受资方的剥削。每日每时无数笔不平等交易的积累，就形成了“大者且大，小者且小”的两极分化的趋势，最终迫使弱者联合反抗，社会陷入动乱。

事实上，经济危机就是市场经济的周期性动荡的具体形式，其根源恰恰在于交易的不平等。在危机期间，大量的人饿死街头，仓库里的粮食却在发霉，成吨的鲜奶被倒掉，而鲜花总出现在富人的宴会上。随着危机的加剧，各国加紧掠夺外国能源，开辟战场，于是，先进的科学技术被转化为杀人武器，无数生命死于隐形飞机和贫铀炸弹。

也正因此，在欧美各国的历史上，放任自由的市场经济逐渐被政府强力调控的市场经济取代，政府开支占国民生产总值的比例越来越高。即使在市场神话最流行的20世纪90年代的美国，在政府调控能力逐渐削弱的新自由主义时代末期，美国政府的开支仍然稳居GNP的30%以上，是第一次世界大战前夕的3倍多。

所谓成熟的市场经济，恰恰就是政府调控的市场经济。政府负责养老金、失业救济金、医疗保健计划，并提供相当长时间的义务教育和低价格的高等教育，制定并执行劳动场所的安全与卫生标准以及食品与药品标准等，还执行反周期的财政和金融政策，使老有所养，病有所医，幼有所学，失业有所靠，从而维持了公民的社会责任感和道德感，缓解了“阶级斗争”的激烈程度，延长了经济危机爆发的周期，降低了其危害程度，从而使社会有文明可言。

值得深思的是，中国的媒体也常常要求成熟的市场经济，同时却宣扬“小政府，大社会”，而没有意识到其中的悖论。这是“既要马儿跑得快，又要马儿不吃草”，不想支付成熟市场经济的成本，却想坐受其成，怎么可能呢？除了学识上的幼稚外，反映出舆论对于市场神话的偏爱，认为市场总代表着社会进步的动力和方向，而政府并不代表公众，而是意味着独裁和腐败。

问题在于，我们能不能不因噎废食，因为有腐败的可能就取消政府权力呢？我们为什么要失去一个社会监督下廉洁政府的想象呢？缺乏管理的经济能够实现民富国强之梦么？一盘散沙式的格局抑或会引发什么样的社会动荡与族群分裂呢？

事实上，在欧美各国，一直存有两种想象，两种神话，即自由市场神话与民主政府神话。自由市场神话在经济学界、工商界流行，民主政府神话在普通公众中流行。由于民主政府神话的流行，欧美各国的公众不断批评市场权力，工人组织工会抑制资方在招工、工资、解雇上的独裁权力，农民组织农会抑制供求关系的大幅波动，中小商人批评垄断商人，倾向于公众利益的政党要求教育、医疗、养老、就业的保障体系，逐步使自由市场的破坏性受到越来越强烈的束缚，并建立起了一定程度上有民主性可言的比较清廉的政府。

这两种神话分别来自18世纪的两大革命：英国工业革命产生了自由市场神话，法国大革命产生了民主政府神话。从历史渊源上看，中国的“文化大革命”与法国大革命有割不断的联系。由于中国是在彻底否定“文化大革命”的舆论中向西方学习的，于是就只学到了西方的市场神话，而没有学到束缚市场破坏性的民主政府神话，甚至把后者当作洪水猛兽，结果社会失去平衡，落入了权力和资本相勾结的“权贵资本”的危险。

在《喧嚣的九十年代》中，斯蒂格利茨分析了20世纪90年代末和21世纪初的金融市场危机所生发的原因，指出信息不对称和激励问题扮演着重要的角色。本次金融危机在许多方面都与这些早期危机十分相似。

最根本的原因在于金融机构为利益驱动而自觉不自觉地陷入互相传销的“庞氏骗局”。斯蒂格利茨将监管失责的源头追溯到巴塞尔协议的致命缺陷。

事实表明，允许市场自由泛滥无异于纵容犯罪，因为在非理性利益驱动下的市场车轮最终将滑向经济危机的深渊。

美国的金融危机，无情地充当了新自由主义的掘墓人。

毒资本与善资本的分野

380 万人受累于麦道夫案，100 多个国家受害于华尔街，资本的贪婪与阴毒，几乎遭到全世界的同声讨伐。据路透社 2009 年 2 月 6 日报道，巴黎成立了“新反资本主义党”，其领军人物是奥利维耶·贝桑瑟诺，一名邮差出身的崇拜共产主义的极左翼人士。经济危机加剧了人们对“新自由主义”的怀疑，贝桑瑟诺也抓住时机掀起新的“五月风暴”，推销反资本主义的理念并不断扩大自己政党的影响力。

为什么有那么多人加入“反资本主义”潮流？经济危机加剧了人们的失望与不满，加速了对目前这种资本主义的恶心，甚至憎恨。

英国《观察家报》的一篇题为“我们何时能彼此友好一点”的文章写道：

对一个使大家都富裕起来的时代而言，在 2008 年终结的长期繁荣便尤其让人感觉恶劣，那是一个充满浮夸、竞争与反社会的行为的时代。大众文化放任我们发挥恃强凌弱的天性。我们让名人在电视上吃虫子，把镜头对准穷苦的家庭，然后把这称为娱乐；我们坑了很多人，挣了许多钱，制造了很多次级贷式的灾难；我们喝了太多酒，发了太多誓，参与了太多争斗，简单说我们对彼此不太友好。

曾经的繁荣是消费主义的放纵表演。这是一种把人们当作婴儿来看待的想法。现代消费者的原型就是一个蹒跚学步的孩子：无法分辨“我想要”与“我需要”的区别，沉溺于当下的满足感。如果这种观点是正确的，那么西方消费者在内心深处就只是被宠坏的两岁婴孩，而信贷危机就是一位讨厌而严厉的超级保姆。

的确，经济危机使人们对资本主义厌恶与愤怒，开始思考一个问题：资本主义能否做到友善一些？

提出这个问题也许是天真的，但却是不无道理的。

作为生产力与生产关系发展到一定阶段的产物，资本主义代替封建主义曾经是人类历史上的伟大进步，资本作为活生生的力量曾经在两次世界大战后产生举世瞩目的奇迹，而美国，更是称为“自由”“平等”“民主”“繁华”的样板。也正因此，美国也总是采用软的硬的手法向其他国家推销其理念与社会制度。

可是目前发生的危机却使人们的心伤透了，人们更愿意实行一种“善心资本主义”。

在日本，最早提起这个主张的是财政大臣与谢野馨。在国会的一次演讲中，他说，日本必须摒弃华尔街式的铁石心肠，创造出一种全新的“善心资本主义”模式，以减轻二战以来最严重的经济危机所造成的伤痛。

跟与谢野馨同气相应的是前首相中曾根康弘。他曾指导日本铁道公司、日本烟草公司、日本航空公司和日本电信公司实施民营化，因而对改善民生有更切实的感受。他说，美国经济政策的自由放任原则缺乏起码的人性，它是一种没有人情味的资本主义。“目前的危机显示这种美式资本主义有局限性。”他说，日本将转而发展一种有善心、有人性的资本主义。

此次金融危机使日本10万人下岗，工业产值也走向历史性的下滑，6.7%的跌幅远远超出人们的预期。

与谢野馨说：“强者胜、弱者败的思想不符合日本社会。”日本只有发展一种比较“亲切的资本主义，才可能恢复曾经的繁荣”。

与谢野馨和中曾根康弘的话在日本引发强烈的议论，人们觉得劳资对立的状况应该结束，工作分摊以减少裁员，企业界应竭尽全力保住其作为公民社会爱心支柱的声誉，并想方设法在削减成本的同时表现出责任感。

可以这样认为，“善心资本主义”是对“恶心资本主义”的扬弃，是吸取了社会主义、福利主义、均富理念、和谐思想的精髓，融汇了卡内基、德鲁克、孔子、松下幸之助思想的创见。

2010年2月24日，美国前总统克林顿也“戴着一颗新的心脏”[①]，出现在加州大学伯克利分校发表演讲，指出“婪贪是万恶之源”、“当今世界相互依存，应该倡导相互帮助，共同发展”。

很显然，如果不能照顾彼此的利益和相互帮助，资本的偏颇将使世界倾斜，最终将颠覆金字塔结构。

中国也有相同的声音：

“中国企业正面临企业社会责任的挑战性考验。那种资本无道德，财富非伦理，为富可以不仁的经济理论和商业实践，不仅国际社会难以接受，中国社会也已经不能容忍。在经济全球化背景下，企业社会责任并非只是评价企业道德高下的标准，而且也是进入国际市场实实在在的门槛。我提议，为了人类生活得更美好，为了建设社会主义和谐社会，为了提高企业的核心竞争力，企业要勇于承担起社会责任”。

前全国人大常委会副委员长成思危的这番话，说到了点子上，击中了中国许多企业家的软肋。马克思曾经说过：资本来到人间，它从头到脚每个毛孔都渗透着血和肮脏的东西。所以，一提起资本，人们仿佛就闻到了血腥味，就想起了“圈地运动”，想起了“羊吃人”的典故，仿佛看到了剥削，看到了残酷，看到了暴利。

的确，资本的性质决定了它的逐利本性，它来到人间的使命就是实现利润最大化。孟子曾经说过：“天下熙熙，皆为利来；天下攘攘，皆为利往。”所以，对于资本的逐利本性，人们丝毫也不感到奇怪，也不感到惊讶。但是，所有的资本都是由人来控制，由人来操作的，资本的本性也就是人的本性。成思危说，中国有句广为流传的俗语：“君子爱财，取之有道。”这个道，即是道德、道义、伦理。也就是说，君子在获取利润的过程并不是不讲温情、不讲道德、不讲伦理、不讲法律，而是在赚钱时讲求道义，遵守法律，在使用利润时要用得健康，用得有益，尽可能给更多的人带来享受，创造幸福，“义以生利，利以丰民”。

改革开放以来，中国的资本表现得十分活跃，中国的企业发展非常迅速，经济总量高速增长，社会财富快速增加。但是，有相当一批企业家的社会道德感，社会的责任意识并未相应增强。有些企业家把追逐和占有

---

① 指克林顿刚刚做完心脏搭桥手术。

财富视为人生的最大快乐和终极目标。他们可以为富不仁，可以不择手段，可以蔑视道德，可以践踏法律。坑蒙拐骗无所不为，欺瞒敲诈无所不做。一旦跃入富豪的行列，不是花天酒地、纸醉金迷，就是玩车比狗，抱伶拥优。拔一毛而利天下的事不愿意干，赌桌上千金一掷非为快。

古人说："圣人非不好利也，利在于利万人，非不好富也，富在于富天下。"

古人还说："良贾深藏若虚，君子有盛德若无。"

所以，无论是从整个社会的发展，还是从企业本身的发展来说，资本的德行都应该与企业家的社会责任相联系，与人类的良知相维系。

在接受英国《金融时报》总编巴伯访问时，中国总理温家宝的对话极富哲理。

巴　伯：总理，您在演讲中谈到斯密，他的理想……

温家宝：我们要建立的社会应该是一个公平正义的社会，是一个让每一个人在自由和平等的条件下得到全面发展的社会。这就是我为什么很喜欢阅读亚当·斯密的《道德情操论》的原因。亚当·斯密于1776年出版了《国富论》，他也写了《道德情操论》。在《道德情操论》里有一段非常精彩的论述，他说，如果一个社会的经济发展成果不能真正分流到大众手中，那么它在道义上将是不得人心的，而且是有风险的，因为它注定要威胁社会稳定。

巴　伯：我想，您又一次知道我在想什么，因为准备采访时我也有自己想引用的亚当·斯密应对金融危机的话。其实这句话也是来自您最喜欢的《道德情操论》。

温家宝：这本书很长一段时间不引人注意，我觉得它的意义不亚于《国富论》。他只有两次在《国富论》和《道德情操论》里提到看不见的手，一只看不见的手是市场，一只看不见的手是道德。

巴　伯：我可能早都已经记得非常清楚了。不管一个人有多么的自私，但很明显在一个人的本性中总是有一些原则，这些原则让他对其他人的福祉产生兴趣，能够为他人带来幸福感和快乐的感觉。虽然他从别人的福利中并不会得到具体的好处，只不过他得到的好处就是能够看到他人幸福。

温家宝：我很欣赏你这句话。

很显然，中国总理赞同资本给人们带来幸福，而且是给大多数人带来福祉。

在此，我们不妨对“善心资本主义”尝试做一点解析——

首先，“善心资本”的出发点必须建立在“利他”基础上，亦即办事、想问题、制定政策、创新经营都要从有利于对方、有利于大多数人、有利于事业、有利于国家出发，坚决克制“自私自利”的陈旧思维方式。

其次，“善心资本主义”实现的是“双赢”“多赢”“共赢”模式，强调管理，更重视沟通；强调竞争，更重视合作；强调目标实现，更重视主动创造；强调企业利益，更重视社会责任。

再一个方面，就是必须改变“强者霸道、胜者通吃”的格局，提倡兼爱、友助、周济和相互照应，使人与人之间的疏离关系变为合作关系，利益关系变为均衡关系，“非零和关系”变为“零和关系”。

世界需要“新资本主义”。

这种“新资本主义”不应是马克思所评价的资本主义，希法亭所揭示的资本主义，更非里根—撒切尔式的资本主义，而是一种经历深刻反思和大刀阔斧的改革后进化的新资本主义：具备发展性、相融性、共享性、多样性的“第四资本”。

与过去 30 年的模式相比，它也许变得更“仁慈”、更“温和”、更“公平友善”、更少一些“胜者通吃”的味道。

早在《全球化及其不满》一书中，斯蒂格利茨就指责国际金融管理机构置华尔街金融资本利益于贫穷国家之上的错误行径，呼吁经济学和经济政策向人性回归。斯蒂格利茨确信，经济学并不是一门枯燥神秘的学科，好的经济政策有力量去改变无数贫苦人的生活。政府应该而且能够采取适当的措施来促进经济增长同时保障成果为人民所共享。斯蒂格利茨提醒决策者，在通货膨胀，充分就业这些简单术语背后，是千万人的生存和福祉。

此次金融危机几乎使现存的金融理念、金融规则和金融架构彻底摧毁，血泊中将生长出一种比较健康合理的和规范的人性化的金融形态。

以下数字将促使我们进行反省。

如果我们把消费者、企业和公共部门的债务统计在一起，美国的借贷将超过 5.9 万亿美元，与年经济产值的比率略高于3：1。

10 年来，美国人借了又借，赊了又赊，总以为后一拨借款可以偿还前一拨借款，总以为还债的末日不会到来。看一看银行的对外流动负债表吧，数额从 1997 年的 1.1 万亿英镑增加到了 2008 年的 4.4 万亿英镑，同样是年经济增长值的 3 倍。

两个“3”字绝非偶然的巧合，两种情势包含着一种必然性，这就是美国的金融服务业一方面出现了无法维系的大规模债务赤字，一方面银根又在急剧地收缩。

正如中国央行行长周小川，在中美经济对话会上对美国财长保尔森所说：过度消费和高负债的增长模式，是美国产生金融危机的重要原因。

一针见血，一剑封喉。多年来，美国债台高筑，势如危卵。帝国的强大在于消耗，一场伊拉克战争，花掉了 30 000 亿美元。还有阿富汗、中亚、太空等庞大的军费开支。

实力是一个国家为实现其目标所需要支配的总体资源。美国的实力是由其经济实力、生产能力、财富、技术、人口资源等所决定的。在 2000 年，美国的 GDP 曾达到巅峰（平均增长速度 3.7%），然而布什执政的 8 年却稳步地衰退（平均增长速度 2.2%），下降了将近 7.7 个百分点。按照假设情况基本可以多增加的份额（即 2.1 个百分点），占到美国衰退（即 7.7 个百分点）的大约 27%。

一方面是经济的高衰退，一方面是国力的高消耗——于是，美国金融霍然呈现两种天象：无限膨胀的天体与无限收缩的黑洞。

如此带来的直接后果是失业率大幅飙升和税收的大量蒸发。繁华早已不再。日子将在艰难中循环。美国的自由资本主义还令人羡慕么？

答曰：非也。

“美国应该主动加快国内调整，适当提高储蓄水平，减少贸易和财政赤字。”

中国行长给美国财长指点迷津。

维护平衡或者说均衡，是把握资本回报的合理性的一个原则。

当中国廉价的劳动力换回的出口产品的回报只是西方人的1/10时，几乎所有中国人都说“反对”。试想，一个芭比娃娃玩具，欧洲人可以卖到 1 000 美元，而中国的生产商的报酬只是 50 元人民币，谁能说是公平的呢？

还有，假如一个人一天所需要付出的交通费、餐饮费、劳动成本是50元人民币，而他所得到的报酬则是30元/小时，他/她/你能不罢工么？

这也就是美国的白领阶层所称“沦为贫困阶层”的原因。

无论刺激消费也好，鼓励储蓄也好，负债经营也好，虚拟经营也好，投资与回报、收入与支出、远景与近景、银行与银行从业者、经营能力与承受能力、全球资本自由流动与风险防范之间，必须维持在一个合理的度上，不可过分倾斜，不可番然失控。

资本的回报必须合理，那种财富朝20%的人手里集中的逻辑必须摒弃，银行衍生圈套收益无限大的游戏必须终止，金融界高得离谱的“激励”规则必须整改，麦道夫式的庞氏骗局必须受到打击！

继前纳斯达克股票市场公司董事会主席伯纳德·麦道夫卷走全球投资者数百亿美元后，第二个金融巨骗很快浮出水面，他就是被美国证监会指控在加勒比海利用离岸国际银行诈骗80亿美元的得克萨斯州亿万富翁艾伦·斯坦福。

斯坦福出生在美国得克萨斯州一个人口不到1万人的小镇麦克西亚，他的祖父罗迪斯·斯坦福在美国大萧条时代经营一家保险公司。20世纪70年代，斯坦福进入家族公司做事，80年代初期向父亲詹姆斯·斯坦福借了400万美元作为启动资金，于1986年在加勒比海的蒙特塞勒特岛上开了一个叫“守护者”的银行，这是他的第一间国际离岸银行。

他自称斯坦福大学创始人，把自己打扮成一个魅力四射的传奇人物。他不惜派出他的私人飞机接送顾客到安提瓜“实地考察”，或者用自己的私人游艇招待他们到安提瓜旅游，最富有的投资者则会被安排到加勒比海的幽灵湾——一个与世隔绝的300英亩私人岛屿度假，那里有自然保护区和专供客人住的别墅守护者，招徕来自墨西哥、委内瑞拉和美国内陆的富人，他们大把大把地给他送钱，而他也把“守护者”改名为“斯坦福国际银行”——当地最大的离岸银行。

斯坦福采用庞氏骗局，即以高回报为诱饵，将新客户的钱付给旧客户当作投资利润，吸引更多的人入局。举例来说，在1995年和1996年，他连续两年取得年15.71%的相同回报率，这在现实中几乎不可能。

在斯坦福集团内，只有斯坦福和其国际银行首席财务官詹姆斯·戴维斯知道大多数储户的资金被放在什么地方，即使那些“投资委员会”

的人也毫不知情。斯坦福亲自处理每笔交易，他和戴维斯把投资者90%的钱转移到秘密的“黑箱”，以避开公众视线和监管部门。

麦道夫也好，斯坦福也好，最后都被钉在历史耻辱柱上——非理性的贪婪不仅毁掉他人，最终也毁掉了他们自己。

零上为水，零下为雪，零度为冰。资本的追求需要合度。

何谓合度？

马克思曾经把资本主义制度称为“脓包”。从麦道夫、斯坦福到华尔街顶薪巨头巧取豪夺所暴露出的问题，说明美国的现存制度是多么的不合度。

从本轮金融危机对经济的伤害机理上看，首先是泡沫的兴起和破裂导致金融的资源配置功能失效。泡沫繁荣时导致社会经济资源配置错误，泡沫破裂时资源配置修正过程不能同步进行；其次，虽然泡沫破裂实际上是对原先资源配置错误的修正，但是这一修正过程导致了金融体系其他功能受到伤害。金融机构的破产和修复资产负债表行为，削弱了金融体系创造货币的功能，市场低迷使得金融体系风险管理的功能弱化。

泡沫破裂导致金融危机发生，意味着资源错配的修正行为已开始。危机持续一段时间后，如果金融体系的其他功能不再受到伤害，或者开始恢复好转，那就意味着金融危机对经济的影响已开始见底，而实体经济如果不是本身问题也应跟着好转。因此，金融体系功能复苏是金融危机见底的标志。

金融体系本身流动性的充裕，是金融体系其他功能得以正常发挥的基础。金融体系流动性的核心是银行间融资市场的正常运转，而次贷危机对金融体系功能的最大打击就在于对金融市场流动性的冻结。

在美国，银行间融资紧张程度最值得关注的风向标是银行间拆借利率（LIBOR）/隔夜指数掉期利率（OIS）的利差。长期以来，LIBOR/OIS间利差一直保持在一个相对稳定的水平，次贷危机发生后，LIBOR/OIS间利差迅速上升。2008年10月份后，随着美国大规模财政救助计划的实施，LIBOR/OIS间利差开始缩小。2009年1月，虽然3月期LIBOR/OIS间利差仍处高位，但1月期LIBOR/OIS间利差已基本降至次贷爆发前水平。

LIBOR/OIS间利差飙升，是货币市场交易中信用风险溢价和流动性风险溢价都大幅度上升的结果。利差大幅走低，说明金融交易当中的信用风险溢价和流动性风险溢价都已大幅走低，银行间市场融资功能开始恢复正常。信号表明，美国金融市场的功能正在修复，金融体系机能的基础开始逐步复苏，金融危机或已见底。

国外发展经验表明，货币经纪功能作用的有效发挥，在很大程度上，有赖于市场交易各方严格遵守统一规范的交易行为准则。无论是货币经纪发源地的英国，还是亚洲新兴市场如新加坡、香港，货币经纪和交易行为准则都是不可或缺的基础性制度，也是金融机构参与金融市场交易活动所应遵循的一般要求。我国现阶段金融市场尚未完全与国际接轨，相关行为标准缺失，这在一定程度上制约货币经纪服务的效果，也影响中国金融市场的运行效率。

引入货币经纪制度，是中国深化金融对外开放和金融市场快速发展的客观需要。2005年银监会颁布《货币经纪公司试点管理办法》，成功批设第一家货币经纪公司——上海国利货币经纪有限公司，迈出了我国引进货币经纪制度实质性的重要一步。下发《指引》，旨在引导和规范市场参与主体的经纪和交易行为，维护市场公平和秩序，进而推动金融市场高效运行。

《指引》借鉴了国际上被普遍遵守的交易准则和惯例的一般性要求，立足现阶段中国金融市场实际，着重对包括经纪商（货币经纪公司）和交易商（银行、非银行金融机构、证券公司、保险公司等）在内的所有市场交易主体的交易行为和经纪行为作出原则性的最基本规定，具有很强的指导意义和可操作性。《指引》的有效实施，将对进一步建立和完善适应中国金融市场发展需要的货币经纪和交易行为的管理法规起到积极的推动作用。

以法德两国为轴心的欧盟正在研究国际金融改革的切实的措施，草拟的宪章旨在对世界货币交易市场的度作出表述和市场监管的“度量衡”进行打造。

说到底，资本主义制度必须作出改变——在企业与政府、顾主与雇员、投资者与被投资者之间，必须重新形成一种新型关系，一种舒服的比例关系，一种福祉模式的可持续发展关系。

——这就是危机下的转换。

——这就是新文明的到来。

摆脱“零和游戏”

危机中没有赢家。伦敦 G20 峰会最动听的声音就是“加强合作”和“缔造未来”。

这是一种“新文明”，一种“非零和游戏”。

读《自私的基因》，读到一个很有趣的问题，原来动物的生存法则各自有一些稳定的策略，科学家将其进行比较，发觉不同的策略得出不同的效益。

于是他们设计了一种游戏，假定双方都拥有两种牌，一曰“合作”，一曰“背叛”，双方每次出一种牌，就有四种结果：一是双方都出“合作”，庄家各给他们 300 美元；二是双方都出“背叛”，庄家就各罚他们 100 美元；三是对方出“背叛”，自己出“合作”，这时你明显有损失，庄家给对方 500 美元，罚你 100 美元；四是对方出“合作”，自己出“背叛”，这时你得逞了，庄家给你 500 美元，罚对方 100 美元。

专家设计了电脑程式，邀请全世界研究人员提供不同策略的设计进行比赛。比赛的结果，得最高分的是一种叫做“针锋相对”的策略：对方这一次出什么牌，自己在下一次就跟他出同样的牌。你这一次合作，我下一次也跟你合作，你这一次背叛我，我下一次也背叛你。

这种游戏引申到理论的层次，就是博弈论，就是“零和”与“非零和”的分别。

“零和”是一方的得益意味另一方的损失，“非零和”则是交手双方都有可能得益。

新的国际金融秩序，必须建立在“非零和游戏”的基础上。

面对危机和风暴后的混乱，我们需要对残局进行拓扑，让世界重新回到或者说找到它的不动点。

这个不动点就是资本的根本点，资本的应有之义。

在 2009 年 2 月 3 日接受日本《朝日新闻》记者采访时，法国前总理德维尔潘说，现在全世界所遭遇的金融危机是一场史无前例的危机。它不同于泡沫经济破灭后日本出现的危机，不像日本那样渡过了困难时期经济就会复苏，而是一场长期的将对世界能源、环境、粮食等基本格局产生深远的影响的“结构性危机”。

何谓“结构性危机”？就是世界金融管理机构目前存在着偏向美国的形同虚设的把关和调控的致命缺陷：以一元独大为特征的世界货币机制。

尽管世界上比较有影响的货币，目前除美元外，尚有欧元、英镑、日元、人民币、加元、马克、法郎等币种，但在结算和汇率上，仍然难以摆脱美元笼罩一切的影子，难以实现一种公平的均衡。

还有在金融投资和风险均摊方面，也依然存在着一味追求利润和实施货币高压的偏颇政策，以及反科学的非人性化的货币政策、货币交易规则和货币增值计划。

他说，我们必须进行改革，做结构性的改革。

我们现在正处于文明的转换期。

“金砖五国”（印度、中国、俄罗斯、巴西、南非）等新兴国家的崛起，统治了世界长达五个世纪的欧美的权力秩序正在发生根本变化。

在这一过程中，我们有必要建立起和平共存的规则。

新的世界秩序需要新的理念。

在伦敦 G20 峰会前夕，德国总理默克尔直言不讳地说：“这是一次历史性的机遇，帮助我们找回资本主义的‘良心’。”默克尔说资本主义已经丢失“良心”很久了，必须抓住这次机遇。

过去的 10 年是布什政府和新保守主义“强权统治”的时代。由于“9·11”事件的发生，美国等国家试图通过强权来构筑世界新秩序，创造一极独大局面。然而，这一努力未能成功。

所谓新的理念就是“正义”。非正义是暴力的源泉，也是导致恐怖主义的原因。美国可以通过纠正非正义的做法，来向国内外展示“依靠强权统治世界的时代已经结束”。

此次危机或许会唤醒人们世界一体的感觉和全球共同体的意识。作为今后统治世界的基础原则，有必要进一步尊重和提高发展中国家的地位，关注他们的利益，提高他们的发言权。同时还要强化联合国的组织，创立“经济安理会”，协调国际货币基金组织、世界银行、欧洲央行、美联储等机构，使得这些机构的活动能够符合世界整体的利益。

德维尔潘说，超级大国的时代和单边主义的时代已经结束。世界正在从单极时代向合作时代过渡。奥巴马有意在多边框架中扮演自己的角色。如果那样的话，欧洲和日本等有影响力的国家和地区也将不得不肩负起自己的责任。在美国奉行协调主义的世界中，主要国家必须发挥自身积极的作用。

世界银行行长佐利克也发表谈话，认为对金融危机应该反思，应该实行更温和的资本主义。亚洲金融危机和这次的危机的教训，就是应该帮助那些欠发达地区的人民摆脱贫困，而恰恰在这方面过去做得不是很好。

从亚洲、非洲到欧洲、美洲，从联合国官员到世界银行家，从斯蒂格利茨这样大牌经济学家到伦敦街头举牌抗议的普通人，人们似乎对新资本主义的定义已经达成共识。

世界需要超越失败与成功、繁华与衰落这两种境地的能力。所谓的不动点定理，就是在一定假设条件下（比如连续性、紧密），认定一定存在那么一个不动点，函数的映射是本身，即$f(x)=x$。你可以根据纳什均衡来理解，就是给定别人的行动策略，自己的策略是最优的。这里，别人的策略就相当于$y=f(x)$，就是别人考虑了你的策略之后，你实行的策略仍是最优的，所以$x=y$。

既不是红色也不是黑色，而是赭石色……

德维尔潘的目光是锐利的，他一下就发现并抓住了“不动点。”

什么是进步？增长就是进步么？创造财富就是进步么？赢家通吃就是进步么？

当前的危机迫使我们找到问题的真谛。

进步应该意味着苦难减少、幸福增加；进步应该意味着财富增长、社会均富；进步并不意味着对金钱的顶礼膜拜、牺牲生态与环境的代价。总之，进步应该意味着人类幸福感的普遍提升。

可是，眼前的危机却暴露了一个突出的问题：在经济增长的同时，人类的道德感责任感大幅下降。金融界暴露出的普遍价值观是，为了套利而不惜铤而走险，华尔街的衍生品就是一个人为的陷阱与提款机。职员为了“绩效”与“激励”的挂钩，而耗掉了一个公司几乎40%的财富。那些高管的收入，从数百万到数千万，全有合法的冠冕堂皇的理由，他们把个人利益看做唯一的可靠的动机，把人与人、企业与企业、国家与国家之间的竞争，看成发挥个人才干获取利益的手段。

然而，他们忘记了一个基本的常识：人类是一个利己主义与利他主义的混合体，我们在玩的游戏并非“零和游戏”——一方对另一方的伤害没有赢家——当那么多的金融机构和大企业试图依靠衍生品从投资者身上套利时，已经觉醒的投资者立即抛掉证券，于是，“流动性黑洞”给他们致命的一击，银行巨头倒下了，汽车巨头倒下了，零售巨头倒下了……

“零和游戏”之所以广受关注，是因为人们发现，社会的方方面面都有与“零和游戏”类似的局面，胜利者的光荣后面往往隐藏着失败者的辛酸和苦涩。但20世纪以来，“零和游戏”观念正逐渐被“非零和游戏”即“负和”或“正和”观念所取代。“负和游戏”指一方虽赢但付出了惨重的代价，得不偿失，可谓没有赢家。如果没有输家，结果为“双赢”或“多赢”，称为“正和”。比如投资股票和债券，投资者一方面可在股票或债券的价格涨落中赚取差价或从每年的派息之中获得利益，上市公司用投资者的钱来经营，创造利润，上缴税金，增加就业等，国家则买进卖出都赚手续费和交易税，多方都从中获益。

在竞争的社会中，人们开始认识到“利己”不一定要建立在“损人”的基础上。有效合作，得到的是皆大欢喜的结局。从“零和”走向“正和”，要求各方要有真诚合作的精神和勇气，遵守游戏规则，不要小聪明，不要总想占别人的便宜，否则，“双赢”的局面就不会出现，吃亏的最终还是自己。

联想到美国曾经以美元霸权风光，可现在的危机中，它却希望别人拉他一把，借钱或购买美国国债，以使它度过当前的危机，这多少会纠正美国人旧有的以己为圆心的意识，烙上均衡共沾的观念。

事实上，我们过度崇拜成功与地位，因而削弱了彼此间的合作与尊重。在这个世界上，谁都离不开谁，谁都需要对方的帮助，共同的长远的利益和目标超过个体的眼前的局部的利益和目标。

当美国和欧洲面临普遍的金融危机和经济危机，与之形成鲜明对照的是北欧斯堪的纳维亚人的成功。

由于自然环境、历史发展、民族文化等方面的原因，斯堪的纳维亚国家在当代经济、社会、政治制度以及社会保障制度方面表现出相当强的同一性，从而形成了“斯堪的纳维亚模式”。2003年按照当期汇率换算，三个国家人均GDP水平分别为2.64万美元、2.73万美元和3.54万美元，均排在世界各国的前10位，都可以称之为世界上最富有的国家之一。

斯堪的纳维亚国家社会保障体系覆盖范围广泛，包括教育资助免费医疗、失业救济、老人照料、养老金支付、残疾人救助、单亲父母津贴、家庭和儿童保护等方方面面，十分细致周到，可以说在北欧国家的福利制度下，居民从“摇篮”到“坟墓”都会得到国家的关照，都由政府给予基本的保障。瑞典的社会保障体系主要包括养老保险（年金制度）、失业保险、医疗保险、工伤保险、社会福利津贴和其他社会补贴，每一项下都包含很多具体内容，如社会福利包括老人福利、儿童福利、残疾人福利和教育福利等。

社会保障体系的完善，避免了两极分化，因此斯堪的纳维亚半岛国家不但整体经济发展水平高，其人民生活水平也普遍很高。“高福利”制度曾备受抨击，但是北欧国家证明高福利可以保持经济发展的高活力。世界经济论坛发布的《2005—2006 年全球竞争力报告》中，芬兰连续三年保持世界上最具竞争力的经济体领先地位，美国位居第二，第三至第十位的国家和地区依次为瑞典、丹麦、中国台湾、新加坡、冰岛、瑞士、挪威和澳大利亚（中国大陆排名第 49 位）。北欧三个国家都进入了前十名。该报告认为，北欧国家在竞争力排行榜上的突出表现，挑战了高税率和大型社会保障网会削弱竞争力的传统观念，证明了问题的关键是如何妥善运用政府的收入，而不是税负本身。

世界济论坛首席经济学家奥古斯托·洛佩斯－克拉罗斯分析说，是多种因素的共同作用为北欧国家创造了“极其健康”的商业环境。与一些较大的工业化国家不同，这些北欧国家在宏观经济管理方面表现出色。它们的政府对维持良好的公共财政有很强的责任感，尽力实现预算盈余，使自已有能力履行在退休金等方面的承诺。其次，各届政府都成功地在公共管理方面创造了透明和诚实的风气，极大地促进了商业信心。此外，对公共资源合理高效的运用，使之节省钱开支以投入教育、公共健康和基础设施建设——所有这些都推动了生产力的发展。北欧国家已经实现了各种因素彼此强化的良性循环，成为世界上最具竞争力的经济体。

“供给曲线”与“多重均衡”

在斯堪的纳维亚模式之外，有一个人在注视金融风景线。这个人就是保罗·克鲁格曼[①]。

他认为石油、粮食、矿产等都是货币危机研究的对应物。

早在2000年的时候,克鲁格曼在《能源危机重现》的文章中,就指出新一轮国际油价上涨周期已经到来。2001年,在《纽约时报》上的专栏文章《石油上升周期》中,克鲁格曼又一次重申了自己的观点。果不其然,2001年以后,国际油价急剧上涨,在2006年7月份曾经一度逼近80美元/桶,暴涨的油价引起了世界不小的恐慌。

2006年8月15日,克鲁格曼又作预言了。还是在《纽约时报》的专栏文章中,克鲁格曼说,由于美国楼市近年来价格会暴涨,在很多地区房价开始下降,投机需求出现逆转,导致目前市场上充斥着未出售的房产。克鲁格曼认为,这是针对"硬着陆"而不是"软着陆"的一剂"处方"。而且,由于近三年来楼市是美国经济增长的主要发动机,楼市的逆转意味着美国将不可避免地出现严重衰退。目前美国房价已经出现全面下调的趋势。

克鲁格曼对金融危机的解释其实很简单:亚洲经济的发展依靠大量投入,许多企业是负债经营。这样就引起了国外资本的流入,企业债务的很大部分以外币标价。外资流入这些国家后换成该国货币,并造成该国货币汇率上升。而由于政府需要维持本币与美元汇率的稳定,就需要增加本币供应,由此造成信用扩张。当政府试图通过出售债券等方式回笼本币时,本币利率就随之提高。国内外利差的扩大引起了更大规模外资的流入,于是信用继续扩张。此时如果中断本币与美元的固定汇率,则可以遏制信用扩张。但是,本币的升值无疑会使该国出口减少,并影响商业信心。信用的持续扩张导致了投资和进口增加,工资水平的提高又导致出口增长速度下降,造成大量贸易逆差,那些外资贷款不再被转化为货币和信用,而被直接用于进口。贸易赤字的扩大让投资者对该国货币失去信心,外资不再大量流入,本币有贬值趋势。此时要么卖出美元,要么大幅度提高利率以维持本币与美元的汇率稳定。但外汇储备并不足以支撑

---

① 保罗·克鲁格曼,1953年2月出生于纽约长岛,犹太人,毕业于耶鲁大学经济学专业,1977年获得麻省理工学院博士学位,先后在耶鲁、麻省理工、斯坦福,大学任教,2000年开始在普林斯顿大学工作。2009年诺贝尔经济学奖,以表彰他对危机的预测性。

卖出美元维持本币汇率，而提高利率则可能引起投资泡沫破灭。此时，本币无法维持与美元的固定汇率，出现贬值——高位均衡转向了低位均衡。

克鲁格曼还谈到，这一理论工具高度简化，在解释具体问题的时候需要“大量的细节”。但你不得不臣服他，依据这一高度简化的理论工具对未来做出了准确的预测。对油价周期的预测就是如此。克鲁格曼认为，高油价时，同样由于石油需求缺乏弹性，扩大产出甚至可能会减少收入，所以石油输出国不会扩大生产；相反，由于主要石油输出国国内投资的市场容量有限，将石油保存在地下也是一种“投资”，所以高油价时反而会减少产量，从而形成稳定的(长期)高油价均衡。但高油价持续时间过长，就必然引起石油进口国经济的衰退乃至世界经济的萧条，需求就会大幅度减少。面对需求的减少，石油出口国必须通过增加开采，减少投资来使得油价下跌以重新吸引需求。同时，为了维持稳定的石油收入，又必须不断增加生产来弥补因为价格下跌而导致的收入减少。于是，低油价周期就出现了——高位均衡转向了低位均衡。

为了证明自己预测亚洲金融危机和油价上涨周期到来时使用的工具是一致的，克鲁格曼还特意在一篇文章中划出了相同的曲线图，并说明油价周期到来和金融危机发生都是因为又一次多重均衡的到来而已，而且也起因于“资产负债表和美元债务”。

到目前为止，克鲁格曼还没有对美国楼市周期的预测作出理论上的分析。不过我们可以设想，这一理论工具仍然会是“向后弯曲的供给曲线”和“多重均衡”，这个图的横坐标应该是房产数量，纵坐标则是房产价格。看他这篇《丑陋房市》(*Housing Gets Ugly*)的专栏文章，其分析的思路与他关于亚洲金融危机和油价周期的分析思路是一致的。

在房价处于高位的时候，更多的人纯粹为了投资而买房，豪赌价格会继续上涨并在高位抛出。另外一些人则匆忙地买房，因为他们害怕未来价格上涨会超过他们地支付能力。投机需求导致了价格暴涨，即泡沫出现了。

而当某个时点(比如利率提高)之后，价格上涨大大超出了购买者意愿支付，价格上涨就会由两位数的增长变为一位数的增长，并逐渐出现负增长，于是泡沫破灭了——高位均衡转向了低位均衡。

“向后弯曲的供给曲线”和“多重均衡”是经济学中常用的理论分析工具，但经济学家们似乎对它兴趣不大，在解释经济现象的时候总是使用“引起惊惶的话语”而没人使用经典的理论工具。

克鲁格曼很“义气”地为两位经济学家杰奎斯·克莱默和德贾瓦德·沙雷西—伊斯法哈里鸣不平，因为他们证明了竞争性均衡来自“向后弯曲的供给曲线”。并且这两位经济学家也用“一种明显的恼怒的语气”表达了“愤慨”，因为“没人对他们的研究工作感兴趣”。

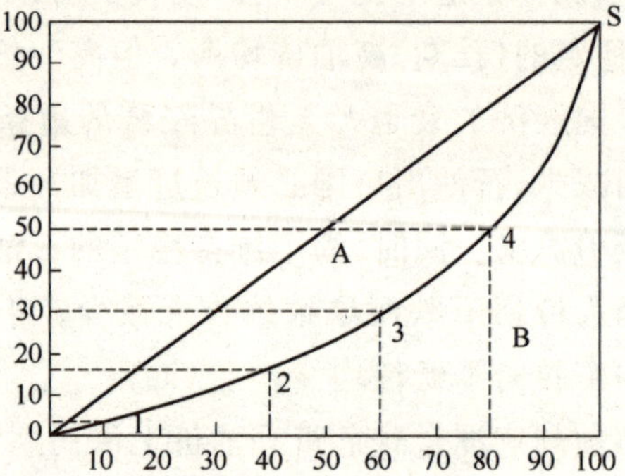

向后弯曲的“供给曲线”

克鲁格曼的研究方法有助于中国揭开放房地产的泡沫之谜和资产涨价怪圈。

克鲁格曼悲观地说：“经济学中关键的难题从不会得到重新解决，它们只会慢慢消失。”

据猜测，经济学家之所以很容易把经典的分析工具遗忘，可能是因为经典的分析工具太复杂，或者是“太过优雅”（克鲁格曼语），抑或不够“新潮”不值一提，而“危言耸听”的分析更容易获得关注和认同。

所以，一声断喝往往引起关注，而温柔的建议倒不一定得到重视，这就是中国货币化的住房、货币化的教育、货币化的医疗引发的“改革后的再改革”现象。

马克思曾说，有时候，回到传统，并不一定是倒退！

或许实行“善心资本主义”的最好途径是鸡尾酒式经济——不同类型互换合约的混合体。

混合经济将成为资本主义与社会主义的滩头，是资本主义的出路，也是社会主义的入口。马克思设想的资本主义高度发达后的演变，今天已经有了现实的模型。而历史证明，那种非资本主义方式即完全国有化集体化计划经济，在当代社会条件下还不如由完全市场经济演化的混合经济更能承载由资本主义向社会主义演变的社会变量和管理。

混合经济既可以包容公私资本，又可以接纳行政计划，还可以按市场要求配置资源和文武两手交替运作，这种经济结构兼顾社会各方利益而更公共化社会化，实际上就是资本主义的蜕变。

美国、英国、法国、德国等国家的政府拼命“救市”（汽车、房地产）和“托管”（银行、投资公司、保险公司），就是迫于应对发展危机而不自觉的蜕变，就是资本主义的长期量变累积必然导致社会趋向非资本主义的质变。

因为混合经济包含的非资本主义性，亦能够为今天的社会主义国家所认同、接受和借鉴，故有其强大的生命力。

虽然，出于意识形态的原因，资本主义国家与社会主义国家都会刻意强调对公司制和市场化的不同理解和偏执，资本主义不敢否定私有制而认定社会经济形态的完美会自此为止，而社会主义国家也坚持追求更高超越；虽然混合经济处在两种社会形态演变的混沌地带似是而非众说纷纭甚至备受攻歼，资本主义和社会主义双方都深恐涉嫌疑似对方而小心翼翼百般辩说撇清，但人类社会的文明演变是不以任何人的意志为转移的，资本主义必然催生社会主义的科学论证、资本主义已经向社会主义悄悄转变的事实，混合经济将促成社会变革、资本转向的事实必然为未来的历史所证明。

有人戏称美国、欧洲纷纷将银行国有化、拯救大企业以及加强政府控制是“只有社会主义能救资本主义”。

实际远比概念重要。事实上，现代市场对制度的制约呈现为三个方面。一是现实性。一种被市场接受并经受时间检验的制度才有生命力。二是有效性。听其言，观其行。一种能为大多数人带来福祉的制度才是避免危机的后盾。三是持续性。时间证明一切，能够持续发展的制度才是好制度。

正因此，东西方需要相互学习和借鉴，混合经济型的制度，实际上就是把两个泥菩萨全打破，重新糅和成新资本主义——

你中有我，我中有你。

发展性、相融性、共享性、多样性

当代资本的蜕变和第四资本的形成霍然显现四大特性：发展性、相融性、共享性和多样性。

发展性——必须用发展的眼光观照和运筹资本——当马克思之后的我们单独研究宏观经济存量核算时，就会发现：今天的"资本概念"不应只是生产资本和金融资本，它泛指一切投入再生产过程的有形资本、无形资本、金融资本、人力资本和知识资本。

相融性——随着货币自由兑换与资本自由流动的实现，相互学习、相互借鉴、相互渗透、相互协作以及相互投资已经成为经济全球化过程中的普遍现象。美国一些州就制订有保护投资者利益的法规，被称为"蓝天法"。确实，我们需要彼此尊重、相互融合并在投资者头上保持一小片蓝天。

共享性——这是一枚手掌的正面与背面。旧的资本观念只讲利益，不讲公平，胜者为王。而在开放的今天，全球化的今天，WTO的今天，公平是世界贸易、投资、合作中应遵守的起码的准则，双赢、多赢和均衡、共享已成为世界经济持续发展的动力。

多样性——独立性、差异性、非对称性，使得资本在全球流动并寻找安全的处所。由于区域和国情的差别，各国货币政策的差别，利率的差别，套利成为资本经营的基本方式。因此，一方面必须承认货币的多样性，一方面必须保持资本流动的有序化，否则就会造成某些国家或地区"失血""低血压"、某些国家或地区"盈血"甚至"高血压"的现象。亚洲金融风暴就是由于资本异常流动、热钱非法流入、疯狂套利引发的。

发展性、相融性、共享性、多样性构成了第四资本的基本属性和特征。

第三章

60年来的资本嬗变

20世纪70年代，罗马俱乐部发表了《增长的极限》(*The Limits to Growth*)的研究报告，从人口、粮食、资源、生产、环境等几个方面阐述了旧的经济增长模式给地球和人类自身带来的灾难，主张改变增长趋势和建立稳定的生态系统以支撑遥远的未来，"零增长"是其发展观的核心。

这一理论使人们认识到经济不可能无限增长的客观现实，同时也刺激西方突破实物经济的局限转向金融优先的虚拟经营。

这也就是马丁·沃尔夫所说的由蓝色(管理资本主义)向黑色(金融垄断资本主义)的转变。

我们知道，现有银行的自有资本不超过8%，充斥其间的是大量的虚拟资本，这也是金融资本由资本的有限性向无限性扩张的原因。

尽管产生了金融危机，但我们仍可以从另外一个角度去看待文明冲突，即把虚拟资本看做一种颠覆旧的文明的工具。

可是，次级贷式的美国的发明太不可思议，由于远离实体文明而成为空中的漂浮物，不过它没有毁灭，而是在嬗变中向着新的文明演进。

货币理论的演变

随着金融危机的进一步蔓延，西方正在对主流的自由资本主义理论进行反思。

一个重要现象是，《资本论》一夜走俏，甚至成了圣诞节的时髦礼物。越来越多的欧洲人、非洲人、亚洲人，尤其是年轻的一代，在严酷的现实面前日益感叹“过度贪婪的资本主义已经崩溃”，“新自由主义的幸福承诺没有兑现”。于是，他们自称为马克思的拥趸，开始了新的求索。

100 多年来，《资本论》的影响始终很广。

1867 年 9 月 14 日，《资本论》第一卷在汉堡正式出版。在这本书中，马克思用它那犀利的哲学解剖刀，从商品的属性入手，仔细分析了商品的产生、价值以及商品与劳动者的关系，顺着商品生产、流动、市场的线索，向上捋到货币以及商品与货币二者结合产生的银行资本，由此层层揭开资本的面纱，剖开掩藏在资本背后的自私、贪婪与罪恶，指出——

“资本来到人间，从头到脚，每个毛孔都滴着血和肮脏的东西。”

这是对资本原始积累早期的准确描述和经典概括，时至今日，读来依然十分震撼。

日本东方书社干脆将《资本论》做成漫画出版，成为 2009 年的新年礼物。书中讲述的是 19 世纪某奶酪厂的故事。资本家罗宾是该企业的负责人，他背弃其父的社会主义信仰，唯利是图，却在严酷的商业竞争中陷入困境。罗宾一直在追逐剩余价值与同情被剥削的员工之间做着痛苦的感情挣扎。马克思名著的精髓随着故事情节跃然纸上。

在日本，经济的不景气很使人担忧，每天都有生产下滑、工厂倒闭、员工解雇、薪水下降创纪录的噩耗流传，就连本田、丰田和松下这些巨头也难逃厄运。危机当头，社会主义和共产主义文学开始受到追捧。东方社所以在圣诞节之前推出此书，是因为日本人在假期期间尚有更多闲暇阅读漫画，首印 25 万册，上市不到 10 天一扫而光。

马克思《资本论》的著述，共完成四卷。马克思称前三卷为理论部分，第四卷为历史批判部分，所以通称《资本论》为前三卷。马克思将逻辑学、辩证法和认识论有机地结合起来，用生动近似文学的语言，描述了资本诞生的初期运动过程及其本质、功能与发展趋势，构建了严密的思想体系。

马克思所处的年代，正是蒸汽机引发工业革命的辉煌年代，也是资本原始积累的疯狂时期。马克思以资本主义社会的基本矛盾和运动规律为基本命题，深刻考察了货币如何转化为资本的过程及其剩余价值的来源，详细论证了货币作为价值尺度、流通依据、贮藏宝物、支付手段和世界货币的五大职能，科学阐释了以资本为主体、以雇佣劳动为基础、以商品流动为载体、以市场运营为纽带、以利益驱使为动力、以“自由—平等—所有权”为机制的商品所有权，进而揭示以财产权为制度特征的资本主义生产方式以及与之相适应的生产关系和交换关系。

正如恩格斯在为马克思《资本论》所作的序中所说：

自地球上有资本家和工人以来，没有一本像我们面前这本书那样，对于工人具有如此重要的意义。资本和劳动的关系，是我们现代全部社会体系所旋转的轴心，这种关系在这里第一次作了科学的说明，而这种说明之透彻和精辟，只有一个德国人能做到，这个人就是马克思，他攀登到最高点，把现代社会关系的全部领域看得一览无余。

马克思的系统论述，不仅揭示了资本主义制度的内在关系，而且在理论上开创了资本经济学研究的先河。

由于马克思揭示了“资本对利润永无休止的追逐”的秘密，西方经济学家在很长一段时间对之保持沉默，直到1929年的经济大萧条来临，学者们才重新审视《资本论》并探讨它的研究方法及其价值。

路透社专栏记者贝恩·德布斯曼最近发表这样的评述：

“我们熟悉的资本主义正在死亡，卡尔·马克思对不受约束的资本主义的批判正在得到印证。”

柏林出版社经理舒特隆普写道：

“马克思正再次成为潮流。”

在马克思的理论体系中，货币与资本是有严格界限的。

作为一般等价物的货币只是市场的媒介，充当的是评价、估值、交换、结算、贮存的职能，而通常所说的资本指的是会计资本，也就是账面资本。

资本的作用主要体现在以下几个方面。

第一，资本为商业银行提供融资。资本融资的具体来源主要包括原有股东追加投资、发行新股和留存收益。

第二，作为风险缓冲器，资本可吸收和消化损失。

第三，限制商业银行过度业务扩张和风险承担。

第四，维持市场信心。

第五，为商业银行管理，尤其是风险管理提供最根本的驱动力。

货币是研究资本的入口，也是最基本的路径。

货币理论思想诞生于古典经济学中的货币数量说，其代表人物为大卫·休谟和大卫·李嘉图。他们认为，物价水平的高低和货币价值的大小是由一国货币的数量所决定的，物价水平和数量成正比，货币价值与货币数量成反比。

比照马克思的货币理论，在金融市场飞速发展的今天，无论是金融领域、金融市场、金融形态和金融轨迹读法生料很大变化，而金融理论和观念也在不断更新。

近 50 年来，有几个问题尤其值得关注。

一是**货币市场与资本市场的界限模糊**。由于客观的、历史的种种原因，货币市场发展往往比资本市场滞后。但从总体上说，资本市场发展到一定程度，如果没有货币市场的发展来支撑，资本市场很难有进一步的发展。没有相应的货币市场，资本市场的发展缺乏风险规避和风险流动的调节机制。

吴晓求教授认为，随着金融体系的发展，货币市场与资本市场的关系发生了微妙的变化，这些变化的原因及特点不只是相互依存、相互发展的关系，更具有相互的利益关系，博弈关系。资本市场运行状态的改变、资产形态的改变以及资产流动性的提升对货币市场与资本市场关系带来相当大的影响。国际游资的大规模流动使得两个市场的界限不很分明。虽然我们可以从期限上来划分两个市场的界限，但是从资金本身的性质来看，有时是很难划分的，只能从资本市场和货币市场在经济运行中的作用力上分野。

二是**银行信贷资金与股票市场的汇通微妙**。货币市场和资本市场关系的背后是银行的资金和资本市场的关系问题，或者更明确地说，信贷资金通过一定管道进入资本市场的问题，以及如何设计这种有益的、必要的管道。

解决这一问题，需要对国内外的发展历史作出清理：首先要撇清货币市场与资本市场之间的理论关系；其次，国外在历史上银行资金进入资本市场上的管道既有积极作用也有消极作用，制定什么样的规则来规避这些消极作用是一门学问。目前，中国在打通资本市场和银行体系关系时有哪些通道和规则，哪些通道是有益的、哪些是有害的，有些管道无论是对货币市场还是对资本市场都是有害的，有些管道则对资本市场有利，对银行自身的业务有所提升。因此，对货币资本的流动既要放，也要管。银行信贷资金无论通过什么管道进入资本市场，都有一个如何认识潜在的信用危机问题。实际上，“中科系”“涌金系”事件已经发出了警示。虽然商业银行信贷资金原则上不能进入资本市场，但股票质押贷款政策在银行资金与资本市场之间建立了一个管道。在股票质押贷款过程中客观上存在一个信用创造问题，因而必须对这种信用创造可能引发的资本市场的潜在风险和危机作出评估和监测。

三是**防守发展与强化监管的把控高难**。严格意义上的金融业的分业发展，要求资金界面分得非常清楚。在这种模式下，银行信贷资金无论通过什么方式进入资本市场都是不允许的。但实际上我国在一定程度上已突破了《商业银行法》的某种界限，所以分业发展的模式实际上已经慢慢地受到挑战，银行资产已潜在地包括了股票这种股权性资产，银行资金直入股市更是尽人皆知的事实。一方面，它体现了资本的本质属性和市场的平等性，但另一方面，它又包含着银行的巨大风险和市场的某种不平等性。

这是一个“囚徒两难”的格局。我国传统商业银行如果不寻找新的业务平台、不创造新的投资工具、不改变资产结构和活力方式，将难于接受来自各方面的竞争。但另一方面，银行等金融机构与政府之间的紧密关系，又使它太过优惠。如何正确看待这种分业发展和分业监管的模式，是一个重要的研究课题。

四是**货币政策和资产价格的平衡弯曲**。货币政策制定应在什么范围内、什么程度上来关注资产价格的变化不是一个理论问题，而是一个实操问题。货币政策的制定关系资产的价格，市场的波动，包括定价机制都受货币政策的影响。因此，它涉及货币政策是否有效、货币供应量是否充足以及资本市场上资产价格的变化是否真的反映经济增长的实际状态等问题。

作为现代金融体系的重要组成部分，资本市场和银行体系，两者既是竞争的对手，又是协作的伙伴，两者截然分离的时代已经不复存在。要提高我国的金融竞争力，必须建立一个包括发达的货币市场和健康的资本市场在内的金融市场体系，使二者保持克鲁格曼式的“弯曲的平衡”。

从 M0、M1 到 M7

货币形式的多样化与货币本质的多义性是我们时代的一个特点。

货币债权实现转移可以不同方式进行，如纸钞、硬币、对商业银行或央行的债权（存款）。我国是世界上最早使用纸币的国家，北宋时的“交子”、“钱引”，南宋时的“会子”，已是真正的纸币。

货币是建立现代经济和金融体系的基础，但这并不能诠释货币的所有职能和发展趋势。在科技高度发达的今天，为了满足经济快速发展的要求，货币已经呈现了多元化的发展趋势，这使得货币的使用范围进一步扩大，以至于今天在我们进行支付和结算时可以有多种选择，包括银行卡、信用卡以及电子钱包、网银账户等，均可作为支付和结算的工具。

值得注意的是，在线支付已经演变成和纸币有着相同职能的电子货币。纵向扩展是拓展用户量和覆盖率，而横向扩展则是朝航空客票、生活支付等领域渗透。

如果这些资产被普遍认可，即被视为经济学意义上的货币。

马克思时代的货币，无论是铸币还是纸币，主要指现金，即 M0，尽管那时有了存折、债券、证券，但更多的是纳入信用体系。自 1971 年尼克松废止布雷顿森林体系，货币的金本位从此不复存在，现在各国的货币不仅有广义货币与狭义货币之分，而且结构十分复杂。

美国的货币现在有 8 个层级，从 M1 到 M8，而中国的货币只有 4 个层级，从 M1 到 M4。IFM（国际货币基金组织）有 2 个层级，从 M1 到 M2。

具体解释，定义大体如下：

M0——流通中的现金；

M1——M0＋企业单位活期存款＋农村存款＋机关团体部分存款；

M2——M1＋企业单位定期存款＋自筹基本建设存款＋个人储蓄存

款＋其他存款；

M3——M2＋信用证存款＋信用卡之类存款＋外汇存款＋银行承兑之类票据存款；

M4——M3＋网银存款＋电子货币存款＋购物券、代金券、旅游券、消费券、惠农券、文化券、企业内部流通卡＋第三方营销消费－福利卡等可转换凭证。

这里，有必要对两种凭证作出解释：一种是政府或其企业制造的消费券、消费卡，由于它们具有明确规则、法律保障、政府担保性质，广义的信用，因而具有货币的替代功能；一种是企业在网上或网络游戏中设置的货币，他们的现金额度严格限制在网络内。

活跃在北京各大商场钱的购物卡、返利券、消费卡、游戏卡的投机活动，已经表明它们具有变相的货币流动、存储、交易功能。

事实上，还有一些货币也存在着。比如 M6、M7。

马币全球化进程最初的马币，是非流通货币，在中国无法兑换得到现金。

P6 表示投资风险度，E6 表示风险权重投资额。

M6 表示全部投资余额。

P7 表示贷款本息拖欠率，E7 表示不能按期收回的贷款本金和利息余额。

M7 表示全部贷款资本。

从 M0 到 M7，货币品种日益显现出来的丰富性、多样性、灵活性，表明货币与金本位脱离后，正在发挥越来越大的作用，这就是说它不仅仅是价值的尺度、交换的媒介、结算的凭据、财富的象征，更重要的它是一种市场交易中的特殊商品，并且具有“既是裁判员又是运动员”的二重性：度量的标准与独立的品格。

替代货币的秘密

既然货币的主要功能在于交换和流动，既然货币只不过是一种符号的象征，那么种种替代货币的诞生就是自然而然的，如同没瓦盖屋就会用麦秸或芦苇，无有麦秸和芦苇就会用石片和杉皮，替代货币其实是不可避免的。

与大范围货币不一样的是，替代性货币或许是临时性的小范围的，甚至未公开的名不正言不顺的。但是，它的货币属性却是不可忽视的。

研究Q币、微币、林登币、积（分）币、短币、免币、碳汇等等替代货币的品类及其运行踪迹，可以加深我们对货币与黄金脱离后作为符码存在的意义和第四资本时期金融日趋边缘化的取向的理解。

更值得我们关注的是，今日“为妾”的替代货币，也许明天就会登堂入室成为“压寨夫人”，比如说电子货币。

“Q币”的兴起

Q币、E币、EP等是网络时代诞生的虚拟货币，不直接与金融机构挂钩，但在一定系统里可以使用并成为资金等价物。

这便是是电子货币（Electronic Money），网络银行的迅速发展使它们的功能越来越凸显出来。

电子货币至少在欧盟范围内已经被明确地被定义。

20世纪90年代基于芯片卡、基于软件的电子现金方案开始出现。1998年欧洲央行（ECB）发布的《电子货币报告》中电子货币被宽泛地定义为：

电子化存储于技术设备中的货币价值，可以广泛地用于向除了发行者之外的其他方进行支付；并且，电子货币作为一种无记名的预付工具在交易中不需要与银行账户相关联。

自1996年起，部分欧洲国家央行开始将“电子货币”纳入本国货币统计中。2001年10月起ECB开始发布来自各国的数据。2001年，欧元区流通中电子货币量占到货币总量（M3）的0.003%。尽管流通中电子货币总量很小，难以对货币政策产生实质影响，但电子货币快速增长的潜力已引起欧洲央行的高度重视。

2002年欧洲议会与理事会发布的《电子货币指令》，将电子货币的法律概念定义为：

对发行者的债权所代表的货币价值，并满足：①存储于电子设备中；②作为支付方式能够被除了发行者之外的其他方所接受。

《指令》于2004年起被欧盟国家转译为各国的法律并实施。

《指令》引入一类新型的“电子货币机构”（ELMS），接受比信贷机构

（银行）更宽松的法律约束，其业务被限制为：

发行电子货币以及提供与之紧密相关的金融与非金融服务。非金融机构得以合法地提供电子货币与电子支付服务，但须受到执照、资本金、报告要求、可回购性要求等限制。传统"信贷机构"的定义也被自然扩展，能够从事电子货币业务。

几乎所有新型电子支付工具与方案都被纳入"电子货币"的定义，如：卡基与软基电子钱包；储值账户；在线虚拟账户支付服务等，即提供这类支付服务必须拥有银行执照或电子货币机构执照。

根据电子货币定义，"单用途方案"，如公交卡、电信卡、网站内部流通的虚拟货币等，如果仅能够被发行者自身所接受则不受到《指令》的约束。

电子货币的发展使得网络银行发展起来，他们以虚拟化、办事便捷、规避税率和迅速积聚人气而发展迅速。

货币的变化趋势必然带动银行职能的扩展和业务的拓展，如今的银行大多实行横跨银行、证券、保险、信托四大领域的混业经营，毋庸讳言，今天的银行已经不是传统意义上的银行，而是电子网络承载下的金融交易所和金融市场。

在市场博弈和利益驱动之下，银行竞争十分激烈，金融创新成为生存与发展的关键，名目繁多的金融工具和金融衍生品的创设和交易成为银行的主业。

如今的金融产品分为传统和现代两部分：传统产品指票据、证券、股票、基金、期货、黄金等；现代产品指买断式回购、债券远期交易、利率互换、远期外汇交易等等。

货币品种的丰富及货币功能的拓展，使得货币的叠加效应和乘数效应凸显，货币已突破流动领域，货币政策已成为宏观调控的有力武器，货币的在贴现率、存款准备金率、央行的公开市场购买以及跨国际的货币经营，大大扩大了货币的发展天地。如今不仅央行可以按一定比例成倍地制造货币，而且地方银行可以根据承受能力成倍地制造货币。为了抵御金融危机带来的负面影响，增加中国经济增长"保 8"的景气指数，2008 年 11 月至 2009 年 1 月，中国银行界的信贷规模膨胀了 150 倍，自然货币的供给也增加了 150 倍，货币的乘数效应则日益发挥出来。

事实上，货币是通过降低交易成本而增加财富。那种认为货币只有

"物质"作为后盾才具有价值的观点并不正确,货币只有被"接受"作为交易媒介才具有价值。

因此,有限的可供性和供应会持续的信念,是保持任何有效交易媒介继续被人接受的必要条件。

电子货币就这样自然而然地被人们接受。

眼下,管理当局要解决一个新的"边界争端"——不是与另一个国家,而是与另一个世界。他们希望迅速划出界线。然而,在界线划出来以前,"地形"已经改变。

新闻灵通人士称,中国人民银行表示,虚拟钱币已经成为一个值得担心的问题,人民银行将草拟一项约束虚拟交易的法规。

人民银行这番评论针对的问题是,中国最大的即时通讯服务提供商腾讯公司发行的虚拟Q币是否对人民币构成威胁。这个问题是由检察官杨涛提出来的。腾讯的QQ目前有2.242亿用户。有关方面援引杨涛的话说:"Q币将对人民币作为中国唯一合法货币的地位提出挑战。"

然而,腾讯公司的财务发言人陈女士说,这些担心言过其实。她说,虚拟钱币是公司推出因特网附加值服务时开始使用的,是消费在线服务的代币。"有最基本金融知识的人都能说出二者的区别",她说。

有些用户说,在网上交易用Q币比用人民币方便。

王娅几年前就是QQ用户。最近,她用真钱换的Q币给她的虚拟宠物买了一件时髦的皮大衣。对于王娅和其他许多在虚拟世界中消磨大量时间的人来说,用真钱去换虚拟钱没什么不妥。

按照腾讯的说法,Q币只能用来购买虚拟物品,比如虚拟的家居饰物、虚拟的宠物食品和虚拟的音乐,而且只能在腾讯网站消费。

中国社科院金融发展室主任易宪容认为,Q币对人民币并不构成威胁,因为它只与一家公司有关,而人民币则关系到整个国家。

但是,Q币的折现能力却要高于许多人的想象。王娅说:"我很少按照官方价格购买Q币,而从非官方的在线卖家那里购买。"

腾讯公司在一份声明中说:我们不存在用未经使用的Q币换回人民币的机制,我们也不支持通过可疑活动弄到的Q币进行的交易。

这项声明显示,QQ开始超出腾讯的控制,交易Q币的黑市也已经出现。

30岁的胡沛自称是江西抚州网上交易之王。他说:“窍门在于用低价换到大量的Q币。”

胡沛说,他的办法包括雇职业玩家赢得Q币、“黑”其他用户的账户洗劫他们的储备、搞欺诈性质的赌博以及从娱乐公司内部人手里购买等。然后,他再通过自己的网上机构把Q币卖掉,换得人民币。

他知道至少有人40人做着同样的生意,其中有些人销售他提供的用于在线游戏的货币和武器。他曾经以8 000元的价格把一支“屠龙剑”卖给另一个商家,“但他一个月以后就卖了两万元”,他遗憾地说。

西南财经大学法学院副教授王过均说:“眼下,虚拟币能在一定公司的虚拟世界中流通。但是,所有纸币最终都可以追溯到银行。重要的是事态发展变化的过程。这才是威胁所在。”

兼职和全职虚拟钱币贩子随着Q币流通方式的增加而增加。有些版主得到的报酬就是Q币。越来越多以年轻人为目标、与音乐、杂志和防毒软件有关的网站也接受Q币,尽管它们和腾讯并没有关系。

由于在虚拟世界交易时用虚拟币比较简单,虚拟币受到欢迎并且从一个网站传到另一个网站,从虚拟商品发展到真实的商品。这就像滚雪球,一旦形成势头就停不下来了。

现在Q币在网络上已经有人民币的雏形,有流通、支付的价值和功能,符合了一般货币的功能。虚拟货币只限于虚拟空间的可以,但不要走出来,否则就会冲击到经济秩序。

如果不对这种行为重视,万一黑客入侵腾讯公司,或者是腾讯公司自身处于某一种目的抬高Q币的价值,或者是破产,那么网民的Q币资产就化为乌有。依附在腾讯公司的Q币没有了,对社会稳定也会有影响的可能。

我们不知道Q币目前有多少,是40亿还是60亿?如果有一天腾讯公司没有了怎么办?无论是什么样的Q币,流行后,是否会通过操纵汇率对其他的公司造成打击?有一点相似的地方,例如中美之间的货币兑换,如果有一天美元兑人民币贬值或者是增值,就直接影响了中国的出口。

无论从哪个角度看,虚拟货币都很重要。目前发生在现实封闭的网络游戏中,涌现了Q币,出现了通货膨胀,但是虚拟货币没有跟人民币冲突，如果日后两者相互渗透，或者是人民币冲击虚拟货币，或者是虚拟货币冲击人民币，如果一个国家有两套货币，如何区隔，如何监管，迟早会是一个问题。

或许有某种可能，我们将腾讯的Q币业务、盛大的Q币业务、百度的Q币业务、还有新浪的UQ币剥离出来，成立一个股份公司，在全世界成立一家虚拟银行，发行的不是Q币也不是百度币，而是虚拟的人民币，这样就可以将网络的虚拟Q币规范起来——这不啻是一个好主意！

“微币”的循环

替代货币是开放经济必然存在的金融现象。

我们这里讨论的替代货币不是“格雷欣法则”所说的在本质上表现为外币在货币职能上的替代本币，而是在金融危机以及出于保护区域利益而设置的只在小范围流通的货币。

我们姑且把这种小范围流通的微循环的货币称为“微币”。

BerkShares是一种在马塞诸塞州伯克夏县流通的地方货币。在E. F. Schumacher社团的研究和支持下，BerkShares于2006年9月29日正式发行。在BerkShares的网站上列有可以接受该货币的370多家当地企业的名单。短短的30个月的时间，当地的5家银行12个网点共发行了面值220万的BerkShares。这些纸币是由John Isaacs设计的，使用的是由Crane & Co. 提供的含有防伪功能的特殊纸张，在Excelsior Printing印刷完成。

根据BerkShares网站的介绍，居民可以从当地5家参与银行的12个网点，以95美分来换取1美元价值的BerkShares纸币。参加BerkShares项目的商家会全额接受BerkShares纸币，而接受了这些纸币的商家可以用这些纸币去其他参加这一项目的商家那里购买商品和服务、找零、付员工薪水、或者支持本地的非营利机构。以上模式的乘数效应极大地促进了当地经济发展，保证创造出来的价值仅在本区域内循环流通。如果某一商家拥有了太多的BerkShares货币，他们也可以到参加该项目的银行，以95美分兑换1 BerkShares货币的比例进行兑换。

BerkShares项目旨在培育生产商、零售商、非营利组织、服务提供商和消费者之间的协作关系。此外，该计划同时寻求发展当地经济，强化公众对当地经济重要性的认识，增强公众对未来该地经济的自给自足的乐观态度。

该项目旨在将在该区域花掉的每一块美元以更大比例的价值留在本地。这样一来,该区域的资本将得到充实,为当地商家的发展提供了更加广泛的机遇。这个项目还有一个远大的目标——希望由该项目诞生的新商业促使本区域内相对富有的人采购当地生产的产品,而不是进口的产品,对整个世界环境的可持续发展作出自己的贡献。因为这样做的话,就不需要使用大量的石油燃料,用船将产品从遥远的国外运到美国来。

为了更直观地分析微币替代现象,暂且简单地视为居民对本币的需求,从而在职能上替代通币。从货币需求动因上看,圈子货币需求动机可分为交易动机、预防动机、投机动机。由于替代货币是本币与通币之间的置换迭代,涉及汇率的波动,会产生保值动机,于是可将投机动机和保值动机综合为资产组合动机。即本地居民根据预期,在财富和制度约束下,权衡风险和收益,合理搭配各种货币与资产的比例结构。

微循环货币可以分为两大部分。

1. 居民的交易和预防动机对外币产生抵抗的愿望。居民为了抵御金融危机,防止货币贬值或通货膨胀,贸易等经济往来而将持有的本币置换为自造货币。它们对利率、汇率等变量反应并不敏感,而是与国民收入和经常项目密切相关。

2. 居民为了资产组合的需要,使自身财富或效用最大化,进行替代货币使用。在各国利率、通货膨胀差异度扩大,汇率预期和风险等变量发生变化时,其多元的货币资产结构和总量随之发生变化,而自造本币的替代达到保值和使生活不下降的目的。这种维持自给自足状态的货币运行,对宏观经济的影响不大。

一大批地方微币应运而生,如 Totnes pound。它们都是在 BerkShares 模式下发展起来的。《纽约时代周刊》、《时代周刊》,《ABC 世界新闻》,CBS, BBC, CNN,NBC, CNBC,路透社,法国电视频道 TF1, NTV Russia,《商业周刊》,联合通讯社和雅虎新闻都对 BerkShares 进行了翔实的报道。

不堪忍受日渐飞涨的物价和不稳定的金融市场,英国刘易斯市出台了独有的应对措施，发行自己的微币“刘易斯镑”。

刘易斯市(Lewes)位于英格兰东南部，是东苏塞克斯郡首府。9日晚，该市市长麦克·卡蒂尔在市政厅宣布，将发行“刘易斯镑”以临时取代英镑，并且称已经设计出1万“刘易斯镑”，目前已有约50家商店同意接受这种“货币”。

“刘易斯镑”基本上属于与英镑等值的优惠购物券，只有在当地的商场才被承认。消费者可以在该镇的几个发行点兑换，而且随时可以兑换成英镑。为了鼓励消费者购买“刘易斯镑”，发行新货币的组织还将在接下来的两个星期里以9折的优惠价销售该“货币”。

此外，活动主办方还表示，这个计划有助于支持当地的商品，对环境造成的伤害也相对减少。例如，食用蔬果类无需从国外运进小镇里，在当地直接生产收割就可以了，省下不少运输费与人力，因此比较环保。

美国经济大萧条时曾流行过社区微币，中国台湾的花园新城去年也发行过“花园货币”。这种替代货币现在也出现在中国香港社区，想拿到这种货币，不一定要拿现金买，可以用劳力来换取，它们不但能拿来物，还可以拿来付补习费，既能省荷包，也能增加社区居民的互动。

除了现金，老太太还能以“时分券”来付账，这种专属社区发的“另类微币”，居民可透过提供服务或捐物来换取使用，例如发型师提供30分钟的理发服务，就能换30点的“时分券”，其面额包括从几分钟到1小时，服务项目更包罗万象。

替代性微币是开放经济中所特有的一种货币性扰动。在开放经济和货币自由兑换条件下，当国内公众对本国货币币值的稳定失去信心或本币收益率相对较低时，将可能产生货币替代现象。

据商务部网站援引墨西哥《经济学家报》的报道，第七届玻利瓦尔美洲联盟峰会(ALBA)决定建立新货币“苏克雷”(SUCRE)，以打破对外贸易中使用美元的传统，自主利用成员国的外汇储备，扩大区域内贸易和金融合作，并逐步减少对美元的使用。拉美九国组成的左翼团体的成员国12日表示，计划从明年1月起在相互进行贸易时使用一种名为“苏克雷”的货币。

“苏克雷”将不会被印成纸币或铸成硬币，不过这种虚拟货币在使各国减少对美元以及总体上对华盛顿的依靠的同时，将被用来处理政府之间的债务。

据古巴外交部副部长罗赫略·谢拉说，古巴在12日已经签署了用苏克雷购买一批委内瑞拉大米的协议。谢拉不愿透露这批大米的价值。在全球经济衰退的背景下，始终囊中羞涩的古巴拖欠了各国及各大跨国公司债务，但这笔协议仍然得以达成。

“美洲玻利瓦尔替换计划”贸易团体将从13日起在古巴首都举行为期两天的首脑会议。该团体由委内瑞拉自称社会主义者总统的查韦斯一手建立，用以替换美国所支持的自由贸易协定，其成员国包括委内瑞拉、古巴、尼加拉瓜、洪都拉斯、厄瓜多尔、玻利维亚、安提瓜和巴布达、圣文森特和格林纳丁斯及多米尼加。

据委内瑞拉能源部长拉米雷兹说，古巴和委内瑞拉签署了2010年执行的285个双边项目“合作协议”，总计合32亿美元。不过他没有提供有关这些协议内容的具体信息。

苏克雷是一种“被新发明的货币”，也被称为“虚拟货币”，因为不会被印成纸币或铸成硬币，但却要在明年1月份开始在拉美九国组成的左翼集团的成员国相互贸易中使用。

所谓拉美九国左翼集团，也叫“美洲玻利瓦尔替代计划”贸易集团，是由委内瑞拉的自称社会主义者的总统查韦斯一手建立的，用于替代美国所支持的自由贸易协定，其成员国包括委内瑞拉、古巴、尼加拉瓜、洪都拉斯、厄瓜多尔、玻利维亚、安提瓜和巴布达、圣文森特和格林纳达及多米尼加。

如何规定苏克雷的价值？

通过规定各国货币与苏克雷的兑换关系来实现各国货币之间的兑换关系么？

这个路径似乎一时可以走得通，但能够走多远很难说。苏克雷是乎有点像IMF的特别提款权，或者相当于国家间货币互换协议，或者接近于以货易货。其实这种货币除了“地区主义”的宣示作用，还是难以完全替代美元的作用的。

事实表明，只要世界上存在货币不平等和经济发展不平衡，就会有各种替代货币的生存空间。作为一种保守作法和权宜现象，它们将长期存在。

“短币”的坐力

博时和易方达两家基金公司推出的短债基金，是2005年下半年低风险收益的明星品种。与一度火爆的货币市场基金相同，短债基金也免申购赎回费、“T+1”日赎回资金到账，货币市场基金的优势皆有，而且预期收益率甚高。

不过，短债基金并非货币基金的替代者，至少不是可以100%地替代。

本金安全，短债基金流动性不如货币市场基金的问题，可能很多投资者都会感到不理解：短债基金和货币市场基金一样，赎回款都是“T+1”日到账的，流动性相当好，会有什么问题？但是，如果我们将流动性和本金安全性求联系在一起，事情就有些复杂了。同货币市场基金不同的是，短债基金按照当日净值计算申购赎回的份额和金额，这同股票投资有些类似，涉及建仓成本问题。

目前短债基金收益率相对较高，主要是建立在债市走牛、CPI稳定加息预期较弱、市场资金充沛等条件基础之上的。从短债基金操作的角度看，建仓短期债券面临比较高的成本，实际到期的收益率水平并不会很高，因此在支持债市走牛的环境出现变化、债市出现大幅度波动的情况下，短债基金净值难免出现波动。

投资的潜在前提都是保证本金安全，因此投资短债基金必须考虑债券市场可能出现的波动风险。而投资货币市场基金就不存在这种问题，因为货币市场基金只按照面值申购赎回，且日日计息，因此基本可以理解为只有收益多少的问题，没有亏损问题。

从保证本金安全角度出发，短债基金的实际流动性比较低，因为投资者在未来债券市场波动的情况下，必须考虑是否亏损赎回，还是继续持有以待市场转机。如果投资者对资金流动性要求非常高，比如半年之内要动用这笔钱买房买车，而债市可能即将出现波动，转换成短债基金的意义就不大。实际上，目前的短债基金90日年化收益率已经体现出一定的波动特征。

货币市场基金不选时，短债基金需选时是货币市场基金的一个最重要功能，也是根本属性就是现金管理工具。所以进行货币市场基金的投资基本不必为买入时机考虑，收益只与持有时间有关，最根本原因就是货币市场基金的风险极低。

从第一个问题的分析中我们已经可以看出，与货币市场基金不同的是，短债基金具有波动性特征，而且具有类似股票以价格计算市值的特点。因此投资者应该考虑以尽量低的成本申购短债基金。比如在债券市场长期上涨趋势中的小回落时买入，正同股票中期上升通道中逢低买进是一个道理。

其次，目前短债基金一般采取每月分红的形式，在权益登记日前短债基金的净值会相对较高，而除权后净值相对较低。比较理想的投资策略是，首先考虑好手头资金的时间要求，大体推算出可以有几次分红机会，以及回笼资金时短债基金可能的净值水平，思路与股票投资中总收益＝分红收益＋二级市场差价的公式是一个道理。

就像投资大师江恩的忠告：永远不要只因为分红而购买一只股票。如果为参与最近一次分红而在相对较高的净值买入，当赎回时二级市场差价出现损失且大于分红收益时，资金的总体收益就会为负。

通过下列事例可以发现，短债基金在去年底的两次分红期间净值表现出比较稳定的增长特点。基本在每月底单位净值达到1.002以上进行分红，两次分红周期为一个月。投资者可以根据这个规律，结合对未来债券市场的判断，综合考虑资金持有时间后再决定申购时机。

如果未来债券市场稳定，可以采用“抢权策略”，在最近一次分红股权登记日前买入，参与最近的分红。如果未来债券市场将有波动，那么参与分红未必能弥补今后差价的损失，因为买入时的单位净值比较高，而且短债基金单位净值的差价空间有限。

两只短债基金的投资风格，目前市场上的短债基金只有易方达月月收益和博时6号两家，我们可以从基金的发行公告等公开资料中的描述，简单推测两只基金的投资风格。

博时6号主要投资于银行间债券市场中的国债、金融债、信用等级为投资级的企业债、次债以及货币市场工具，组合久期控制在3年以内。而易方达月月收益则投资于3年以内(含3年)的银行定期存款、大额存单、债券、央行票据或其他固定收益类产品，以及一年内的回购。久期是指加权到期的日期，是综合考虑多种因素后表明利率风险的指标。久期越小，利率波动时的风险越小。两者对比，博时 6 号在所有品种组合后的平均久期在 3 年以内，因此可能会投资长期债券；易方达则明确只购买久期在 3 年之内的短期品种。

从理论上说，长期债到期收益率相对短期品种更高，但是如果未来利率出现调整，债券牛市趋势出现反转，长期品种的下跌幅度也更大。投资者在选择短债基金的时候，将会面临着收益、风险比的选择问题。

“免币”的风行

位于加利福尼亚山景城圆形剧场大道 1 600 号的“免费城堡”，是以免费赠送而著称的史上最大网络公司的总部——谷歌。

城堡之外，颇具天赋的工程师在玩沙滩排球、骑山地自行车。城堡里面，他们把衬衫搭在椅背上，一起研究如何运用他们巨型数据中心所具有的非同寻常边际成本优势开辟新业务领域，使这个“搜索巨人”的“触角”得到进一步延伸。

现在，谷歌提供将近 100 种产品，从照片编辑软件到文字处理器和电子表格，几乎所有软件都是免费的。它按照任何现代数字公司都应当遵循的方式运营：赠送大部分产品而只从少数产品中赢利。

谷歌通过为一小部分核心产品做广告而赚取大部分利润，大多数搜索结果和广告被其他网站转载，而后者与谷歌分享收益。这也是它能在其经营的其他各种业务领域采取免费营销策略的原因。推出新业务时，公司通常会提出以下看似滑稽可笑的问题：“这会很酷吗？”“人们会喜欢它吗？”“它是否很好地运用了我们开发的技术？”，而不会平淡无奇地问：“这能赚钱吗？”

听起来似乎有点傻。通用汽车公司或通用电气公司可能会觉得这么做有些离谱，但对于纯粹开展数字业务的公司而言，采取这种方式真是太明智了。如今在你拥有一套商业模式前就着手创建一个规模巨大的“流量群”并不是什么蠢事，因为现在的情况已和 20 世纪 90 年代末网络刚刚开启时代大不相同，其时你需要同时具备大量风险投资资金和太阳服务器。如今，各网络创业公司与谷歌共用相同类型的大型服务器中心，这使在线提供服务的成本变得异常便宜。由于“虚拟主机”业务的存在，例如亚马逊公司的 EC2 业务，各公司能够在完全没有实体基础设施的情况下投入运营，有可能使用相对较低的成本向数百万用户提供服务。

据此，各公司就能够以小笔资金启动，并在无须承担巨大金融风险或严密筹划如何赚钱的情况下放眼长远。保罗·格雷厄姆，专注于小规模创业公司的风险投资公司 YCombinator 创始人，给未来的企业家提出了看似非常朴素的建议："提供一些客户需要的产品或服务。"

它的公司为那些启动资金只有 5 000 美元的公司提供资金支持，并鼓励它们使用开源工具、托管服务器并在家中办公。大多数创业型公司会采取免费营销策略检验其想法是否切合实际并与客户进行互动。如果它们这么做了，接下来要面对的问题是客户实际上有可能为哪种商品买单或者如何利用其他商品赢利的问题。由于一开始推出服务的成本非常低，巨额资本遭遇风险的几率微乎其微。

如今有大大小小无数与此类似的网络公司。但迄今为止谷歌是规模最大的一家，而且由于它在自己的一部分业务领域赢利如此丰厚，"免币策略"就不只是向某种商业模式演进过程中的过渡性步骤，它成了其"产品哲学"的核心。在其成立 10 年后，谷歌成为了市值 200 亿美元的"搜索巨人"，其盈利水平(2009 年超过 50 亿美元)高于美国所有航空公司和汽车企业盈利的总和。

它不仅围绕"免币"创立了一种商业模式，而且发明了一种全新的计算方法，它将过去在我们自己电脑桌面上运行的各种功能越来越多地转移到"云"中，即在远程数据中心运行并通过我们的互联网浏览器在线接入。

这些数据中心是三重技术——处理、带宽和存储的融合。随着谷歌在世界范围内新建的此类"信息工厂"越来越多，它们的成本并未降低，但发挥的作用却越来越大。每一个新数据中心的计算机都比已建数据中心的计算机运算速度更快，而且其硬盘中存储的信息量更大。因此，这些数据中心需要连接到外部世界的更大规模通路。其总容量增加后，我们就知道为何谷歌建立的各个数据中心能在成本不变的情况下将运算量提高两倍。

因此，每 18 个月谷歌为客户提供超大 Gmail 邮箱的成本就会降低约 50%。起初提供这一服务所需成本就很低，但之后成本逐年下降。你使用"谷歌地图"辨别方向、浏览"谷歌新闻"摘要及欣赏 YouTube 娱乐短片同样如此。谷歌投入巨资持续建设此类数据中心，但由于各中心处理的数据量增长速度远超过基础设施投资增速，在每字节基础上，谷歌为客户提供服务的成本每天都在下降。

如今，谷歌在超过 36 个数据中心拥有约 50 万台服务器，大部分位于电价较低的地区，如太平洋西北岸的水电站附近。尽管微软、雅虎、IBM、惠普和亚马逊以及其他几家公司在此方面与之相近，但谁都无法与谷歌的这一大规模基础设施相媲美，这赋予谷歌在“免币”竞赛中以巨大优势。虽然其他公司的数据运算处理成本并不高，具有规模经济优势，但谷歌的数据成本较之更低，而且成本下降更快。凭借其超大容量，谷歌可以通过谈判获得最佳硬件、带宽甚至供电费率。

为何谷歌要采取“去货币化”策略？施密特将其称为覆盖最大规模市场的“最大化战略”，不管你正在开发的是何种产品都接受它，并依据分销量尽可能多地进行生产。换句话说，既然分销的边际成本为零，你就可以使产品遍布全球。

他列举了 HBO 热播剧《黑道家族》的例子：“如果你已经创作出一部，那么这一战略就非常有效。而且在某种意义上讲，这也是谷歌广告业务所具有的优势。”但你尚未拥有自己的热门产品时又该如何？如果是这样，最大化战略仍能赢得广泛关注并且有可能树立良好的产品声誉——大多数公司竭力提高产品的流行程度，而不是从中赢利——但如果你从未彻底厘清这一小细节，“最大”也只是意味着为获取小回报而做的高带宽广告。

幸运的是，这并非谷歌的问题。唯一能够限制谷歌增长势头之处在于万维网自身的扩展步伐。它的大部分产品都已设计完毕，正扩展包括免费无线接入和免费存储在内的互联网应用。

这些其他类别的产品就是经济学家所说的“互补品”。互补品通常是一起提供给消费者的产品或服务，例如啤酒和花生米或汽车和汽车贷款。对于谷歌而言，互联网上的一切均可被视为其主营业务的补充品。博客中发表的每一则帖子都为谷歌的网络爬虫和指数提供更多信息，以助其给出更好的搜索结果。谷歌地图上的每一次点击都提供了更多有关消费者习惯的信息，而 Gmail 中的每一封邮件都是我们现实生活中各种社会关系网络的线索，谷歌可在它们的帮助下开发新产品或提高广告业绩。因此使用互联网的人越多，这对谷歌的核心业务而言就越有利。如果谷歌能借助免费策略鼓励人们将更多的时间花在互联网上，那么最终它的盈利也会更高。

今天，绝大多数谷歌雇员忙于设计可以免费赠送的新产品。有关部门专门研究赠送 WiFi 服务的方法，而另外一些部分则编写开放源软件。它为科学家提供免费数据存储服务并扫描经典书籍将其放在网络上。它赠送相片管理软件及网上相片存储空间。它免费提供谷歌地图业务并发射卫星以拍摄更多卫星图像从而提高其电子地图分辨率。它还运营着一项 411 免费语音查号台。而且如果你想自制一部新手机，它也会提供给你足以完成这项工作的操作系统软件。所有这些都是免费的。

要弄明白正在出现的“去货币化”过程，只需看一看免费分类网站 Craigslist 的整个运营。在其成立后 13 年的时间里，其免费列表服务就一直备受诟病，人们认为正是它抢占了至少 300 亿美元的美国报业公司股票市场市值。与此同时，Craigslist 自身每年的盈利仅够支付服务器费用和几十位员工的薪水。2007 年，该网站从收费产品和服务中（包括 11 座城市的工作职位列表和纽约城的公寓名单）赢利约 4 000 万美元。这笔收入约为 3.26 亿美元的 12%，受其影响当年分类广告收益出现下降。

与某些将分类广告置于平面报纸的用户相比，Craigslist 用户通过在线发布广告可节约成本且拥有更长的广告清单。对于浏览广告的网友而言，Craigslist 具备互联网通常所具有的优势，从简易搜索到自动化通知。由于这两大优势吸引了众多网友，发帖者更容易找到他们准备出售公寓的买家或拟招聘职位的应聘者。而且由于免费增加了参与者数量，与通过发布付费广告相比，就有可能找到一处更适宜居住的公寓、一个更适合自己的职位。

免费给任何市场都带来了更强的流动性，而更强的流动性意味着它所处的市场能够运转得更为顺畅。这是 Craigslist 网站经营如此多分类广告业务的真正原因——免费吸引人，而与免费相伴的市场效率最终使客户关系得以维持。

“免币”的始作俑者其实是上个世纪印度吉列公司剃须刀免费赠予，后来成为一种商业模式，从电脑字节、邮箱免费注册到电视免币收看一定时段以及美容护肤品、保健品、减肥品、按摩仪器的免币使用。

林林总总的免费归根结蒂表现为同一实质——让钱在不同的产品之

间、人与人之间、现在和未来之间、不与钱打交道的市场和回到金钱市场之间的转移。经济学家把它叫做"交叉补贴"(cross－subsidies)。

"交叉补贴"可以有不同的方法,如付费的补贴免费的,付费人群给不付费人群提供补贴,以及政策性免单。这就是市场那个交易中的免币,它短时间就可制造出很强的"流动性。

"流动性"通常仅被视为一个金融术语,但实际上它适用于存在关联方的任一系统。在技术领域,它被称为"等级"(scale),归结起来就是"越多就越与众不同"。如果在某学校100名六年级志愿者中,愿意帮助编写年报的仅占总人数的1%,也无法完成这一任务。但如果维基百科网站的访问者中仅有1%决定创建一条目,你就能得到有史以来最为丰富的信息量。多了之所以就不一样是因为小部分能够产生大影响,而且这也只会使情况变得更好。

相对于在线运营的所有成本优势而言,流动性优势更为明显。市场上存在有待开发的大量供给及同样巨大的未得到满足的需求。像Craigslist这样的业务能够将二者联系起来,是因为它们能在保持如此巨大规模的基础上将成本降到如此低的水平上进而取得成功。

然而Craigslist网站却并没有多少钞票可赚,它只是从报纸盈利中分得很小一杯羹。利润都跑哪儿去了?要追踪钱的去向,你就必须转换对市场的基本认识,从认为市场是买卖双方相匹配转变为一种更为开阔的观点,即市场是多方共存的生态系统,其中只有某些方面直接进行现金交易。考虑到如今Craigslist网站的规模,很容易弄清楚在该网站进行的现金交易较任何报纸分类广告版上进行的现金交易多出多少,这会产生匹配更为完善的供需关系并为参与者带来更好的经济成果,即便存留在市场中的现金更少了。分类广告市场中蕴藏的价值也会从少数人手中转移到了多数人手中。

风险投资家乔希·科派尔曼用这样一个例子说明了其中道理。它的第一家公司Infonautics是一家将目标客户定位在学生中的在线咨询和调查公司,以此获得了有关"不对称竞争"的切身体验。1991年初创之时,百科全书市场已经是一个市值约合12亿美元的庞大产业。执市场牛耳者为《大英百科全书》——其销售额约为6.5亿美元,它们被视为百科全书市场的"金本位"。《世界大百科全书》牢牢占据次席。每年《大英百科全书》和《世界大百科全书》均能卖出数十万本，每本定价超过 1 000 美元。

然而在 1993 年，该行业出现根本性转变。微软推出了定价 99 美元的大百科全书 *Encarta*。最初，*Encarta* 只不过被视为芬克 & 瓦格诺百科全书的 CD 版，但微软技术和制作成本方面的变化使他们能够提升整个竞争环境。到 1996 年《大英百科全书》的销售额已经下降到了 3.25 亿美元，约为 1991 年销售额的一半，且出版公司已经解雇了其闻名已久的上门销售人员。而到 1996 年，百科全书市场已经缩水到少于 6 亿美元。当年，《大英百科全书》在美国的销售额约为 1 亿美元。

因此，仅仅在 3 年时间里，在一种破坏性技术、成本基础设施、分销模式和定价模式的综合作用下，百科全书市场规模缩水近一半。超过 500 万美元从这一市场消失。微软将《大英百科全书》视为资产的东西转变为一种债务。尽管微软从中赢利达 1 亿美元，但它却使整个市场市值缩水超过 6 亿美元。微软每赚 1 美元，它就从其竞争对手那儿抢走了 6 美元。微软赚到手的每一美元都会给这个市场带来与其收益不对等的“阵痛”。

而现在的“维基百科”，无须支付任何费用的在线百科全书，使百科全书市场再次缩水，纸版和 CD-ROM 版百科全书市场份额均大幅下降。它本身并不赢利，但如今由于一个无可比拟的信息资源可被无偿提供给所有人使用，它们自身借助更丰富知识赚钱的能力就得到了改进。

《大英百科全书》创造的价值曾一度被认为是下述二者在某种程度上的结合，即这本百科全书的直接收入与有幸拥有本书的读者不断提高的生产效率。免费浏览且易于接入、海量存储以及对越来越多的人越来越有用，具有上述优点的维基百科在提高更多用户工作效率方面的表现正逐渐超越《大英百科全书》。但它没有一分钱的直接收益，相反，它“抢走”了《大英百科全书》的许多收益。换句话说，它正使我们能够衡量的价值不断缩水，却在大幅度增加我们无法衡量的价值观。

这就是“免币”的成就：它将上亿美元的产业转变为百万美元的产业。但通常情况下，财富似乎并未蒸发。相反，它只是以难以衡量的方式被重新分配了。

从传统意义上讲，价格对市场进行了区隔，高端、中端和低端产品各有“一定市场空间”。但施密特解释道，免费的问题在于它消除了市场中存在的所有价格差别结构。它倾向于造成一种“赢家通吃”的局面而非对各种产品区别定价。他的担忧简言之就是，免费使谷歌收益颇多，但并未给其他人带来同样的好处。

在《福布斯》每年公布的美国最富有400人排行榜中，只有11人的财富建立在免费商业模式基础上。包括施密特在内的其中四位来自谷歌，两位来自雅虎，另有两位则来自Broadcast.com网站。之后便是Facebook网站的马克·扎克伯格，奥普拉·温弗瑞也可以计算在内，她的27亿美元身价建立在免费电视节目基础上。

我们并没有将所有媒体大亨，从鲁伯特·默多克到巴里·迪勒全部包含在内，因为他们每个人都掌管着各种不同的大型联合企业，不仅提供免费业务也有付费业务。而且《福布斯》并未将很多已属富翁但非百万富豪的企业家收入名单之中，包括免费模式运营的典型代表，如MySpace创始人，以及一些在开放源软件方面成就卓著者。

很显然，如果我们以能否创造分散在更多人群而非少数人中间的大笔财富来衡量是否成功，那么免费仍无法与付费相比。

那么，谷歌等创新者的“免币化”给我们的启示其实就是：

在网络经济下，许多事情、许多经营仍然可以绕过货币的高墙而达致目的。这是网络的神奇力量。

“积币”的兑换

积分＝货币。

“积分”话题从未像今天这般热闹，这个“名词”实指商户为了维系客户而在其消费的同时给予一定的记分奖励，当这些分值累计到一定数额时，可以换取奖品、或抵扣商户的消费金额、或兑换某种产品与服务。

换言之，积分是商户进行CRM（即客户关系管理）的手段之一，是从会员管理演变而来的一种维系客户忠诚度、增加客户黏性的有效方式。目前，消费积分已经在世界范围内被商家广泛作为提高消费者忠诚度的方法。

相较于中国涉足积分较早并已运作相对成熟的航空业，金融业的信用卡积分起步较晚，却在近几年发展迅速。2009年春夏，银行积分因为“黄牛买卖”上了头版，又因招行信用卡“99积分抢兑”而备受关注。在当前形势下，这两个话题恰好为积分在中国的经营和发展提供了绝好案例。

电信运营商的各类积分、航空公司积分、银行卡积分、商场购物卡积分、网络积分、保健品积分、按摩健身积分、透支消费积分……

商家推出消费积分渐成一种潮流。但遗憾的是，多数商家相对滞后的后续服务，却降低了消费者对积分的重视程度。首先，不少商家的积分都设置了有效期，一些不善于时时跟踪积分回报信息的用户就会造成积分浪费；其次，积分兑换物品的单一，或是不符合用户实际需求的现象常见；再次，即便有了足够的积分，却又发现兑换的手续麻烦；种种现实问题使积分成为容易被消费者遗忘的一笔财富。

其实，要善用这笔财富，选择永久有效的积分是第一步。一些已经了解积分游戏规则的积分理财达人，无不将“永久有效”视为保护自身权益的关键点，因为事实证明，这一点恰好体现了商家是否真的把这种关心落实到了积分规则设计的实处。纵观目前较受关注的信用卡市场，以招行信用卡为代表的金融企业就提供了积分永久有效的范例。早在2004年，它就先于同业推出积分永久有效计划，将企业回馈给消费者的利益落到了实处。特别是今年，招行信用卡联合众多知名品牌，推出了“梦想大礼”、“抢名牌”、“省千分”和“99抢兑”四大全新的积分兑换板块，实现了“永久积分计划”的全面升级，以满足不同类别持卡人的兑换需求，既可以用99积分抢兑超值好礼，也可以经年累月存着积分，有朝一日换取梦想大礼。

可是，并不是所有积分都像招行的一样永久有效，作为现代都市生活正常消费带来的财富衍生品，永久有效的积分是一种普通人也能掌握的“理财”方法，但有时却变成了“黄牛”的牟利道具，他们抓住信用卡积分可换航空里程的实惠，通过倒卖商场积分卡获利。于是，本应回馈给消费者的积分“便宜”就这样被“黄牛党”占去了。针对这种现象，银行开始采取行动，陆续对信用卡积分兑换航空里程业务收取手续费，结果却引发了不少持卡人对积分兑换空间进一步缩小的抱怨。业内人士指出，“作为积分服务的主导力量，银行应该着力改善积分兑换的内容和力度，给用户积分理财真正的空间”，上海金融学院副院长贺瑛也表示，治理信用卡积分倒卖“与其堵，不如疏”。

“疏”的目的是真正解决用户渴望用积分得到实惠，这就需要给消费者铺一条引导兑换的康庄大道——各行各业的积分计划都在积极行动：

从兑换的商品、渠道到奖励等方面一一拓展。但无论如何，以客户为导向，站在客户的立场来设计积分产品，才可能令积分有效利用成为现实。

因此，在解决了积分有效期的问题之后，商家是否能提供个性化和人性化的积分服务成为另一个考验。对于消费者而言，这种考验无非在一个"易"字。而招商银行正在掀起这样一场"积分易兑换"的革命有效者：品类丰富，客户选择多样——积分商品从99分就能抢兑到的百元礼品，到需要几百万积分才能换到的梦想大礼，从实体的物品到专享的旅游，其品类之丰富令人从容选择；现金抵扣，客户实惠消费——除了银行精挑细选的商品，持卡人也可在实体店面消费时直接使用积分抵扣现金；多种渠道，客户便利兑换——持卡人可在网上商城、短信或电话多种渠道中进行兑换。

事实上，银行信用卡在积分领域的开拓思路之为，实乃积分业界乃至中国企业在服务领域上的抛砖引玉之举。专家分析认为，随着中国市场同质化现象的日趋严重以及中国消费者消费观念的日趋成熟，开创契合消费者需求的创新服务成为当务之急。这不仅关系到中国市场的健康发展保证，也是企业在未来市场上获得更大竞争优势的关键法宝之一，而招行信用卡的发展轨迹很好地证明了"积分就是替代货币"的硬道理。

"林登币"的实验

林登币(Linden Dollar)是一种3D网络游戏《第二人生》里的虚拟游戏币，可与美元进行双向兑换，并存在浮动汇率，以避免第二人生(SL)内部的通货膨胀。

在这个世界里，你可以与其他用户在线聊天、互相添加为好友、语音通话，可以在公共场合跳舞赚一种叫做林登币的虚拟货币，也可以使用虚拟货币与其他人进行在线交易。也可以在网站上充值虚拟货币，还可以把虚拟货币弄成现实的钱。

林登币可以兑换成美元么？可以，前提你要办美国的PAYPAL。办这个要全球能用的信用卡。然后成为SECONDLIFE的付费用户就可以兑换了。

这是饶有兴趣的实验，值得指出的是林登币的发展趋向。

在人类历史上，货币的产生是与商品的产生和商品的交换相随相伴的。而在本世纪初的互联网复苏的背景下，位于美国的林登实验室在网上创造了一个崭新的“星球”。在这个虚拟的世界上，陆地、海洋、城市和居民完全以一种视觉方式呈现出来，亦真亦幻，恍如“未来世界”，真实世界里未能实现的梦想，可以在这里实现。这种对真实世界的“模拟”成为400多万“虚拟居民”的心理“兴奋剂”，于是也就有了梦幻般的名字“第二人生”。

从“创世”之初，这个世界里就开始了虚拟房地产交易，于是作为一般等价物的“林登币”也就产生了。

继2002年推出测试版之后，2003年林登实验室推出了新版，那时林登币作为一般等价物的特点还不突出，只不过是作为游戏代金券，因此非常容易获得，而且不能兑换成真实货币。

这一现象驱动人们的想象力并把它引入银行与虚拟产品交易——

若当前没有订单，您提交后会生成新的订单；

若已有订单，则成交价格是以“当前林登币卖出/买入订单”的价格为准；

您要买入林登币，当前已经存在卖出订单，那么您的价格必须不低于(即大于等于)订单价格，才能成交，成交价是订单价格。若您出的价格高于订单价格，则会生成新的买入订单。

第二人生中用的虚拟货币是林登币(L$)，它最大的特点就是可以兑换成真实世界的货币。林登币与美元之间的汇率高低取决于市场供求关系，目前大概在260∶1到280∶1之间浮动。

另外，在SL官网上买卖林登币(L$)林登实验室是要收取一定手续费的是不是感觉很麻烦呢？不，只要拥有支付宝账号，不用兑换美元，用人民币就可以直接在淘宝的小店中购买林登币。

目前，在第二人生的世界里共计有折合1 650万美元的林登币在流通。2006年底，爱林宣布“钟安社”在“第二人生”已经赚取了3亿林登币(合美元约110万元)，被媒体称为“虚拟世界的洛克菲勒”。

域外世界会不会影响到游戏内？第二人生虚拟社区游戏中通行的林登币，和其他虚拟货币一样，只能在第二人生中流通，脱离第二人生便毫无价值。但由于开发商林登公司的干预，近期林登币一直和美元保持稳定的汇率，这大大加强了第二人生居民对第二人生世界的信心。

和普通网游中的货币一样，林登币在诞生之初，价格会随着第二人生经济情况起伏不定，而在2005年林登官方开设LindeX交易平台之后，林登币波动情况受到了一定的遏制。和普通网游不同的是，林登币的投放是受到严格限制的，林登币只能通过两种途径产生：要么因为用户支付了等值美元购买，要么是定期发放给付费用户的生活津贴。所以林登公司通过控制货币供给总量，有效遏制住了通货膨胀；而由于LindeX交易平台对出售林登币的用户收取高达3.5%的手续费，这几乎杜绝了对林登币的抄底行为。

从2006年年底一直到2007年3月，在LindeX交易平台的林登币的售出价格稳稳地保持在了267L/1USD左右，而由于第二人生新注册用户不断增加，加上媒体的溢美之词不断，使得这个虚拟世界正在稳定中繁荣发展。

然而在繁荣的背后一股暗流悄然涌动。由于部分人使用黑信用卡在林登交易平台购入林登币，再将这些林登币在以低价卖出。关于黑信用卡大家可能并不陌生，WOW的黑CDK应该不少人早有耳闻，而这些所谓黑CDK就是使用黑信用卡购买再销往国内的CDK，过一段时间会因为信用卡的真正主人拒付账单而被暴雪封停WOW账号。按照国外的信用卡消费习惯，你只需要正确填写信用卡号，有效期和姓名等信息就可以进行网上消费，这也给不法分子带来便利，冒用信用卡的行为屡有发生。

看来，即使游戏社会也无法逃脱人类社会的影响，因为林登币的持有者生活在真实世界，就向船员无法漠视窗外的海啸一样。

“碳汇”的未来选项

“碳汇”一词来源于《联合国气候变化框架公约》缔约国签订的《京都议定书》。该议定书于2005年2月16日正式生效。由此形成了国际“碳排放权交易制度”(简称“碳汇”)。通过陆地生态系统的有效地管理来提高固碳潜力，所取得的成效抵消相关国家的碳减排份额。

碳汇与碳源是两个相对的概念，《联合国气候变化框架公约》(UNFCCC)将碳汇定义为从大气中清除二氧化碳的过程、活动或机制，将碳源定义为向大气中释放二氧化碳的过程、活动或机制。

碳源量、碳汇量是指在这个过程中的碳量。

碳汇它主要是指森林吸收并储存二氧化碳的多少，或者说是森林吸收并储存二氧化碳的能力。森林碳汇是指森林植物吸收大气中的二氧化碳并将其固定在植被或土壤中，从而减少该气体在大气中的浓度。森林是陆地生态系统中最大的碳库，在降低大气中温室气体浓度、减缓全球气候变暖中，具有十分重要的独特作用。有关资料表明，森林面积虽然只占陆地总面积的1/3，但森林植被区的碳储量几乎占到了陆地碳库总量的一半。树木通过光合作用吸收了大气中大量的二氧化碳，减缓了温室效应。这就是通常所说的森林的碳汇作用。二氧化碳是林木生长的重要营养物质。它把吸收的二氧化碳在光能作用下转变为糖、氧气和有机物，为生物界提供枝叶、茎根、果实、种子，提供最基本的物质和能量来源。这一转化过程，就形成了森林的固碳效果。森林是二氧化碳的吸收器、贮存库和缓冲器。反之，森林一旦遭到破坏，则变成了二氧化碳的排放源。为缓解全球气候变暖趋势，1997年12月由149个国家和地区的代表在日本京都通过了《京都议定书》，2005年2月16日在全球正式生效。旨在减少全球温室气体排放的《京都议定书》是一部限制世界各国二氧化碳排放量的国际法案。它规定，所有发达国家在2008年到2012年间必须将温室气体的排放量比1990年削减5.2%。同时规定，包括中国和印度在内的发展中国家可自愿制定削减排放量目标。在此后一系列气候公约国际谈判中，国际社会对森林吸收二氧化碳的汇聚作用越来越重视。《波恩政治协议》、《马拉喀什协定》将造林、再造林等林业活动纳入《京都议定书》确立的清洁发展机制，鼓励各国通过绿化、造林来抵消一部分工业源二氧化碳的排放，原则同意将造林、再造林作为第一承诺期合格的清洁发展机制项目，意味着发达国家可以通过在发展中国家实施林业碳汇项目抵消其部分温室气体排放量。2003年12月召开的《联合国气候变化框架公约》第九次缔约方大会，国际社会已就将造林、再造林等林业活动纳入碳汇项目达成了一致意见，制定了新的运作规则，为正式启动实施造林、再造林碳汇项目创造了有利条件。

与低碳经济并行的是碳汇交易。

碳汇购买实际上是具体的关于碳汇的排污权购买。

西方国家，尤其美国，因为工业化的进展很快，但是同时对环境污染也急剧增大，后来环保学家和经济学家弄了个“排污权政策”出来，简单地说就是限定一定范围内的某种有害污染物的排放量，用一种宏观的货币手段来控制环境。

总的说就是:碳汇购买是排污权交易的一种具体形式,是具体的对排放二氧化碳的权利的购买。

在这方面,西方占先了。他们发明的低碳技术、减排设备、新能源技术可以向发展中国家出售,不仅谋取收益,而且享受《京都协议》规定的因为对大气减排作出的贡献而得到相应的资金补助。

在哥本哈根气候峰会上,中国作出了到2020年减排40%～45%的承诺,国务院并且为此采取了一系列措施以改善和控制污染,促进低碳经济的发展。

由于"低碳"与"货币"的联系,这使得"碳汇"成为金融的边缘生态。无疑,碳汇已经成为政府和个人的未来选项。

广西与生物碳基金托管机构国际复兴开发银行签订了《中国广西珠江流域再造林项目》碳减排量购买协议,标志着全球第一个按照《京都议定书》清洁发展机制(CDM)规则的造林再造林碳汇项目落户广西。将在广西环江县和苍梧县营造4 000公顷人工林,每县各2 000公顷。造林模式多种多样,包括马尾松和枫香混交、杉木和枫香混交等。该项目实施后,到2035年将固定二氧化碳77万吨。

按购买协议,世界银行生物碳基金将向项目购买220万美元的碳汇。通过实施项目,广西预计将增加农民收入达2 110万美元,创造临时就业机会500万个,同时在改善环境、增加粮食产量等多个方面将取得显著效益。

货币与黄金的离异

在20世纪70年代,世界经济史上一件引人注目的重大事件,就是1971年尼克松总统宣布美元与黄金脱钩(布雷顿森林体系的垮塌)。

美国放弃了"金本位"。

对于这一行为,有人认为美国意在赖账,有人认为是金融的历史进步。

对于这一事件的争论,至今还没有停息。尽管当时美国将黄金悉数出售,并用它做资本金发展金融,全球扩张。就其金融资本实力来说,天下无可匹敌，难道还需要赖账么？再说，美国的金融和财政设计就是“债务经济”，用后面的钱还前边的钱，它完全用不着赖账。

也有人认为那是通货膨胀对世界经济开的一次“天窗”而已。通货膨胀的起因是什么，就是钞票的发酵。不过为了加深理解，我们可以再打个简单的比方。

假设有一个由工人甲、银行乙、资本家丙和地主丁组成的简单经济体系，其运行的起点是某人将 10 000 元存在乙处，然后乙将50 000 元以年10%的利息率贷给丙(信贷体制所允许)，丙花 25 000 元从丁处购买了棉花，花 25 000 元雇甲为其生产布匹，最后丙以共 100 000 元的价格将布匹销售给了社会，且在偿还乙的贷款本息55 000 元后，还赚取了 45 000 元利润。从中我们发现，甲乙丙丁在这次经济运行过程中，手中的货币都增加了。可是，他们在高兴的同时，却忘记了布匹在消失。当过了一段时间后，布匹重归泥土，同时甲乙丙丁并没有采取自动注销货币的行动。于是，当他们再回市场购买东西时，通货膨胀就出现了。当然世界经济的运行远比这个比方庞大和复杂。但是从这个比方中，人们可以知道通货膨胀并不是随着经济增长而出现，随着经济衰退而消失的，它是产品消失的结果。

既然如此，直观看来，如果人们想要应付通货膨胀，必须做到三点:取消纸币，废除现行信贷体制，制止产品消失。有谁能够做到哪怕其中一点呢？做到前两点会让人类倒退到原始社会，实施第三点上帝不同意。当如潮的美元压垮布雷顿森林体系后，我们惊奇的不是不绝于耳的“赖账”骂声，而是它竟然能够支撑 30 年。

经历时间沉淀之后，考察 30 年的历史，我们就会发现不仅美国政府当时的行动是明智的、果断的，而且这一决定是大胆的，聪明的，创新的。

传统的金本位制是通过黄金来调节货币，所以它不会产生金融危机。

最早的国际金本位制是全球统一的国际货币体系，1816 年在英国实行，到 1936 年荷兰、瑞士、意大利等最后一批国家放弃金本位制，历时整整 120 年。

金本位制有三种形式:金币本位制、金块本位制、金汇兑本位制。

金币本位制时期，政府规定他可以自由铸造、自由熔化、自由流动、自由储藏，并且具有无限法偿能力，与金币同时流通的辅币随时可以兑换为黄金。政府通过黄金买卖来调节市场货币供应量，维持物价稳定。黄金在世界通行，从而保持外汇汇率的平衡。

金块本位制时期，政府规定兑换黄金的纸币中必须具有一定的黄金含有量，人们可以按照一定比率自由买卖黄金。与金币本位制不同的是，此时金币已经停止铸造和使用，人们使用的实际是市场上流通的纸币，而黄金则由国家储藏，作为发行纸币的黄金准备，这样两者实际保持的是1∶1的关系。

金汇兑本位制时期，本国货币是通过外汇间接地与黄金保持联系和平衡的，这种货币可以自由兑换成外国货币，也可以按照政府规定的汇率与美元、英镑挂钩。

以上可以看出，由于经济本身的发展，流动与贸易成了大问题，金本位制也从直接交易发展为间接交易，这一变化过程使金本位制本身变得不完全了：货币流通量完全取决于黄金产量，而黄金产量又完全取决于黄金储藏量。当生产、流通范围不断扩大时，它就根本无法满足货币流通需要。

此时，唯一的办法就只能在现有黄金存量间进行调整，否则，如果本国黄金储藏量太小，就无法应付正常兑换和国际收支结算之需要。

更麻烦的是，在金本位制下，任何国家都无法制定针对本国的经济政策以刺激投资、就业和加快经济建设。

在此情况下，各国只能通过多发银行券来维持流通，然而有与银行券发行太多，最终它无法与黄金挂钩和兑现。第一次世界大战爆发，各国纷纷停止银行券与黄金兑换和禁止黄金出口，从而彻底瓦解了金本位制。

第二次世界大战后美国采纳“怀特计划”，最终建立国际货币基金组织以及制定黄金——美元为基础的而可调节汇率的政策，建立其布雷顿森林体系——货币由金币制跨入信用货币制时代。

使用美元作为世界储备货币和贸易基准的美国，外汇的顺差和逆差的折腾，使其最终不堪重负，1971年，尼克松不得不宣布美元与黄金彻底脱钩。

这一决策不仅使美国再次凭借国际储备货币的优先权而获得主动与自由，而且客观上促成了货币与黄金锚定关系的改革。

这一历史性的改变使货币进入自由供给时代，它真正变为一种金融工具。

根据货币供给学派的观点，货币其实也是一种商品，特殊的商品，它的供给是为了满足流通性之需要，亦即交易与结算之需要。这就是说，货币本质上就是计量手段、交易工具，它的存在一是满足市场流动性，一是兑现金融法定规则。

既然如此，货币与黄金挂钩并无实际意义，因为在实际交易中，货币的价值与面值的数字是不相等的。

因此，将货币与黄金挂钩，只能做 1+1=2 的运算，是加法；而将货币与黄金脱钩，则使其变为了乘法，2×2=4，3×3=9。

显然，后者是乘数效应。

今天我们反思这一戏剧性变化可以得出一个结论，将货币（纸币）与黄金挂钩是危险的、可笑的，如果有哪个国家还在为此喋喋不休，那么可以请它做一次实验，即恢复“金本位”，将其货币与黄金挂钩，就可以一目了然了。

在这里，不妨提供几个数据：到目前为止，全世界黄金总量为 14 万吨左右；中国居民储蓄为近 50 万亿元，以每克 200 元计算，相当于 25 万吨黄金；美国政府拥有 8 000 吨黄金储备；中国政府拥有 1 100 吨黄金储备。

那么，人类在通货膨胀面前应该怎么办呢？是任其肆虐呢？还是指责美国搞阴谋呢？抑或是建立无限土地市场呢？此次金融危机，伯南克的所作所为，解开了大萧条经济学的圣杯：一切问题源于货币供应不足，流动性缺失。只要大胆增发新钞，借钱给政府给企业增加流动性，就能慢慢稳定人心，继而恢复市场的信心。正是靠着近万亿美元的供给，美国使不少银行企业死而复苏和死里逃生。

伯南克还采取另一着险棋：不惜冒全世界反对和美元声名狼藉的风险，长期实行美元低利率、借款零利息，使得许多企业和许多家庭“白使钱”“不差钱”，一举扭转窘困的日子。

现在，所有的银行和经济工作者都达成共识：只要金融机构承受得起，大众承受得起，市场承受得起，货币供应适度宽松一点、溢出一点不是坏事。

“八次脱钩”与“四步飙升”

在金币退出流通之后，世界储备货币除了黄金之外，都变成了纸币，而纸币不过是一些不同国家发行的纸片而已。

如果一国的纸币流入他国，那么，表明该国纸币具有直接的国际购买能力，也就是说其可以用本国货币购买其他国的货物(商品)，这样一来该国纸币也就滞留到了商品输出国之中，并形成商品输出国的外币(外汇)收入。

如果一国发行的总纸币量为Mz，处在本国的纸币量为Mn，处在外国的纸币量为Mw，则公式为：

$$Mz = Mn + Mw$$

如果把资本比作“野马”，那么100年来，它至少经历了八次“脱钩”的放纵。

(1)第一次世界大战前——英镑年代，货币与金银脱钩，纸币代替金币，银行开始走向独立发展。

(2)第一次大战后——美元英镑共治年代，货币与数字脱钩，与黄金直接挂钩，银行资本开始居于优先生产资本的地位。

(3)第二次大战后——美元独大年代，由于美国GDP占全世界的4/5，英镑退出，美元主宰，货币与黄金脱钩并开始变得符号化、虚拟化，股票、债券开始成为货币的另一种形式并更具价值。

(4)20世纪80年代——资本扩张年代，货币与区域脱钩，资本开始全球流动，非对称性成为获利机制。

(5)20世纪90年代——知识资本时代，货币开始与价值脱钩追求泡沫效应，西方资本大举进入东方，金融衍生品开始显示力量。

(6)20世纪末期至21世纪初叶——债务经济时代，美国的货币开始与信用脱钩，债务不断膨胀而美元依然坚挺，70%国家实行盯着美元的政策。

(7)2003至2008年——美元衰落时代，货币与监管脱钩，次级贷引发的金融危机波及全世界，国际金融秩序陷入混乱。货币开始进入规则治理和全球共管时代。

(8)2000 至 2010 年——新兴体崛起时代，以“金砖四国”为中心的新兴市场经济体，表现出与发达世界“脱钩”的势头，其自身的发展基本不受美欧的影响。

综上可见，100 年来货币的最大变化是它由当初的“等值—保值—增值”发展到现在的单纯的信用和结算的金融工具，一句话，无论以何种形式出现，货币只是资本的符号和代码。

另一个方面，资本的力量是建立在综合国力基础上的，而资本的运动则是市场磁化的结果。

100 年来，资本获利已经历“四步飙升”：

- 蒸汽机时代——产品套利；
- 布雷顿森林时代——金融套利；
- 华尔街时代——整合套利；
- G20 后时代——创意套利。

进入 21 世纪以来，网络的普及，信息的发展、知识的爆炸以及文化的提升，使得智慧资本越来越显示出它的力量，在金融资本、生产资本、资源资本、技术资本和智慧资本五者中，智慧资本往往居于核心地位。

这是资本发展在新的历史时期的新的特点。

金融垄断的劣根性

货币市场与资本市场的相互关系的研究，是关系健康发展金融资本的问题。

货币是资本运行的基础，也是资本增值的工具。

但是，货币的增值离不开货币市场和资本市场。

19 世纪六七十年代，自由资本主义发展到鼎盛时期，垄断开始萌芽。19 世纪末和 20 世纪初叶，伴随工业增长和经济危机的循环，生产和资本日益集中，垄断得到广泛发展，普及一切工业部门并趁势与银行资本结合，形成金融资本，通过对工商业的长期贷款、投资、股票和债券的买卖，操控工商业，成为整个经济生活的基本面。

这个阶段的资本主义表现为两大特征：一是随着卡特尔和托拉斯的形成，开始对早期的资本主义进行“扬弃”，一是银行资本与产业资本的关系日益密切，资本表现为一种抽象的形式，亦即金融资本。

正是在这样的背景下，也就是《资本论》诞生 42 年后的 1909 年，曾是马克思信徒的鲁道夫·希法亭详细考察了资本主义的发展动向，侧重阐述了抽象资本的运行轨迹，悉心撰写了《金融资本》一书，系统分析了资本主义制度由自由竞争过渡到垄断阶段、亦即帝国主义阶段的货币发生的新变化，对马克思所阐述的货币理论作了新的演绎、新的概括，对货币理论进行新的建构和新的描述。

(1)希法亭认为随着金融资本的发展，纸币是可以不同金属相联系的独立运行体系的货币。这一说法成为美国 1972 年抛弃布雷顿森林体系的理论根据。

(2)希法亭把信用和股份公司看做金融资本产生的有力杠杆。事实上，当今金融资本已经完全与产业资本脱离而成为独立资本。

(3)希法亭从马克思关于虚拟资本和收入资本化的理论出发，提出股份公司的所有者获得的是“创业利润”的概念，如今已经得到广泛的认同。

(4)希法亭揭示“参与制”是金融资本能取得对整个社会通知的权力的秘密，为当今跨国公司的全球扩张所证实。

(5)希法亭前瞻性的预见银行的发行活动是其获取优厚利润的重要职能，当今银行界发行的五花八门的金融衍生品正式它们赚钱的有力道具。

(6)希法亭对“联合制”作了详尽的解读，揭示了企业从联合到垄断的资本主义发展历程。

(7)希法亭对垄断作了深刻批判，认为垄断不可能消灭竞争，更不可能消灭危机，堪为经典哲言。

(8)希法亭分析金融资本的贸易政策必然是以保护代替竞争，可谓一窥到底，一语中的。

(9)希法亭认为强化国家职能是垄断资本主义对内政策的必然，这一论断已经为两次世界大战所证实，在美国金融危风暴引发全球危机的今天，依旧有它的劝世意义。

(10)希法亭关于金融资本的世界性扩张是一个不可抗拒的历史趋势的断言，不可谓不高屋建瓴，目光深邃。

综上所述，希法亭不愧为马克思之后的货币大师，它的《金融资本》大作，既是对马克思资本理论的补充和发展，也是在抽象资本领域研究的权威。时至今日，《金融资本》依然享有很高的理论地位，在我国金融资本市场发展的过程中，他的理论依然习习闪光。

在现代经济生活中，金融资产越来越起着支配地位。

旗帜功能。金融资产可以引领企业、引领产业、引领经济集群的发展。所谓“世上一切事物中，货币是最可宝贵的因素，只要有了它，没有人可以有人，没有技术可以有技术，没有市场可以有市场，没有利润可以有利润，没有历史可以改写历史”就是这个道理——用得上一句俗语，那就是：银行老大，金融老大，货币老大——“钱不是万能的，但离了它是万万不能的”。

稀土功能。金融资产是像稀土一样的稀缺资源，它可以添加一切，渗透一切，糅合一切。金融资本既可独立运作，也可以借贷、租赁、赎买、参股、控股、兼并收购，与任何机构和资本的合作，都足以增强对方的功能，它们可像工业味精一样投放，却不会产生任何副作用。

光子功能。量子力学的实验表明，在光电实验中，最小粒子的相互吸引、活跃和运动往往产生“群速度”：跑的最快的不是光，而是光子，正是他们充当了速度群。在经济和市场的竞技运动中，金融资本总是跑在一切增长的前头。

海马功能。在大海中，海马是雌雄同体的动物，具有自我繁殖的功能——生物中的现象，同样出现在货币领域。金融资本就是雌雄同体的经济生物。所谓“钱生钱”的增值，就是类似金融衍生品的经营，所谓“以多对空”“以空搏多”的博弈，就是货币变体的运动。

21世纪以来，金融资产爆炸发展的原因，一是自从1971年甩开布雷顿森林体系，美元从此变得自由自在，狂放不羁，金融资本不仅与产业经济脱离，而且衍生金融工具更成了符号的符号，上帝的上帝。金融资本似乎已成为一道神力无比的魔棒，银行在释放能量的同时可以创造出大量原本不存在的金钱。它可以使私募基金老总和炒家一夜之间暴富，也可以使股市狂泻，1.8万亿账面财富瞬间蒸发；二是比起生产资本的经营，金融资本的经营要简洁的多，轻松得多，成本低廉得多，膨胀速度业快捷的多。三是由于货币单位处于结算的中心，因为任何时候金融资本都比其他经济体更具影响力和扩张力。

随着“从企业资本化到资本证券化”的口号，“上市”成为一种时髦，它不仅仅是融资手段和成功的象征，更多的是从第四方市场获利的“阴”谋。产品可以不好，市场可以不适，但股票价格不可以不高，维护股市形象和股票收益，关乎切身利益，稍一不逊，即尝切肤之痛。

著名经济学大师德鲁克说：“符号经济取代实体经济，成为世界的飞轮，而且大体上独立于实体经济，这是一个最为醒目而又最难理解的变化。”

目瞪口呆的是理论家们。自马克思、希法亭之后，虽然也出现过庞巴维克之类货币学家，但总不能与马克思抗衡。米尔顿·弗里德曼虽以“货币政策是一切政策的重心”的名言闻名，但在货币理论的系统性、扎实性和前锋性上，还是不能与马克思和希法亭匹敌。

所以，每当金融危机来临、人们对“符号世界”“虚拟资本”“泡沫经济”眼花缭乱、六神无主之际，寻求新的资本解说，就是人们心底的呼唤。

美元霸权与周期梦魇

西方政界把金融危机原因归结为“华尔街的贪婪”。而实际上马克思当年对资本家贪婪成性的论述远比今人经典。马克思认为，表面上看，贪婪的是资本家，但实际上资本家只是“作为人格化的资本”，因此，资本家表现出的本性只是资本的本性，而资本的本性就是“为发财而发财”。

马克思援引英国评论家邓宁的话说：“资本害怕没有利润或利润太少，就像自然界害怕真空一样。”

当代美国著名左翼学者沃勒斯坦，把作为人格化资本的资本家对金钱的贪婪比喻成“就像踏车上的白鼠，一直在快跑，为的是跑得更快”。

但如果仅止于资本贪婪的分析，马克思也无法解释为什么贪婪会导致经济危机，而且这种危机会成为资本主义发展过程中始终无法摆脱的梦魇。

马克思的逻辑是这样的：正是资本对利润永不知足的贪婪，推动着生产规模越来越大；而又由于财富中的大部分被资本要素拥有者即我们俗称的“资本家”所占有，劳动者的购买力相对于不断扩大的企业产能实际上是趋于下降，于是生产出的东西卖不出去，资本周转中断，企业只能被迫闲置生产力，于是经济危机就发生了。

但危机并不能消除资本社会存在的根本性矛盾——越来越扩张的生产力与越来越紧张的生产关系，越来越膨胀的金钱的欲望与越来越失衡的社会心态。于是，一次危机过去后，随着经济的恢复和发展，其基本矛盾又会逐步重新激化起来，使另一次危机成为不可避免。

有人说，马克思讲的是19世纪的实体经济生产相对过剩危机，这与当下的金融危机有什么关系吗？马克思很早就说过，随着资本主义发展，股票、债券等虚拟资本的巨大增长和各种投机活动的大量兴起，又为进一步扩大信贷规模，提出了强烈的需求。但是，手中堆积着大量商品的资本回流却非常缓慢，数量非常少，“以致银行催收贷款，或者为购买商品而开出的汇票在商品再卖出去以前已经到期，危机就会发生……于是崩溃就爆发了，它一下子就结束了虚假的繁荣。”

有意思的是，这种说法与现代美国经济学大师欧文·费雪解释金融危机的“债务－通货紧缩”理论的核心思想几乎完全一致——企业为了追求更多利润，不断扩大规模，于是选择在金融市场上“借贷过度”；可当产能相对于全社会购买力相对过剩时，企业资本周转出现困难，逐渐丧失偿还贷款能力，于是引起连锁反应，导致货币紧缩，购买力下降，形成恶性循环，金融危机就此爆发。

从费雪这一理论可看出，金融危机不过是金融资本从产业资本中独立出来后经济危机的特殊表现，其实质仍然是马克思讲的生产相对过剩危机。也正因此，不久前，曾被誉为“撼动华尔街的华人四大高手之一”的美国奥本海默基金管理公司董事总经理李山泉就说，这次金融危机同样是经济发展周期的典型产物，这与以往马克思所讲的生产过剩没有太大差别。这次生产过剩，是房地产业的生产过剩，是不负责任的廉价的信用所支撑的房地产业过度膨胀的结果。

但《资本论》似乎可以解释这样的现象：与以往金融危机相比较，此次金融危机波及范围之广可谓前不见古人，后无有来者。

第二次世界大战后，美国建立了庞大的金融帝国，以华尔街为中心，触角伸向全世界每一个角落。

美国的金融机构体系主要包括以下几个方面。

1. 联邦储备系统(中央银行体系)

美国的联邦储备系统是根据1913年《联邦储备法》建立的,该系统由三级金融机构所组成。

(1)联邦储备委员会

它是联邦储备系统的最高决策机构,有权独立制定和执行货币政策。美联储由七名理事组成。在联邦这一级的机构中,美联储系统还设立"美联储公开市场委员会",其构成是联邦储备委员会的7名委员加上5名各区的联邦储备银行行长(由12家联邦储备银行行长轮流担任,其中纽约联邦储备银行行长为常任成员)共12人组成,它是联邦储备系统中负责进行公开市场买卖证券业务的最高决策机构。此外,还设立顾问委员会。

(2)联邦储备银行

美国将全国划分为12个联邦储备区,在每一个储备区内设立一家联邦储备银行,作为该储备区的中央银行。

(3)会员银行

根据《联邦储备法》的规定,所有向联邦政府注册的商业银行(即国民银行)必须参加美国联邦储备系统。向州政府注册的州银行可自由选择是否加入联邦储备系统。

2. 商业银行

美国的商业银行可分为两大类:第一类就是国民银行,即根据1863年《国民银行法》向联邦政府注册的商业银行,一般而言这类银行都是规模较大,资金实力雄厚的银行;第二类是根据各州的银行立法向各州政府注册的商业银行,一般称之为州立银行。这类银行一般规模不大。

(1)商业银行以外的为私人服务的金融机构

这类金融机构主要是指储蓄信贷机构,他们主要是通过吸收长期性储蓄存款来获取资金,并将其运用于较长期的私人住宅抵押贷款上。具体而言,这类金融机构包括:储蓄贷款协会、互助储蓄银行、信用合作社及人寿保险公司。

(2)商业银行以外的为企业服务的金融机构

这类金融机构主要有销售金融公司、商业金融公司、投资银行、商业票据所、证券经纪人、证券交易所和信托机构等。其中,销售金融公司主要是对消费者、批发商和零售商发放贷款。商业金融公司则是按一定的折扣购买企业的应收账款。投资银行主要是包销公司及政府证券。商业票据所负责推销企业的短期证券。证券交易所主要是为证券在二级市场上的交易流通提供一个场所。

3. 其他金融机构

主要是指养老金基金和货币市场互助基金。其中，养老金基金的资产主要是公司股票。而货币市场互助基金（又称为共同基金），他们将小额储蓄者与投资者的资金汇集起来在货币市场上购买各种收益较高的金融资产，如国库券、大额可转让定期存单等，以获取较高的收益，然后将盈利按一定的比例分配给基金入股者。

4. 政府专业信贷机构

美国的政府专业信贷机构主要有两大类：一类是向住宅购买者提供信贷的机构；一类是向农民和小企业提供信贷的机构。具体而言有以下几种。

住宅及城市开发部

它成立于1965年，主要是通过其所监督的下列三个机构向住宅购买者提供资金：联邦住宅管理署、联邦国民抵押贷款协会和政府国民抵押贷款协会。这些机构也不直接发放贷款，而是通过二级市场购买其他专业金融机构发放的住宅抵押贷款。

农业信贷机构

农业信贷管理署负责监督与协调以下三个为农民提供信贷的银行系统：12家联邦土地银行、12家合作社银行及其中央银行、12家中期信贷银行。美国现在的农业金融机构已构成农业信贷银行基金。1987年又成立了联邦农业抵押贷款公司。

小企业信贷

根据1958年《小企业投资法》建立了一笔2.5亿美元的基金，以资助小企业投资公司，促进他们对小企业进行融资。

此外，美国还建立了美国进出口银行，主要为美国对外贸易提供资金。

美国金融机构体系具有如下特点。

1. 商业银行的双轨注册制度。美国商业银行可以任意选择是向联邦政府还是向州政府注册。其中，向前者注册的就称为国民银行，向后者注册的就称为州立银行。

2. 独特的单一银行制度。美国的国民银行不得跨州设立分支行。大约有 1/3 的州允许州立银行在其境内设立分支机构；有 1/3 的州只允许州立银行在其所在的州内设立分支银行；其余的 1/3 的州根本不允许银行设立分支银行。这一单一银行体制在各国金融业中是独具特色的。

3. 银行持股公司的大量存在。银行持股公司是指控制一家或两家以上银行的公司。银行持股公司的出现主要是为了克服美国不允许开设分支行的规定所造成的不利。

4. 金融监管机构的多元化。美国对银行与金融机构的监管是通过很多机构来进行的。对银行监管机构而言就有三个：财政部货币监理官（专门负责国民银行的立案注册并对它们进行监管）、联邦储备系统（主要是对州立会员银行及银行持股公司进行监管）和联邦存款保险公司（对参加存款保险制度的银行进行监管）。1989 年以后又将对银行存款保险的监管职责转交给银行保险基金。此外，州立银行主要受各州银行监理官的监管，银行在从事证券交易过程中还要受证券交易委员会的管理。在银行系统之外，在住宅抵押贷款与农业贷款上还存在于联邦储备系统相似的两个平行的系统，它们各自有本系统内的最高监管机构。

从上可以看出，美国的金融机构不仅庞大还且完整，但美国厉害的是它的“金融优先”理论以及在这一理论影响下而高度膨胀起来的金融产业。

2003 年，美国出台法令，消除了投资银行与商业银行之间的界限，银行实行混业经营。这一举措的优点是，斩断束缚银行的手脚，从此可以放手大干，金融业迅速扩张。而其弊病在于，投资银行与商业银行的便捷一旦消失，银行也就只基恩借入企业经营，风险巨大。

混业收益大，风险也大，由此成为美国金融的高压线。

带来最大刺激的是华尔街。那些毕业于大学金融专业的年轻白领一下找到了用武之地，他们可以放纵创意大展拳脚，寻求自己的发财之道。

而对那些金融首领，公司或银行的董事长、CEO 来说，企业赚的钱越多，自己的红利越多，这棵真正过上“钱生钱”“人上人”的生活。

他们找到的武器就是金融衍生品。

马克思很早就预言，资本家阶层将从生产性领域退出，成为一个食利者阶层；而美国实际上已经进入到的食利性资本主义的最高阶段：**全球性金融垄断资本主义。**

英国《金融时报》副主编马丁·沃尔夫说：20 年前的经济体制在很大程度上正在成为历史。如今我们看见全球化击败了地方主义，投机商战胜了企业管理者，金融家征服了生产者。我们正目睹 20 世纪中期的管理资本主义向全球金融资本主义转变。

现代资本主义虽然没有放弃物质生产，但从资本使用价值的角度看，其结构要素，即物质商品生产，正逐渐被信息和服务所取代。特别在发达国家中，主要商品形态如今不再是金属、机器等物质产品，而是知识、符号和复杂的活动。

它表现为“纯价值”结构的爆炸式“资本增值”：金融资产增长、交易活跃、“衍生品”横空出世、对冲基金和私人股本基金、资本全球化，金融业“松绑”让金融资本主义的全球化既体现在参与者身上，也体现在所持有的资产性质方面。

20 世纪 30 年代经济大萧条之后饱受遏制的金融行业再次摆脱了束缚，许多新的进展源于美国全球化进程中的创新。

首先，金融资产出现了高膨式增长。麦肯锡全球研究所称，全球金融资产占全球年度产出的比例，已从 1980 年的 109%飙升至 316%。2007 年，全球核心资产存量已达 324 万亿美元。

金融资产的大幅增长在欧元区表现得尤为明显：该地区金融资产占该地区国内 GDP 的比例，已从 1995 年的 180%升至 2005 年的 303%。同期内，英国也从 278%升至 359%，美国则从 303%升至 405%。

其次，金融资产的交易驱动型特征远为明显。1980 年，银行存款占全部金融资产的 42%。到 2005 年前，这一比例已降至 27%。在银行体系中，资本市场越来越多地发挥着中介作用。而凭借其向客户的长期贷款和与客户的持久关系，银行业已从商业银行向投资银行转变。

第三，大量复杂的新型金融产品从传统债券、股票、大宗商品和外汇中衍生出来，其中以期权、期货和互换最为知名。国际互换和衍生工具协会的数据显示，到 2006 年底，利率互换、汇率互换和利率期权交易的发行账面价值达到 286 万亿美元（约为全球 GDP 的 6 倍），远高于 1990 年的 3.45 万亿美元。这些衍生品改变了管理风险的机会。

第四,出现了新的市场参与者,特别是对冲基金和私人股本基金。据估计,对冲基金的数量已从 1990 年的 610 家,激增至 2007 年第一季度的 9 575 家,其管理下的资产价值约为 1.6 万亿美元。对冲基金扮演着典型的投机和套利角色,这与共同基金等“只做长仓”的传统基金形成鲜明对比,这些传统基金一般投资于股票和债券。2006 年,私人股本筹资总额达到创纪录水平:私人股本情报的数据显示,684 家私人股本基金的筹资总额高达 4 320 亿美元。

第五,新资本主义越来越具全球性。高收入国家居民拥有(或欠下)的国际金融资产和负债总额占累计 GDP 的比例,从 1970 年的 50%,跃升至上世纪 80 年代中期的 100%,并在 2004 年达到 330%。

金融资本主义的全球化既体现在参与者身上,也体现在所持有的资产性质方面。大型银行在全球范围内开展业务。对冲基金和私人股本基金也日益向这个方向发展。例如,2005 年,北美地区占全球私人股本投资的 40%(低于 2000 年的 68%),占全球筹资总额的 52%(低于 2000 年的 69%)。同时,2000 年至 2005 年,欧洲占全球私人股本投资的比例从 17%升至 43%,该地区占全球筹资总额的比例从 17%升至 38%。同期,亚太地区占全球私人股本投资的比例从 6%升至 11%。

自由化(监管的取消或放松)和技术进步(电脑和通讯革命),让金融业地位上升。《格拉斯—斯蒂格尔法案》将商业银行和投资银行区别开来。几乎所有国家都对居民持有外汇以及外国资产实行严格控制。对贷款利率设定上限是相当平常的事情,其中最为著名的是美国的利率上限规定。

该规定禁止对活期存款支付利息,这个规定还推动了战后第一个离岸金融市场的发展:伦敦的欧洲美元市场。

然而,在过去的 25 年,几乎所有这些监管规定都被取消了。商业银行和投资银行之间的界限逐渐模糊。外汇管制从高收入国家消失,在许多新兴市场经济体也大部分放开。1999 年欧元的诞生加速了全球第二大经济体欧元区的金融市场一体化。如今,全球许多国家的金融行业开放程度已达到了 100 年前——门不闭户的水平。

电脑和通信革命助推金融飞升,创造出了一系列互相勾连、买卖活跃的复杂交易,特别是衍生品交易。这也成就了巨量金融资产的 24 小时不间断交易。基于电脑的新风险管理模型在整个金融行业得到了运用，如今的金融行业成为电脑革命的一个宠儿。

另外两个发明有助于解释所发生的一切。

首先是金融经济学的革命，特别是迈伦·斯科尔斯(Myron Scholes)和费希尔·布莱克(Fischer Black)在20世纪70年代初设计出的期权定价模型，成为如今庞大期权市场的技术基础。

其次是法定货币(Fiatmoney，指政府创造的货币)。各国央行在为全球经济、同时也是为全球金融体系创建一个稳定的货币体系方面取得的成功。如今法定货币已良好运转逾1/4世纪，提供复杂金融体系一向依赖的货币体系稳定性。

新金融资本主义象征着资产交易员相对于长期生产商的胜利。对冲基金就是投机交易员和套利者的完美例证。私人股本基金则是以获取财务利益为目的，从事公司买卖交易的综合企业集团。

同样，新型银行体系由从事资产买卖交易(而不是在账面上长期持有资产)的机构所主宰。

随着交易倾向的增强，出现了清晰而非含蓄的契约和独立交易，而非长期关系。所谓的"关系契约"，甚至还没有写着契约的纸张值钱。它们在新的商机面前难免烟消云散。因此，战后日本的交叉持股以及战后德国股权为银行所主宰的现象都化为泡影，并不令人感到惊讶。

此外，股东花名册上出现了大量外国投资者——他们完全做好了行使所有权的准备，并且不受国家社会和政治方面的约束。这改变了公司的运营方式：股东成功阻止了德意志证交所管理层收购伦敦证交所就是一个很好的例证。这就是侵蚀国家资本自主权的国际金融资本。

另一个后果是出现了两大占据支配地位的国际金融中心：伦敦和纽约。它们都位于金融资本主义历史悠久的英语国家。同样绝非偶然的是，尽管日本是全球最大的债权国，但通常被视为亚洲头号国际金融中心的却是香港，而不是东京。香港的传统来自于英国。英语国家的法律传统和观念，似乎是金融中心发展的重要资产。

此外，又如何评价近年发生的资本主义的逆动呢？它是"好事"还是"坏事"？支持者的论据可能是强有力的：

- 积极的金融投资者会迅速识别和攻击低效资本；

• 通过这种做法，它们能提高所有地区的资本效率；

• 它们将市场规律施加在现任管理层身上；

• 它们为新型活动融资，并将低效的陈旧活动转移到那些能更好利用它们的人手中；

• 它们建立一种更好的全球能力来应对风险；

• 它们将自己的资本放在世界上最有利于其运作的地方，在这个过程中，它们使非常普通的人获得了更为成功地管理其资金的能力；

• 它们借助网络和信息业，把传统的不能勾连的事情勾连起来，把现成交易或规则仍未不可能的交易通过合作与边缘模式链接起来，一切从“盈利”的角度“切入”与“嵌入”，显现出极大的创造性，也使资本获得“九条猫”的命。

由于上述原因，新型金融资本主义的出现，给监管、社会公平乃至政治公明方面带来了新的挑战。

英国著名政治经济学专家苏珊·斯特兰奇，将这种新型金融垄断资本主义称为“赌场资本主义”。

赌场背后的操盘手是富国以及银行家、资本家和专业经纪人。他们是赌场中的大赢家。尽管极少数普通居民在这一赌场中偶有小胜，但从总体上说，穷国以及普通大众总是输家。

高度的投机性和风险性使这种资本主义更具有极度的不确定性和不稳定性。美元在国际贸易、投资和金融领域中的主导地位决定了美国是这个赌场中的导演和决策人，美国只要通过发外债、印钞票，尤其是人为地使美元贬值，导致其他国家持有的美元和美国债券大幅缩水，就可以实现全球财富向美国的转移。美国人口只占世界人口的4.5%，却消耗全球30%的资源；而实际上，美国国内债务和国际债务总和早已是美国GDP的4倍。

第四章

资本的基因组学

资本的故乡是货币，但它八方游走传情递爱，生了一堆儿女，形成一个庞大的金融家族。

然而，无论它有多少后代，无论关系多么复杂，个个都难逃它的遗传基因——那里面自然包含全部的金钱染色体的组合与资本的细胞功能。

借用一个生物学上的名词，叫“资本的基因组学”。

社会越发展，市场化程度越高，资本的基因组学程度就越高。

当然也有基因异化。

异化是件可怕的事情，因为它是一种病变却不可避免。

资本基因组学的考量

基因组学(Genomics,也译作基因体组合)一词,用于描述生物的全部基因和染色体组成的概念,它包括遗传图谱、物理图谱、转录本图谱,核苷酸序列分析,基因定位和基因功能分析的一门科学。因此,基因组研究应该包括两方面的内容:以全基因组测序为目标的结构基因组学和以基因功能鉴定为目标的功能基因组学,又被称为后基因组研究。

引入基因组学的概念,旨在对资本的本性、货币家族的特点、资本的定位、资本的遗传与异化、变化的资本市场、资本的功能和资本的价值作出准确描述。

当今对资本的研究必须作出全面评估与分析。

马克思对资本的分析多是建立在"不变资本"基础上的,四十年后,希法亭根据资本的变化对"金融资本"的形成与作用做了深刻的分析。而自布雷顿森林体系崩溃、货币与金本位分离,金融资本的独立性与优先性的凸显以及金融创新引发的资本市场的发展变化,表现出更多元、更复杂、更灵活、更广阔也更具核心地位和挑战性的特点。

更为重要的是,美国金融风暴后,世界的金融市场已经发生变化,还将发生更大变化,对新资本主义的形成及其基因组合有清晰的认识,才能适应变化的世界。

保罗·萨缪尔森说:"在决定论的事实和概率论的法则之中,精确充其量是局部的或大概的。"

预测和前瞻性对经济学家来说实在是一个难题,有时候会令经济学家非常尴尬。即便是那些权威机构的经济学家们也是如此。所以,我一直纳闷克鲁格曼是怎样做到如此精准的预测的。在翻阅了他的论文和专栏文章之后,发现他使用的理论工具其实就是"向后弯曲的供给曲线"和"多重均衡":给定一个向后的供给曲线和一个陡峭的需求曲线,这样,在低价格和高价格就都会有稳定的均衡。

哲学家们只是用不同的方式解释世界,而问题在于改变世界。同样,经济学家们在用不同的方式解释资本,而问题在于改变世界秩序。如果没有对理论工具的正确运用,经济学家很难解释世界,更不用说改变世界。当越来越多的经济学家热衷于发展各种各样的理论工具的时候，岂不知那些经典的分析工具仍然具有强大的解释力和预测力，而它们其实躲藏在经济学教科书的一角！

如果经济学家们把基本的分析工具丢弃了，而仅仅热衷于“随波逐流”地就事论事或者使用那些谁都听不明白的“模糊概论”来博得人们的“青睐”的话，那么经济学和经济学家的作用就大打折扣了。

弄通资本的基因组学和把握基因组学的研究方法，不仅对于经济学家、领导者、企业家，即使对于从事各个层面活动的普通人都是是非常重要的，因为任何人无法逃脱资本的引力。

引进基因组学的概念，能让我们在研究资本时可以从资本的组合成分上做精确的分析。

资本基因的双螺旋结构

资本基因即是资本粒子。

资本的构成是以货币为基础的，同时也揉进其他因子，比如资源因子、人脉因子、文化因子、技术因子、权力因子等。

资本的染色体绝不是一种。DNA 分子具有典型的双螺旋结构，一个 DNA 分子就像是一条长长的双螺旋的飘带。螺丝体的每一周螺旋包括 6 个核小体，因此 DNA 的长度在这个等级上又被再压缩了 6 倍。300 埃左右的螺线体(二级结构)再进一步螺旋化，形成直径为 0.4μ 的筒状体，称为超螺旋体。这就是染色体的“三级结构”。到这里，DNA 又再被压缩了 40 倍。超螺旋体进一步折叠盘绕后，形成染色单体——染色体的“四级结构”。两条染色单体组成一条染色体。到这里，DNA 的长度又再被压缩了 5 倍。从染色体的一级结构到四级结构，DNA 分子一共被压缩了 $7\times40\times5=8\ 400$ 倍。例如，人的染色体中 DNA 分子伸展开来的长度平均约为几个厘米，而染色体被压缩到只有几个微米长。染色体很可能是遗传因子的载体。

资本的基因同样也是四级结构的螺旋体，螺旋体是其价值形态：一级结构是原始的货币资本，通过交易行为产生等差效益；二级结构是货币与生产资本结合，通过市场的循环产生增值效益；三级结构是生产资本与银行资本的结合产生金融资本，金融资本与经营实体联姻，产生倍率效应；四级结构是金融衍生品与虚拟资本的扭结，产生膨胀效应。

资本的等级越高，结构越复杂，操作的技术系数越大，而最终的结局也越不一样。

资本双螺旋的另一面，是其四级功能结构：一级结构是以物易物，货币作为一般等价物，只是计算的数字而已；二级结构是货币与金银等值，充当商品交换的媒介和增值的筹码；三级结构是货币与金本位分离，纸币成为符号世界的上帝；四级结构是货币与信用粘贴，成为撬动财富的工具。

正是这两面螺旋结构的交织，产生出不同的结局、不同的经济形态、不同的文明选择。

了解这种四级结构和双螺旋性，我们也就可以从当代世界的金融制度与其社会制度间的关联分析，把地球划分为四个世界：①发达国家；②新兴国家；③发展中国家；④欠发展国家。

至此我们也就看到，金融之所以是经济的核心，就在于它的双螺旋性和级别结构的选择决定着一个国家乃至地区的现实与未来。

资本染色体的异化

人类每个细胞有 46 条染色体，46 条染色体按其大小、形态配成 23 对，第一对到第 22 对叫做常染色体，为男女共有。第 23 对是一对性染色体。女性性染色体是两条 X 染色体，而男性是 X 染色体和 Y 染色体各一条。精子和卵子的染色体上携带着遗传基因，上面记录着父母传给子女的遗传信息。

同样，当性染色体异常时，就可形成遗传性疾病。

资本的染色体虽不与人类染色体完全相同，但原理相通，同样有正常与非正常之分，亦即遗传与变异之分。

我们知道，西方经济的高速发展，得益于金融业的发达。

1999 年 11 月 4 日，美国国会通过了一项历史性的新银行法《金融服务现代化法案》，从而推翻了 30 年代曾经挽救许多银行免于倒闭的《格拉斯—史蒂格尔法案》，重新开启了银行业、证券业以及保险业之间跨业经营的新纪元。

首先，美元在国际金融市场上的绝对霸权地位。美元作为国际通行货币，在国际货币体系中享有特权地位。强美元对外资具有巨大的吸引力，据美国第一波士顿信托银行估计。美国实际上利用着全世界净储蓄额的约72%。进入美国的国外资本大部分进入了金融市场，购买美国股票、公司债券等有价证券，外资成为美国金融市场上的一支重要力量。外国在美国购买的金融资产呈逐年增加的趋势，2002年为1 130亿美元，2004年为3 990亿美元，2008年为12 000亿美元。

如同世界经济体系中的“中心—外围”理论，在国际货币体系中以金融霸权美国为首的发达国家同样处在中心地位，而发展中国家则处在外围。美元的绝对垄断地位有力地支撑了美国在世界金融市场上的中心地位。而对于美国金融业的发展，强美元政策吸引大量国外资本的进入，又有力地促进了资本市场的发展和繁荣。

其次，美国金融结构的高级化，使得资本市场高度发达。资金的充分流动需要有完善的金融市场，有多种多样的从事不同金融服务的金融机构，有可以满足不同层次需要的各类金融工具。金融业的发展与金融结构的高级化需要有一个过程，不仅表现为金融机构、金融市场和金融工具的种类和数量增长，更重要的是表现在完善发达的资本市场在金融体系中的主导地位。美国资本市场的发达使其金融系统拥有了更多的“备用轮胎”，即资金来自许多不同的贷款者和投资者，资金可以更加自由的流动和资源更加合理的配置，促成了以资本市场为基础的更有效率的现代化金融体系的形成。

金融体系的差异一般与一个国家所处的经济发展阶段有着密切的关系。经济发展水平较高国家的金融体系倾向于以资本市场为基础的。美国资本市场上的改革和制度创新使得资本市场的组织运行更为有效，在高新技术快速发展、社会资本过剩的前提下，使两者实现很好的结合。相比其他国家，资本市场的高度发达是支持美国风险投资业发展的独特优势。资本市场在高新技术风险投资中所起的作用主要表现在它是风险资本的筹措渠道，同时也是风险资本完成扶持高新技术产业化目的后最好的退出渠道。

贷款占美国全部融资的主要部分。发行市场可交易的证券在美国和世界主要发达国家都不是最重要的外部融资来源，而商业银行等金融中介机构提供的贷款一直是最重要的外部融资来源，商业银行在金融体系中占据主体地位。

充足的资本供给对风险投资的发展其着决定性的作用，金融机构已经成为风险资金最主要的供给主体。在德国和日本，银行等金融中介在资本市场上的作用非常大，银行（全能银行）在风险资本的供给中起了很大的作用。

而美国的风险投资基金的筹措模式符合一条基本的原则：高风险投资的资金应该由愿意并且能够承担高风险的人来提供，各类基金如美国的养老基金成为风险资本市场上的主要力量。而风险资本的退出是整个风险投资运行各个环节中最重要的环节。

美国风险投资成功的一个重要原因是其具有一个发达的股票市场，用于公司控制权的交易。1971 年，为给中小企业的 IPO 创造途径，二板市场应势而生，世界上第一个电子交易的股票市场纳斯达克在美国开始为 2 500 种在场外交易市场进行交易的证券提供中间报价。相对而言，德国和日本等国的股票市场的作用较弱，并由此带来公司控股权转让发生得比较少。

西方金融业的发达造就了经济的繁荣。然而，金融发展过快和贪婪造成的资本阴谋——次级贷一下就毁掉了曾经的骄傲与荣耀。

表 4-1 是 2008 年 2 月 Bloomberg 公布的全球银行市值 20 强，现在再看看，还剩多少家呢？

表 4-1　2008 年全球银行市值 20 强

排名	银行	市值（亿美元）	1 年前	5 年前
1	中国工商银行	2 775.14	4	—
2	美国银行	1 959.33	2	2
3	英国汇丰控股	1 767.88	3	3
4	中国建设银行	1 652.34	7	—
5	中国银行	1 650.87	6	—
6	美国摩根大通银行	1 596.15	5	9
7	美国花旗集团	1 406.98	1	1
8	美国富国银行	1 123.65	11	4

续上表

排名	银行	市值（亿美元）	1年前	5年前
9	西班牙国家银行	1 098.62	12	23
10	三菱 UFJ 金融集团	1 054.12	9	22
11	荷兰银行	1 036.43	34	29
12	意大利联合信贷银行	975.91	15	32
13	意大利联合圣保罗银行	899.54	16	46
14	法国巴黎银行	884.87	14	15
15	美国高盛集团	876.02	18	18
16	瑞士银行	848.78	8	7
17	西班牙对外银行	783.02	19	25
18	俄罗斯联邦储蓄银行	777.13	31	109
19	苏格兰皇家银行	760.23	10	6
20	美国美联银行	754.01	13	8

美国金融机构的资本变异表现在哪里呢？

金融优先理论的跑偏，使得大部分人热衷于“钱生钱”的游戏，从事实体经济的人数越来越少；

金融行业成为高收入行业，门槛高、专业水平高，收入的平均基数也大。

华尔街的那些年轻精英们，为了追求高晋升、高收益、高享受，也就不能不把道德和社会责任放在一边，悉心玩起“阴谋＋哀求爱情”的资本游戏，设置起形形色色、五花八门、令人谈话缭乱且机关重重、陷阱处处的金融衍生品和其他投融资花样……

由此，金融行业的获利性空前高涨，与此同时操盘者的手扑入也节节攀升。据说，劳斯莱斯和宾利以及英国皇家游艇俱乐部瞄准的客户就是他们。

表 4-2　2008 年深发展银行高管薪酬

序列	姓　名	职　务	薪酬（万元）
1	法兰克·纽曼	董事长兼首席执行官	1 598
2	肖遂宁	董事、行长	418
3	胡跃飞	董事、副行长	299

续上表

序列	姓 名	职 务	薪酬(万元)
4	刘宝瑞	董事、副行长	292
5	王博民	首席财务官	286
6	徐进	董事会秘书、法务总经理	148
7	康典	监事会主席	145
8	米高·奥汉伦	独立董事	106
9	马黎民	员工监事	165
10	矫吉生	员工监事	138

表4-2是深发展银行部分高管的薪酬，从中我们可以看出，高管们的收入是比较高的，这还只是账面的，尚不包括分红、补助和其他方面的收入。

尽管平安保险公司亏损，但老总马明哲的年收入是1亿元，扣税后所得6 600万元。10年时光，坐收7亿元。

由于业绩与高管收入挂钩，也就越表现出赚钱的动物性：金融衍生产品的设计不仅越来越与实体经济脱离，而且出于转移风险和获取高额收益的目的，产品成了环环相扣、撬动复杂的魔瓶，最终出来了魔鬼……

金融机构收入异化相当严重。华尔街年均100万美元的收入者比比皆是。高管的年收入在300万到2 000万美元之间。

提交给美国监管部门的文件显示，华尔街的高级经理人2009年因削减成本和提高利润而获得高额提薪，其中一些首席执行官的薪酬方案几乎翻倍。

薪酬专家预计，一些首席执行官的报酬将达到J.P.摩根董事长威廉·哈里森的薪酬水平。哈里森先生2003年的薪酬总额翻了一倍有余，达2 000万美元。

高盛、摩根士丹利、雷曼兄弟和贝尔斯登向美国证交会提交代理陈述，有高级经理人薪酬的详细记录。美林、花旗集团和其他机构也将随后提交类似文件，年薪数额都在1 000万美元之上。

高盛月披露，首席执行官亨利·保尔森获价值约2 100万美元的限制性股票，作为他2003年薪酬的一部分。他2002年全年薪酬方案总额达1 200万美元。

由于公司收益和股价下跌，包括保尔森先生和摩根士丹利的裴熙亮在内，大多数华尔街首席执行官2002年都降低了薪酬。但随着华尔街去年第三季度创出历史最佳利润，预计提薪30%成为常规。

监控股东代理投票权的投资者责任研究中心(IRRC)表示，经理人薪酬已成为最热门的话题，在迄今股东提交的693个提议中，这一话题占了三分之一。但在工会养老基金的领导下，股东权益活动人士决心要将其薪酬减下来。

纽约金融服务薪酬专业机构Johnson Associates的董事总经理艾伦·约翰逊表示，华尔街高级经理人的薪酬可能平均上涨20%。

苏格兰银行严重亏损被英国政府接管，但RBS前CEO古德温仍然领取1 690万英镑的退休金。

纽约证交所主席理查德·格拉索巨额薪酬达1.4亿美元。

由于收入丰厚，华尔街富豪们过着奢华的生活，豪车、飞机、游艇、别墅村、私人小岛、海底酒店、海滩美女Party、音乐会……纸醉金迷，挥金如土。

即使在企业濒临倒闭的危机中，他们仍然顶风作恶，花旗发放1.3亿美元奖金，AIG发放2.18亿美元奖金，美林偷分36亿美元的奖金……

有道是：上帝欲其亡，必先令其狂。

如此毒性经营，如此畸形心态，如此财迷心窍，安能不踏上衰亡之旅？

资本的基因疗法

病态的世界金融业的修复需要基因疗法。

基因是“生命的设计图”，所以当基因因为突变、缺失、转移或是不正常的扩增而“出错”时，细胞制造出来的蛋白质数量或是形态就会出现问题，人体也就生病了。所以要治疗这种疾病最根本的方法，就是找出基因发生“错误”的地方和原因，把它矫正回来，疾病自然就会痊愈了。

所谓基因疗法，即是通过基因水平的操作来治疗疾病的方法。目前的基因疗法是先从患者身上取出一些细胞（如造血干细胞、纤维干细胞、肝细胞、癌细胞等），然后利用对人体无害的逆转录病毒当载体，把正常的基因嫁接到病毒上，再用这些病毒去感染取出的人体细胞，让它们把正常基因插进细胞的染色体中，使人体细胞就可以“获得”正常的基因，以取代原有的异常基因；接着把这些修复好的细胞培养、繁殖到一定的数量后，送回患者体内，这些细胞就会发挥“医生”的功能，把疾病治好了。

首先，金融业的向来不受监控的“激励”病必须治疗。固然，收入应与绩效挂钩，激励措施有其合理性。但问题是：

- 激励“标准”在哪里？
- 谁制定“标准”？
- “标准”有没有上限，可不可以无限膨胀？
- “激励”的度在哪里？
- 如何确定“激励”的标准的“度”？
- “激励”有没有考虑到风险因素？

基因疗法的关键点是不要因为激励设限而损伤积极性。

金融衍生品交易基因病也在治疗之列。

为什么股票与债券不能成为最重要的外部融资来源？为什么商业银行在现代金融市场中仍处于主体地位？这是由金融市场的交易成本与信息不对称决定的。

至今，大多数美国家庭不拥有任何证券。交易成本是其中重要的影响因素。如果一个家庭将几千美元直至上万美元投资于股票，能买到的股票数量是相当少的，所花的经纪费用与购买股票的价格相比具有较大的比例。而且由于投入的资金量少，鸡蛋只能放在同一篮子里，无法分散风险。交易成本太大使得美国的大多数家庭不愿购买股票。若投资于债券，诸如国债，金融市场上国债销售的最小货币单位往往在一万美元以上，一般的美国家庭没有足够的资金购买，证券经纪公司对小额债券投资也不会理会，因为与收入相比较，成本过大了。

所以，华尔街瞄准的往往是外国的同行，把那些五花八门的债券推销给其他金融机构，或是拉他们一起来掺和。

因为基因错了，结局也就一荣俱荣，一损俱损。

必须给他们进行“基因纠错”。

交易成本影响了证券市场的发展，金融中介机构却能降低交易成本。商业银行这一重要的金融中介能够运用规模经济原理，通过专业化管理与协作，将积累的小额储蓄资金从事大额投资，大大降低了交易成本，分散了风险，实现了合理的资产组合。

交易成本的存在部分地解释了为什么商业银行等金融中介以及间接融资（贷款）在美国金融市场中发挥了如此重要的作用。

导致间接融资比直接融资更为重要的另一关键因素是信息不对称。信息不对称指交易双方中一方对另一方的信息掌握不足，因而不能作出正确的决策。例如，一上市公司的总经理知道自己是否诚实并且掌握公司的全部经营情况，而股东们的掌握公司信息却有限。信息不对称导致了金融市场的逆向选择。

KODA（全称是 Knock Out Discount Accumulator，也被称为 Accumulator）即累计期权，是一种极其复杂的金融衍生产品，它们有很大的激励机制：赚得越多，销售员的奖金越多。

中信泰富巨亏 150 亿元，曾荣膺内地首富的碧桂园大股东杨惠妍巨亏 7.4 亿元，吃的就是 KODA 的亏。

从 2008 年开始，不少内地的客户陆续接到香港一些银行的催款通知单，要求这些客户在 10 日内偿还欠款。让这些客户怎么也想不通的是，他们在香港这些银行里的存款高达数千万港币，怎么短短几个月时间反倒变成了银行的欠款大户？

2007 年 8 月份，北京的郝婷在香港的星展银行开设了一个私人银行账户，随后把在其他银行的资金陆续转入到星展银行，但是 3 个月后她账户上的 8 000 多万元资金化为乌有，还倒欠星展银行 9 000 多万元。

这听起来就像天方夜谭一样，不过确是现实中真实发生的事。在北京做律师的赖建平遇到了同样的问题，他在香港荷兰银行做投资的 2 000 多万港元，如今不仅一分钱不剩，他还倒欠荷兰银行 200 多万港元。

在北京大成律师事务所登记委托追款的十几个客户，绝大部分是从事房地产或国际贸易、实业投资方面的企业家，分别投入数千万甚至上亿元，血本无归不说，现在反过来倒欠银行几百万、几千万，甚至上亿元。

为什么会遭受这么大的损失？这叫 KODA 的产品到底是什么样的投资理财产品？

美国康奈尔大学教授、长江商学院金融学教授黄明说，KODA 是一些极其复杂的衍生品，与外汇、股票、石油期货等挂钩，通常合约的期限为一年。它设有取消价及行使价，在一年的期限内以低于现时股价的水平为客户提供股票。KODA有四个特性:①买入股票的行使价往往比现价低10%~20%;②当股价升过现价3%~5%时,合约自行取消;③当股价跌破行使价时,投资者必须双倍吸纳股票;④合约期一般为一年,投资者只要有合约金额40%的现金或股票抵押即可购买,因此这一产品往往带有很高的杠杆性。

这个产品实际上是给一些比较大的金融机构或者银行设计出来的,和客户是一种博弈关系。银行和客户签了协议以后,实际上就在赌石油或者期货的价格或者股票的价格,赌增长或是下跌。客户存在银行里的钱实际上他已成金融衍生产品的保证金了,它们根据你的资产状况给你放大,放大就是你购买的数额。在杠杆的作用下,在收益放大的同时,风险也随之放大。

事实上,金融衍生品成了“富豪杀手”。仅在2007年,整个香港金融市场成交的累积期权合约总值就在1 000亿美元以上,包括星展银行、渣打银行、荷兰银行、汇丰银行等多家金融机构。而在2008年全球金融危机爆发后,这些产品积聚的风险随着股票市场、期货市场暴跌,急剧放大,把投资者的财富席卷一空。

香港保障投资者协会会长吕志华说,内地的受害者只是冰山一角,实际上可能是有很多还没有暴露出来,而且有一些受害者很可能不想被人知道。那些在香港开有账户的富裕阶层和民营公司,基本上都参与了金融衍生品的投资。这种衍生工具产品,有一个很特别的名字,叫“I kill you later”,翻译成中文就是“我会迟些杀死你”,这种合约真的是投资者的杀手。

如此高的利益驱动,使得这些投资银行及其员工将复杂金融衍生品的规模越做越大。2007年美国的GDP总量是13万亿美元,但是华尔街的金融衍生产品的市场就达到了60万亿美元,是实体经济的4倍多。与金融衍生产品同步急剧增长的是华尔街金融从业人员的奖金和分红,2007年华尔街仅高管层的奖金总额就高达400亿美元。但盛宴的狂欢不可能永远维持下去,正是因为这种贪婪和疯狂导致了2008年年底的华尔街风暴。

基因出问题了。逆向选择影响了金融市场的融资结构,这就是所谓的“柠檬问题”。

“柠檬”是一个比喻。问题最初引自于旧车市场的一种现象。进入旧车市场，欲购方一般不能甄别旧车是好车还是坏车，故必须付出的车价反映的是旧车的平均质量，这一价格处在“柠檬”(坏车)的低价与“桃子”(好车)的高价之间。卖方知道某台旧车是“桃子”还是“柠檬”，却希望将“柠檬”卖以高价，不愿将“桃子”以市场平价卖出。买方不愿购买“柠檬”，旧车就会卖不出去。

“柠檬”问题同样存在于证券市场。一般的股票投资者难以分辨上市公司的业绩好与不好，因他们只能付出反映各上市公司平均业绩的股票价格。另一方面，上市公司管理者掌握的信息多，业绩好的上市公司不愿接受只反映平均业绩的股票价格，只有业绩差的上市公司才愿接受相对自身业绩而言被高估的价格。许多投资者因此决定不购买上市公司股票，于是，证券市场的发展受到了阻碍。

这一分析可以解释金融市场之谜：为什么市场可交易的股票和债券不是商务外部融资的主要来源。

“柠檬”问题的存在严重影响了资金供给者与需求者之间的有效融资。

为了解决逆向选择导致的“柠檬”问题，需要消除买卖双方的信息不对称。市场上可能出现一些专门收集、加工并出售信息的私人公司，证券投资者付费购取了有用信息后，能以较低的价格购买到绩优股并赚取利润。另一些投资者见有利可图，便会跟着购买那些绩优股而不必付出信息费，这就是所谓“免费搭车”。免费搭车使得绩优股交易加大，使其价格趋于实际价值，购买信息的利润消失了，导致证券市场的信息卖不出去，信息的收集与加工随之减少，故逆向选择可“柠檬”问题依然存在。

政府的金融监管部门可免费向公众提供有关信息，但金融监管只是减轻了信息不对称问题，并不能从根本上加以消除，上市公司仍比投资者掌握更多的信息，一般投资者仍然难以甄别上市公司的好坏。

旧车市场的买卖成交是如何实现的呢？一般的，旧车车主与购车者不直接打交道，而是通过经纪人。旧车经纪商是行家，掌握了必要的信息，有能力区别“柠檬”和“桃子”。旧车经纪商充当中介人，先买后卖，满足了购车者的要求，自己也获得了价差利润，避免了免费搭车问题。

在金融市场，商业银行等金融中介起着类似于旧车市场经纪人的作用。从整体上来讲，商业银行拥有大量生产并把握金融信息的专家，能较好地区分和控制金融风险，先吸收存款，然后向优良的企业或个人发放贷款。商业银行成功的关键在于他们的贷款一般不能自由交易，从而能避免“免费搭车”问题并从信息生产中获得相应的利润。

“染色体不对称”有说服力地解释了为什么至今商业银行等金融中介提供的间接融资在金融市场占的比重远大于证券市场提供的直接融资这个问题。

第五章

经济增长与债务资本

“经济增长”是全球使用频率最高的一个名词;而“负债经营”则是满世界最最普遍的真理。

由之发现一个现象:经济增长与资本负债同步。

怎样用一个数学公式界定它们呢?

=?

≠?

还是≈?

事情牵涉到第四资本时代的增长特征:高负债率。

LOAN 是负债,VC 是负债,PE 是负债,IPO 是负债,连 BANK CAPITAL 也是负债。

对债务资本的接纳和经营是第四资本时代的一个特点。

因为,债务隧道的尽头就是阳光——利润。

生活繁荣与“债务货币”

研究金融危机，发现它的形成在于货币供应断流。

研究经济增长，发现它的特征就是货币供应充裕。

两者综合研究，发现经济越是快速增长，债务性货币越是泛滥。

很显然，二者之间存在必然的内部联系：不是货币的债务形式推动了经济增长，而是经济增长增加了货币储量和增量。

当 G20 和许多国家强调通过“增长”“拉动”和消解危机时，它实际是另一轮资本负债率的增长。

很显然，在资本的第一、二、三阶段，人们注重的是等值、等额和等差。而在第四资本时代，人们被“时间就是金钱”的概念耀花眼睛和主张“透支明天”的方式提前构筑新生活梦想，于是债务性的预支和消费成为必然，这就迫使人们修改规则：你的生活状态取决于你对债务的把控能力——

企业做大，是因为你敢于负债；

城市发展很快，是因为你的货币供应量充足；

国家经济提速或超速，是因为你的货币发行量加大；

一个或一地经济长期增长，取决于你对债务的宏观调控量是否合适合度。

因此，越是重视“增长”，我们就越是需要研究货币的本质。

货币就其本质而言，可分为债务货币与非债务货币两大类。

债务货币就是当今主要发达国家所通行的法币（Fiat Money）系统，它的主要部分是由政府、公司以及私人的“货币化”的债务所构成。

美元就是其中最典型的例子。美元在债务产生的同时被创造出来，在债务偿还的同时被销毁。流通中的每一个美元，都是一张债务欠条，每一张欠条在每一天里都在产生债务利息，而且是利滚利地增加着，这些天文数字的利息收入归谁呢？归创造出美元的银行系统。债务美元的利息是原有货币总量之外的部分，必然要求在现有货币总量之外再创造出新的债务美元，换句话说，人民借钱越多，就必须借更多的钱。债务与货币死锁在一起，其逻辑的必然结果就是，债务永远增加，直到其债务货币遭人彻底抛弃或其利息重负压垮自身经济发展，导致整个体系的最终崩溃。

债务的货币化乃是现代经济最严重的潜在不稳定因素之一，它是通过透支未来来满足现在的需要。中国老话“寅吃卯粮”说的正是这个意思。

另一类货币，就是以金银货币为代表的非债务货币。这种货币不依赖于任何人的许诺，不是任何人的债务，它代表的是人类已经完成的劳动成果，是人类数千年社会实践中自然进化而来的。它不需要任何政府力量的强制，它可以跨越时代与国界，它是货币中的最终支付手段。

在所有货币中，金银货币意味着“实际拥有”，而法币则代表“欠条＋许诺”。二者的价值“含金量”有着本质区别。

债务货币化可能是最后的宏观经济政策工具。

对于政府来说，发行纸币的过程就是增加债务的过程，纸币本身没有价值，人们之所以相信纸币是因为政府为纸币作了担保。货币银行学上，按照货币的本质划分，将其分为债务货币与非债务货币两大类。债务货币是当今发达国家经济体所通行的法币系统，它的主要部分是由政府、公司以及私人的“货币化”的债务所构成。

而与债务货币化具有类似扩张货币功能的金融产品是资产证券化，也就是将缺乏流动性的资产转换为在金融市场上可以自由买卖的证券的行为，使其具有流动性。商业票据、有抵押债券、股票等都属于这种形式的资产证券化。通过向市场发行资产将贷款资产进行处理与交易，最终实现融资。美国是资产证券化的发端国家，也是全球最大的资产证券化市场。欧洲是美国以外世界上第二大资产证券化市场。英国一直是欧洲资产证券化的领先国家。近年来，资产证券化在亚洲尤其是日本、韩国等国家也得到了快速发展。最近十几年，以美国为核心的发达经济体的信贷资产证券化(ABS)、房贷资产证券化(MBS)和不良资产证券化急速发展，让全球的流动性出现成倍的扩张。

中国的人民币则介于二者之间。尽管人民币目前也存在着“债务化货币”的成分，但就其主体而言，仍然是体现过去已经完成的产品与服务的度量。人民币的发行并非像美元一样必须以国债作抵押，由私有中央银行发行货币，所以得以避免了落入私人腰包的巨额利息支出。从这个角度来讲，人民币的属性更接近金银货币。同时，由于人民币没有金银作为支撑，它又有法币的基本属性，必须依靠政府的强制力才能保证货币价值。

真正理解西方法币制度，尤其是美元制度的内在本质，是人民币未来改革的必要前提。

目前，次贷危机正在向信用卡领域扩散，美国最大存贷款银行华盛顿互惠银行 2008 年 7 月发布的第二季度财报显示，其信用卡部门出现 1.75 亿美元亏损，不少经济学家和分析机构都认为美国各大银行的信用卡部门均面临类似困境，次贷危机正逐步从房贷向信用卡领域扩散。据路透社报道，由于房价下跌、食品燃油支出上升，加大了信用卡持卡人的还款压力，美国运通公司、美国银行、花旗银行、摩根大通等银行均面临信用卡业务困境。斯坦福大学信用卡专家克里夫·谭直言："债务问题终将蔓延至美国各个经济领域，无论是从抵押贷款延伸到信用卡，还是从信用卡延伸到抵押贷款，这种情况正在显现。"

美国是全球信用卡最发达的市场之一，美联储的统计数据显示，目前美国信用卡未偿余额高达 2.57 万亿美元，平均每个持卡人欠债 8 400 美元，比 8 年前高出了近 7 成。信用卡业务当前面临的问题，在很大程度上应归咎于之前的过快扩张。在房价上涨期间，发卡银行往往不断提高信用卡透支额度，这导致部分消费者过度消费，此外由于许多银行的逾期还款利率高达 20%以上，消费者也为此背上更重的债务负担。

不仅仅是美国的信用卡市场泛滥，世界的其他角落也存在信用卡危机，与中国毗邻的韩国就是其中的典型代表。亚洲金融危机结束后的 5 年间，信用卡市场的繁荣一度成了解决韩国经济困难的灵丹妙药。但是，危机的种子已经播下——为了实现快速盈利，韩国的银行并不对客户的信用程度进行充分审查，就随意放贷，甚至很多无业者也能申请到信用卡。到 2003 年，韩国的信用卡渗透率达到 70%，比美国 65%的渗透率还高；韩国成人平均每人拥有 4.5 张信用卡，拥有 10 张信用卡的人数也已超过 23 万。

这一时期，由于韩国经济形式较好，再加上个人风险的累积需要一定的时期，因此，银行的坏账率并不高，信用卡公司个个赚得盆满钵满。但是，随着韩国经济陷入暂时萧条，2002 年，韩国信用卡危机开始显现，当年信用卡公司出现了 2 616 亿韩元的大窟窿。2003 年 1 月，信用卡公司赤字总额更进一步上升到 4 128 亿韩元，一场酝酿已久的信用卡危机已不可避免。当年 9 月末，350 万韩国人未能按期还款，占韩国工作人口的

16%，另外，信用卡欠款一个月以上的约有10%（美国仅为4%），8个主要信用卡公司的坏账率达13.5%，面临破产威胁。2003年11月23日，韩国最大的信用卡公司LG信用卡公司获得2万亿韩元（合17亿美元）的紧急救援，得以避免破产命运，这已是两年来韩国第四家需要输血的信用卡公司。为了重组，LG信用卡公司计划两年内削减9万亿韩元坏账，同时裁员2 100名，占总雇员人数的25%。此外，公司还计划砍掉一半零售分支机构，以进一步削减成本。信用卡危机让韩国银行和韩国消费者都付出了沉痛的代价。

其实，所有的证券化产品，包括股票、债券、期货和期权，从本质上来看都是债务货币，甚至可以将这些现代市场经济国家引以为豪的金融产品称之为"白条产品"。通过回顾股票的起源，我们或许能够更好地理解债务货币的要义和本来面目。

从16世纪到18世纪两百年间是"重商主义"时代。当时的欧洲各国，为了对外掠夺大量的黄金白银等财富，1602年，世界上最早的股份有限公司制度诞生，也就是全世界第一家国有企业"东印度公司"。东印度公司是国有企业，是以炮舰为前导、以盈利为目的一家公司。股份有限公司这种企业组织形态出现以后，很快为资本主义国家广泛利用，成为资本主义国家企业组织的重要形式之一。伴随着股份公司的诞生和发展，以股票形式集资入股的方式也得到发展，并且产生了买卖交易转让股票的需求。这样，就带动了股票市场的出现和形成，并促使股票市场完善和发展。

欧洲各国为了对外侵略，抢占殖民地，长年累月的战争，欧洲各国政府国库亏空，民穷财尽，所以最终不得不发行战争债券，这也就是世界上债券的萌芽。但问题出来了，战争债券到期必须得归还本金。如果还不起怎么办呢？那也就只有"打白条"。

英文中的stock有存量之意，还不了款的"白条"摞成一堆的存量就用stock来解决。也就是说，利用国有企业掠夺财富，而还不起的债务就叫做"存量"。政府控制着一大堆还不起钱的债券，或者叫"白条"，到最后还是要还嘛，但怎么还呢？当时的欧洲政府官员开启了人类最大的金融创造——将"白条市场化"——我们翻译成"股票市场"的stock market（白条市场）也就从此诞生。

现代市场经济背景之下，种类繁多、数量巨大的金融资产与实体性资产的联系日趋松弛，并在形式上具有更大的独立性，尽管金融性资产最终不可能摆脱实体性资产的束缚。但是任一时点的货币存量，本质上都是相应数量未结清的社会债务额的体现。

虽然债务货币远比传统的非债务货币给全球通胀带来的麻烦还要巨大，但是在经济全球化和金融工程化的趋势不可逆转之际，任何企图扼杀这些现代金融工具的想法和行为都是错误的、落后的。与其对以美元为源头的债务货币牢骚漫天飞舞，不如竭尽所能为债务货币的风险控制殚精竭虑，寻找到规避所有债务货币可能招致的风险港湾，就像我们并不能因为次贷危机的爆发而视次级贷款和次级债券为洪水猛兽，将一切责任完全推究至这些本应该得到中性评价的金融产品。

“债务形式”与“债务存在”

由于现代货币是一种“债务形式”和“债务存在”，因而现代资本具有“债务特征”。谁能搞到资本，谁就是本领，因为它本身不过是一种借助资产的“货币形式”。这也就是西方所以提倡“借钱是基本的生存形式”的原因。

资本本来靠原始积累。但在货币与黄金白银脱钩之后，资本就成了一种借记符号。也就是说，资本可以不凭资源、技术、劳力发展，可以凭借手段而致富。

这也就是华尔街的金融虫子赖以过上阔人生活的原因——不需要生产，不需要加工，不需要营销，不需要货币的投入，只要凭着聪明脑袋想出的花样，设计出令人眼花缭乱的金融衍生品，就可以太公钓鱼，愿者上钩。

他们是金钱市场上的“冷血杀手”。当他们把两房抵押贷款的再抵押的次级贷债务的“垃圾”包装成“黄金”，且用它撬动基金及其他产品并因此获得源源不息的收入时，他们何等得意！就是在花旗银行即将倒闭时，那些高管仍然心安理得地拿着几百万至几千万美元的年薪，奥巴马总统愤怒地斥责他们“无耻”，可银行家们不予理会，照样开着名车，驾驶私人公务机到海滩享受假期去了。

钱对他们来说，来得太容易，所以花得一点也不会疼惜。

他们担心坐吃山空么？不，一点也不。

如果每年以利滚利方式增加的至少20 000亿美元的利息支出迟早会被“创造”出来进入货币系统的话，尽管其中一部分可以用更高债务的代价往未来堆积，另外一部分利息美元增发也足以造成显著的通货膨胀，但奇怪的是，美国的通胀（CPI）似乎并不明显。国际银行家的魔术是怎样玩儿的呢？

窍门在于必须有吸纳大量货币增发的去处，这就是近十几年来畸形膨胀起来的金融衍生品市场。

20年前，全世界的金融衍生产品的名义价值总额几乎为零，到2006年，这个市场的总规模已经达到370万亿美元！相当于全世界的GDP总和的8倍多。其增长速度之快和规模之大足以撑破任何正常的人类想象力。

金融衍生产品的本质是什么呢？和美元一样，也是债务！它们是债务的打包，债务的集群，债务的仓储，债务的编队，债务的托拉斯，债务的航母！

这些债务被作为资产充斥着对冲基金的投资组合，也是这些债务被保险公司和退休基金当做资产放在账户上。这些债务被交易着、延期着、挤压着、拉伸着、滚动着、填充着、淘洗着，这是一个债务的盛宴，也是一个赌博的盛宴。在纷繁的数学公式背后，只有“空”和“多”两个选择，每一张合同都是一次赌博，每一次赌博都必见输赢。

既然是数百万亿美元的豪赌，这个赌场上必有庄家。谁是庄家呢？就是美国最大的5家银行，它们不仅是重量级的玩家，而且是做的是“霸盘”生意。

美国财政部公布的2006年第二季度的商业银行金融衍生市场报告指出，美国最大的5家银行，摩根大通，花旗集团等，占全部902家银行金融衍生产品总和的97%，收入占94%。在所有银行金融衍生产品类别中，规模最大的是“利率产品类”，占整个盘子的83%，名义价值为98.7万亿美元。

在利率产品类别中，“利率掉期”占绝对优势。“利率掉期”的主要形式是，在一定期限内，用“浮动利息现金流”去交换“固定利息现金流”，交易一般不涉及本金。其主要用途是以“更低的成本”来“模拟”长期固定利率债券的运作。使用这种工具最多的就是美国两大 GSE 公司——房地美和房利美。这两家超级金融公司用发行短期债券来资助 30 年固定利息的房地产贷款，辅之以“利率掉期”来对冲未来利率变化的风险。

在 98.7 万亿美元的利率衍生产品中，摩根大通独占鳌头，占有 74 万亿的份额。在金融领域中，10∶1 的资金杠杆比例进行投资已是“莽撞型”，100∶1 亦属“冒进型”，500∶1 显然属于“疯狂型”了。

20 世纪 90 年代著名的超级对冲基金“长期资本管理基金”(Long Term Capital Management)在两位诺贝尔经济奖得主指导下，建立了当时世界上最复杂的风险对冲数学模型，拥有着世界上最先进的计算机硬件设施，杠比竟然高达 626∶1。当你侧身这种以一当十、以十当百、以百当千、以千当万的投资模型时，一不留神就输个精光，还险些拖垮整个世界的金融体系。

摩根大通实际上做的是利率衍生产品市场的“霸盘”生意，它是几乎所有对冲利率走高风险公司的对家。换句话说，绝大多数人需要在投资时防止未来利率突然暴涨，而摩根大通则向所有人保证利率不会暴涨，它卖的就是这样一种保险。

是什么神秘的水晶球能让摩根大通敢冒如此惊天动地的风险，来预测只有格林斯潘和美联储到时候才知道的利率变化呢？合理的答案只有一个，摩根大通本身就是美联储纽约银行最大的股东之一，而美联储纽约银行是一家不折不扣的私营公司，摩根大通不仅可以比其他人更早得知利率变化的消息，更是利率变化政策的真正制定者，而利率政策的变化并非像世人想象的那样在美联储定期会议上才投票临时决定的，远在华盛顿的美联储“委员会”仅仅是个“橡皮图章”而已。

当然，投票过程是逼真的，但是投票人从一开始就是被国际银行家们安插好的。

所以摩根大通做的是稳赚不赔的买卖。这就好比摩根大通是一家能够人控制降雨量的公司，而它卖的是洪水泛滥的保险，它当然知道洪水什么时候泛滥，它甚至知道洪水要淹没哪个地区。

爱因斯坦曾说过，上帝不掷骰子。摩根大通敢玩金融衍生市场的“霸盘”生意，同样不会掷骰子。

随着金融衍生产品市场规模爆炸性的成长，政府的监管早已远远落后了。大量衍生产品的合同是在正规交易市场之外进行的，也叫做“柜台交易”，在会计制度上，也很难将衍生产品的交易与常规商业交易相类比，更不用说税务计算和资产负债核算了。由于其规模庞大，金融杠杆比例严重偏高，对家风险难以控制，政府监管疏松，对于金融市场而言不啻为一枚定时核弹。

正是由于这个投机市场的空前繁荣，大量吸纳了美国债务利息支付所“创造”的天文数字的流动性。只要巨额新增发的美元和海外回流的美元被这个高速旋转的机器裹携进去而不至于大量泄露到其他市场上，核心通货膨胀指数就会奇迹般地被控制住。同理，一旦金融衍生市场崩盘，我们将见识到世界有史以来最严重的金融风暴过后的满地垃圾。

FED的奥秘与被抵押的未来

了解美元有必要了解一下美国联邦储备银行(FED)这个重要角色。表面看，美联储的要人都由国会和总统任命，具有至高无上的国家地位，但大多数人不了解的是：美联储不过是由一帮巨富组成的主宰世界货币的命运体——一个私人银行家组成的中央司令部。

多数政府的官员可能会想当然地认为是美国政府发行着美元，实际情况是，美国政府根本没有货币发行权！

1963年肯尼迪总统遇刺后，美国政府最终丧失了仅剩的“白银美元”的发行权。美国政府要想得到美元，就必须将美国人民的未来税收(国债)，抵押给私有的美联储，由美联储来发行“美联储券”，这就是“美元”。

在美国的学术界和新闻媒体中，FED的性质和来历是一个大家心照不宣的“禁区”。媒体每天可以长篇累牍地辩论“同性恋婚姻”这类无关痛痒的问题，而对到底谁控制着货币发行这样一个关系到每一个人、每一天、每一分钱收入、每一项贷款利息支付的“利益攸关”的问题，几乎只字不提。

读到这里，人们不免有吃惊的感觉，您根本不知道被美国主流媒体刻意“过滤”掉的美联储成立的秘密——当我们拿着放大镜，用慢镜头回放这一影响世界历史进程的重大事件的最后关头时，方才了解到美国民选政府如何被金钱权力所颠覆。

1910年11月22日夜，纽约城外一节完全密封的列车缓缓向南驶去。车厢里坐着的全是美国最重要的银行家，他们的目的地是数百英里之外的佐治亚州的哲基尔岛——美国超级富豪拥有的冬季度假胜地。地球上六分之一的财富聚集在这里。应邀参加此次绝密会议的有：参议员、国家货币委员会主席尼尔森·奥利奇，尼尔森·洛克菲勒的外祖父皮亚特·安德鲁，美国财政部助理部长弗兰特·范德里普，纽约国家城市银行总裁亨利·戴维森，J.P.摩根公司高级合伙人查尔斯·诺顿，纽约第一国家银行总裁本杰明·斯特朗，J.P.摩根的左膀右臂保罗·沃伯格（德国犹太移民，1901年到美国，库恩雷波公司的高级合伙人，英国和法国的罗斯切尔德家族的代理人，美联储的总设计师，第一任美联储董事）。

他们的主要任务是起草一份重要的文件：《联邦储备法案》。

保罗·沃伯格是银行方面的高手，精通几乎所有的银行运作细节。很自然地，保罗成为文件的主要起草者和解释者。

尼尔森·奥利奇是所有人中唯一的外行，他负责要让文件内容符合政治上的要求，能够在国会被接受。

其他人则代表不同的银行集团的利益，他们围绕着保罗提出的方案细节进行了长达9天的激烈辩论，最后达成共识。

由于1907年银行危机以来，银行家在美国人民心目中形象太差，以至国会议员没人胆敢公开支持由银行家参与制定的法案，所以这些人只能躲到这个千里之外的僻静小岛来起草秘密文件。

另外，由于中央银行的名称过于树大招风，自杰弗逊总统以来，央行的名称始终与英国的国际银行家阴谋联系过紧，所以保罗建议用联邦储备系统的名称来掩人耳目。但是，它具有一切中央银行的职能，和英格兰银行一样，美联储被设计成私人拥有股份并将从中获得巨大利益的模型。与第一银行和第二银行不同的是，美联储的股份构成中，原来20%的政府股份被拿掉了，它将成为一个“纯粹”的私有中央银行。

为了使联邦储备系统听起来更有欺骗性，在谁控制美联储的问题上，保罗巧妙地提出“国会控制美联储，政府在董事会中拥有代表，但是董事会的多数成员由银行协会直接或间接控制”。在最后的版本中改为“董事会成员由美国总统任命”，但是董事会的真正功能由联邦咨询委员会所控制，联邦咨询委员会与董事会定期开会“讨论”工作。联邦咨询委员会成员将由 12 家联邦储备银行的董事决定，这一点被有意地向公众隐瞒了。

另一个难题是如何隐藏纽约的银行家将主导美联储这个事实。19 世纪以来，美国中西部广大中小商人、农场主饱受银行危机的浩劫，对东部银行家深恶痛绝，这些地区的议员不可能支持纽约银行家占主导的中央银行。保罗为此设计了一套 12 家美联储地区银行构成整个系统的天才解决方案。在银行圈子之外，很少有人明白，在美国货币和信贷发放高度集中在纽约地区这一基本情况下，提议建议各地区联储银行只不过是给人造成中央银行的业务并没有集中在纽约的假象罢了。

还有一个就是将美联储总部设在政治首都华盛顿，有意远离它真正接受指令的金融之都纽约，以进一步分散公众对纽约银行家的注意力。

第四个困扰是如何产生 12 家地区美联储银行的管理人员，尼尔森·奥利奇的国会经验终于派上了用场。他指出中西部的议员普遍对纽约银行家有敌意，为了避免失控现象，所有地区银行的董事应该由总统任命，而不要由国会插手。但是这造成了一个法律漏洞，《宪法》第一章第八节明确规定由国会负责管理发行货币，将国会排除在外，意味着美联储从一开始就违背了《宪法》。

在经过这一番曲里拐弯的安排以后，该法案俨然以模拟美国《宪法》分权与制衡的面目出现：

总统任命→国会审核→独立人士任董事→银行家做顾问……

真实的一切都由银行家控制，却冠冕堂皇，滴水不漏，真是绝妙的设计！

19 世纪末以来，国际银行家对金钱的认识再一次实现重大飞跃。原有的英格兰银行模式，即以国债作为抵押来发行货币，通过两者的死锁，实现政府举债，银行发行货币。确保债务规模越来越大，从而保证了银行家不断增长的巨额收益，在金本位体系之下，银行家坚决反对通货膨胀，因为任何货币贬值都直接伤害了银行家的利息实际收入。

这种思路还是比较原始的放贷吃利息的办法，主要的缺点就是财富积累得太慢，即使是用上部分准备金制度，仍然不足以满足银行家们日渐膨胀的胃口。特别是黄金和白银增加缓慢，这就等于给银行放贷总量设了一个上限。

20 世纪之交的欧洲，银行家们已经摸索出一套更为高效也更为复杂的法定货币体制。法定货币彻底摆脱了黄金和白银对贷款总量的刚性制约，让货币控制更加弹性，也更加隐秘。当银行家逐渐明白通过无限制增加货币供应来获得的收益远比通货膨胀带来的贷款利息损失要大得多时，他们随即成为法定货币最热烈的拥护者。通过急剧增发货币，银行家们等于掠夺整个国家储蓄者的巨额财富，而比起原来银行强制拍卖别人财产的方式——通货膨胀要“文明”得多，所遇到人民的抵抗也要小得多。

在银行家的资助之下，通货膨胀的经济学探讨逐渐被引导到纯数学游戏的轨道上，由于增发纸币所导致的通胀的概念已经在现代完全被价格上涨的通胀理论所淹没。这时，银行家们手中发财致富的手段中除了原有的“部分储备金”制度，货币与国债死锁之外，又增加了一个更为强大的工具：货币通胀。从此，银行家实现了从黄金的卫道士到黄金的死敌这一戏剧性的转变。

凯恩斯就通货膨胀的评价可谓一针见血：用这个办法政府可以秘密地和难以察觉地没收人民的财富，一百万人中也很难有一个人能够发现这种偷窃行为。

准确地说，在美国使用这个办法是私有的美联储而不是政府。

1913 年 6 月，威尔逊当选总统的同时，B 计划正式启动格拉斯提案，他刻意避免了中央银行等过于刺激的用词，代之以美联储。9 月 18 日，该提案在多数众议员不知就里的情况下以 287 对 85 票获得通过，华尔街和伦敦金融城顿时杯斛交错。

银行家们对这个法案好评如潮。美利坚国家银行的总裁奥里弗热情洋溢地说：“这个货币法案的通过将对整个国家带来有益的影响，它的运作将帮助商业活动。在我看来，这是一个普遍繁荣时代的开始。”

美联储的始作俑者奥利奇参议员在 1914 年 7 月《独立》杂志对他的采访中透露：“在这个法案（美联储法案）之前，纽约的银行家只能控制纽约地区的资金。现在，他们可以主宰整个国家的银行储备金。”

对美联储法案持坚决反对意见的议员林德伯格在这一天对众议院发表演讲：

这个法案（《美联储法案》）授权了地球上最大的信用。当总统签署这个法案后，金钱权力这个看不见的政府将被合法化。人民在短期内不会知道这一点，但几年以后他们会看到这一切的。到时候，人民需要再次宣告《独立宣言》才能将自己从金钱权力之下解放出来。这个金钱权力将能够最终控制国会。如果我们的参议员和众议员不欺骗国会，华尔街是无法欺骗我们的。如果我们拥有一个人民的国会，人民将会有稳定的生活。国会最大的犯罪就是它的《货币系统法案》(《美联储法案》)。这个银行法案是我们这个时代最严重的立法犯罪。两党的头头和秘密会议再一次剥夺了人民从自己的政府得到益处的机会。

经过与美国政府一百多年的激烈较量，国际银行家终于达到了他们的目的，彻底控制了国家货币发行权，英格兰银行的模式终于在美国被复制成功了。

这个系统是私有的，它运作的全部目的就是利用别人的金钱来获得最大可能的利润。

众议员查尔斯·林德伯格说，“他们事先知道什么时候制造恐慌来创造对他们最有利的情况。他们同样知道什么时候停止恐慌。当他们控制了金融的时候，通货膨胀和通货紧缩对他们的目的同样有效率。”

如此众多的总统对金钱权力的威胁反复发出过警告，如此大量的国会记录和法律案例明白无误地说明了美联储的私有性质，可是有多少美国人、中国人和其他国家的人知道这一点呢？

这才是问题的可怕之处！

至此我们也才知道，为何美国政府要不惜一切代价挽救那些银行和金融机构，以及美联储与他们之间的勾连。

威尔逊总统去世之前，承认自己在美联储的问题上是被“欺骗”了，他内疚地表示“我在无意之中摧毁了我的国家”。

作为非金融专业的读者，可能需要反复阅读以下的内容，才能完全理解美联储和银行机构的“造钱过程”。这是西方金融业最核心的“商业机密”。

由于美国政府没有发币权，而只有发债权，就用国债到私有的中央银行美联储那里做抵押，才能通过美联储及商业银行系统发行货币，所以美元的源头在国债上。

第一步，国会批准国债发行规模，财政部将国债设计成不同种类的债券，其中一年期以内的叫做 T-Bills(Treasury Bills)，2～10 年期的叫 T-Notes，30 年期的叫 T-Bonds。这些债券以不同的频率出现在不同的时间里，在公开市场上进行拍卖。财政部最后将拍卖交易中没有卖出去的国债全部送到美联储，美联储照单全收，这时美联储的账目上将这些国债记录在“证券资产”项下。

因为国债由美国政府以未来税收作为抵押，因此被认为是世界上“最可靠的资产”。

当美联储获得了这一“资产”之后，就可以用它产生一项负债，这就是美联储印制的“美联储支票”。

这是“无中生有”的关键步骤。

美联储开出的这第一张支票背后，没有任何金钱来支撑这张“空头支票”。

这是一个设计精致和充满伪装的步骤，它的存在使政府拍卖债券时更加易于控制“供求”，美联储得到借钱给政府的“利息”，政府方便地得到货币，但又不显露大量印钞票的痕迹。

明明是空手套白狼的美联储，在会计账目上竟然是完全平衡的，国债的“资产”与货币的“负债”正好相等。整个银行系统被巧妙地包裹在这一层外壳之下。

正是这一简单而至关重要的一步，创造了世界上最大的不公正。人民的未来税收被政府抵押给私有中央银行来“借出”美元，由于是向私人银行“借钱”，政府就欠下了巨额利息。

这一不公体现在：人民未来的税收不应被抵押，因为钱还没有被挣出来，抵押未来必然导致货币购买力贬值，从而伤害了人民的储蓄。

看看，人民的未来税收更不应该抵押给私有中央银行，可银行家们在几乎完全不出钱的情况下，就突然拥有了人民未来税收的承诺，这是典型的“空手套白狼”。

政府平白无故地欠下巨额利息，这些利息支出最终又成为人民的负担。人民不仅莫名其妙地被抵押了自己的未来，而且现在就要立刻交税来偿还政府欠私有中央银行的利息。美元的发行量越大，人民的利息负担就越重，而且世世代代永远无法还清！

当联邦政府收到并背书美联储开出的“美联储支票”后，这张神奇的支票又被存回美联储银行并摇身一变，成了“政府储蓄”并存在政府在美联储的账户上。

由之，当联邦政府开始花钱，大大小小的联邦支票构成了“第一波”货币浪潮涌向经济体。收到这些支票的公司和个人纷纷将它们存到自己的商业银行账户上，这些钱又变成了“商业银行储蓄”。此时的它们呈现出“双重人格”，一方面它们是银行的负债，因为这些钱属于储户，早晚要还给别人；但在另一方面，它们又构成银行的“资产”，可以用于放贷。从会计账目上一切都还是平衡的，同样的资产构成了同样的负债。但是，商业银行在此开始借助“部分准备金”这一高倍放大器，开始准备“创造”货币了。

随后，商业银行储蓄在银行账目上被重新分类为“银行储备”。此时，这些储蓄已经由银行的普通“资产”，一跃为生钱种子的“储备金”。在“部分准备金”体系之下，美联储允许商业银行只保留其 10％的储蓄做“储备金”（一般而言，美国银行只保留相当于总储蓄额的 1％到 2％的现金和 8％到 9％的票据在自己的“金库”里，作为“储备金”，而将 90％的储蓄贷出。于是，这 90％的钱就将被银行用来发放信贷）。

人们不禁要问，当 90％的储蓄被贷款给别人之后，原来的储户如果写支票或用钱怎么办？

其实，当贷款发生的时候，这些贷款并不是原来的储蓄，而是完全无中生有地创造出来的“新钱”。这些“新钱”使银行拥有的货币总量比“旧钱”立刻增加了 90％。

与“旧钱”不一样的地方在于，“新钱”可以为银行带来利息收入。这就是“第二波”涌到经济体中的货币。当“第二波”货币回到商业银行中时，就产生了更多波次的“新钱”创造，其数额呈递减趋势。

当“第 20 几个波次”结束时，1 美元的国债，在美联储和商业银行的密切协同下，已经创造出了 10 美元的货币流通增量。如果，国债发行量及其创造货币的余波所产生的货币流通增量大于经济增长需要时，所有“旧钱”的购买力都会下降，这就是通货膨胀的根本原因。

当 2001 年到 2006 年，美国新增了 30 000 亿美元国债时，其中相当部分直接进入了货币流通，再加上多年前的国债赎买和利息支付，所造成的后果就是美元剧烈贬值和大宗商品、房地产、石油、教育、医疗、保险价格的大幅上涨。

但是，大多数增发的国债并没有直接进入银行系统，而是被外国中央银行，美国的非金融机构和个人所购买。在这种情况下，这些购买者花的是已经存在的美元，所以并没有“创造出”新的美元。只有当美联储和美国的银行机构购买美国国债时，才会有新美元的产生，这就是美国能够暂时控制住通货膨胀的原因。不过，掌握在非美国银行手中的国债，迟早会到期，另外利息也需要半年支付一次（30 年国债），这时，美联储将若无其事地制造出新美元。

债务的奢欲与逐利的苦涩

从本质上看，部分准备金制度加上债务货币体系是长期通货膨胀的元凶。在黄金本位下，其结果必然是银行券发行量逐渐大幅超过黄金储备量，而导致金本位必然解体。在布雷顿体系下，则是必然导致黄金兑换体系的崩溃。而在纯粹法币制度下，最终将无可避免地产生恶性通货膨胀，最终导致世界范围的严重衰退。

在债务货币之下，美国将永远无法偿还国债、公司和私人债务，因为还清债务之日，也正是美元消失之时。美国的总债务非但不会减少，随着债务利息利滚利的雪球效应和经济自然增长的货币需求，美国的债务总量将会持续上升，而且速度越来越快。

如果每年以利滚利方式增加的至少 2 万亿美元的利息支出迟早会被“创造”出来进入货币系统的话，尽管其中一部分可以用更高债务的代价往未来堆积，另外一部分利息美元增发也足以造成显著的通货膨胀，但奇怪的是，美国的通胀似乎并不明显。

窍门在于必须有吸纳大量货币增发的去处，这就是近十几年来畸形膨胀起来的金融衍生品市场。

政府特许机构（GSE）——“第二美联储”。

“许多金融机构似乎并不理解这些（GSE 所发行的短期）债券的风险性质。投资者们误以为他们的投资完全可以避免（GSE）的信用风险，原因是在危机发生的时候，他们认为有足够的预警时间可以等这些短期债券在几个月后到期时从容套现。问题在于，当金融危机出现时，GSE 的短期债券会在短短的几个小时最多几天之内完全丧失流动性。尽管任何一个投资者可以选择退出，但当所有投资者同时逃离时，谁也跑不掉。就像银行挤兑时发生的情况一样，由于这些短期债券所依托的房地产资产无法快速变现，从整体上来说，争相抛售 GSE 的债券的尝试不会成功。”美联储圣路易斯银行总裁威廉·波尔说。

政府特许机构在这里指美国政府特许授权的最大的两家房地产贷款的公司房利美和房地美。这两家公司负责建立美国房地产贷款的二级市场，其发行的以房地产为抵押品的债券总额高达 4 万亿美元。实际上美国银行系统所发放的 7 万亿美元的房地产贷款中的大部分，都转卖给了这两家公司。他们把这些长期的房地产按揭打成包，做成 MBS 债券，然后在华尔街出售给美国的金融机构和亚洲的中央银行。在他们所发行的 MBS 债券和他们从银行手中收购的房地产按揭贷款之间存在着一个利差，这就构成了这两家公司的利润来源。据统计，美国有 60%的银行持有这两家公司的债券的资金超过银行资本的 50%。

作为上市公司，房利美和房地美都是以追求利润为导向，对他们而言，直接持有房地产按揭贷款更加有利可图，在这种情况下，利率波动、按揭提前偿还和信用风险都将由他们自己承担。当美联储从 2002 年开始漫长的升息过程时，房利美和房地美却开始大量吃进并直接持有房地产按揭贷款，其总额到 2003 年底已高达 15 万亿美元。

作为承担如此庞大债务的金融机构本该小心谨慎规避风险，其中最重要的策略就是使资产和债务的期限吻合，否则利率波动的风险将难以控制。其次，应该避免以短期融资支持长期债务。传统的保守方式就是发行长期可回收债券，使得资产和债务时限达到同步，同时锁定利差，这样就可以完全避免利率波动、按揭提前偿还两大风险。但是，实际上这两家公司却主要使用长期固定债券和短期债券来进行融资，其短期融资的规模高达每周必须滚动 300 亿美元的短期债券，从而使他们自己暴露在高度风险之下。

为了规避利率波动的风险，他们必须采取复杂的对冲策略，如使用债务和“利率掉期”产生一种“短期债务＋未来固定利息现金流”的组合，来“模拟”长期债券的效果。用“掉期期权”来对冲按揭提前偿还风险。除此之外，他们还使用“不完备动态对冲”策略，对短期可能的利率剧烈波动来个“重点防守”，对长期不太可能的利率振荡则是“疏于设防”。通过这些措施，一切看起来都是固若金汤，成本也颇低廉，似乎是个完美的方式。

在追求利润的强烈欲望之下，在房利美和房地美的投资组合中，他们还大量吃进自己发行的MBS债券。乍听起来似乎不合乎常理，哪有自己发行短期债券购买自己长期债券的道理？

怪事自有怪事的道理。房利美和房地美是美国政府授权的房地产贷款二级市场的垄断经营商，美国政府对这两家公司提供着间接的担保。所谓间接，就是美国政府对这两家公司提供一定数量的信用额度，在紧急情况下可以动用。另外，美联储可以对房利美和房地美的债券进行贴现，也就是说中央银行可以直接将他们的债券进行货币化，近半个世纪以来，除了美国国债，还没有任何公司的债券有此殊荣。当市场得知房利美和房地美所发行的债券几乎等于美元现金时，其信誉度就仅次于美国国债了。所以他们所发行的短期债券的利息仅比国债略高，既然有如此低廉的融资来源，当然购买自己的长期债券仍然有套利的空间。

可以不算夸张地说，这两家公司的债券在一定程度上发挥着美国财政部债券的角色，他们实际上成为"第二美联储"，为美国银行系统提供大量的流动性，尤其在政府不方便的时候。这就是为什么在美联储进行了17此连续升息之后，金融市场上仍然呈现出流动性泛滥，原来被美联储吸回来的流动性又通过GSE大举吃进银行房地产贷款而流回了金融市场。这种情形恰似电影《地道战》中鬼子从井里不断抽水然后灌入村里的地道，聪明的游击队通过暗道又把灌进地道的水送回了井里，搞得鬼子直纳闷，不知道地道到底有多深。

GSE的以短期债券购买长期MBS债券的套利行为，再加上国际银行家们从日元市场上以极低成本融资，再以高倍杠杆购买美国国债的期权的行为，人为地造成了美国长期债券（国债和30年MBS债券）异常抢手的"繁荣景象"，从而压低了长期债券的殖利率，经过粉饰之后，看上去市场对长期通货膨胀的忧虑显得杞人忧天了。于是，外国投资者犹豫一阵之后，还会回到美国长期债券市场上来，于是，别国的储蓄可以继续资助美国的"经济永动机试验"，于是，欲望的盛宴上人们继续狂欢着。

只是再美妙的幻觉终究是幻觉。当GSE们继续为狂欢节供应酒精时，不知不觉间，他们的自有资本金已经下降到极度危险的3.5%的水平上。在背负着数万亿美元的沉重债务之下，在剧烈动荡的国际利率市场之中，其资本量是如此之低，已经到了足以让格林斯潘失眠的程度。想起当年“长期资本管理基金”在世界上号称“最懂经济”的大师指导下和拥有最完备最复杂的风险对冲模型，一个俄罗斯债务危机就使这个国际仰慕的完美对冲基金顷刻之间灰飞烟灭。高度依赖金融衍生工具的GSE对冲策略，究竟能不能抗得住意想不到的突发事件呢？

如果由于金融黑客突然攻击美元，恐怖分子对美国进行核袭击或生化袭击，黄金价格持续暴涨等突发事件，美国国债市场势必剧烈震撼，GSE要是一旦出了问题，数万亿美元的债券可能在几个小时之内丧失流动性，美联储甚至来不及出手相救，而这样的规模崩溃即便是美联储也只能是有心而无力救助。最终60%的美国银行可能被拖垮，高度脆弱的37万亿的金融衍生产品市场将会发生雪崩，世界金融市场将会出现恐怖的疯狂逃亡景象。

GSE所折射出的金融衍生产品市场的巨大风险仅仅是沧海一粟。

《穷爸爸富爸爸》的作者罗伯特·清崎在《债务的奢欲》一文中是这样描述当今世界的“债务经济繁荣”的：

在我看来，问题在于这些被（天价）收购的公司并不是被金钱和资本买下的，它们是被债务买下的。我的常识告诉我，将来一定有人得偿还这些债务。西班牙帝国的最终崩溃是由于对战争与征服的过度贪婪，我担心当今世界会由于对债务的昂贵奢欲而最终重蹈覆辙。所以我的建议是什么呢？对于目前而言，尽兴地在（欲望盛宴的）晚会上狂欢吧，但是，别喝得太多，要站在出口附近。

在一个五光十色热闹非凡的巨大的赌场之中，人们都在聚精会神地赌着被清崎称之为“滑稽货币”的美元，此时，尚未喝醉的头脑清醒的人已经看到赌场的角落开始冒烟了，他们此时悄悄地尽可能平静地走向赌场狭窄的出口。这时火苗已经依稀可见，人们都还浑然不觉，只是有更多的人闻到了烟味，他们四下张望，有人开始小声议论。赌场老板生怕大家发现已经出现的火苗，于是大声吆喝并摆出更加惊险刺激的赌局，大多数人又被重新吸引到赌桌旁。

火苗终于渐渐成了火焰，更多人的开始骚动，有人开始奔跑，大多数人则不知所措。赌场老板开始喊话，说有一些火苗和烟雾是正常的，能够刺激赌场生意，而且火苗（通胀）是完全可控的，1971年以来就是如此。喊话起到了稳定人心的作用，于是人们继续赌钱。只不过，越来越多的人挤向出口方向。此时最怕的就是一声尖叫……

当灾难发生时，每个人都会寻找自己的出口。对于清崎而言，赌场的出口就是黄金和白银。他在《赌黄金，别赌滑稽货币》一文中指出：

我觉得黄金很便宜，当石油价格上升以及俄罗斯、委内瑞拉、阿拉伯国家和非洲越来越不愿接受我们的美元的时候，黄金就会涨价。目前，我们还可以用我们“滑稽的货币”来支付其他国家的产品和服务，但是世界已经逐渐厌倦美元了。我多年以来的策略是：投资真钱，它们就是黄金和白银。我同样继续借出滑稽货币来购买房地产。每当金银价格大跌时，我就买进更多的实物。什么样的聪明投资者会不愿意借滑稽货币来购买低廉的真钱呢？

资本的逐利性使得全球资本在世界的上空像幽灵一样游弋。

资本的本性就像蜜蜂恋花一样追逐利润。

我们可以拟人化地比喻：只要有适当的利润，资本就会胆壮起来。如果有 10% 的利润，它就会到处被人利用；有 20%，就会活泼起来；有 50%，就会引起积极的冒险；有 100%，就会不顾一切法律；有 300%，就会不怕犯罪，甚至不怕绞首的危险。

风险和回报的极其不对称，促使资本蜂拥而来。

根据凯恩斯的理论，适度的泡沫不仅是许可的而且是必须的，因为投机性推动市场活跃与经济发展。

所谓资本泡沫，一般指货币泡沫。货币对应着财富，但又不是简单的对应，还包括国家信誉等。美国这个国家，国家储备很少，民众有钱；中国这个国家，国家储备很多，民众钱少。各自体制不同，因果不同，无可厚非。对于我国，人多，只能集中力量与世界强国抗衡。这次的全球性所谓的危机，可谓全球性利益的重新划分，乃至各国内部利益集团的利益的重新划分。

泡沫在于强势货币所对应的财富和对应的国家信誉，在不断耗资，维持就业，维持人类体系不断抬高的物质欲望的过程中，属于不得已而为之。

真正能够跨越增长创造财富，实际在于科技创新的跟进，但这不是一拍脑壳就能造就的，需要漫长的历程。如果一系列的“科技革命”毫无创新，那么一切都只能建立在空想泡沫的海市蜃楼中。

可见，货币泡沫的破灭是否到来，意味着下一轮真正的经济大萧条是否来临。美国的泡沫得以延续，中国起到至关重要的角色，因为中国的美元资产支撑着美国的经济。如果抛售1万亿美元美国国债，那么美国经济危机将陷入万劫不复之中。

由此顺理成章，中国货币必将走向世界，中国将在未来的全球金融构架重建中发挥更大的作用，掌握更大的话语权！

我们在未来享受这一果实的旅途中，依然要保持冷静的头脑，将事业更多地放在金融科技创新上，当然这种创新，不是简单的花样翻新，而是划时代的创新！

围绕着"杠杆化"的话题争论很大："要杠杆"还是"去杠杆"？

毫无疑问，"杠杆化"是个好东西，因为它符合银行的本质，符合投资者的心理——完全用财产抵押融资太困难。

事实上，世界上没有坏的资产，只有放置错误的资产；没有无用的资产，只有无用的资产杠杆；没有毒的资产，只有毒的杠杆设计。

美国资产抵押证券中一款叫做"顺次偿付首层组块"（下称"首层组块"），期限仅为一年左右，债券发行方将打包贷款的所有本金的回收全部先偿付"首层组块"的投资者，直到该块到期，剩下的再流向其他组块。由于是顺次偿付，即使打包贷款中有80%的违约，这种"首层组块"也不会受损。同时，该组块一年左右即从市场退出，这种债券在交易市场上的年溢率是15%左右。

再一个例子，在商业房贷抵押债券(CMBS)中，最安全层次的组块中，即使有30%的违约，收益也不会有影响，因为它在交易市场上的年溢率与"首层组块"相似。

可见，只要我们掌握国际金融知识，熟悉国际金融技术，就能有识财之眼和交易之胆。中国外汇资产参与世界范围的投资交易应该没有问题。

冒险是资本的"激素"。马克思在揭示资本逐利性和贪婪性的同时，也指出了资本积极的一面。资本的出现是相对于等级制社会的巨大历史进步，因为它具有推进社会进行扩大再生产的强大动力。资本对利润的追逐，促进了生产的发展，刺激了人们获取利益的积极性，刺激了人们的消费；资本的自由流动，改变了人身依附，社会活力增加，生产力得到发展，“资产阶级在它的不到一百年的阶级统治中所创造的生产力，比过去一切世代创造的全部生产力还要多，还要大”。

但是，克鲁格曼对泡沫大师格林斯潘进行了无情的炮击。格氏这位三次出任美联储主席的“拯救世界委员会的大佬”，1996 年在谈到“股价泡沫”时竟然轻描淡写地一带而过，既没有提高利率压制股市的热情，也没有要求股市投资者交存保证金，一直好话帮衬，放任不管，直到 2000 年股市泡沫破灭才着手收拾残局。

正如《非理性繁荣》一书的作者罗伯特·希勒所指出的，资产“泡沫”是一种没人操纵的、自然的、惯性的“庞氏骗局”，只要不断有傻子拿钱进来，人们就会不断赚钱。但傻子是有限的，清醒者是大多数的，所以到了最后必然崩盘。股票泡沫的收界点是夏天，在那以后的两年里，股价下跌了大约 40%。

不过，很快另一个泡沫又开始膨胀了。这就是 2003 年后的房地产泡沫。

随后的所谓“金融创新”——抵押债务证券(CDO)，以一个抵押贷款群体的还款为基础，购买抵押债务债券的投资者可以获得这笔还款收益的份额。但这不是所有的份额都是平等的，一些是“高级的”，可以优先索取买房人交纳的还款。在他们行取了优先权之后，剩余的钱才能分给较低的份额。原则上看，协议合理，安全，评级机构也给予它 AAA 级的资产评定。这么一来，次级抵押贷款便开始得到大量融资，而大多数人则非常愿意购买此种 AAA 级普通债券。

此时，格林斯潘说，房产的“任何下跌都是不可能的”。它承认，一些市场上会有“小泡泡”，但绝不会有全国性的“大泡泡”。

然而，格林斯潘说错了，2006 年便开始出现房地产“泡泡的破灭”，但此时格老依然执迷不悟，坚称局势是“可控的”，而接替他担任美联储主席的伯南克仿佛一个“清醒的司机”，开车送美国回家。

本来是想以货币拉动房地产的马车，结果由于“泡沫巨大”，脱缰野马把金融体制侧翻到沟里，险些车毁人亡。

经验告诉我们，对资本的两面性要有清醒的认识。资本既有调配资源和活跃市场的作用，也有追逐利润的原始性，如果不对它进行控制，最后就会由于一味图利而导致精神失序。

我们不能搞资本迷信，也不能陷入资本恐惧，既要承认和尊重资本的价值，充分运用资本有利于生产力发展的功能，不断深化对资本运行规律的认识，发挥资本的积极作用，也要深刻认识资本的破坏性和贪婪性，不唯资本马首是瞻，不做资本的附庸奴仆，更要防止资本的无序化。

资本追求最大利润，就应使商品的使用价值满足消费者的需求。粗制滥造，唯利是图，忽视信用也是资本，而且是资本的重要部分，是不可逆资本，就会损害资本的直接而具体的部分、甚至核心部分。

它的不可逆性表现在信誉评级与市场定价，说到底是社会的心理价值。

一个“BB”信号，不就敲响了百年老店雷曼兄弟公司的丧钟么！

雷曼兄弟已经有158年历史。在过去的一个世纪中，它经历了19世纪铁路公司倒闭风暴，20世纪30年代美国经济的“大萧条”，1994年的信贷危机，1998年的货币危机和2001年的互联网泡沫的反复考验，由此赢得了“一条有着19条命的猫”的美称。

雷曼兄弟由德国移民亨利·埃玛努埃尔和迈尔于1850年在美国亚拉巴马州蒙哥马利城创建，由工业、商品交易而涉足证券、财富与资产管理，最后进入银行业的综合经营，2005年资产即达1 750亿美元，股票价格2000年达到100美元/股。

雷曼兄弟的主要业务包括投资银行、私人投资管理、资产管理等，总部设在纽约，在伦敦和东京设有地区总部。2004年，雷曼兄弟公司净收入、净利润和每股收益连续四年创历史新高。

或许被业绩和经验冲昏头脑，雷曼兄弟的胆子大了起来，或者说对问题就压根儿没想过，他们成了2006年次贷产品的最大认购方，居然占有11%的市场份额。在2008年2月至8月，雷曼兄弟损失接近70亿美元。而截止8月31日的3个月里，雷曼兄弟损失39亿美元。受此坏消息影响，股价一路暴跌。

情急之下，雷曼兄弟开始紧张的自救行动。他们手段之一就是“出售—回购”，即先出手资产，然后再以高出售价回购。

低抛高吸，实际上是一种融资手段。而由于回购代价太大，公司总在亏损。

为了隐瞒债务，他们就做假账，把回购部分做在“收入”栏内，造成资产增值假象，借以欺骗股民和投资者。

如此，雷曼的隐形债务高达 800 亿美元，“出售—回购”的机器快转不动了。

情急之下，他们慌忙成立一家新公司，剥离旗下 300 亿美元商业地产的资产。不幸的是，这一举措非但未能挽救投资者的信心，反而扩大雷曼兄弟的负面影响，股价狂泻不止。

此时，雷曼兄弟不得不伸手求助外援，与韩国开发银行进行艰苦的谈判。韩方认为雷曼兄弟出价太高，中止了购买 60 亿美元股票资产的意向。市场闻讯当天，雷曼兄弟股票下挫 43%，财产缩水至 29 亿美元，身价甚至不及纽约几家规模较小的银行。

由于雷曼兄弟具有的 6 000 亿美元资产，占据美国金融业 16 万亿美元资产的规模的 4%，市场判断美国政府将像接管“两房”一样接管雷曼兄弟，不料财长保尔森却断喝一声：NO，政府不会接管！正在与雷曼兄弟谈判收购的美国银行和英国巴克莱银行闻讯，顿时双双离去。失去救助的雷曼兄弟由此踏上破产的不归路。

雷曼兄弟的教训在哪里呢？

①进入不熟悉的业务领域且发展太快、业务过于集中。

②自身资本太少，杠杆率太高。

③所持不良资产太多，遭受巨大损失。

④危机时处理问题优柔寡断，尤其贝尔斯登倒掉仍未警惕。

说到底，雷曼兄弟对“可逆”资本与“不可逆”资本的处理不当。

“可逆”的是作为“债券之王”的雷曼兄弟可以进入该业务领域；“不可逆”的是次级债不良性资产太过密集且杠杆率太高，而他们购买量所占总体比例太高，这个“双高”，再加上整个的不良金融大环境，也就决定了它们的“不可逆”——无力回天。

百年老店倒台固然令人惋惜，但金融资本的“可逆性”与“不可逆性”由此却有了历史的佐证。

自由的资本与可约束的资本

自由是一切的中心。

对货币来说，流动是它的生命，也是它的不可剥夺的自由。

自由市场经济制度的特征是：放松对经济和金融的管制，允许自由市场的存在；反对微观层次和宏观层次的政府调控，鼓吹市场万能，断言只要靠市场机制这只“看不见的手”，就能使资源配置达到最优状态。

新自由主义形式的资本主义对自由市场经济过于自信，甚至到了迷信地步，宣称市场本身就有“自洁”“纠偏”的功能，政府只要放手不管，市场就完美了，经济就发展了。

这样一来，美国采取放任的自由市场政策，金融企业的利润占到全部上市公司利润的份额，从 20 年前的 5%上升至 40%。金融扩张的幅度明显大于其所服务的实体经济。而且随着监管的绊脚石被移走，政府符咒没有了，中央清算系统不灵了，集中交易的报价系统不起作用了，准备金保证金要求放低了，风险监控不追踪了，越来越多的商业银行加入到衍生品的“盛宴”当中，从而使隐患一步步扩大。

这种放松管制的爆发性增长是不可持续的，一旦实有资产出现虚假、泡沫破裂，多重委托代理关系的链条便从根本上断裂了，逐利的击鼓传花游戏玩不下去，危机便不可避免。

从 20 世纪 70 代始，特别是“冷战”结束以来，西方一些大国特别是美国借助经济全球化，不遗余力地向发展中国家推销自己的经济体制、经济制度，虽在拉美国家和前苏联留下恶果也不认账，更谈不上反思自身体制制度的缺陷。相反，为了本国的利益，为了继续维持自由市场经济制度的优越感，在国际经贸和国际交往中往往以己度人，横加指责、恶意干预。在金融领域，更以自由市场经济理论评价发展中国家所采取的金融监管政策，一方面吸引更多国家的资金更自由地流向华尔街，另一方面则为本国的金融炒手、金融大鳄在别国市场投机逐利鸣锣开道。

索罗斯在东南亚金融危机中兴风作浪就是典型一例。1997 年亚洲金融风暴发生后，当时西方国家认为这是市场化不彻底造成的，要求亚洲政府要让市场主导，该倒的银行就让它倒。与亚洲金融风暴形成对比的是，自华尔街金融危机暴发以来，美国政府采取了一系列“救市”行动。英国的救市方案，则是直接注资，换取银行的优先股，实际上就是银行的国有化，政府直接接管。这些救市措施，实质上采用的是政府干预的办法和手段。自金融危机暴发以来，所谓风险自负的投资原则再也难以坚持下去，所谓资本市场万能论更是不攻自破。对比亚洲金融风暴与这次华尔街金融风暴，西方一些国家看待金融危机的两种截然不同的态度，意识形态的虚伪性充分地暴露出来。

金融危机让全世界重新审视资本主义，尤其是“冷战”结束后盛行全球的经济自由主义的利弊。凡是搞原教旨主义早晚会出毛病。苏联模式是搞纯粹的计划经济，是计划经济的原教旨主义，违背了客观规律。但社会主义在改革前进，意识到不能在经济发展上搞极端化，吸收了资本主义有益的东西，建立了社会主义市场经济。资本主义制度也存在着不符合客观经济规律的根深蒂固的问题。但是资本主义不思悔改，陷入市场原教旨主义，金融危机就是一种惩罚。

资本原教旨主义于20世纪影响了相当一部分人，他们以为资本主义就是灵丹妙药，就能够包治百病。在经济活动中不能只讲“看不见的手”，不讲“看得见的手”，而应该“两手并重”。

当然，“看不见的手”也必须符合客观经济规律，必要时进行适当的调控。市场经济不能只要市场不要计划，也不能只要计划不要市场。只有计划不按市场规律办事是僵死的，只有市场不要计划调节也是行不通的。放任“看不见的手”操控市场，必然放大资本的破坏性，使它逐利贪婪的本性无所顾忌，导致危机爆发。只有用“看得见的手”加以调控，才能驱害兴利，发挥“看不见的手”的灵性张扬。

“看得见的手”对市场的干预必须建立在对市场的把握上，不能随心所欲，任意而为。对市场的调控不能影响市场作用的发挥，否则将造成市场的僵化。

只讲自然发展，放任发展，是另一种违背规律的表现。所谓“小政府，大社会”，在经济领域，不过是资本寡头不受约束的借口。没有强有力的约束，资本的劣根性不能受到限制。我们绝不能允许任何人通过资本把私利放大到无限，严重侵害公共利益。公共利益是要靠来法制维护。

谁代表公共利益？政府。

谁代表资本利益？资本集团。

任何一个公平的理想社会都不能把私利最大化，公共利益最小化，二者倒置的结局是公共利益受到损害，少数资本占有者不正当受益。

斯蒂格利茨在与琳达·比尔米斯合著的《三万亿美元的战争：伊拉克

战争的真正代价》，也对市场原教旨主义大加挞伐，指出世界对新自由主义并不友善。

再一个抨击手就是芝加哥大学的政治学教授罗伯特·佩普。在《帝国的衰落》一书中，他从货币入手，揭示了美国8年的金融模式和美元涨落曲线，指出21世纪以来，美国的相对实力不断下降，而中国的相对实力却一直在增强。单极秩序正在变得过时，其他国家正在崛起为可以与美国抗衡的国家，美国正在失去大部分的战略自由。

资本自由化与资本有序化的关系，如同飞机与航线的关系。

天空是广阔的，飞机是自由的，但不循航线的飞行是会折戟沉沙的。

自由是柄双刃剑。在现代社会，没有资本不行，放任资本也不行，科学地运用资本，将繁荣社会，造福人民；听任资本的原始性和破坏性，将危害社会，祸及大众。

可监管的金融创新是经济发展的需要。只看到资本的逐利性和贪婪性，“闻资色变”也是错误的。金融资本若没有逐利性和杠杆率，就只能吃死面疙瘩。借鉴金融创新的经验，将面粉发酵和链接多样化，可以吃馒头、花卷、面包、发糕、烧麦、饺子、三明治。

当前的主要问题在于：近些年来，对资本的好处讲得多了，控制讲得少了。对资本的作用，一些人只讲其利好的一面，采取自由放任的态度。

改革开放以来，我国客观上采取了“先资本市场，后货币市场”的发展思路，这一方面是由于对货币市场功能认识上的不足，另一方面，发展金融市场的动因不是从完善金融市场以至经济和金融的可持续发展出发，而是从救急出发。30年前，制约我国经济发展的最主要的因素是资金问题，尤其是长期资金问题，而由于通过资本市场所筹集的正是长期资金和永久性资金，恰恰能够解决这一问题，因此，资本市场成为金融市场发展的重点，而货币市场的发展则明显滞后。

从时间顺序上看，我国从1981年发行国库券到20世纪80年代末发行股票，并于1991、1992年成立了沪深两大证券交易所，到现在为止，经历了20余年的时间，资本市场发展已相对成熟，而最早发展的货币市场子市场——同业拆借市场只到1986年才有了比较明显的发展，其他子市场的发展则更加滞后。从年交易规模看，拆借市场以万亿计，票据市场以千亿计，资本市场则以千万亿计。

从发展状况来看，股票市场、国债市场发展虽有所起伏，但总体上呈平稳发展并不断提高的态势，而拆借市场则三起三落，从1999年起才规范地发展起来，票据市场目前仍处在起步阶段。

由于货币市场发展严重滞后，造成整个金融市场的“瘸腿”，影响货币市场和资本市场的协调发展，阻碍金融市场的完善并弱化了其对市场经济的推动作用。

因之，全面分析货币市场的功能，重新审视它在金融市场和市场经济中的作用，给货币市场一个应有的评价，充分重视货币市场的发展，是我们面临的现实问题。

自20世纪70年代始，西方一些大国把自己的自由市场经济体制、经济制度视为苏联解体、结束“冷战”的“功臣”。其实苏联模式并不是科学的社会主义，它的失败是不尊重经济规律的结果，而资本主义也未取得制度的胜利。“冷战”结束后，西方一些大国头脑发热，自视经济政治制度优越，鼓吹“金融优先理论”，推行金融无限制扩张，导致新自由主义形式的金融垄断资本主义取代了原来国家管制的资本主义形式。

“欧洲赢得了第三次世界大战”——这句话让不少欧洲人振奋不已。不过，这场所谓的“第三次世界大战”并不是真刀真枪的战争，而是争夺全球金融领域霸主地位的竞争。

2006年年底，美国汤姆森金融公司发布统计结果，纽约证券交易所该年度首次公开招股集资总额仅为187亿美元，而伦敦交易所则高达320亿美元。没过几天，《纽约时报》发表了题为《纽约不是无可争辩的世界金融中心》的报道，《福布斯》网站也以《最安全的金融中心?》为题进行分析。

伦敦金融城，就是伦敦人称之为“那一平方英里”的城南谷。那里聚集了500多家外国银行、180多个外国证券交易中心，名列世界500强的企业有375家都在金融城设了分公司或办事处。

金融城常住人口不到10 000人，但每天有约40万人在那里上班，金融人才的素质是一流的。

在保险业方面，世界上第一家保险市场，著名的“劳合社”就诞生在金融城，全球20家顶尖保险公司也都在这里有自己的公司。那里每天的外汇交易额达6 000多亿美元，是华尔街的2倍，管理着全球40 000多亿美元的资产。2002 年，伦敦金融城保险市场的保险费为 1 612 亿英镑，总收入达到了 180 亿英镑。

半数以上跨国权益交易发生在伦敦金融城。它保持着资产管理赢利中心的地位。资金管理是巨大的工程，个人和家庭财产的管理日趋重要。资金管理人、银行、基金协会、寿险均提供广泛的储蓄和养老产品，将个人的小额储蓄聚集成大额的投资资金。这些资金在英国及其海外公司中占相当大的份额。

金融服务业每年贡献 170 亿英镑的可观净收入，来帮助英国经济达到收支平衡。其实，自公元 43 年罗马人占领英国起，除了偶尔例外，金融业的影响一直巨大。13 世纪，伦敦金融城的金融与贵金属市场兴起；19 世纪，伦敦积极投入全球贸易、工业化、铁路建造等众多领域，成为世界级城市；在过去的 20 年内，资本的自由流动和信息技术的惊人发展推动着全球的金融市场，伦敦金融城作为全球金融中心的功能和地位不可或缺。

伦敦金融城是世界通向欧洲的大门，也是欧洲走向世界的大门。金融城有世界上最大的外汇市场，并且是欧洲银行业和欧元交易的中心。可争议的欧洲金融第一中心。大规模的金融市场在欧洲已高度集中整合。即使英国在欧洲单一货币之外，伦敦金融城作为欧洲金融中心的地位仍得到了进一步的巩固。伦敦金融城的国际银行、权益资本、债券和衍生金融产品的营业额中，三分之一来自欧盟的其他地区。一位欧洲大陆管理顾问的调查显示：比利时的客户更愿意与伦敦金融城的员工进行远程交易，而不愿意直接与布鲁塞尔进行交易。

可能由于英国是一个岛国的缘故，向外发展至关重要，伦敦金融城的国际化色彩最浓。伦敦金融城的美国银行多于纽约的美国银行，而伦敦金融城的日本银行数目也高于东京的日本银行数。由于地理位置及时差等关系，许多美国银行以伦敦金融城为基地管理其中东甚至远东的业务。英国银行业约半数资产由外国银行持有，逾 400 家授权银行的三分之二来自海外，数目约为法兰克福或纽约的两倍。

伦敦金融城的大批从业人员来自外国。以 J. P. 摩根为例，该银行的伦敦金融城的雇员中，有大批来自德国、法国、西班牙、意大利，他们活跃在伦敦金融城，周末乘坐“欧洲之星”火车回家度假。

外国银行之所以会在伦敦金融城设立营业所，是因为在这里可以找到各种各样的国际银行业务。而且，其交易币种涵盖了美元、日元、欧元和英镑，根据欧金（伦敦）投资有限公司的研究，世界上五分之一的贷款来自伦敦金融城。因此，伦敦金融城的银行业务非常繁忙，其国际贷款是美国或德国的两倍，而且大部分的业务属于伦敦的外资银行。

根据德勤会计师事务所的统计，1993 年至 2002 年的 10 年间，英国银行业的贷款和其他资产由于伦敦金融城的繁荣而迅速增长，截至 2003 年 8 月底，其总额达到 4.234 万亿英镑，是 1990 年的 3 倍多。外国银行持有 52%的英国银行业资产。在伦敦金融城，虽然大部分的商业银行交易业务均在计算机屏幕中发生、记录以及核对，但是这并不意味着银行家们就可以坐享其成来获得可观的收入和高额赢利。银行也同样需要不断地自我革故鼎新。

伦敦金融城银行业的主要业务活动之一就是兼并与收购。德勤会计师事务所的调查表明，到 20 世纪 90 年代中叶，伦敦金融城已经成为国际并购业务的中心，20%的欧洲业务在伦敦金融城开展。银行家们之所以喜欢在伦敦金融城做生意，就是因为伦敦还有一个紧密的金融圈，信息在金融圈内可以自由地流动。而对于银行界的人来说，“银行也不全是围绕钱”，没有信息就不能挣到钱。

金融从业人员的素质和培训与金融业发展和监管是一个永远的话题。

目前全球经济低潮之中，英国是受影响最为严重的欧洲国家。英国经济心脏伦敦金融城，则是这个国家最受冲击的地带。在位于伦敦东区金丝雀码头，高耸而立曾让外界羡慕的跨国金融机构大楼，如今无一不是笼罩着裁员减支的阴云。

伦敦金融城里到底有多少昔日精英人士现在不得不另找工作，维持生活呢？英国广播公司的消息说，英国经济商务研究中心预测，由于信贷危机，伦敦金融城在 2008 年可能裁员 6 500 人。裁员影响最大的是私人直接投资公司，这些公司的交易依赖借贷大量资金。

在长长的裁员名单中，有曾经年薪百万英镑的首席执行官，也有年收入不到 3 万英镑的普通员工。

每当经济低迷时，金融机构的裁员习惯总是从两头入手：裁去收入丰厚的首席执行官、财务官等人，从而为来年节约大量开支；裁去大量刚刚入行的新交易员、统计师或是数据分析员，因为他们并不具备让公司割舍不下的丰厚经验，况且每年都会有从各大财经院校大量毕业的学生。相比之下，那些手里握有大量老主顾的资深分析员、部门执行经理往往可以保住饭碗。

投资银行摩根斯坦利的专家们预计，金融产业萧条的景象要持续至少两年。这对于刚刚被解雇的公司高管来说，可能是个放大假的时间，好好放松一下，伺机东山再起。而对于那些刚刚入行的新人来说，可以算得上是一次不小的打击，因为他们不仅要面临眼下的个人经济问题，还要担心两三年后，有更多的竞争者会和他们重在这座金融城市里竞争角逐。

金融业可以比喻为“带着镣铐的舞蹈”——既要给予足够自由，又不能放任自由。

自由放任导致控制市场经济“半壁江山”的“影子银行系统”，总是挣脱或逃脱银行监管，金融衍生品的魔方越玩越邪乎，杠杆交易的跷跷板越跳越惊险——我们曾经相信金融机构能够自身监控，相信货币市场具有自律约束机制，结果我们全错了！

实践证明：资本自由无绝对，监管资本有边界。

把握二者的边界与平衡度是一门学问。

第六章

互换与利率：一场游戏一场梦

不同的货币是由不同的国情决定的，它们之间的差异构成了竞争力，这是第四资本时期的一个特点。

银行用互换来降低利率和货币变动的风险，从而减轻因自身失误所可能引起的公众税收负担。许多政府使用互换作为降低国际筹资成本的工具，这也有助于减轻总的税收负担。人们凭借货币知识就可以获利。一些国家则通过操纵货币利率谋取利益。

可见，互换是整个国际金融活动的一个组成部分。它的作用已渗透到国内与国际货币市场的每一个角落。

隐藏在互换背后的是定价机制和利率杠杆的游戏：你愿意付出多少利率和你愿意获得多少利率。

随着现代金融的发展，杠杆的撬动和金融智慧派生出越来越多的衍生产品，交易的根本点其实就是利率。

而凝结在利率上的则是时间的肖像——无论以时间换空间还是以空间换时间，人们在金融框架内的交易无非就是利率游戏规则下的博弈。

互换通过提供固定利率抵押融资甚至是利率上限贷款及其他嵌入式期权等，为客户提供了较大的选择余地。

一场游戏一场梦——既然货币是通过降低交易成本增加财富，那么互换实际上就是各自在金融市场上找北的一种动态运营。

互换市场:不动笔墨也读书

互换——一种双方商定在一段时间内彼此相互交换现金的金融交易。

这种交易的渊源是背对背贷款。比如说,一家法国公司向一家美国公司贷出一笔为期 5 年的法国法郎贷款,利率 10%,而这家美国公司反过来又向这家法国公司贷出一笔等值的同样为期 5 年的美元贷款,利率 8%,通过这一过程,这两家公司就交换了本金和利息支付,这就等于法国公司按固定汇率以一定量的法郎换取一定量的美元。

从本质上来说,这是一种远期外汇交易。这种背对背的贷款在 20 世纪 70 年代很盛行。1981 年,出现了货币互换,接着又出现了利息率互换及通货利息率相混合的互换。

互换的主要参与主体及动机在于:

——政府利用互换市场开展利率风险管理业务,在自己的资产组合中,调整固定与浮动利率债务的比重。大多数有赤字的政府其大部分的债务融资是固定利率,一些国际主权债券是浮动利率票据。欧洲及欧洲以外的许多政府利用互换市场将固定利率债券发行从一种货币互换为另一种货币或者从中获取更便宜的浮动利率资金。

——政府机关、国有企业、城市与市政机构利用互换市场降低融资成本,或在投资者对其债券需求很大而借款人本身并不需要那种货币的市场上借款。借款人可以利用互换市场将融资决策与货币风险管理决策分开。外币借款会产生债务总成本高于或低于利率的可能性,因为所借货币的价值变动会改变融资成本。

——出口信贷机构提供价格有竞争力的融资以便扩大该国的出口。出口信贷机构利用互换降低借款成本,使资金来源多样化。通过信用套利过程节省下来的费用,分摊给当地借款人,它们构成出口信贷机构的客户群。一些出口信贷机构特别是来自北欧国家的,一直是活跃在国际债券市场上的借款人。有些成功地创造了融资项目从而能够按优惠利率借款。互换市场使它们能够分散筹资渠道,使借款币种范围更广,再互换回它们所需要的货币。互换也使借款人能管理利率及货币风险。

——超国家机构(由一个以上政府共同所有的法人)由于有政府的金融扶持,通常资产负债表良好,有些超国家机构被一些机构投资者认为是资本市场最佳信用之一。超国家机构通常代表客户借款,因为它们能够按十分优惠的价格筹集资金,能把节省的费用与客户分摊。

——金融机构使用互换市场的金融机构范围很广,包括存贷协会、房屋建筑协会、保险公司、养老基金、保值基金、中央银行、储蓄银行、商业银行、商人银行、投资银行与证券公司,商业银行与投资银行是互换市场的活跃分子,它们不仅为自己的账户,同时也代表自己的客户交易。银行利用互换作为交易工具、保值技术与做市工具。

——公司或大公司是互换市场的活跃分子,它们用互换保值利率风险,并将资产与负债配对,其方式与银行大抵相同。一些公司用互换市场交换它们对利率的看法,并探寻信用套利的机会。

——互换市场还有其他参与者,它们包括各种交易协会、经纪人、系统卖方与出版商。

由于互换交易集外汇市场、证券市场、短期货币市场和长期资本市场业务于一身,所以互换交易有以下特点:

第一,既是融资的创新工具,又可运用于金融管理;

第二,互换能满足交易者对非标准化交易的要求,运用面广;

第三,用互换套期保值可以省却对其他金融衍生工具所需头寸的日常管理,使用简便且风险转移较快;

第四,互换交易期限灵活,长短随意,最长可达几十年;

第五,互换仓库的产生使银行成为互换的主体,所以互换市场的流动性较强。

当然,互换交易本身也存在许多风险。信用风险是互换交易所面临的主要风险,也是互换方及中介机构因种种原因发生的违约拒付等不能履行合同的风险。

另外,由于互换期限通常多达数年之久,对于买卖双方来说,还存在着互换利率的风险。

但就总体来说,显然利大于弊,市场的完善性、活跃性、投机性导致流动性增加,风险转移和财富再分配,由此也就促进金融市场的繁荣兴旺。自人民银行发布《关于开展人民币利率互换业务有关事宜的通知》后,银行间市场人民币利率互换交易规模继续快速增加，2008 年 2 月利率互换交易名义本金总额 310.16 亿元，创出自该交易推出以来的新高。

市场结构特征逐步向国际市场靠拢。交易向少数机构集中，外资银行成交活跃。首先，利率互换交易集中度较高，排名前 10 位的机构交易量占市场总量 80%以上。互换市场交易量和成交笔数都高度集中于部分机构。数据显示，2007 年利率互换交易排名前四位的机构，合计名义本金额占全市场交易总额的 54.17%，成交笔数所占比例同样高达 52.26%。

外资银行交易活跃，占据互换市场交易主体地位。利率互换市场主要参与者为外资银行、股份制商业银行、政策性银行和国有银行。以名义本金额来看，2007 年以上四类机构交易总量占全部交易的 97%，其中外资银行参与的交易所占比例居于前列，达 45%；从交易活跃度来看，上述四类机构交易笔数占全部交易的 98%，外资银行表现同样比较突出，占比达 42%。目前，非金融机构参与利率互换交易还比较少，与其有关的交易仅有 6 笔，名义本金额为 7.16 亿元，仅占全部利率互换交易量的 0.17%。

当然，非金融机构参与程度仍然比较低。根据统计，截至 2007 年 6 月底，全球 OTC 市场利率互换交易未平仓余额中，非金融机构的交易占总额的 13%。相对而言，我国利率互换市场非金融企业参与程度过低。

交易品种的期限以短、中期为主。在 2007 年全部利率互换交易中，1 年以内(含 1 年)占总成交量的 46.86%，1 年以上、5 年以下(含 5 年)占 49.78%，5 年以上(不含 5 年)占 3.36%。短期产品需求旺盛的主要原因是，2007 年以来货币市场利率的短期波动浮动较大，市场对规避短期利率风险的需求旺盛；中期产品的交易活跃表明互换交易的利率风险管理职能正被市场广泛应用，现有市场上存在着较多中期固定收益产品，交易机构通过互换产品与之挂钩，有效发挥了互换作为利率管理工具的作用。

当然，利率互换交易多集中在短、中期的特点与国际市场类似。根据统计，截至 2007 年 6 月底，国际市场利率互换和远期利率协议的未平仓合约中，期限在 1 年及以下的占 39.5%，期限为 1 年至 5 年的占 35.2%。但国际市场期限在 5 年以上的交易占 25.3%，远远高于国内市场。这可能与国内市场长期金融产品品种较少，市场交易不活跃有关。

回购利率较具基准性。目前国内利率互换市场基准利率仍以交易性强、市场化程度高的7天回购利率为主。SHIBOR作为市场重点培育的利率基准，其关键期限点基准性已初步确立，得到市场的基本认同。其中，1年定期存款利率依然作为传统基准得到市场的普遍认可。2007年，以7天回购利率为基准交易占比79.05%，SHIBOR为基准交易占比13.15%，1年定期存款为基准占比7.45%。

出现上述情况主要原因在于，我国市场中7天回购利率有着自身比较独特的业务惯例。7天回购利率互换是每7天重置一次利率，并且以7天为周期滚动进行复利计算，直至下一个支付日进行支付后，再重新进行滚动复利计算。应当可以将这种结构看成国际市场一般利率互换与隔夜利率指数互换的结合。

但这种以7天回购利率作为利率基准的利率互换交易，与国际市场通行做法差异较大。在国际市场，利率互换交易的利率基准主要有两类：一类是隔夜利率指数，二是3个月或6个月期货币市场利率。据欧洲央行2005年的估计，隔夜指数互换交易占整个互换市场（包括其他利率互换、远期利率、货币互换等）40%左右的交易量。在其他利率互换交易中则以3个月期和6个月期利率为主，如3个月期和6个月期的LIBOR或Euribor。在银行间市场基准利率中，7天回购利率使用最多的原因是市场存在大量的回购交易，2007年质押式回购交易额超过44万亿元。巨大的现货市场交易，产生了相应避险工具的需求。

虽然基于7天回购利率的交易仍然占主导地位，但从2007年8月以来，基于SHIBOR利率的交易量出现明显增长，显示出SHIBOR的基准地位逐步确立。2007年12月，以SHIBOR为利率基准的交易约占利率互换总交易量的53.7%，首次超过7天回购利率品种成为当月成交量最大的品种。

总体来看，目前国内利率互换市场中存在以下主要问题。一是投资者范围较小。从两年来的交易情况看，互换投资者中金融机构参与比例很高，而企业作为避险工具的最终使用者，对衍生品的参与度仍停留于起步阶段。统计数据显示，2007年交易中由企业参与的交易共6笔，名义本金额7.16亿元，仅占全部市场交易的0.15%。由于我国利率市场化并不充分，相对市场化的货币市场利率与存、贷款利率并没有直接联系，因此非金融企业参与利率互换交易的积极性较低。二是基准利率体系一定程度上还存在不足之处。2007 年初正式推出的 SHIBOR 虽部分缓解了基础利率期限品种单一的问题，但无论是回购定盘利率或是 SHIBOR，目前都尚未具备既体现货币市场利率水平，又有大量的资本市场工具与之挂钩的功能。三是授信机制建立的滞后也限制了市场流动性的增加。统一的衍生产品主协议已推出，但机构间签署信用支持附件，相互授信工作进展缓慢，信用机制建立的滞后阻碍了市场的进一步发展。

互换原理依据的是比较优势理论。它的创始人是英国著名经济学家大卫·李嘉图。它认为，在两国都能生产生产两种产品，且一国在这两种产品的生产商上均处于有利地位而另一国处于不利地位的条件下，如果前者专门生产优势较大的产品，后者专门生产劣势较小（即具有比较优势）的产品，那么通过专业化分工和国际贸易，双方仍能从中获益。

李嘉图的比较优势理论不仅适用于国际贸易，而且适用于所有经济活动，只要存在比较优势，双方就可以通过分工、协作和交换使双方共同获利。一部人类的历史，实际上就是利用比较优势进行分工和交换的历史。

正因此，互换是比较优势理论在金融领域最生动的应用。

根据比较优势理论，双方只要具备下列条件就可以进行互换：

(1)双方对对方的资产或负债均有需求；

(2)双方在两种资产或负债上存在比较优势。

另一方面，物理学上的“时空互换原理”也可以解释金融互换机理。“时空互换原理”的狭义表述为：时间和空间可以互相转换，转换系数“是常数 c(或－c)”。按照时空互换原理的狭义表述，该线性变换应满足狭义原理关于时空可转换的时空几何的“时空互换原理”(狭义表述)，并用原理推导出包括洛仑兹变换的时空变换群，证明了该原理才是对变换中 c(－c)不变性质的正确诠释。常数 c(－c)的真正意义是时空的互换系数。

据此我们可以看到，金融产品的互换，不仅包含比较优势下的各自合算的互利原则，而且包含“以时间换空间”和“以空间换时间”的两种形态，是更深层次和更精益的互换。

金融互换的具体应用主要包括：货币互换、外汇互换、利率互换、汇率互换、商品互换、股票互换、债券互换、新用户互换、国债回购、金融创新互换、金融风险管理工具互换、信用违约互换(CDS)、外汇远期交易互换、外汇期货互换、外汇调换交易互换、外汇期权互换、交叉货币利率互换……

第一份互换合约出现在20世纪80年代初，从那以后，互换市场有了飞速发展。那次著名的互换交易发生在世界银行与IBM间，它由所罗门兄弟公司于1981年8月安排成交。

1981年，由于美元对瑞士法郎(SF)、联邦德国马克(DM)急剧升值，货币之间出现了一定的汇兑差额，所罗门兄弟公司利用外汇市场中的汇差以及世界银行与IBM公司的不同需求，通过协商达成互换协议。这是一项在固定利率条件下进行的货币互换，而且在交易开始时没有本金的交换。

世界银行将它的2.9亿美元金额的固定利率债务与IBM公司已有的瑞士法郎和德国马克的债务互换。互换双方的主要目的是，世界银行希望筹集固定利率的德国马克和瑞士法郎低利率资金，但世界银行无法通过直接发行债券来筹集，而世界银行具有AAA级的信誉，能够从市场上筹措到最优惠的美元借款利率，世界银行希望通过筹集美元资金换取IBM公司的德国马克和瑞士法郎债务；IBM公司需要筹集一笔美元资金，由于数额较大，集中于任何一个资本市场都不妥，于是采用多种货币筹资的方法，他们运用本身的优势筹集了德国马克和瑞士法郎，然后通过互换，从世界银行换得优惠利率的美元。

利用对冲原理，构建了一种利率互换模型。在该模型下，只要给定一系列不同期限的即期利率、互换合约金额、计息日、结息日、计息频率和合约期限，就可计算相应的固定利率。通过对具体案例进行定价分析，对利率互换涉及的有关参数进行较为详细的研究分析，以探索互换交易在我国推广的可操作性途径。

货币互换是指两笔金额相同、期限相同、计算利率方法相同，但货币不同的债务资金之间的调换，同时也进行不同利息额的货币调换。简单来说，利率互换是相同货币债务间的调换，而货币互换则是不同货币债务间的调换。货币互换双方互换的是货币，它们之间各自的债权债务关系并没有改变。初次互换的汇率以协定的即期汇率计算。

货币互换的目的在于降低筹资成本及防止汇率变动风险造成的

损失。

货币互换的条件与利率互换一样，包括存在品质加码差异与相反的筹资意愿，此外还包括对汇率风险的防范。

建立互换库和未结清头寸，可以立竿见影。对于客户而言，一旦作出规避风险的决定，马上就可以达到目的；对于银行而言，按照最有竞争力的价格赢得生意触手可及。

交易者的兴趣也推动了互换市场的发展。交易商、销售商、筹备者、构造者及经纪商已习惯于要么参与资本市场、要么参与国债市场。货币互换的出现，第一次使两大市场都感兴趣。

金融互换的本质是跨市场套利。

来自互换双方 50 个基点的安排费加上 1%的中介利润——这一获利前景极大地吸引了商业银行、商人银行和投资银行。许多商业银行的资产负债表已经满负荷，而互换市场恰恰提供了开展表外业务的途径，由此增加了商业银行的磁力。

20 世纪 70 年代的石油动荡，80 年代的美元利率下跌，使得许多公司觉得不能够任由银行处置利率、汇率的风险，有必要公司直接参与管控，这就使得互换市场进一步发展。

而银行则拼命钉牢自己的阵地，分析剩余风险显得日益重要，这使金融分析师行业、金融计算器行业和金融中介行业兴盛起来。"冷战"结束后的宽松环境以及一些亚太国家的改革开放，反管制、易变性、竞争压力、金融计算、个人电脑、满负荷的资产负债表、混业经营和连接货币市场与资本市场的技术，这一切都为互换的发展提供了动力与便利。

G20 峰会后，世界金融的共荣态势，极大地促进了互换的发展。峰会前，中国与外国的货币互换不到 600 万美元，而在 G20 峰会后，中国借助良好的金融形象和发展中国家急于摆脱美元独大风险的意向，迅速与之开展货币互换活动，其数额达到 2 万亿人民币。

而在国际上，欧元、英镑、法郎、克朗与雷亚尔、澳元、韩元、卢布、加元等货币之间的互换，业已呈现各取所需、日益活跃的前景。

近几年来，我国的外债和外汇储备的规模不断扩大，进出口总额不断增加，存在汇率和利率风险，作为风险管理的重要金融工具之一，金融互换可以达到五个方面的目的：

规避风险

随着金融服务业的开发，我国在经济和金融领域将加速进入波动加大进而风险加大的演变过程。近年来，我国银行间债券市场发展迅速，市场规模不断扩大，金融产品日益丰富，初步满足了市场投资者的投资需要，但也为广大市场投资者带来了新的挑战。一方面市场投资者持有大量固定利率债券，积聚了较大的利率风险，另一方面投资者资产负债结构日益复杂，迫切需要人民币利率互换等金融衍生工具实施资产负债管理。同时，随着我国利率市场化改革的进一步推进，金融机构尤其是商业银行管理利率和汇率风险的要求迫切。特别是在贷款利率上限放开和固定利率贷款并存的情况下，互换交易，有利于丰富银行间债券市场投资者风险管理及资产负债管理工具，解决资产负债结构错配问题，从而对促进我国金融市场健康发展，维护金融稳定，加快利率市场化进程具有深远意义。

有效管理外汇储备

我国对外债的管理手段主要是计划管理、余额管理等计划经济手段，很少运用衍生金融工具进行积极的避险管理。因此，有必要根据其他外债的实际需要作相应的安排，而互换正是充当这一职能的重要手段。为防止汇率变化对外汇储备价值的冲击，在进行储备币种组合的同时，也有必要根据对各种货币的汇率预测，运用互换把将来的弱币换成强币。

促进金融机构之间的竞争，加快商业银行的发展

从国际上看，银行和各种金融机构是利率互换的主要组织者和参与者。这是因为，一方面银行需要利用利率互换来规避风险，另一方面银行业竞争激烈，且由于直接投资比重的加大，传统的信贷业务已无法创造足够的利润，必须寻找新的利润增长点。此外，为了防止国际银行业出现连锁性的世界金融危机，1988 年的“巴塞尔协议”要求银行的资本充足率要达到 8%，银行为了达到此要求，或扩大资本或缩减资产，而这两种方法都将限制银行业务的发展。金融互换属于表外业务，不必动用银行的资产，不增加银行的负债，还可为银行创造大量的中介服务费收入。因此为了提高我国商业银行实力，使其业务与国际接轨，我们应有步骤地开展利率互换。

形成高效统一的债券市场

我国的债券市场经过多年的发展取得了巨大的进步，但目前仍然存

在一些问题，其中最突出的是市场的流动性差，交易不活跃，投资者参与的积极性不高。推出金融互换交易可以在很大程度上改善这种局面：一方面使现有的投资者在利率变动时可以通过主动交易规避风险，而不是采取被动持有的策略；另一方面可以吸引更多新的投资者和投机者进入债券市场。这将改变债券市场投资分布不均的局面，扩大债券需求，改善债券流动性，促进利率期限趋向合理，进而有力推动债券市场的发展成熟。

加强货币政策传导机制，提高金融宏观调控能力

国债市场是财政与货币政策的结合点。市场经济国家的宏观调控主要是间接的宏观调控，而国债是最重要的政策工具之一。如果没有一个发达的国债市场，央行就难以通过间接手段影响市场率，财政政策的活动空间也很小。开展金融互换有助于提高公开市场操作的效果，提高中央银行对经济的宏观调控能力。首先，金融互换市场的价格走势能够基本反映金融市场对未来利率和汇率走向的预期，为中央银行的货币政策操作和决策提供依据和参考，提高中央银行货币政策的效率。其次，金融互换市场能够提高央行公开市场操作的敏感性。参与利率市场的交易主体具有多样性是金融互换市场的建立和发展的延伸和深化，缩短了中央银行通过金融市场影响宏观经济运行的距离，为中央银行实施货币政策创造了有利条件。

总的来说，我国目前利率和汇率未完全市场化、专业银行商业化过程尚未结束等因素大大制约金融互换市场的发展。我们应在人才培养、参与者选择、政策完善、监督管理等方面进行策略和制度的安排，使我国的金融体系与国际接轨，降低金融风险，保障金融市场的安全。

风生水起与风险迷局

尽管互换市场风生水起，十分活跃，但互换市场仍然存有内在的局限性。

首先，为理性达成交易，互换合约的一方就得对期限和现金流有特殊的要求，否则难以找到与之交易的伙伴。在互换市场发展初期，互换双方往往直接进行交易，这在双方发生争执时缺少斡旋者。近年，互换市场出

现了专门做市的交易商。

其次，互换是两个对手之间的合约，因此，如果没有双方的同意，互换合约是不能随便更改和终止的。

再次，对于期货和场内交易的期权而言，交易所对双方都作了履约保证，而互换市场却没人提供这种保证。因此，互换双方都必须关注对方的信用。

由此可见，互换市场依然存在一定风险。

1. 互换交易风险的承担者

互换交易风险的承担者包括以下几方。

①合同当事者双方。在互换交易中他们要负担原有债务或新的债务，并实际进行债务交换。

②中介银行。它在合同当事人双方的资金收付中充当中介角色。

③交易筹备者。他的职责在于安排互换交易的整体规则，决定各当事者满意的互换条件，调解各种纠纷等。它本身不是合同当事者，一般由投资银行、商人银行或证券公司担任，收取(一次性)一定的互换安排费用，通常为总额的0.125%～0.375%。

2. 互换交易风险的类型

互换交易风险的类型包括：①信用风险；②政府风险；③市场风险；④收支不对应风险；⑤结算风险。

了解到互换市场的局限与风险，并不是说就此止步，停止尝试和探索，而是居安思危，未雨绸缪。

当然，我们更应放出眼光去作判断。

时间、选择与金钱得失

印在纸币上的数字就是它所代表的实际价值么？

非也。

经验告诉我们：纸币上的数字，实际上是表示你使用时所付出的利息。

货币面值是货币实际代表的数字，各国钞票的面值大小是不同的，它是由商品流通的客观需求决定的。

货币面额分等配套，取决于三个因素：

(1)商品经济的发展水平，商品生产的范围和档次；

(2)币值的稳定情况；

(3)人民的生活水平，购买力情况，使用货币的习惯。

各国根据本国的情况确定本国货币各种面额的分等，各种面额之间的比例，以满足金额大小不同的购买支付的需要。世界上大多数国家主币一般从1到100居多，面额分等为1、2、5、10、20、50、100，大小面值相差100倍。

事实上，你持有、保管货币或者用它做宗教仪式，都不会向银行支付利息。只有当你购买某种商品和服务时才要付出利息，那些支出的实际数字就是你付出的利息。

也就是说，你向银行借走了那些数字的金钱，你必须付利息。而贷款，付出的利息更高，因为你因获得贷款而拥有了资本和信用，并且还有增值的可能，所以你付出的利息要高。

可见，人们要想购买某种资源，但又不想等到将来挣够了购买能力后再去购买，而是现在就获得资源，所以，他们为此支付的价格就是利息。

所以，最佳的方式就是把利息看做一种获得资源当下支配权的“手续费”。

当下的资源显然要比将来的资源更有价值，这不仅在于你可以马上对现有资源进行开发，而且意味着你可以将它变现和不断拥有越来越多的资源，创造越来越大的价值。因此，借钱是最好的办法。只要利息小于我们预期从借钱这一行为中所获得的利益即可。

所以，利息不是资本主义独有的东西，更不是银行家和放贷人的贪心和权欲的结果。

事实上，只要钱多了，购买力就会降低。借钱人需要的是购买力，不只是金钱的问题。

有人说，利率就是借钱的成本。这话无可厚非，因为金钱是人们当下获取财富的有效途径。即使在没有货币的社会里，也会有利息，因为从根本上说，它是商品当下价值和未来价值的差异。

为什么要贷款？为什么要通过各种手段募集资金？为什么最牛的总是银行和投资机构？为什么负债经营是一条铁律？

就因为在货币使用中的时间要素和时间价值。

货币的时间价值有两种表现形式:①相对数,是指扣除风险报酬和通货膨胀贴水后的平均资金利润率或平均报酬率;②绝对数,是指时间价值额是资金在生产经营过程中带来的真实增值额,即一定数额的资金与时间价值率的乘积。

资金的时间价值一般都是按照复利方式计算的。

终值又称复利值,是指若干期以后包括本金和利息在内的未来价值。时间不仅是货币价值的一个重要参数,而且是货币增值的一个重要复数。因为,只有资本与生产的结合才能使得当下的价值大于未来的价值。时间在价值中的作用不仅是含金的金分子,而且是发酵的酵母菌。这里用得上一个比喻:过去是一张废票,明天是一张支票,只有今天是现金钞票。资源、财富、购买力,享受权利等因素,全都依附于当下,依附于“现在进行时”。

所以,人们常常表现出经济学家们称之为“正时间偏好率”的特征:追求现金,追求当下的快乐。所谓“明天得到的一盒蛋糕不如今天得到的一个面包”就是这个道理。

理解此种特性,也就不难理解为什么企业家讲“现金为王”,银行家讲“利息为本”,金融家讲“流动为胜”……

我们不妨做两个小小的测验。

测验一:年轻人恋爱,情人节流行送玫瑰。对那些陷入恋爱情境的女孩来说,她们是希望当下就得到情人的玫瑰还是结婚之时或者以后?

答案是不言而喻的:她们渴求现在而不是将来得到情人的玫瑰花。

测验二:酒厂促销的规定“当购酒者的金额达到500万箱时,将会给100名抽中号者兑现幸运奖——5套别墅、10辆跑车、85个欧洲游名额”。那么,购买者希望多少年后兑现还是当年开奖?

答案也是不言而喻的:后者。

此种大多数人的“正时间偏好”几乎是无处不在的。

由此,也就不难理解信用卡为什么有那么大的发行量以及许多人热衷透支消费,不难理解为什么刚工作的年轻人敢于贷款买房、贷款买车、贷款买家用电器,不难理解为什么那么多银行青睐中小企业贷款和大学生创业。

这是因为潜藏在客户身上的“正时间偏好”为银行信用卡和消费金融的发展提供了机会。据了解,“持卡一族”已成为现代化生活和消费方式的标志之一。

刺激内需以及消费观念的普及,使中国信用卡发卡量从2009年第三季度以来迅猛发展。三季度末,全国信用卡发卡量为13 145.67万张,同比增长72.9%,较上年同期加快5.9个百分点。同时,信用卡信用功能不断提升,持续推动居民消费信贷业务快速发展。三季度末,全国信用卡期末信贷总额8 910.47亿元,同比增长70.9%,是2006年同期的3.5倍。信用卡套现很普遍,一般分为两种:实体POS机套现和网络虚拟交易套现。

第一种POS机套现的形式比较常见,而且也十分方便。中国各大城市均有套现公司。操作方式:用你的信用卡在POS机上刷一下,刷了多少钱,他们可以直接给你现金,你只需要交一定的手续费就OK。

第二种网络虚拟交易的套现形式大多是自己完成的,利用网络交易把信用卡里的钱转到储蓄卡里,这样就完成了套现,优点是没有手续费,缺点是到账周期长,不能马上提现。

随着信用卡发卡量增速的加快,银行卡中占主导地位的借记卡占比继续降低。截至2009年第三季度末,全国累计发行银行卡172 889.69万张,其中,借记卡发卡量为159 744.02万张,占银行卡发卡量的92.4%,占比同比减少2.4个百分点。第三季度末,我国借记卡发卡量与信用卡发卡量之间的比例约为12.15∶1。

看看,“正时间偏好”在大多数人身上找到了激情,找到了寄托,找到了需求,最后无一例外的涌向消费市场。

这样表述,是否说人们非常短视,或者说缺乏长远目标和远大理想?或者说从投资角度分析,他们过于苛求眼前回报而忽略了长久的更好的可持续的收益?

其实,仔细分析一下,眼前与长远、现实与未来,二者的关系一点也不矛盾:眼前利益是长远利益的一部分,没有足下的开始,就没有千里之行;现实目标是通向未来目标的里程碑,没有现在的基础,就没有将来的辉煌。对从事经营和事业奋斗的人来说,他们须精心计算生命的长度——时间的考量,因为时间是一维性的,不可回复,不能定格,当然更不会向后弯曲，在你所使用的生命资本中，时间起着支配的作用，并且是同样需要付出利息的东西：时间有价，你不能等待，不能彷徨，不能浪费。

也正因此，经济学家观察到人们对眼下的现实的东西比长远的将来的东西赋予的“价值”要高，这种“小步快跑”和“及时行乐”的态度决定了他们对金钱和财富分配的“时间尺度”。

阿基米得的杠杆决定利率

由于我国利率长期处于管制状态，商业银行的自主定价能力比较薄弱，并且缺乏积累这方面的保险和系统性数据，包括分类的企业违约率状况及其产生原因的数据。通过逐步扩大利率浮动区间，可以培养商业银行的自主定价能力，提高其管理资产负债的能力，使其逐步成为有国际竞争力的金融机构。

其实，央行在利率市场化方面的努力一直就没有停止，在 2004 年 10 月 29 日央行加息方案中更是明确提出利率相对自由浮动的政策。在当时的加息方案中，央行明确进一步放宽金融机构贷款利率浮动区间。金融机构（不含城乡信用社）的贷款利率原则上不再设定上限，贷款利率下浮幅度不变，贷款利率下限仍为基准利率的 0.9 倍。对金融竞争环境尚不完善的城乡信用社贷款利率仍实行上限管理，最高上浮系数为贷款基准利率的 2.3 倍，贷款利率下浮幅度不变。以调整后的一年期贷款基准利率（5.58%）为例，城乡信用社可以在 5.02%～12.83%的区间内自主确定贷款利率。

掌握“定价机制”是银行盈利的基础，也是推行利率市场化的关键。全国人大财经委副主任吴晓灵多次呼吁推进利率的市场化。

她认为，只有要素价格市场化以后，才能发挥市场配置资源的积极作用。没有利率的市场化就没有宏观的货币的政策机制和湿湿的环境，就不可能建立一个货币政策的传导机制，也不可能实行完全的间接调控。

国际金融风暴给我们的启示之一，就是商业银行必须学会定价。

很多人不同意放开商业银行的定价幅度，认为这会导致商业银行间的火拼。其实此种担心是多余的，因为只有学会竞争，才能走向国际化。

倘若内战外行，自然外战不可能内行。

阿基米得说，给我一根杠杆，我能撬起地球。国外银行都把定价看做银行的生存线。他们善于定价和利用利率杠杆经营。他山之石，可以攻玉。我们应该取他人之长，补自己之短，精进定价本领，提高杠杆水平。

金融危机后，各银行将面临战略与策略的调整，各自需要重新寻找生存线，定价将是一个重要方面，如果人家都准备好了而我们还什么不懂，对定价机制表现得不可拿捏，那就会在竞争中处于被动位置。

由于我国长期实行统一利率，银行从业人员不领会不习惯不适应定价机制，说白了是不懂得如何定价和如何利用这一工具。

而正是不善定价这一缺陷，促使我们必须赶快乘金融风险补课，实行银行业经营的重大转折。

商业银行的基本定价方法有六种。

1. 成本相加定价模式：资金成本、管理费用以及预期利润的计算。

2. 基准利率加点定价模式：基础利率＋(×)风险点数升水

3. 成本—收益定价模式：客户赢利性综合分析。

4. 基础利率选择性定价模型：若干基础利率＋未来利率选择权。

5. 浮动利率定价模式：低于固定利率，同时规定浮动利率上限。

6. 美国银行的风险定价模型，一般公式为：

R＝RCF＋RAC＋RLOL＋R(RP×ARI)＋RCH－RRS

RCF：资金成本率

RAC：贷款费用率

RLOL：期限风险溢价

R(RP×ARI)：贷款风险溢价

RCH：信用风险溢价

RRS：与客户的关系

上述六种模型各有优点，也各有不足，选择何种模型一定要从市场实际情况出发，可以互为参照，取长补短。

西方的金融业比我们发达，因此也更熟悉定价机制。

被人们称为“价格最大破坏者”的美国“超级市场之父”迈克尔·卡伦在创新一种零售业态的同时，就创新了一种定价方法。他在商品定价时即采用了差别毛利率定价法，其做法是：27％左右的品种按进价出售，

18%左右的品种在进价上加5%毛利出售，27%左右的品种在进价上加成15%出售，剩下的28%的品种按进价加成20%出售，所有商品平均毛利率在9%左右。

迈克尔·卡伦发明的是商品的毛利率定价模型，但金融产品也是商品，虽不同业亦是同理，银行定价可以根据流动性、安全性、盈利性的要求，借鉴他的比例分割方法。

在20世纪70年代以前，西方银行界在运用基准利率定价法时普遍以大银行的优惠利率作为贷款定价基准。进入70年代，由于银行业日趋国际化，优惠利率作为商业贷款基准利率的主导地位受到伦敦银行同业拆借利率的挑战，许多银行开始使用LIBOR作为基准利率。LIBOR为各国银行提供了一个共同的价格标准，并为客户对各银行的贷款利率进行比较提供了基准。

20世纪80年代后，出现了低于基准利率的贷款定价模式。由于短期商业票据市场迅速崛起，加上外国银行以接近筹资成本的利率放贷，迫使许多银行以低于优惠利率的折扣利率(通常是相当低的货币市场利率加一个很小的价差)对大客户发放贷款。不过，对中小型客户贷款仍然以优惠利率或其他基准利率(如LIBOR)为定价基础。

杠杆比率应用较广，除银行杠杆比率，还有财务杠杆比率，权证杠杆比率，资本杠杆比率和融资杠杆比率等。

从市场的需求看，中国的银行定价水平的提高和利率机制的运作还需要历练。

发达的金融业是建立在合理的定价机制和灵活的利率杠杆上的，从这个意义上说，定价机制是银行业的核心竞争力所在，我们必须心之所系，情之所寄，力之所向，刃之所指。

汇率沉浮，动静两重天

固定汇率制度是货币当局把本国货币对其他货币的汇率加以基本固定，波动幅度限制在一定的、很小的范围之内。这种制度下的汇率是在货币当局调控之下，在法定幅度内进行波动，因而具有相对稳定性。

浮动汇率制度一般指自由浮动利率制度，是相对于固定汇率制而言的，是指一个国家不规定本国货币与外国货币的汇率的上下波动幅度，也不承担维持汇率波动界限的义务，而听任汇率随外汇市场供求的变化自由浮动。在这一制度下，外汇完全成为国际金融市场上一种特殊商品，汇率成为买卖这种商品的价格。

不同的汇率制度在面对国际资本流动对本国经济产生影响的时候表现不同。一般而言，选择浮动汇率，主要由市场力量来控制资本的跨国流动；而选择固定汇率，则需要政府来控制资本的跨国流动。

“三元悖论”理论认为，货币政策独立、汇率稳定和资本自由流动三个目标不可能同时达到，只能同时达到两个。事实上各国也只能选择其中对自己有利的两个目标。

目前，固定汇率制度和浮动汇率制度孰优孰劣尚无定论。

“欧元之父”蒙代尔与太平洋证券研究院院长向松祚有过一次对话，从“浮动汇率”与“固定汇率”的话题谈到对资本的约束问题。

向松祚：您一直反对浮动汇率，坚定主张国际货币体系应该回到固定汇率体系。您觉得汇率动荡与目前全球金融危机具有怎样的因果联系？

蒙代尔：为了更好地理解汇率波动如何造成金融危机，我们首先要了解一下国际货币体系的结构。数百年来，有两种国际货币体制：一种是固定汇率，包括金本位制、1945～1971年的布雷顿森林体系；第二种是浮动汇率。

向松祚：通过观察我们得到这样一个结论：在固定汇率时代几乎没有爆发过大规模的经济危机，而在浮动汇率时代金融危机此起彼伏。最大的三次危机为：1982～1983的国际债务危机、1997～1998年的亚洲金融危机和今天全球的金融系统坍塌。

蒙代尔：欧盟央行行长特里谢提出：现在的国际货币体系缺乏约束，最好能够回到类似金本位制时代的固定汇率体系。中国过去十几年所采取的汇率制度是比较接近特里谢和我所主张的固定汇率体制。

从制度层面来看，我认为现在全球金融制度有很多问题，特别是浮动汇率体系，它是导致整个全球金融危机一个非常重要的因素。我认为这次全球经济动荡的根源是动荡的汇率。整体而言，我认为我们应该努力使国际货币体系回到固定汇率体制，这样才能避免大范围的经济危机爆发。

向松祚：在11月15日的G20峰会上，中国国家主席胡锦涛宣布：为了促进全球金融体系的稳定，中国将致力于构建一个多元化的国际货币体系。您认为中国参与重建国际货币体系的最佳战略是什么？中国应采取哪些措施去推动区域货币与金融合作？

蒙代尔：我认为就目前中国的现实来说，最佳的选择是稳定美元与人民币之间的汇率，以此为基础，建立一个以美元为中心的强大经济区域。与此同时，中国应该积极建议和筹划在2010年的上海召开“重建布雷顿森林体系国际会议”，以推进国际货币体系的改革和重建。中国应当与其他亚洲国家共同建立一个亚洲货币基金，并积极推动亚洲各国货币保持与人民币和美元之间的汇率稳定。

的确，自脱离金本位以来，美元就像匹脱缰的野马，经常无法管辖，诚然，回归“金本位”不是最好的办法，但比起金融危机承担动荡的代价，稳稳实实的固定汇率还是有其影响力。

随着中国汇率浮动弹性的提高和资本项目的逐步开放，进一步推进人民币汇率制度改革势在必行。用有管理的汇率独立浮动制度逐步取代参考一篮子货币调节汇率的做法，这样才能克服当前汇率制度的诸多缺点，并从根本上消除国际社会对中国操纵汇率的指责。

独立浮动的汇率制度能够充分发挥浮动汇率的功能。在独立浮动的汇率制度下，人民币对美元等主要货币汇率的变化基本上由外汇市场的供求变化来决定，能够及时反映中国经济相对于这些国家经济状况的变化，由此可大大增强其作为经济信号和自动稳定器的功能，中国人民银行干预外汇市场以便管理汇率的需要也会随之减少，从而运用货币政策调节国内外经济均衡的自主性和能力就会大大提高。

独立浮动的汇率制度有利于减少国际贸易摩擦。汇率是由市场决定的，且是非常透明的，由此可以从根本上消除国际社会对中国操纵汇率的指责，降低美国等国家与中国之间的贸易摩擦，并有利于中国经济和金融体系的进一步改革开放。

在独立浮动的汇率制度下，中央银行在外汇市场对汇率进行管理方面的操作，亦比目前的制度更加简便可行。因为，在参考篮子浮动的制度下，人民币汇率变化滞后于国际汇率的变化，市场容易预测到中国人民银行对人民币汇率的管理行为，从而从中套利。但是在汇率独立浮动的制度下，这种情况就不再存在了。

我国的人民币利率和汇率一直比较稳定，得益于正确的经济政策和有力的宏观调控，其中包括稳健的货币政策。

在2010年两会结束的记者招待会上，针对外国记者提出的人民币是否升值问题，温家宝总理回答说：

第一，我认为人民币的币值没有低估。统计了去年37个国家对中国的出口情况，其中有16个国家对中国的出口是增长的。就是欧盟地区，出口总体下降20.3%，但是对中国的出口只下降1.53%。去年德国对中国的出口多达760亿欧元，创历史最高。美国去年出口下降17%，但是对中国的出口仅下降0.22%。中国已经成为周边国家包括日本、韩国的主要出口市场，也成为欧美的重要出口市场。

第二，在国际金融危机爆发和蔓延期间，人民币汇率保持基本稳定对世界经济复苏作出了重要贡献。人民币汇率形成机制改革是从2005年7月份开始的，到现在人民币的币值对美元升值21%，实际有效汇率升值16%。2008年7月到2009年2月，也就是世界经济极为困难的时期，人民币并没有贬值，而实际有效汇率升值14.5%。在这期间，2009年，我们的外贸出口下降了16%，但是进口只降低了11%，顺差减少了1 020亿美元。人民币汇率在国际金融危机蔓延中基本稳定，对世界经济复苏起了促进作用

第三，一国的汇率形成机制是由一国的经济决定的，汇率的变动也是由经济的综合情况决定的。我们主张自由贸易，因为自由贸易不仅使经济像活水一样流动，而且给人们带来福祉与和平。我们反对各国之间相互指责，甚至用强制的办法来迫使一国的汇率升值，因为这样做不利于人民币汇率的改革。在贸易问题上，我们主张协商，通过平等协商总会找到共赢或者多赢的渠道

第四，人民币将继续坚持以市场供求为基础、有管理的浮动汇率制度，我们将进一步推进人民币汇率形成机制的改革，保持人民币汇率在合理均衡水平上的基本稳定。

人民币是否升值的问题，对汇率来说，与是否发生通货膨胀是互为相反的同一个问题。

事实上，在温总理答记者问时，人民币的利率曲线已经呈现上升的信

号，它表明我国实行浮动汇率制是坚定不移的和遵从汇率规律的。

以利率的名义大海行舟

利率本身是包含一定风险的，因为个人或企业运行本身常常受宏观经济形势的制约和受意外或突发事件的影响，甚至还有利率支付者本身经营能力的某种不确定性。

因此，“名义利率”与“实际利率”是不一样的。

“实际利率”是指物价不变，从而货币购买力不变的情况下的利息率。但是物价上涨是世界的一种普遍趋势。因此，所谓“名义利率”是指包括了补偿通货膨胀风险的利率。

两者之间的关系如下：

实际利率＝(1＋名义利率)÷(1＋通货膨胀率)－1

在通货膨胀的条件下，市场的各种利率都是“名义利率”。而“实际利率”往往不能直接观察到。一般而言，“名义利率”大于通货膨胀率，两者之差为“实际利率”。

在借贷合同中，利率就包含这样一个条款：如果发生通货膨胀，借贷者必须弥补出借者货币购买率的预期损失。

举例说，如果出借者的利率是 8%，预期通货膨胀率为零，那么到期他就收回 8%的利率的收益。那么，合同上的利率就是“名义利率”。反之，如果合同规定预期当年发生通货膨胀 2%，真的通货膨胀当年就发生了，但第二年开始下降 2%，那么出借者当年就向借贷者收取 10%的利率，但实际上它并没有赚到那么多，利率还是 8%。

正因此，我们必须弄清“名义利率”和“实际利率”的区别。

常用的计算办法是：

实际利率＝名义利率－通货膨胀率

1. 复利值的计算

复利值是现在投入的一笔资金按照一定的利率计算，到计算期末的本利和。复利终值的计算公式为：$F=P(1+i)^t$

式中的$(1+i)^t$为终值系数或复利系数，表示为$(F/P,i,t)$，

复利终值系数可以由现值系数表直接查出，用于复利值计算。

2. 现值的计算

现值是未来的一笔资金按一定的利率计算，折合到现在的价值。现值的计算公式正下好相反，即：

$$P/F=1/(1+i)^t$$

式中的 $1/(1+i)^t$ 为现值系数，表示为(P/F,I,t)，现值系数可以由现值系数表直接查出，用于现值计算。

3. 年金复利值的计算

年金，代号为 A，指在一定时期内每隔相等年收支金额。每期的金额可以相等，也可以不等，相等时称为等额年金，不相等时称为不等额年金，如果没有特别说明，一般采用的年金指的是等额年金。年金复利值是在一段时期内每隔相等的时间投入的等额款项，比如住房租金的支付与收取，通常都是按照年金的原理进行的。按照一定的利率计算到期的年金本利和的公式为：

$$F=[A\times(1+i)^t-1]/i$$

式中 $[(1+i)^t-1]/I$ 称为年金终值系数，可以表示为：(F/A,I,t)，从年金复利终值表中可查得系数值

例题：如果某人在将来 10 年的 7 月 1 日存入银行 2 000 元，年利率为 10%，那么在第 10 年的 7 月 1 日能够取多少钱？本题中 A＝2 000，t＝10，i＝10% 将已知条件代入以上公式，查表得到的结果是 2 000×15.9374 ＝31 874.8 元。

4. 偿债基金的计算

偿债基金是为了应付若干年后所需要的一笔资金，在一定时期内，按照一定的利率计算，每期应该提取的等额款项。即为了在 t 年内积累资金 F 元，年利率为 i，计算每年投入多少资金。偿债基金是年金复利值终值的倒数，其计算公式可由年金复利公式推出：

$$A=F\times i/[(1+i)^t]-1$$

式中的 $\{i/[(1+i)^t]-1\}$ 是偿债基金系数，可以通过查系数表得到。例如，如果要在 8 年后想得到包括利息在内的 15 亿元，年利率为 13%，问每年应投入的资金是多少？查偿债基金系数表得到 A/F,13%,8)＝0.081 3 所以：A＝F(A/F,12%,8)＝15×0.078 38＝1.175 7 亿元。

5. 年金现值的计算

年金现值是指在一段时间内每隔相等的时间投入的款项，按照一定的利率计算，折合到现在的价值。其计算公式为：

$$P=A\times[(1+i)^{t}-1]/[i(1+i)^{t}]$$

6. 资本回收的计算

资本回收只是为了回收现在投入的一笔资金，按照一定的利率计算，在一段时间内每相等的时间应该提取的等额款项。资本回收系数是年金现值系数的倒数，则资本回收值的计算公式为：

$$A=P\times i(1+i)^{t}/[(1+i)^{t}-1]$$

注意：年金系数可以通过查表方式得到。

对利率预期影响比较大的就是通货膨胀。

20 世纪 90 年代中叶，当时由于货币贬值，南斯拉夫人买台电视需要用车拉钱。据当地人描述，几乎要用整整一轿车后备箱的钱。甚至买一个面包也要用好几沓钱，数起来很费劲。货币贬值的速度说起来几乎令人难以置信，如果你到咖啡馆要一杯咖啡，马上付钱和喝完付钱是不一样的，因为往往喝咖啡的时间说不定货币又贬值了。

贝尔格莱德一位开餐馆的朋友曾告诉笔者一则真实的故事：他一位朋友的亲戚在南斯拉夫出车祸去世，家人在清理死者的遗物时，发现其身上装有几亿面值的第那，按照家人的想象，死者在国外做国际贸易生意多年，这几个亿最起码也值几百万人民币。谁知托我这个朋友在该国银行一打听，这些钱只能买几盒火柴。

还有一个真实的、富有戏剧性的故事：1996 年的一天，有位在当地中国餐馆工作的年轻服务员下班后，与一位厨师一起步行走回贝尔格莱德的住地，半路上捡到了一张 1992 年版的面值为 5 个亿的第那，不由兴奋不已，同行的厨师也半开玩笑地说要分一半。回到住地后，服务生激动得一夜没合眼，次日一上班便迫不及待地向一位南斯拉夫籍的女翻译打听值多少钱。翻译看过纸币后马上告诉他：虽然票面有 5 亿，但现在已不值一分。

在如此混乱和糟糕的情况下，倘若盲目出借，风险可就大了。

由此可见，国家的整体经济运行态势和安全，是银行信用和社会信用的条件，也是运用利率杠杆的基石。

第七章

离岸金融：九条命的猫

适用区货币和国际储备货币的区别，构成了完整的世界货币体系。

国际贸易中结算货币——外汇与各国本币的差别以及外币汇率的波动构成了活跃的外汇交易市场。

但外汇市场并不像其他金融市场那样有固定的交易场所，它主要是通过电脑和网络来从事而外汇买卖交易活动的。正因此，我们把它称作“无形市场”。

避税港型离岸金融市场日渐衰落、功能型离岸金融市场越来越受到投资者的青睐和各国管理当局的重视，这是当今世界离岸金融的发展趋向，也是第四资本时期的一个重要特征。

敏锐的专家会注意到一种现象：经济越是发展，金融的开放度越高，离岸金融的发展越活跃。美国的金融危机使一些银行和投资机构受到致命性打击，但那些静悄悄的离岸金融机构却像平时一样毫发未损。

事实表明，不受本国监管的离岸金融机构成功地在港湾里求得了生存。金融危机非但没有阻止离岸金融业务的扩展，反而使离岸金融机构成了拥有“九条命的猫”。

这一问题，使得任何一国在本币国际化过程中不能不对离岸金融市场的作用加以考量。

外汇交易,无形的市场

任何国家都离不开外汇市场,这一方面是从事外贸的需要,最主要的是外汇是本币的参照系。

外汇市场可以进行各种各样的分类,按照概念和交易方式可分为四类。

(1)狭义市场

狭义的外汇市场业叫外汇批发市场,是指银行之间——外汇银行之间、外汇银行与中央银行之间、各国中央银行之间的外汇交易。

(2)广义市场

广义外汇市场是在狭义外汇市场基础上,还包括银行和一般客户之间的外汇交易。

(3)有形市场

外汇的有形市场是指在固定的交易场所、规定的交易时间进行的外汇买卖,主要分布在欧洲的伦敦、巴黎、法兰克福、布鲁塞尔等地,其交易方式主要是调整即期外汇头寸、决定对顾客的拱顶汇率等。

(4)无形市场

无形的外汇市场是指没有固定的而交易场所,也不受固定的交易时间制约、主要指用电话、电报、传真、电脑终端所形成的抽象交易市场,也是外汇交易市场最常见、最流行、分布最广泛的交易方式。

外汇市场由主体和客体两部分构成。

外汇市场的主体是指参与交易者,它包括:

银行——央行批准从事外汇交易的银行、从事外汇零售和批发业务的商业银行、外国商业银行的分支机构以及相关金融公司、金融机构,如信托投资公司、财务公司等;

经纪人——享有经营资格和业务技能,专门为双方进行外汇交易接洽、赚取佣金的经纪人;

客户——专门与外汇银行发生关系的机构与个人以及跨国公司,他们是外汇市场的繁荣的基础与动力;

央行及官方机构——他们是外汇市场的政策制定者和监管者,常常干预外汇市场，维护本国货币汇率。

外汇市场的客体是交易对象是：各种可自由交换的外币、外币有价证券、支付凭证等。

中国人民银行成立了外汇交易中心、网上开设外汇交易事项、银行间拆借业务、声讯台开办中介业务、机构间开展外汇拆借业务等，初步实现了“多种手段并举，多种业务并行，满足不同层次的市场需求”的目标。

外汇市场的额交易层次，大地可以作这样的分类：

银行与顾客间的外汇交易——双方代表了外汇的最终供给者与最终使用者，顾客直接对银行的买卖，能够直接赚取外汇差价；

银行之间的外汇交易——银行与顾客间的外汇交易，必然需要与其他银行调剂外汇头寸。

银行从顾客买入大于出售金额，称之为“多头”；买入的外汇金额小于出售金额，称之为“空头”；“多头”和“空头”合称为“敞开头寸”，如此必然使银行的外汇头寸处于不平衡状态，让银行承担巨大的风险。

银行要规避此种风险，就需要与其他银行发生外汇交易来轧平外汇头寸。

同样，银行从投机、套利、套期保值等目的出发，也会进行此种外汇交易。

由于银行间的外汇交易占整个外汇交易总额的90%，所以它直接决定外汇汇率的高低。一些实力雄厚的银行巨头，对外汇报价的形成起着某种“影子内阁”的作用。

银行和中央银行间的外汇交易——中央银行是政策银行，从自身利益出发，总希望外汇汇率保持相对稳定，于是通过与个外汇银行发生交易来发挥影响，干预汇率市场。当外汇市场上某种外币价格过低时，央行就会买入这种外币，通过外币供给量的增加来促进其价格的上扬；当某种外币的价格过高时，央行又会向外汇银行售出此种的外汇储备，促使汇率下落在其希望的汇率区间范围内。

交易方式，有形的风险

外汇的交易方式有以下几种。

即期外汇交易

双方以当时的价格成交，现汇买卖，并且在两个营业日内办理货币收付交割，就是即期外汇交易。比如2009年3月25日，美国某银行和日本银行通过电话达成交易，双方以1∶91.67的汇率成交500万美元。3月26日，双方分别按约定将卖出的而货币汇入对方账户内，这笔交易就算达成了。

即期交易是外汇市场上最常见、最普遍、最简洁的交易方式，也是包含风险的，比如，当你卖出某种外汇后，该外汇的汇率不断上涨，就是这种风险的主要表现。

远期外汇交易

将在未来约定日期开始的交易。外汇市场中的远期交易通常被表达为高于(升水)或低于(贴水)即期汇率的差价。如要获得实际远期外汇价格，只需将差价与即期汇率相加即可。

某进出口企业进口支付的货币主要有欧元和英镑，而该企业的外汇收入主要以美元为主。2004年1月，签订了一批约合500万美元左右的非美元(欧元、英镑)进口合同，那时欧元兑美元汇价在1.1美元，英镑兑美元也在1.5美元，该企业大约还有300万美元的外汇收入，这样该企业存在收入外汇的币种、金额与支付外汇的币种、金额不匹配，收付时间也不一致，而且这种不匹配的情况在可预见的未来一段时期内依然存在，主要是支付的外汇金额大于收入的外汇金额，收入的货币主要是美元，而支付的货币主要是欧元、英镑等非美元，表明公司有必要采取积极的保值避险措施。

为之，公司经过对市场走向的预测，采取如下措施：

(1)在签订进出口合同时，事先确定货币汇率，以防范未来资金支付时汇率剥夺的风险；

(2)利用远期合同法，规避汇率风险；

(3)利用外汇期权合同法，规避汇率风险。

掉期外汇交易

掉期外汇交易是指外汇交易者在买进或卖出一种期限、一定数额的某种货币的同时，卖出或买进另一种期限、相同数额的同种货币的外汇交易。

作为一种复合型的外汇买卖，掉期外汇交易明显地具有下述特点：①一种货币在被买入的同时即被卖出，或者是一个相反的操作；②买卖的货币币种、金额都一致；③买与卖的交收时间不同。正因为如此，掉期外汇交易不会改变交易者的外汇持有额，改变的只是交易者所持有的外汇的期限结构，故名"掉期"。

掉期外汇交易的功能如下。

调整起息日：客户叙做远期外汇交易后，因故需要提前交割，或者由于资金不到位或其他原因，需要展期交割时，都可以通过叙做外汇掉期交易对原交易的起息日进行调整。

防范风险：若目前客户持有甲货币而需使用乙货币，经过一段时间后收回乙货币，并需将其换回甲货币，可以通过叙做掉期外汇交易来固定换汇成本，防范风险。

套期交易

套期交易也叫套期保值，是指把期货市场当作转移价格风险的场所，利用期货合约作为将来在现货市场上买卖商品的临时替代物，对其现在买进准备以后售出商品或对将来需要买进商品的价格进行保险的交易活动。

套期保值的基本特征是，在现货市场和期货市场对同一种类的商品同时进行数量相等但方向相反的买卖活动，即在买进或卖出实货的同时，在期货市场上卖出或买进同等数量的期货，经过一段时间，当价格变动使现货买卖上出现的盈亏时，可由期货交易上的亏盈得到抵消或弥补，从而在"现"与"期"之间、近期和远期之间建立一种对冲机制，以使价格风险降低到最低限度。

期货市场毕竟是不同于现货市场的独立市场，它还会受一些其他因素的影响，因而期货价格的波动时间与波动幅度不一定与现货价格完全一致；加之期货市场上有规定的交易单位，两个市场操作的数量往往不尽相等，这些就意味着套期保值者在冲销盈亏时，有可能获得额外的利润或亏损。

但同时，外汇市场亦是一个风险很大的市场，它的风险主要在于决定外汇价格的变数太多。虽然有关外汇波动原理的书可谓汗牛充栋，有的从经济理论去研究，有的从数理统计去研究，也有的从几何图形去研究，更有的从心理和行为科学的角度去研究，但外汇行市的波动仍经常出乎投资者们的意外。对外汇市场投资者和操作者来说，各方面的知识都应具备一点，而风险控制的意识是不可或缺的。

1. 制订做单计划

商人做生意各有自己的一套诀窍，有些人按计划步步为营，有些人凭直觉时进时退。总的来说，无论凭经验凭感觉凭运气凭直觉，事先做好计划是很重要的。

做外汇生意的计划有很多原理和细则，但若归结为最简单的要素，它无非是制定出一个进入和退出任一交易的起点，不管此项交易最终是否有利可图。

一旦确定了这个起点，价格水准的变化就可归结为上升、下降或维持原状。一个交易计划就必须为进入实际交易市场制定行动蓝图。一旦价格水准发生如上所述三种变化中的任何一种，交易人就可根据计划作出买或卖的决定。

在制订计划时，尽管需要考虑许多关键因素，但核心问题始终是在什么情况下退出已经进入的交易。

它实际上包括三个退出计划：

其一，必须有一个接受损失的计划，一旦交易失利，就应坦然退出；

其二，必须有一个接受盈利的计划，一旦盈利目标达到，即可见好就收；

其三，必须有一个安全区段计划，它使交易人在发现市价在相当一段时间内不会发生重要变化时退出交易。

要退出一个已赔钱的交易，最有效的程式就是发出“停止损失指令单”。当然这样做的前提是交易人心中有数，他究竟愿意割多少磅肉。如果他在进入交易前已定下可接受的损失程度，那么，市价一旦达到事先已定下的这个点，他唯一能做的就是发出“撤出”指令。

对于一个正在盈利的交易，如何制定交易中的指令就不像制订计划、应付赔钱交易的指令那么容易了。这里存在着多种可能。

如果一个交易人在进入交易前已定下盈利目标，那么一个明显的可能就是一旦达到这个目标，他就立即发出一纸“限价指令单”，从而退出此项交易。

还有一种可能是交易人一直让利润上涨，直到某种价格变化朝输钱方向转化的迹象出现。在这种情况下，退出计划就可能定为："在停止损失点卖出，或者在指数达到卖出信号时卖出；哪种情况先出现就按哪种方法行事"。

无论使用哪一种盈利计划，至为重要的一点是：交易人必须认识到交易的终极目标是接受利润。除非他决定再试运气，否则他应当信守明确的界线，时刻铭记"见好就收"的忠告。

许多成功的交易人都十分明白，钱易赚难保。将盈利计划置之脑后的交易人最终都会体会到一个痛苦的真理："树，是长不到天上去的。"

2. 熟知计划要素

任何计划都包括一些要素。首先要做的一个决定就是用多少钱去做外汇。

实际使用多少钱取决于很多考虑：第一是交易人的动机，如果仅仅是尝试一下或者做做玩玩，那还是少出一点钱为妙；其二是交易人的进取心，他为了赚钱愿意冒多大的险；

还有一个相关的因素是交易人的年龄，因为这牵涉到他的家庭负担、健康状况、工作年资以及他家人对他做投机生意的态度，这些都不是无关紧要的因素。

总而言之，最基本的一点是，交易人不应冒那种潜在的盈利可能性与这种盈利对自己的重要性不相称的风险。

交易的选择和评估很重要。从事外汇投资，一个人必须选择有利可图的交易方法。这里介绍一些交易选择中需要考虑的因素。

交易选择方法——交易选择的方法是五花八门的，咨询、研究或跟从熟人，都是选择具体交易专案的方法。哪种方法较好，这是因人因事而异的。当然也有一些基本的参考因素，比如，交易选择的方法应当有理论的根据。如果某种方法中所含的一些基本概念毫无道理，那么这种方法就是不可取的。其次，交易选择的方法应该能告诉交易人捕捉市场信号。最后，这种方法应该提供某种现实的方法让交易人退出交易，而不是诱使交易人无限制地竭尽自己的资本从事某种交易。

跟踪市场的数量——计划的另一个要素是确定所要跟踪的外汇期货市场的数量和在一定时间内从事交易的数量。

时间因素——一项交易的预期时间是个值得考虑的问题。“收益”是所需时间的一个函数，它并不仅仅用所得的货币收益来衡量。两三天内能获得一笔小利就说明交易是成功的。反之，这笔小利若要等两三个月才能获得，即使这是100%的盈利，从时间的角度考虑，也不一定是很合算的。

收益目标——如同在任何其他冒险投资中一样，从事外汇投资的总体目标是实现与冒险相当的最大可能的收益。

停止交易——停止交易是计划的一个重要内容，是安全性的基本要求。

3. 把握交易节点

假定一个投机商决定进入外汇期货市场。他准备拿出10 000美元进行投机。他选定了经纪商行和注册代表，开了户头，将钱存入。为了谨慎起见，他决定先做英镑生意，等积累了一些经验后再进入美元、欧元、澳元等其他市场。

这是在10月，英国经济衰退使英镑汇价下跌。但他觉得英镑现价已反映了衰退后的水准，价格没有理由进一步下跌了。他还估计到英国衰退可能结束，推测英镑汇价有可能上涨。他手中的资料也已表明价格下跌业已停止，他认为这是一个价格上涨行将开始的信号。因此他决定买进英镑。

进一步的市场分析表明，他可能盈利和输钱之间的比率很小，而所需的时间又很长，因此他决定尽快抽出钱来从事其他交易。他打算在英镑上最多输1 000美元。他此时更关心的是他交易资金可能损失多少而不是英镑汇价的变动了。在交易备忘栏里他记下了如果在某月某日关市前价格如果没到盈利目标点，又没有到“停止损失点”，那就清账结束此项交易。

在这么一个简单的交易上，这里所讲的计划细节和考虑已经超过了许多交易人在实际交易时所能做到的。因此，不难理解，为什么有那么多人在外汇期货市场上输钱：头脑不清醒者的交易是危险的，因为外汇这个无形市场是无情的。

4. 保持平和心态

外汇市场的弄潮儿，有的发财致富于顷刻之间，有的倾家荡产于弹指一瞬。一念之差，输赢两隔，巨财转手，恍如梦境。

市场的共同心理是：谁都想赢。可市场的规律是：不可能谁都会赢。人们不禁要问，究竟多少人能赢，多少人会输呢？

当代最知名的投机记录分析家布赖尔·史迪华曾经对期货市场的输赢分布做过一个分析。他抽取了 8 746 个交易商进行分析，结果发现，75％的投机商是输家。

在这个统计样本中，输家有 6 598 个，而赢家仅 2 148 个。输家的损失总额近 1 200 万美元，远远超过赢家总利润 200 万美元。

输赢的美元比率是 6∶1。

输赢分布情况还表明，对大多数投机商来说，输赢量都不大。84％的赢家每人在 9 年期间赢数不超过 1 000 美元。

史迪华的研究还表明，大投机商并不比小投机商更成功。

无论怎样的结果，炒汇者都得以平和的心态接受，因为任何事情都有风险，交易的结局也无非两种：或赢或输。

对人生来说，或许享受交易的过程比结果更有意义。

离岸金融，货币的变轨之旅

既然所有金融机构都关心“赢”的问题，如何打擦边球和如何利用规则、规避规则进行金融运营就成为银行家的大胆尝试。

离岸金融就这样诞生了。

从竞争学的角度看，离岸金融利用的就是货币的变轨之旅，曲线的运行之美。

离岸金融，是指设在某国境内但与该国金融制度无甚联系，且不受该国金融法规管制的为非居民服务的资金融通活动。

例如，一家信托投资公司将总部设在巴哈马群岛，其业务活动却是从欧洲居民或其他非美国居民那里吸收美元资金，再将这些资金投放于欧洲居民或非美国居民中，该公司从事的便是离岸金融活动。

美国的国际银行业设施（IBF）和东京离岸金融市场的业务活动等，均属离岸金融。事实上，离岸金融市场即是境外金融市场。由于采取与国内金融市场隔离的形态，使得非居民在筹集资金和运用资金方面不受所在国税收和外汇管制及国内金融法规影响，货币的市场交易非常自由。

离岸金融业务属于批发性银行业务，存贷款金额大，交易对象通常是银行及跨国公司，其业务通常为引进外来资金，再将资金贷给外国。个人投资者也可以通过该机构进行投资。

各国的金融机构只从事本币存贷款业务，但第二次世界大战之后，各国金融机构从事本币之外的其他外币的存贷款业务逐渐兴起，有些国家的金融机构因此成为世界各国外币存贷款中心，这种专门从事外币存贷款业务的金融活动统称为离岸金融。也就是说，任何国家、地区及城市，凡主要以外币为交易（或存贷）标的，以非本国居民为交易对象，其本地银行与外国银行所形成的银行体系，都可称为离岸金融中心。

以欧洲美元市场为例，它是一种非常典型的离岸金融中心，一种自由交易、不受管制的国际自由金融市场。

离岸金融业务的兴盛始于 20 世纪 60 年代。当时，一些跨国银行为避免国内对银行发展和资金融通的限制，开始在特定的国际金融中心经营所在国货币以外的其他货币的存放款业务。

70 年代，以美元计价的离岸存款急剧增长。

到 80 年代，随着国际银行业设施和东京离岸金融市场的建立，离岸金融业务将所在国货币业务也包揽进来。

随着市场需求的推动，离岸金融逐步形成规模，出现较大的国际离岸金融中心（OFC），包括国际金融中心（IFC）、地区金融中心（RFC）和簿记中心。

由于与所在国金融制度无甚联系，且不受该国金融法规管制，所以离岸金融中心可以放开手脚为非居民提供境外货币借贷、投资、贸易结算、外汇黄金买卖、保险服务及证券交易等金融业务和服务。

中国非常重视离岸金融建设，早在 1989 年初，中国人民银行和国家外管局就批准了招商银行在深圳开办离岸金融业务，1999 年受亚洲金融危机的影响，为了保护本国金融体系，央行停办了该项业务。经过近 3 年的调整，2002 年 6 月又重新开放了 7 家银行开办离岸金融业务，至 2006 年 6 月底，我国银行离岸业务资产总量约达 20 亿美元，增速 17.6%，国际结算业务 200 亿美元，增加了 33.3%，利润为 2 200 亿美元，增速达到了 100%。福州保税区作为一个开放层次最高、政策最优、功能最强的特殊经济区域，锐意发展对台离岸金融市场，意义重大，影响深远。

国务院关于推进海南国际旅游岛建设发展的若干意见指出，鼓励金融机构调整和优化网点布局，完善服务设施；完善外汇支付环境，开展居民个人本外币兑换特许业务试点。

中国人民银行则与香港金融管理局签署了内地与香港跨境贸易人民币结算试点的补充合作备忘录，将允许香港企业与上海、广州、深圳、东莞和珠海的企业，以人民币作为贸易往来结算货币。

业内人士普遍认为，结算试点的落实，标志着香港作为人民币离岸清算中心的角色正式启动。

香港金管局方面介绍说，人民币结算点确立后，想用人民币作为支付货币的香港进口商，如果人民币头寸短缺，可以向银行借入人民币；若香港的银行人民币头寸不足，可经清算行向内地借支，即内地人民币系统和香港人民币系统可以有序流动。

备忘录中，双方同意继续推动香港人民币业务的不断发展，进一步加深内地与香港两个金融体系的互助、互补和互动关系，巩固并发挥香港国际金融中心的地位和作用。

在香港建立人民币离岸金融中心，将面临几个具体问题。

一是利率协调问题。毋庸置疑，由于离岸金融具有低准备金、低税收、交易更为便捷和更少的金融管制等优势，离岸金融中心产生的市场化基准利率将肯定比在岸基准利率更具竞争力。存在这样一个合理的利差有不少好处，势将促使中资金融机构加速市场化改革进程，使在岸利率不断向离岸利率逼近，而这个过程本身既是中资金融机构增强自身市场竞争力的过程，也是境内金融体系市场化改革的进程。这种合理的利差亦不会伤害到内地货币政策的独立性与效力。

二是金融监管问题。对内地人民币离岸金融中心的监管难度显然要小于对香港人民币离岸金融中心的监管，一方面这是由于有大量的中资金融机构的参与，另一方面处于内地各监管机构的监管范围之内（当然离岸金融监管与在岸金融监管仍有很大的差别）。在可操控的范围内积累对资本外逃、洗钱、逃税的监管经验，有利于下一步开放香港人民币离岸金融中心。

香港离岸金融的发展刺激了后起之秀上海。经过十多年的卓越努力，上海在建设国际金融中心的过程中取得了阶段性的成果。

与经营外币离岸金融相比，上海开办人民币离岸金融具有其他地区无可比拟的优势：中资金融机构云集、人民币结算和清算便利、离岸在岸业务能够互补。

上海认为，通过开办人民币离岸金融业务，将吸引更多的外资金融机构落户沪上，增强上海的国际金融中心地位。有了人民币离岸金融业务，也有利于中资金融机构通过人民币这个媒介走向国际。

事情引发香港金融界的一些担忧。上海离岸金融中心的发展会不会妨碍香港的发展呢？其实，担心是多余的。首先，香港已经是一个离岸金融中心了，而且香港经济和上海经济处于不同的经济带，属于相对独立的经济、金融体系。其次，有竞争才有差别，才有发展。只要香港和上海吃透自身特点和经济背景，形成各自的市场特色，完全能够并行不悖地发展为亚洲金融界的两支劲旅。

20 世纪以来，由于国际贸易、投资扩张与石油支出的增加，各国的货币与信用需求得到了快速的扩张，而欧洲离岸金融市场的高效率运作正好适应了这种信用需求的扩张。如具有弹性的多元化的利率结构，能够调和不同货币、不同期限的资金供需。在此段期间，无论是短期（一年以内）资金交易的欧洲货币市场，还是长期资金交易（一年以上）欧洲债券市场都得到了迅速的发展。目前，伦敦之所以成为全球最大的外汇交易中心，就在于伦敦拥有全球最为活跃的美元离岸交易市场（每天约 4 620 亿美元），伦敦的美元交易量较之美国本土还要高（美国为日均 2 360 亿美元左右）。

离岸金融公司与一般有限公司相比，主要区别在税收上。与通常使用的按营业额或利润征收税款的做法不同，离岸管辖区政府只向离岸公司征收年度管理费，除此之外，不再征收任何税款。除了有税务优惠之外，几乎所有的离岸管辖区均明文规定：公司的股东资料，股权比例，收益状况等，享有保密权利，如股东不愿意，可以不对外披露。

另一优点是几乎所有的国际大银行都承认这类公司，如美国的大通银行、香港的汇丰银行、新加坡发展银行、法国的东方汇理银行等可以在“离岸”公司银行开立账号，在财务运作上极其方便。

一般这类“离岸”地区和国家与世界发达国家都有良好的贸易关系。

故此，海外离岸公司是许多大型跨国公司和拥有高额资产的个人经常使用的金融工具。

离岸效能，九条命的猫

“离岸区”开设的“离岸银行”，不仅享受税收上的优待，而且不必持有准备金，其经营成本低于国内银行；不受利率上限约束，对存款户支付的利率可高于银行对国内存款户支付的利率，也可以对活期存款支付利息。

“离岸区”业务主要包括“离岸金融”和“离岸贸易”两大范畴。鉴于现代全球经济中金融业（虚拟经济）的重要地位，离岸金融业务，包括证券交易、存款、贷款、融资、结算、保值、避险、咨询、见证、同业拆借，发行大额可转让存款证，特别是批发性银行业务等全方位金融服务，尤为当今离岸经济活动的热点。事实上，当今世界各地的“离岸区”，多着重“离岸金融”业务，具有“离岸型国际金融中心”的性质。

20世纪50年代开始出现的“离岸金融中心”，是金融自由化的历史性创新产物，突破了金融业必须是国内资本提供者的传统，推动信贷交易走向国际化；由于众多离岸金融中心的迅速形成与发展，将全世界的金融市场联系在一起，促成了真正意义上的国际金融市场。

离岸金融中心一般分为三类。

以拓展业务为重点的离岸金融中心。其特点为：经营的货币是境外货币，市场的参与者可以经营离岸金融业务，又可以经营自由市场业务；在管理上没有什么限制，经营离岸业务不必向金融当局申请批准。

接受一定约束的离岸金融中心。纽约经营离岸业务的本国银行和外国银行必须向金融当局申请。经营离岸金融业务可以免交存款准备金，存款保险金的优惠，享有利息预扣税和地方税的豁免权。离岸业务所经营的货币可以是境外货币，也可以是本国货币，但离岸业务和传统业务必须分别设立账户。

合理避税型离岸金融中心。一般设在风景优美的海岛和港口，政局稳定，税收优惠，没有金融管制。这是我们通常意义上所说的离岸金融中心。

近年来，世界上一些国家和地区如英属维京群岛（BVI）等纷纷以法律手段揣摩并培育出一些特别宽松的经济区域，允许国际人士在其领土上成立一种国际业务公司，这些区域一般称为离岸管辖区或称为离岸司法管辖区。而所谓离岸公司则是泛指在离岸管辖区内成立的有限责任公司或国际商业公司。世界上传统的著名的“离岸区”多为前英属殖民地，设在风景优美的海岛上(有些小国为全境)，例如英属维京群岛、巴哈马、毛里求斯、科可群岛、开曼群岛、百慕大、西萨摩亚、巴拿马共和国、赛舍尔群岛、纽埃岛等。它们具有稳定的政治环境，比较完备的法律体系和司法制度，与发达国家有良好的贸易关系，并鼓励在当地设立境外银行，提供与瑞士相同的信托服务和保险业务。

上述岛国之所以能够最早发展成“离岸区”，有其历史渊源。作为英国长期统治下的殖民地，那里没有税收自主权，却有免税或低税的传统。脱离宗主国后，这些制度和法规沿袭下来，较易转化形成避税优惠政策。此外，还因为一些岛国自然资源稀缺，人口数量较少、经济基础薄弱，需要创造宽松的税收环境，作为一种吸引投资、增强地区竞争力、发展本地经济的策略。从地域分布看，这些避税地多靠近经济发达的国家和地区，如南北美洲的大西洋、加勒比海地区、欧洲地区和东南亚地区，便于为那里的纳税企业和个人提供服务。

尽管这些“离岸区”都是区区弹丸之地，但经济“能量”惊人。在国际资本流动中的作用日益显著，对中国改革开放、发展经济的影响也极为可观。

以英属维京群岛为例，该岛约 75 万家“离岸公司”中，估计有近 20 万家与中国有关。2004 年，在中国内地十大外商直接投资(FDI)来源地中，类似于维京群岛这样的离岸中心就占了三席。按近年对华实际投资金额排行，英属维京群岛、西萨摩亚、开曼群岛等常在前十名之列。截至 2006 年底，中国实际使用外资累计金额来源中，英属维京群岛以 571.64 亿美元名列第三，位居中国香港特别行政区(2797.55 亿美元)、日本(579.73 亿美元)之后，超过了美国(539.55 亿美元)和欧盟(553.98 亿美元)。

近年来，深圳、上海、天津等发达城市，纷纷提出建立国际金融中心的构想，体现了国家经济蓬勃发展的大趋势。国际金融中心或一些大都会包含某些离岸金融功能，但非完整意义上的“离岸金融中心”。

目前国际的金融区域重心正在向亚太地区转移，人民币越来越成为国际上日益承认的稳定和参与国际结算的货币，自由兑换为时不远；亚元亦有呼之欲出之势。这也给中国建立和发展离岸金融中心带来了新的机遇。

设立离岸金融中心，能够发挥引资献金妙用。离岸金融中心以特有自由化法律制度优惠条件为吸引力，不仅可以提升传统意义上的商业银行存贷、汇兑、债券融资，跨国贸易服务，而且提供企业股权交易、股权融资的平台，加上高端私人理财服务等，构成完整意义的全球化自由经营资本市场。与香港国际金融中心以及内地中心城市相辅相成、错位发展，可在更大程度上满足海内外投资者对投资环境的进一步需要，国际资本在中国停留的时间会超过以往，中国资本的进出将更趋于频繁，内地企业外汇收入使用更加灵活；政府对涉外企业在外汇方面的监管会更加有效。中国将能在整个亚太地区乃至全球范围金融体系中主动发挥资本市场调节作用，支持自身结构调整和产业升级，以及远景经济持续快速发展。

国际性引资献金，不仅仅为了解决资金需要，而且是利用全球各种资源的重要载体。当前，世界经济正进入新一轮以服务外包、高端制造和研发环节转移等为主要特征的产业结构调整。国际投资所承载的各种竞争力和效益，形成的有效资本和技术创新能力，造就的高素质人才，带来的市场和就业机会，将对中国解决资金缺口、人才缺口、技术缺口、管理缺口和市场营销缺口，成功调整经济结构、根本转变经济增长方式，以至构建和谐社会，起到非常重要的促进作用。

设立离岸金融中心，可以推动“虚拟经济”的发展。所谓“虚拟经济”，主要指带有证券色彩的股票、债券、基金、期货、股权之类金融衍生产品的交易；它源于现金价值，又不同于现金的交易。当今国际“虚拟经济”市场上每天的交易额高达数十万亿美元，而现金交易仅为虚拟交易总额的2%～5%。中国社会虽已参与“虚拟经济”，而且通过股市交易感受到了其中的巨大威力，然而从总体上来说，有关认知和操作水平，还处于比较盲目和低水平的状态。中国的实体经济发展到了现在的规模，如果没有适当的资本运作使虚拟经济成为实体经济的强大后盾，实体经济的发展就可能停滞，甚至夭折。资本运作具有资本优化配置的功能。化解贫富不均的矛盾，构建和谐社会，都需要通过资本运作，使所有的人都有公平机会，获得资金和发展自我的机会。创设自己的“离岸金融中心”，将为推动“虚拟经济”的发展建立高水准实战和示范的国际大平台。

综上可见，构建一个公平竞争的、健康的“离岸金融中心”应该是中国金融业发展的一项时转运来的战略性机遇的选择。

从不同角度来看，离岸金融市场有不同的类型。

从经营的业务范围来看，有混合型、分离型、避税型及渗漏型等离岸金融市场。

从市场形成的动力来看，有自然渐成型和政府推动型离岸金融市场。

从市场功能来看，有世界中心、筹资中心、供资中心及簿记中心等。

按性质划分，离岸金融市场大致有三种类型。

伦敦型

伦敦型属于“自然形成”的市场。伦敦离岸市场始于20世纪50年代末，它既经营银行业务，也经营证券业务。非居民除获准自由经营各项外汇、金融业务外，其吸收的存款也不需缴纳法定准备金。过去，这类市场业务因受外汇管制等限制，而与国内业务截然分开，但自从1979年10月外汇管制取消后，对外汇金融业务的管理与国内金融业务同等对待，“离岸”本身的含义便发生了变异伦敦离岸市场实际上已经成为兼具境内和离岸业务的“内外一体式”金融市场。香港自从1972年废除外汇管制后，也逐渐演变成亚太地区一个主要的伦敦型离岸市场。

纽约型

纽约型最大特点在于“人为创设”和“内外分离”，而且没有证券买卖。1981年12月，美国联邦储备委员会同意设立国际银行业设施（又称国际银行便利）之后，纽约离岸金融业务迅速发展。它的主要交易对象是非居民。筹资只能吸收外国居民、外国银行和公司的存款，但开办国际银行业设施的不限于外国银行，任何美国的存款机构、“爱治法”公司和外国银行在美分行皆可申请开办。存款不受美国国内银行法规关于准备金比率和存款比率的限制。贷款必须在美国境外使用。该“设施”可使用包括美元在内的任何一种货币计价。由于美元是最主要的国际通货，而该离岸市场主要交易货币也是欧洲美元，所以纽约离岸市场以本国货币作为主要交易货币。1986年开放的东京离岸市场也属这一类型。

巴哈马型

巴哈马型是只有记账而没有实质性业务的离岸金融中心，又称“逃税型"和"逃税港"。由于在某些国家或地区开展金融业务可以逃避银行利润税及营业税等，同时在这些地方开办分行的成本与费用也远较伦敦低，所以离岸金融市场纷纷在这些地方开辟。开曼群岛和巴林等地皆属此类。

如果从市场业务范围来考察离岸金融市场的类型来划分，大致可以分为四类。

混合型离岸金融市场

该类型离岸市场的特点为离岸金融交易的币种是市场所在地国家以外的货币，除离岸金融业务外，还允许非居民经营在岸业务和国内业务，但必须交纳存款准备金和有关税献，管理上没有限制，经营离岸业务不必向金融当局申请批准。我国香港离岸金融市场属此类型。

分离型离岸金融市场

它是指没有实际的离岸资金交易，只是办理其他市场交易的记账业务而形成的一种离岸金融市场。

该类型离岸市场的特点是：离岸业务所经营的货币可以是境外货币，也可以是本国货币，但是离岸金融业务和传统业务必须分别设立账户；经营离岸业务的本国银行和外国银行，必须向金融当局申请批准；经营离岸业务可获得豁免交纳存款准备金、存款保险金的优惠，并享有利息预扣税和指一种把离岸业务与在岸业务分立，居民的存款业务与非居民的存款业务分开，但允许离岸账户上的资金贷给居民的离岸金融市场。

地方税的享有豁免权。纽约、东京、新加坡等离岸金融市场属此类型。

避税或避税港型离岸金融市场

这种类型的离岸市场的特点：市场所在地政局稳定，税负低，没有金融管制，可以使国际金融机构达到逃避资金监管和减免租税的目的。巴哈马和开曼以及百慕大等属于此类型。

渗漏型离岸金融市场

这种类型的离岸市场兼有伦敦型和纽约型的特点，但最突出的特点是离岸资金可放贷给居民，即国内企业可以直接在离岸金融市场上融资，方便而又简洁。

离岸金融市场的产生和发展，有以下作用。

有利于大量国际资本的流入，弥补国内资金缺口，使国内市场主体能以更加灵活的方式和渠道筹资、融资。

有利于缩小各国金融市场的时空距离，便利国际借贷资金成本的全球性降低；有利于引进大量现代化的金融技术工具和金融产品，促使东道国国内同业改进经营管理方式，提高服务质量和从业人员素质，加快金融创新。

有利于加快东道国的金融监管向国际惯例靠拢，提高监管质量。

有利于增加外汇收入，增加本国外汇储备；有利于调节东道国的国际收支，稳定国际经济金融秩序；有利于带来广泛的经济效益。

作为一个高度自由灵活、快捷便利、高效新型的市场，离岸金融市场的建立必须具备以下四种条件：

(1)有比较稳定的国家和所在所在地区的政治、经济环境；

(2)有发达的国内金融市场，完善的金融体系和经验丰富、运作高效的金融机构；

(3)有灵活自由的金融法规制度及有利于市场发育的财税政策，放松或取消外汇管制，放松金融管理，提供减免税的优惠；

(4)有比较优越的经济和自然地理位置。

离岸金融业务的发展和离岸金融市场的迅速扩张，促进了国际性银行的发展和国际信贷、国际融资的增长，但由于离岸存款不受各国国内法规的各种限制，它对存款所在国的货币供应量、银行管制与货币政策的实施都产生了一定的影响。

目前中国金融市场化改革的一个重大障碍是：没有一个在市场化基础上形成的利率指标，如果在香港建立人民币离岸市场，如同伦敦市场上美元的利率一样，可以形成一个完全市场化的人民币利率指标。

从离岸市场的形成历史看，这一形态市场的出现，往往发端于对货币发行国利率管制、资本项目管制的逃避。虽然长期来看，能够跨境清算是一种货币国际化的必要前提，但人们普遍关心，人民币离岸市场的发展势必对境内的货币政策和人民币汇率造成影响。

其实，这种担心是可以避免的。不过，从远期看，人民币用于国际结算后会形成境外人民币债权，在获得铸币收益的同时，用货币供应量作为货币政策的调控目标时也需要考虑这部分被海外持有的人民币。

长期从事外汇研究的专家陈炳才认为，此番中央政府与特区备忘录的签署，还面临着需要厘清人民币用于跨境贸易结算会引起境外债权债务关系、外汇管理、国内外清算安排、货币政策等方面的一系列具体而重要的事宜。

在外汇管理方面，人民币用于跨境贸易结算，可能会出现进出口核销制的操作性困难。因为面临如何界定资金是否来自境外的问题。与之类似的还有出口退税的依据和凭证问题以及国际收支统计申报问题等。

在人民币境外债权债务方面，跨境贸易人民币结算会形成外国企业持有人民币的现象，会形成中国境外的人民币负债，进而引申出因国际结算而产生的人民币自由兑换的问题，以及境外人民币回流境内用于投资，能否享受外商投资优惠政策等诸多问题。

尽管存在上述问题，但均是发展中的现象，完全可以转化为机遇。

总的来说，建立人民币的离岸市场必须解决三个问题：

(1)“出口”——让人民币规模、有序、指向地流出去；

(2)“通路”——人民币出去后还要让它有融通和流动的渠道；

(3)“进口”——人民币出去后还要回归，需要为它设立专门规则和专用通道。

把出口、进口、通路理顺了，离岸金融业务做大了，人民币的国际化也就指日可待了。

第八章

投机与投资：算盘珠落知多少

在金融市场上，投资与投机的关系就像鲶鱼与鱼塘的关系。

鱼塘养鱼，品种不少，但大部分鱼不觅食时活动散淡，如此鱼的品质就不是很好。如果在鱼塘里放进了鲶鱼，它的活泼好动以及对其他鱼的攻击就会搅得满池鱼儿游动不息，不仅促进鱼苗的生长，而且增进整个鱼类的繁殖。

投机即是如此。短视行为、急功近利以及巧取豪夺使得整个资本市场空前活跃，由之促进了投资与交易的兴旺。

投资与投机，一字之差，可谓一对孪生兄弟，因为投资包含着投机心理，而投机本身亦是一种投资行为。

在资本市场上，一定的投机行为是投资所必需的，但是如果整个市场全部充斥着投机行为的话，则市场也将难以持续。

就像一支长跑队伍，参跑的人很多，谁都可以选择参跑的时机、方式、速度、目标，人们聚焦谁跑的时间最长和跑的距离最远……

投机与投资的边缘

字典上对于投机的定义是："希望通过市场价格的变动获利的交易。"

这个定义过于狭窄了。

市场上对于"投机"诟病最多的是那些华尔街专做"空头"的人，他们的"卖空"就是投机者在卖的时候还没有所有权，他们卖的是某一时刻成交的股票。他们的投机实际就是"价值预期"。

更多的是投机商做商品投机生意，比如大米、大豆、小麦、木材、生猪、糖、铜、矿石等等，低价买进，待到高价时卖出。也有的做期货，赌某个时候价格上涨或下跌。这类投机商买卖的就是"协议"。

每个人其实也是投机者，或许你不愿承认罢了。比如你希望在什么时候卖出你的劳动力或技能，获取一个好价钱。比如跳槽，其实就是一种投机行为。

一般来说，投机者是指在金融市场上通过"买空卖空"、"卖空买空"，希望以较小的资金来博取利润的投资者。

他们通常是指：

- 做投机交易、投机倒把、冒一定风险从事证券和商品买卖的人；
- 利用不对称信息和时机在市场短期交易中获利的人；
- 甘于承担风险，在市场上以获取差价收益为目的的人；
- 投机行为将着眼点放在价格变化上，很少考虑交易品种的实际价值，其手法多为贱买贵卖、快进快出的人。

资本市场上投机行为和投资行为是互为依存的，在投机交易的驱动下，市场更富活力。

正因此，一定的投机行为是发育市场所不可缺少的。

投机者类型的划分，依据不同的标准而定：按照交易量大小，可划分为大投机者与小投机者；按照交易部位区分，可分为多头投机者和空头投机者；按照投机者持有合约时间的长短，可分为趋势交易者、当日交易者、"抢帽子"者。趋势交易者通常持有合约数日或数周、数月以上，待价格变化有利时，再将合约平仓。当日交易和"抢帽子"交易都是短线交易。

根据持有期货合约时间的长短，投机又可具体分为三类。

第一类是长线投机者，此类交易者在买入或卖出期货合约后，通常将合约持有几天、几周甚至几个月，待价格对其有利时才将合约对冲。

第二类是短线交易者，一般进行当日或某一交易节的期货合约买卖，其持仓不过夜。

第三类是追逐小利者，又称“抢帽子者”，他们的技巧是利用价格的微小变动进行交易来获取微利，一天之内他们可以做多个回合的买卖交易。

投机者是期货市场的重要组成部分，是期货市场必不可少的润滑剂。投机交易增强了市场的流动性，承担了套期保值交易转移的风险，是金融市场正常运营的保证。

投机与投资的同一

有些人花了许多工夫去界定“投资”与“投机”的差别。如此花费心思是不必的，因为我们的教学讲义里经常出现“投资/投机”的同一用词，意指两词几近同义，可以相互切换。

有人以期间的长短为准，长期投资叫“投资”，短期投资叫“投机”。假如乙看上了甲公司的前景才购买它的股票的，没想到，只不过三两天的时间，它已经上涨了10%，乙相信这是短期现象，股价的长期趋势虽然是上涨，但短期之内很可能下跌，于是乙卖出本来打算长期持有的股票，等它跌价时再补进。请问这是投资还是投机？是投资人？还是投机客？

再假设，甲基于一向很灵的第六感，决定以“对敲”赌某股票的股价五天之内会涨。不料此回灵感失灵，股价不涨反跌。由于相信跌势只是暂时性的，于是改变初衷，放弃对敲的原先策略，静待股价回升。由于股市一直低迷，自己又不甘心“割肉”承受损失，只能无奈地忍受“套牢”。不知不觉间，两年时光过去了。如此，只因当初投机失算，被“卡”成了长期投资。请问：这算是投资人还是投机客？

市场上通常把买入后持有较长时间的行为，称为“投资者”，而把短线客称为“投机者”。投资家和投机者的区别在于：投资家看好有潜质的股票，作为长线投资，既可以趁高抛出，又可以享受每年的分红，股息虽不会高但稳定持久；而投机者热衷短线，借暴涨暴跌之势，通过炒作谋求暴利，少数人一夜暴富，许多人一朝破产。然而，在急功近利的动机驱动下，许多人看不起投机者，因为他们是“黄牛”出身；另一方面，长期投资又经不住短期诱惑，因而不自觉地逐步跻身于投机氛围中，究竟应该怎样辩证地看待他们呢？

投资和投机符合生物学的共生原理，也符合物理学的法则：在相同的压力下，单位面积越大，压强就越小。也就是说，投机者的适度参与使市场走出无法成交的阴影，避免“死水一潭”，从而发挥市场机制乃是最好的状态。

市场参与者的额头上从来没有打上“投资”或“投机”的标志；所谓的投资人可以因环境改变而摇身一变为投机者；所谓的投机客亦可能“被迫”或“自动”转为投资人。

许多时候，就连当事人也“只缘身是梦中客”，不知道自己究竟是在投资或在投机。“到什么山唱什么歌”是给自己弹性，也是投资人应有的应变能力。所以，试图分辨投资与投机是徒劳无功的，也是浪费时间的。

金融市场根据金融工具是初次面市或转手交易可分为“发行市场”（也称“初级市场”）及“流通市场”（也称“次级市场”）。投资人响应“公开售股”（简称 IPO）的邀请，申请新股，属发行市场的活动。股民透过股票经纪商买卖股票，则属流通市场活动。

很多尚未能充分欣赏“资本主义制度”的人士认为：发行市场让企业或政府以发行证券的方式筹措资金，有“集资”的功能，对经济发展有确实的贡献；流通市场里的二手买卖行为既然不会为企业或政府带来资金，只是让投机分子“投机倒把”、“不劳而获”（在某些人眼中，投机客似乎总是赚钱的）的地方，对经济发展实在谈不上有什么贡献。

这种观念的内涵可以一句话概括：“买”就是“投资”，“卖”就是“投机”。

由于此种论调十分偏颇，自然没有市场。

投机活动与流动性的关联

第四资本制度下的“证券银行家”的观念恰恰相反，他们在设计、推出某个融资工具时，必须考虑如何使该工具在发行后能具备良好的“流动性”。

所谓“流动性”就是卖方无须让价就能立即找到买方的难易程度。为了确保金融工具发行后的“流动性”，往往将之在某个证券交易所挂牌，或委托“造市者”随时公开报价，承诺以所报的买卖价买入或卖出。这些安排的目的无非是要使欲卖出或买进该金融工具的人不愁找不到交易对手。投资人对于一个金融工具的发行后流动性有了信心之后，就会比较愿意进入发行市场来申购。

换句话说，“发行市场”与“流通市场”息息相关，能在流通市场广为流通的金融产品，才能在发行市场受到欢迎，也才能降低发行者的资金成本。而投机者的随时追踪及频繁买卖则大有助于流通市场效率及流动性的提高。

另一个角度也可以说明投机及流动性的重要性。假设某公司发行证券融资，我们可以把投资人购买证券、提供资金给公司的“出资”功能比喻为一项接力长跑。如果该证券在流通市场有好的流动性，原始出资人就不必独力跑完全程，他在需要休息时，可以把棒子交给另一个跑者；第二个跑者跑累了，也同样可以把棒子递给下一个自愿入场的人。如果大家都了解：只要不想跑了，可以随时退出跑道，由别人接跑，那么，愿意进场一试的人肯定会大大增加。如果规定每人必须跑完10公里的距离，除了长跑健将，恐怕许多人都不敢进场。他们会选择到其他较有弹性的跑场(比如基金、债券)去。

让参跑人自由选择何时进入、何时退出，可以使得跑道上的运动者都处于最佳的体能状态。换成财务用语，这就是说证券发行人的融资成本将会降低。

在一连串的跑者里面，难免有一些是只愿意跑几步的。只要他们是以公平的竞争资格取得当时的接力棒，他们对整个跑程的完成就有一定的贡献。如果硬要给他们扣上“投机客”的帽子，除了将他们拒之于场外，也恐怕会吓走那些没有把握一定能或愿意跑足特定距离的人。就证券而言，有意或有能力扮演出资角色的人少了，就是“流动性”低了，市场冷了。

因为，投机者的关心度是影响价格的重要因素。

投机者必然是理性寻利者。为了谋取高报酬，他们也冒了高风险；既然下了较大的筹码，必须和必然更关心所有可能影响价格的因素。由于他们专找“当下市价”与“真实价值”脱节的产品为投机的对象，他们所拥有的讯息会透过他们的交易反映在市价上。例如，他们认为甲股票被低估了，于是进场吸购，造成股价上升。其他原来并不具有同样消息的人也能凭新的股价推知市场上有人看涨这只股票。因此，投机者买低卖高的寻利行为会把市价推近其真实价值。

不论是一般商品或金融产品，让其市价能尽量忠实地反映市场的供给与需求是非常重要的，因为价格是市场参与者竞争该产品使用权的依据。如果价格被政府管制或其他因素(如大户非法操纵)扭曲了，将不能确保资源会被最佳使用者取得，这将造成资源的浪费。

投机者的贡献就是使市价更能反映资源的经济价值，从而帮助社会资源得到最佳的分配与运用。

当然投机者的判断不是永远都是对的。不过，当他们做错了决定的时候，得自己承担损失——“风险自担”。因此，当意识到自己判断有误时，他们会立即纠错以减少损失。“知错即改”以及“对多错少”的特点使得投机族对市场效率的提升功不可没。

因此，投机者是不可多得的。

一般的普遍的认知，对“投机”倾向于贬义，这势必给交易的人心理带来一定的阴影。任何心理上的疑惑都会影响到交易的质量，所以，我们必须对这个问题有一个清晰的正面的认识。

一是投机本古来有之，某种意义上讲正是利己的投机动机促进了人类和经济的发展。因为投机正好体现了个人或是利益团体生存和发展的本能，“人人为自己”的最终结果是“上帝为大家”。投机的这种作用尤其会体现在商业上，投机商为了自己的利益而去投机，把某地相对多余便宜的商品拿到异地去卖，这样即是通过投机而谋利，但他得利的同时也给异地人群带来了自己有用的商品。再来看交易市场，没有投机的市场是没有活力的市场，没有吸引力的市场，这样的市场最终将走向消亡，投机在这里的作用是显而易见的。所以，只有充分认识投机之理，才能把握好投机之利。

二是投机并非不劳而获，投机的成功必须通过更加辛苦的劳动(体力、智力能力的劳动)才能实现。因此，投机是对交易人的分析、判断和决断能力的考验。与做其他任何事情一样，成功靠的是实力与心力。

三是关于投资与投机二者其实并无本质的区别或者说区分，区分只是普通的字面意义上的。如上条中所述的投机商，你说他是投机还是投资？看似投机，但他是实实在在地在投资，别人看不到的机会让他把握了，通过分析、判断可行性并且做成了，你能说他仅仅是在投机吗？

再看证券交易，简单说在别人还没发现之前通过分析判断首先买入某家有投资价值的公司算是投资了，但在外人看来它更像投机。索罗斯是公认的投资家，但媒体认为他同时也是一位精明的投机家。可见严格区分两者并没有多大意义，其实能否稳定获利并不因投资或投机，我们不要让它成为一种观念的束缚。

任何市场中都存在三种价格的趋势：短期趋势、中期趋势和长期趋势。

依据趋向，市场参与者存在三种基本类型：交易者、投机者和投资者。

那些交易活动集中的短期趋势的市场参与者被维克多称之为“交易者”。“投资者”则是那些主要考虑长期趋势的人，而专著于中期趋势的参与者则称为“投机者”。维克多本人，就是专著于市场中期趋势的“投机者”。从维克多对投机者的界定不难看出，其所理解的“投机”就是参与市场中期趋势的交易活动。

根据对市场的判断，把握机会，利用市场出现的价差进行买卖从中获得利润的交易行为。投机者可以“买空”，也可以“卖空”。用一句通俗的话来定义，就是把握投资机会。

没有机会就无人进场交易，如同打仗，“不见鬼子不挂弦儿”。

民众日常购买彩票、股票等利用所获信息根据自有资源所作出的交易选择，都属于投机的一种。

关于热钱的定义，有很多争论。2009 年末，全国新增外汇储备4 561亿美元，同期我国外贸顺差和实际我国外商直接投资分别为1 960.7亿美元和 900.3 亿美元——三者之间高达 1 670 亿美元的差额无法解释。

显然，“热钱”的标签挥之不去。

在一个资本完全开放的国家，以短期投机为目的而流进、流出的钱是“热钱”，而中国资本项下还没有完全实现可兑换，还没有完全开放，所以，在中国的“热钱”在很多的情况下往往是披着合法的外衣，比如通过经常项目、FDI、个人汇款、合作等渠道流进来的。当然也有通过地下钱庄流进来的。

所以，在资本管制下的“热钱”和在资本完全可兑换情况下的“热钱”，实际上是很不一样的。

在回答记者有关中国如何防范“热钱”的提问时，易纲曾表示，跨境资金流动分两种，一种是合法合规的正常流入，另外一种是违法违规的。根据长期的观测，我国跨境资金的流动大部分是合法合规的，是合理的，是在我们国际收支平衡表中可以解释的。当然，也不排除部分违法套利的资金混入。

投机的目的很直接——就是获得价差利润。

投机者的心理分析

中国资本市场的投机性浓厚，不仅表现为股市的市盈率一般高达60倍，比西方发达国家股市的市盈率（一般在20%～25%）高得出奇；而且也表现为股票的换手（买卖）率高得出奇。

据统计，1996年美国纽约股票市场的换手率是52%，东京是27%，伦敦是58%，韩国是91%，泰国是30%，而中国则高得出离谱，上海是591%，深圳是902%。

股票换手率高，表明股民大多想从股票买卖的价格变动中获利，而不想或不相信股票可以分红，或者认为股票分红不如从股票价格变动中获利来得大。其实，中国资本市场投机活动之猖獗，最近报刊也多有揭露，先有“基金黑幕”，后有兰州等城市股市黑幕，均有媒体披露。中国资本市场的投机性浓厚，至今已成为大多数人的共识。

问题是，为什么建立10年的中国资本市场竟有这么浓厚的投机云层？有人说是“老鼠做仓”“庄家作祟”。这固然是原因，但中国资本市场上投机家（或庄家）何以竟能长时间肆无忌惮地横行呢？也有人把中国资本市场的投机性盛行归咎于法制、法规加监管残缺不全。

上述种种说法，都有道理。但我认为，更重要的、更深层次的原因，应属体制上的缺陷。

投机结合与投资把控

专门选择那些价格被低估，但极具成长性的股票，尤其是对一些现金多，负债低，对没有人注意的小型成长股票多加研究，一旦达到卖出价位，千万不能“惜售”，这是1996全美操盘高手的成功之路，也是投资进、投机出的最好诠释。市场经济使得投资进、投机出，带有普遍性，同时适用于邮市。

中国自1982年恢复国内集邮业务以来，邮票市场一共经历了三次大的疲软，即使是1992年至1995年，邮票发行量成倍增长的情况下，机警人士仍然注重以投资为主的方式，1995年选择性地买无齿“桂花”小全张，“牡丹亭”小型张，一年过后，每枚早已翻倍，但购买者非常踊跃，使人看不懂价位。此时如出手，符合投机策略。

有人做过这样一个比喻，忙进忙出的炒手实际上只是在数“牛尾巴”而已。可想而知，那么多专业人士都在数“牛尾巴”，能瓜分到几条？即使占有，也嚼之无味。而哪些平时不吭不哈，到了他认定的投资区域就买，买了就忘了，到了他认定的投机区域就卖的人，才是吃整头牛的人！可想而知，少数人吃整头牛，越吃越肥，当然对“牛尾巴”不屑一顾。

中国资本市场上长期没有退出机制。事实上，尽管上市国有企业中间不少素质不高，有的亏损，有的长期分不了红，有的甚至资不抵债，但没有一家企业曾因为经营不善而被强摘牌。亏损企业未被勒令出局，而是通常被兼并、收购、重组而继续存在，其间，少不了有政府部门从中撮合。政府对于好不容易“包装上市”了的企业，自然不愿看到它们被摘牌出局，不愿断了一条融资解困的渠道，于是总千方百计通过兼并、收购、重组等手段将它们保留下来。“郑百文”几经风风雨雨，就是一个突出例子。这一切给人们留下了一个印象，即政府是不会让上市国有企业破产的，政府会想方设法来帮助破产的上市国有企业免于灭顶之灾。尽管政府也曾一再告诫人们要小心股市上的风险，但实际上国家却为股市的投资者提供了“隐性担保”。于是，上市公司总这么想着，券商这么想着，股民们也是这么想着，反正有国家最后保底，大家可以不用怕风险，可以大胆放心地入市炒股，结果股价越炒越高，把市盈率炒得出奇的高。

我们建立资本市场的目的，是要确立依靠市场机制来合理分配社会资源的机制；推行股份制的目的，是为了用股份制来改造国有企业，使之成为适合市场经济需要的微观基础。可是，在实践中，人们却给资本市场、股份制定错了位，把它们仅当作给某些企业融资、解困的工具。为此，国有企业，特别是上市公司，不能不继续依赖国家所提供的庇护或“隐性担保”，导致人们不怕风险的投机心态和投机行为盛行。本来，在成熟的市场经济中，一家公司要上市，须经过有关金融中介机构和有关部门极其严格的审查，因为这些中介机构靠信誉吃饭，受公众委托，尽职尽责，对公众负责。

一般说，经过这么严格审查获得上市资格的企业，都是素质相当好的企业。但在中国，上市公司不是由市场筛选的，而是由政府有关部门选定推荐和审批的，其间寻租、吃租等舞弊现象时有发生。由于人们只注重股份制的融资职能，而未通过股份制改造把企业建成具有健全的法人治理结构的现代企业制度，因而不少上市公司的素质低俗，上市之后公司业绩大多“头年好好，二年平平，三年差差，四年罢罢”。特别是，一些素质很差的企业，即使长期经营业绩不佳，甚至长期亏损，也可通过一些中间机构采取弄虚作假手法，得以“包装上市”，其间不少是获得政府有关部门默许或支持的。企业的真实情况，公众哪里知道，公众相信政府的“推荐”和“审批”，更相信政府不会让“上市”的国有企业垮台。

真正的投资人要有定力。所以，心力较定，从容徜徉，才会“别人贪婪我恐惧，别人恐惧我贪婪”。

流动性过剩与流动性黑洞

金融市场的高投机性往往表现为“流动性过剩”与“流动性黑洞”两个极点。

“流动性过剩”，表达的是一种量的概念。

所谓“流动性”，实际上是指一种商品对其他商品实现交易的难易程度。衡量难易程度的标准是该商品与其他商品实现交易的速度。当该商品与其他商品交易速度加快，也就是非常容易实现交易的时候，流动性就会出现过剩；当该商品与其他商品的交易出现速度减缓，也就是实现交易非常困难的时候，流动性就会出现不足。

通常情况下，这里讨论的“商品”不是普通商品，而是货币。

欧洲中央银行(ECB)就把“流动性过剩”定义为“实际货币存量对预

期均衡水平的偏离”。

“流动性过剩”，会造成金融市场冷漠和经济生活停滞。2004年以来，国内金融机构存款加速度增长，广义货币供应量快速上升。商业银行余额存款比与新增存贷比双双大幅度下降，并且新增存贷比下降的幅度更大。至2007年，金融机构存差资金已达11.5亿元，是2000年的4.8倍；超额储备金占比居高不下，2007年，金融机构在中央银行的超额准备金率达到5%，比上年增加0.8个百分点。

“流动性过剩”现象的储蓄存在和不断放大，已经对我国商业银行的稳健经营产生了一定的负面影响，它不仅使银行资产被动膨胀，投资收益持续下降，还迫使信贷市场过度竞争，各家商业银行盲目追逐“大户”，非理性地降低贷款条件和下浮利率，从而加大了信用风险和利率风险。

正因此，“流动性过剩”已成为各方尤其是商业银行管理者关注的焦点之一。

目前全世界通常讲的“流动性过剩”中的流动性M0只占全世界GDP的10%，占全世界流动性的比重只有1%；M2也就是我们通常讲的广义货币，占全世界GDP是122%，占流动性是11%，证券化资产占GDP是142%，占流动性比例是13%；现在世界上最厉害的是金融衍生产品，占全世界GDP比重的802%，占流动性比重是75%。

相比于传统意义上的非债务货币，目前的以资产证券化为代表的债务货币，其造成的“流动性过剩”程度远远大于M2的过剩程度，为全球通胀的货币性攀升带来了巨大的麻烦。

实际上，债务的货币化和资产的证券化已经成为现代经济最严重的潜在不稳定因素之一，通过透支未来以满足现在的需要，“今借明还”大概就是此意。

债务货币化的典型产品就是信用卡。

据说，这场革命始于1949年梅杰小屋烤肉店里的一次午餐，那是纽约市老派权势人物的午餐。当侍者们还在给来吃午饭的客人上马提尼酒和牛排的时候，百货公司业的名人艾尔弗雷德·布卢明代尔和一起用餐的金融家弗兰克·麦克纳马拉已经快吃完了。这时，不该发生的事情发生了——收到账单后，他俩发现身上带的现金不够。于是，麦克纳马拉不得不打电话请妻子带钱来付帐。

不过，麦克纳马拉倒没有为此事感到尴尬，反而来了灵感。据说他当时发誓："决不能让这种事情再发生。"他和布卢明代尔策划要建立一个餐馆赊账网络，这样，像他们这样的大把花钱的阔佬就不用随身携带现金结账了。这个网络就是后来的大来信用证公司（Diners Club），它是第一家信用卡公司。

信用卡这种观念在当时就算没有特别强的革命性，至少也非常新鲜。在它最初问世的日子里，常常有人聚集在收款台前看别人用塑料片付账。《用卡付费》（*Paying With Plastic*）的作者之一、经济学家戴维·埃文斯说："五千多年来，我们的支付方式只经历过四次变化：从易货到硬币、从硬币到纸币、从纸币到支票，最后到信用卡。"

信用卡可谓商业史上的巨大里程碑：美国人用各种信用卡在商店购物的金额有史以来首次超过现金，他们用卡购买衣物、食品、玩具，甚至大宗家具。美国消费者随身携带的各种塑料卡总数高达 10 亿张，每年用卡进行的交易将近 2 万亿美元，约为国内生产总值的 20%。

随便考察《财富》500 强中任何一家企业，不难发现美国商业对这种塑料卡片的依赖程度。花旗集团在全球发行了大约 1.45 亿张信用卡，给它带来的营业收入为 190 亿美元，占其总收入的 25%。摩根大通银行和第一银行集团合并的部分原因，就是要联手经营信用卡业务，信用卡业务占到它们业务总量的 16%，合并使摩根大通/第一银行集团成为美国最大的信用卡发行商。

没有信用卡就没有今天的戴尔公司。戴尔公司创造的全球最成功的经营方式之一，就是它的计算机生产与销售速度、成本和效率都优于任何一家公司。请想象一下，如果只能用现金，会给戴尔公司的速度和效率带来什么样的影响：如果必须等 5 到 7 个工作日才能兑现每一位客户的支票，公司要付出多少成本？如果货箱也要等这么久才能发运，它的运作方式又会变成什么样？如果人们觉得在现实生活中的商店购买产品更方便，它又会损失多少销售额？我们敢说，没有信用卡，戴尔公司每年想实现 350 亿美元的营业收入会那么容易吗？

全球最大的沃尔玛公司的信用卡，规模照样令人望而生畏。假如沃尔玛数以百万计的顾客不能用信用卡轻而易举地透支购物的话，他们当中会有多少人放弃购买新款 DVD 机或烧烤炉？联邦快递、亚马逊、

eBay，所有这些公司都在某种程度上借助这种塑料卡片的便捷建立了自己的商业王国。

信用卡历史上最不平凡的故事当属 1958 年那次了不起的“弗雷斯诺大投递事件”，“大投递”是营销学上对“大量邮寄”的称谓。它是美洲银行(Bank of America)一个叫乔·威廉姆斯的中层经理想出的点子。这是一个有创意的策略，让美国人初次尝到了使用信用卡极易上瘾的滋味。不要忘记，当年，像大来信用卡和运通卡这样的信用卡主要是供坐飞机往来于各地的富人、通过开支账户做生意的商人和在外享用午餐的贵妇们使用的。那时的运通卡一条耸人听闻的广告这样对客户说：“您的财富和信誉等级要在全国名列前 5%。”

那时的中产阶级都使用现金，证明自己为人正直。1958 年 9 月，弗雷斯诺市几乎所有家庭都收到了一张名为美洲银行卡的信用卡，使弗雷斯诺的居民可以随心所欲地花钱。人们一发而不可收，在大投递的第二年，人们用美洲银行卡购物的金额就达到了5 900万美元(相当于现在的 3.5 亿美元)。到了 20 世纪 60 年代中期，信用卡的需求量已经非常之大，使得其他银行也想加入这一业务，它们与美洲银行组成协会，共同经营美洲银行卡。各银行独自发行同一种信用卡，由该联合会负责市场营销和后台处理[1976 年，协会将名字改成“维萨”(Visa)]。1960 年投入使用的美洲银行卡为 233 585 张，到 1968 年已超过了 100 万张。1966 年，另外一些银行组成了同业银行卡协会(Interbank)，也就是以后的万事达公司(MasterCard)。在 1966 年到 1970 年间，总共寄出了大约 1 亿张卡(1970 年，政府宣布在未经请求的情况下大量邮寄信用卡为非法)，不可谓不疯狂。

这种狂热的邮寄行动造成人们大把大把地花钱：1970 年，信用卡的消费金额已超过了 70 亿美元。人们觉得信用卡好像具有想要什么就有什么的魔力。

像妖魔一样，信用卡也带来了麻烦。接踵而来的问题是欠款逾期。另一个问题是信用卡犯罪，盗窃和伪造成了职业。

错误百出，逾期欠款，再加上偷盗欺诈，难怪银行在信用卡业务上连年亏损。美洲银行仅在弗雷斯诺市大投递的那一年，信用卡业务亏损额就高达 2 000 万美元。在 1967 年到 1970 年间，富国银行的信用卡业务损失了700万美元；银行家信托公司则在1968至1970年间亏损了1 000万美元。1973年，也就是大投递后的第15年，各银行在信用卡业务上的损失总计达2.88亿美元。

出于快捷和安全的考虑，霍克建立了第一个信用卡电子处理系统。1979年，他终于说服了商业接受和使用VS卡，现在90%都接受并扩展到更多领域，业务遍及全球。

20世纪的整个80年代和90年代，都是信用卡业急剧扩张的时期。在此期间人们发明了不少全新品种的信用卡：认同卡、环球卡、飞行里程卡、借记卡和自动取款卡和随意使用的“回馈卡”，提供从酒店订房、食品杂货、衣物、保险、书籍直至赠送咖啡的服务。

有一种“量子卡”，学生都有2～3张，每张可透支100万美元，堪称“富豪卡。”

信用卡尽管方便了持卡人不必支付现金就可以获得商品与服务，但同时也大大增强了消费者透支消费的能力。特别是1987年首次推出信用卡的证券化，其后发展规模不断扩大，次贷危机前已经成为美国发卡机构的主要融资手段，信用卡所衍生出来的问题更是错综复杂。

然而，比“流动性过剩”更可怕的是“流动性黑洞”。

何谓“流动性黑洞”？它是指金融市场在短时间内骤然丧失流动性的一种怪象。如同人的休克、心脏的突然停摆和宇宙吸尽太阳光线。

具体地说，就是当金融机构从事交易时，由于外部环境变化、内部风险控制的需要以及监管部门的要求，会在某些时刻出现金融产品的大量抛售。而交易成员由于具有类似的心态，从投资组合、风险管理和短期获利目标出发，也出手大量抛售，此时市场上只有卖家没有买家，市场流动性骤然消失，被抛售资产的价格急剧下跌与卖盘持续增加并存，如此进一步恶化了流动性状况，最终出现市场的流动性好像被瞬间吸收殆尽的现象。

1998年8月至10月，美国连续发生四次“流动性黑洞”。后来，美国投入7 800亿美元救市资金仍然不能启动市场，就是“流动性黑洞”的后遗症所致。

2008年的中国股市迅速从6 000点跌至2 000点之下，不也是“流动性黑洞”的生动写照么？

探究“流动性黑洞”的深层原因，在于金融市场在结构、主体、产品、风险、判断、投资组合以及业界标准、经营策略、利益着陆点方面过于趋向同质化，削弱了市场上的多样性，加上资产泡沫的引诱，最终导致了“流动性黑洞”的酿造和爆发。

因此，我们既要预防“流动性过剩”，又要警惕“流动性黑洞”，过剩环境下需要辨证地进行流动性管理，通过放开货币基本市场、统一全国债券市场、大力发展资本市场、解禁民间信贷市场、支持银行创新和转型、通过教育培训提高银行的免疫力等手段，消除结构性的诱因，遏止“流动性过剩”和“流动性黑洞”的发生，才能有效保证金融业的健康发展。

关于投机成功的 12 条军规

既然投资与投机的相容性和相似性如此接近，那么实现投机成功就成为大多数人追求的梦想。

根据经验，大致有 12 条法则。

1. 遵循常识：按常规出牌，看大势赚钱；在牛市中做多，在熊市中做空。

2. 守住底线：对股价不去摸高也不去捕低，时刻记住“差不多就出手”。

3. 牢记铁律：对投机的解答就是掌握时机去获得基本肯定的利润。

4. 保持冷静：切忌去和大盘理论，依据判断适时作出买卖决定，对亦勿喜，错亦勿惊，心态从容，赢了就好。

5. 改掉劣性：不要老为上涨或下跌找寻理由，根据买卖力量和价格行为来决定自己的操作行为——无理性就是有理性。

6. 讲究战术：务必将投机资金分成三个梯队，先投入先头部队，合目的后（指价格行为呈现自己所判断的情形）再投入第二梯队、第三支梯队，错误就择机撤出，正确就继续推进。

7. 参禅悟道：投机不要夹杂希望、焦虑、忧郁、恐惧等复杂情绪和多重意愿，经常反思失误与彷徨，放下包袱，开动机器。

8. 心志专一：不要赌博，不要投资，不要怄气，只要投机。

9. 养成良习：不打听小道消息，不听信坊间传闻，坚信风雨之后出彩虹，市场会走出健康的形态。

10. 睁大眼睛：时刻盯着股价，上涨必交投活跃，成交量放大，热门股和大资金进出顺畅，像植物生长欣欣向荣，下跌则情势相反。

11. 掌握要津：股价突破高位、成交量换手率大增的股票，乃是个股买入的佳机，后市往往会有较大的升幅，但对涨幅较大股群则不宜追尾。

12. 保持品味：重视过程大于结果，快乐大于数字，秉持个性，注重涵养，起居规律，情操高尚，胸襟开阔，身心健康，你就能在资本博弈中赢得痛快，走得更远。

第九章

无极网银与云度计算

现代银行已经向云度银行过度。

离开了电脑和网络，当代银行将无法交易，无法运转。

我们经常听到“网络银行”和“电子银行”的名词，其实二者远不是一回事。

还有“云计算”——一个出现不久、才被熟知的新术语，但它已经成为了炙手可热的话题，全球IT巨头如亚马逊、谷歌、微软、IBM、SUN、亚马逊等均已加入该领域的竞争，各自开发、推出相关业务和服务，在全球范围内掀起了一股云计算的风潮。

毫无疑问，在未来的金融系统，它们将扮演重要角色，在现在到将来的50年间，它们将成为智能银行的慧芯。

在第四资本时期，云计算将帮助银行实现从信息处理到业务操作以及产品交易的脱胎换骨，它将数百倍地提高银行的运营速度与效率，节省大量人力财力，使银行业进入前所未有的无纸化、无币化和无形化时代。

不可阻遏的网银趋向

网上银行又称网络银行、在线银行，是指银行利用网络技术，通过网络向客户提供开户、销户、查询、对账、行内转账、跨行转账、信贷、网上证券、投资理财等传统服务项目，使客户可以足不出户就能够安全便捷地管理活期和定期存款、支票、信用卡及个人投资等。

所以说，网上银行实际是在网络上的虚拟银行柜台。

网上银行又被称为“3A 银行”，因为它不受时间、空间限制，能够在任何时间(Anytime)、任何地点(Anywhere)、以任何方式(Anyhow)为客户提供金融服务。

而电子银行，也绝不是一个银行网站的概念，它是能够提供数据化的记录、咨询和交易的电子化服务的金融机构。

网上银行(Internet Bank 或 E-bank)，包含两个层次的含义：一个是机构概念，指通过信息网络开办业务的银行；另一个是业务概念，指银行通过信息网络提供的金融服务，包括传统银行业务和因信息技术应用带来的新兴业务。

在日常生活和工作中，我们提及网上银行，更多是第二层次的概念，即网上银行服务的概念。网上银行业务不仅仅是传统银行产品简单从网上的转移，其他服务方式和内涵亦发生了一定的变化，而且由于信息技术的应用，又产生了全新的业务品种。

网上银行发展的模式有两种，一是完全依赖于互联网的无形的电子银行，也叫“虚拟银行”。所谓虚拟银行就是指没有实际的物理柜台作为支持的网上银行，这种网上银行一般只有一个办公地址，没有分支机构，也没有营业网点，采用国际互联网等高科技服务手段与客户建立密切的联系，提供全方位的金融服务。以美国安全第一网上银行为例，它成立于1995 年 10 月，是在美国成立的第一家无营业网点的虚拟网上银行，它的营业厅就是网页画面，当时银行的员工只有 19 人，主要的工作就是对网络的维护和管理。

另一种是在现有的传统银行的基础上，利用互联网开展传统的银行业务交易服务。即传统银行利用互联网作为新的服务手段为客户提供在线服务，实际上是传统银行服务在互联网上的延伸，这是目前网上银行存在的主要形式，也是绝大多数商业银行采取的网上银行发展模式。

事实上，我国还没有出现完全意义上的网上银行，也就是“虚拟银行”，国内现在的网上银行基本都属于第二种模式。

快捷、效能、无极化

快捷、效能、无极化，是网银的最大特征。

具体解析，网银具有六个方面的鲜明特点。

(1)依托迅猛发展的计算机和计算机网络与通讯技术，利用渗透到全球每个角落的互联网。

(2)突破了银行传统的业务操作模式，摒弃了银行必须有店堂前台接待柜台开始的传统服务流程，把银行的业务直接在互联网上推出。

(3)个人用户不仅可以通过网上银行直接查询存折账户、信用卡账户中的余额以及交易情况，还可以通过网络自动定期交纳各种社会服务项目的费用，进行网络购物。

(4)企业集团用户不仅可以查询本公司和集团子公司账户的余额、汇款、交易信息，并且能够在网上进行电子交易。

(5)网上银行还提供网上支票报失、查询服务，维护金融秩序，最大限度减少国家、企业的经济损失。

(6)网上银行服务采用多种先进技术来保证交易的安全，不仅用户、商户和银行三者的利益能够得到保障，而且随着银行业务的网络化，商业犯罪将更难以找到可乘之机。

与传统银行比较，网银具有如下显著不同点。

挑战传统银行理念。首先，网上银行将改变传统银行经营理念；其次，网上银行将改变传统的银行营销方式和经营战略。

网上银行将极大地降低银行服务的成本。①降低银行服务成本；②降低银行软、硬件开发和维护费用；③降低客户成本。

可以更大范围内实现规模经济。海量存储与无极运作，助推企业高速、安全扩张；虚拟经济形态与实体经济形态同步发展。

网上银行拥有更广泛的客户群体。

网上银行可以服务标准客户，也可以服务那些匆匆过路客。可以近程服务客户，也可以远程服务客户。

网上银行将促使传统的银行竞争格局发生变化。拥有网上银行的金融机构与企业机构，如同插上两只翅膀；双引擎的服务使竞争制导更为精确、高效和安全。

一般说来，网上银行的功能是很健全的，它的业务品种主要包括基本业务、网上投资、网上购物、个人理财、企业银行及其他金融服务。

网上银行主要有以下业务功能。

1. 基本银行业务

商业银行提供的基本网上银行服务，包括在线查询账户余额、交易记录，下载数据，转账和网上支付等。

2. 网上投资

由于金融服务市场发达，可以投资的金融产品种类众多，国外的网上银行一般提供包括股票、期权、共同基金投资和 CDs 买卖等多种金融产品服务。

3. 网上购物

商业银行的网上银行设立的网上购物协助服务，大大方便了客户网上购物，为客户在相同的服务品种上提供了优质的金融服务或相关的信息服务，加强了商业银行在传统竞争领域的竞争优势。

4. 个人理财助理

个人理财助理是国外网上银行重点发展的一个服务品种。各大银行将传统银行业务中的理财助理转移到网上进行，通过网络为客户提供理财的各种解决方案，提供咨询建议，或者提供金融服务技术的援助，从而极大地扩大了商业银行的服务范围，并降低了相关的服务成本。

5. 企业银行

企业银行服务是网上银行服务中最重要的部分之一。其服务品种比个人客户的服务品种更多，也更为复杂，对相关技术的要求也更高，所以能够为企业提供网上银行服务是商业银行实力的象征之一，一般中小网上银行或纯网上银行只能部分提供，甚至完全不提供这方面的服务。

企业银行服务一般提供账户余额查询、交易记录查询、总账户与分账户管理、转账、在线支付各种费用、透支保护、储蓄账户与支票账户资金自动划拨、商业信用卡等服务。此外，还包括投资服务等。部分网上银行还为企业提供网上贷款业务。

6. 其他金融服务

除了银行服务外，大商业银行的网上银行均通过自身或与其他金融服务网站联合的方式，为客户提供多种金融服务产品，如保险、抵押和按揭等，以扩大网上银行的服务范围。

7. 安全运营为云计算奠基

"网上银行"系统是银行业务服务的延伸，客户可以通过互联网方便地使用商业银行核心业务服务，完成各种非现金交易。

但另一方面，互联网是一个开放的网络，银行交易服务器是网上的公开站点，网上银行系统也使银行内部网向互联网敞开了大门。

因此，如何保证网上银行交易系统的安全，关系到银行内部整个金融网的安全，这是网上银行建设中至关重要的问题，也是银行保证客户资金安全的最根本的考虑。

为防止交易服务器受到攻击，银行主要采取以下三方面的技术措施。

1. 设立防火墙，隔离相关网络

一般采用多重防火墙方案。其作用为：

(1) 分隔互联网与交易服务器，防止互联网用户的非法入侵；

(2) 用于交易服务器与银行内部网的分隔，有效保护银行内部网，同时防止内部网对交易服务器的入侵。

2. 高安全级的 Web 应用服务器

服务器使用可信的专用操作系统，凭借其独特的体系结构和安全检查，保证只有合法用户的交易请求能通过特定的代理程序送至应用服务器进行后续处理。

3. 24 小时实时安全监控

例如采用用户的身份认证依靠基于"RSA 公钥密码体制"的加密机制、数字签名机制和用户登录密码的多重保证。银行对用户的数字签名和登录密码进行检验，全部通过后才能确认该用户的身份。用户的唯一身份标识就是银行签发的"数字证书"。

除此以外，还有 ISS 网络动态监控产品，进行系统漏洞扫描和实时入侵检测。

安全的网络银行，为云计算的大规模运作提供了强大后盾。

“云计算”一词源自一张乌云图片的使用，借以表现网络及一些大的互联网环境——除了从它里面接受数据以及向它发送数据外，人们并不在乎里面到底是什么。

这就是云，又高又厚又快又强的云量计算机技术。

“云”是个大家熟悉的名词，但当它与“计算”相结合，含义就演变得神奇曼妙和虚无缥缈。

云计算的广义含义是指高级计算机技术带来的一切。

云计算狭义的定义则为效用计算的升级版本：最基本的就是在网络范围内或其他方面的应用虚拟服务器。

随着云技术的发展，云计算的涵义更深刻了：除了数据管道、路由器及服务器，还包括服务，支撑它的软件和硬件也升华为更高层的服务用以构建应用。

服务的背后是数据和计算资源，服务的应用者不需要知道它是如何实施的、使用了什么技术及如何管理的等，只管用就可以了。只有哪些有访问权利的人才可以接触到云内部。

云计算访问的是资源和服务，二者需要根据需求而自动变化，应用开发者从云中申请访问权利。

云通过多个组织（企业、部门）来管理各种架构，并在架构之上拥有一个或者多个框架来将不同的架构捆绑。

框架为以下功能提供原理：①自我修复；②自我管理；③资源注册和搜索；④服务等级协议条款；⑤自动重构。

可以这么说，云是可以自我维护和管理的资源的一种虚拟。云计算是IT创新的结晶。50年来的IT创新，主要分为三个阶段。

第一阶段是计算机商用化的1960年代，出现了所谓的IBM360系列。在那个时代这是一个非常重大的创新，但是这项创新全世界只有一家公司受益，就是IBM，IBM在那个时代几乎垄断了所有的计算机硬件、软件和应用。

第二阶段是个人计算机的时代。今天世界上最强大的企业，无论是微软、英特尔还是惠普，几乎都受益于个人计算机革命。它们用30年左右完成了企业要一百年走的道路，成为全球性公司，同时，个人计算机也成为美国核心竞争力非常重要的一部分。

第三阶段的创新，是移动通信和互联网。这个阶段的IT企业得到了更快的发展，出现了谷歌、雅虎等企业。

无论是作为投资者，还是从业者，人们一直在寻找类似的重大的研究创新，它能够像计算机、互联网一样改变我们整个的计算结构和生活方式。找到这样的创新，无论是对于投资者，还是对中国下一阶段的产业发展都具有重大意义。

现在我们到达云时代。它跟主机时代最大的不同就是网络的带宽已经非常宽，信息从网上下载甚至比在硬盘上下载还要快。主机时代是信息中央处理，个人计算机时代是信息个人拥有，云计算时代则形成个性化的机体和中央处理相结合的结构。从各个方面来看，云计算都是非常重大的一个变革。

对于云计算，我们可以用这样一个比喻。水是人类社会一个很重要的资源，我们人类的文明都跟水有关，没有水就无法生存。主机时代相当于中间有个湖，我们需要水的时候，就扛着容器到湖里把水舀出来，然后放到家里去喝。就像原始社会我们需要水的时候，到一个湖里去取水一样。个人计算机时代相当于我们进入了村落时代，每家先打井，需要水的时候从自己家井里把水拎上来，不需要的时候井就放在这儿，完全是闲置的。那么，在云时代，相当于我们从农村搬迁到城市。在城市里如何获得水？首先，有个大的蓄水池，更重要的是有水网，这样，需要水的时候就拧开水龙头，不需要的时候水龙头也在那儿，水是随手可得的。从湖泊到城市供水系统就是整个文明的一种变化。

再举个例子，信息和知识就是金钱，我们早期怎么存钱？在农村的时候我们把钱放到自己家里，放到炕席下，需要的时候拿出来。到城市里的时候，把钱放在银行里，需要的时候把钱从银行取出来，不需要的时候再放到银行里。银行就相当于云。如果信息和知识跟金钱一样重要，我们就应该需要的时候随手可得，不需要的时候存在云里。如果说促成工业革命非常大的一个因素是由于资金的集中处理，不需要的时候，可以给别人发放贷款。以此推论，现在很多信息都分散在我们每个人身上，将这些信息和知识集中处理之后，那么人类能够获得的知识就相当巨大。

云的应用巨大。例如，在日常生活中，每天很多人都要吃VC，但是我吃的和我父母吃的基本差不多，都是一天三次，一次两片。我们的体重、生活经历都不一样，为什么吃的药差不多，量也都差不多？我们对人生这么关键的一件事，却非常不精确。怎样才能有个性化的药？

在硅谷，一家公司用云的技术通过每个人手机中的传感器，知道你每天的血压以及各种各样的生活经历和生活状况，然后把各种各样的信息集中处理，通过一个云的中央数据库，分析出不同的年纪、不同的经历、不同类型的人对药物的各种效果是如何反应的。将来，由于云有中央知识结构平台，能够通过分析数据，决定每个人用药量的多少。把我们从小开始所有的病历信息都集中化处理，就能够对每个人的健康状况进行对比和回馈。这就实现了对人类健康而言非常重要的一个跨越，就是所谓的个性化的药。但如果没有大量的数据处理，这个问题就无法解决。

云计算的出现和发展背后，支撑它的是超级计算机的能力。今天，我们的一个超级计算机要几百万美元，一套大型处理和备份存储器要几百亿美元，但是将来一个终端会非常多样化、非常便宜。你面前只是一个屏幕再加上一些通讯工具，但是它的计算能力是跟一个超级计算机相同的。

所以，未来云计算的核心，同每一场变革最根本的核心一样——是一种使生活更加方便、成本更加低廉、知识更加民主化的过程。

云的真正应用，是从雅虎开始的。雅虎的 E-mail 当初面临非常大的问题，当时他们已经有 6 000 万个 E-mail 用户，使用量非常大，雅虎后台的计算机解决不了问题。于是杨致远领着工程师想办法，设想能不能不买 IBM 的主机、不买戴尔的服务器，就用 PC 这种简单的东西来解决雅虎 E-mail 的应用。后来这群工程师就用平行计算的软件，写了一套现在非常有名的操作系统，这个操作系统能够把一些机器集中起来，然后形成所谓的计算尺，相当于超级主机。今天来看，雅虎的 E-mail 就是一个非常典型的云的应用，因为你的 E-mail 全存在雅虎的服务器里，就像在云上面。你用的时候下载下来，不用的时候所有的 E-mail 都存在这里。

雅虎应用云的过程，就是围绕雅虎 E-mail 和后台管理的数据中心编写了一套程序，成为云。人们原以为所谓的云的后台操作系统非常复杂，但应用起来之后觉得非常好。今天谷歌的应用也是非常典型的云的应用，比如谷歌的 E-mail、Search、Document，都是需要的时候去看，不需要的时候那些信息都在中央处理和储存。包括亚马逊，它是另外一个角度的云的应用。亚马逊是卖书的公司，每到圣诞节的时候，销售量是平时的1 500倍到2 000倍。电信公司的工作是一到春节，所有的电话都堵塞。遇到类似的弹性需求情况怎么办？那么多的服务器，过节的时候忙不过来，不过节的时候服务器就闲置在那里。亚马逊后来提出，服务器不用的时候就租出去，其他人可以在需要的时候租赁计算能力，按需来租，这样空余的库存就完全能用起来。

雅虎、谷歌、亚马逊这三家公司的应用，是云计算的真正开始。

这样一种大的技术变革的产生具有很多合理性，它是从中央走到分部，从分部再回到中央的过程。从它的驱动力看，一是宽带的应用；二是虚拟化软件的出现把计算能力集中起来；三是应用云的公司在实践过程中逐渐发现云能够解决很实际的问题。

按照上述思路构思未来计算机的格局，将来北京市可能要像建电厂一样建立几个超级信息电厂，可能购买或建立几栋特别大的楼宇作为数据中心，在中心里储存着大量的服务器，通过光纤无线网与我们各式各样的工种相连接。

很少有信息需要自己存储，大量的计算都是通过网络、通过信息电厂来完成的。

中国已诞生首个云计算应用网络平台：鸿蒙国际网。该网络平台按照中国行政区划分和行业分类方式创建，即可独立运行，又可以与几百万个社区性服务网站共同构成网站集群。

利用该网络平台，中国每个企业、机构甚至乡村都可以拥有一个自己的信息发布平台，银行的应用则可以到达每个营业点和客户终端。

专家认为，同国外相同云计算网络比较，鸿蒙国际网的应用模式和服务理念处于国际领先水平。

"智慧银行"3.0

数据表明，到2010年世界上平均每人将拥有10亿只晶体管；2010年全球将有300亿个RFID标签，这一数据在5年中增长了33倍；到2011年全球将有1万亿个物品和20亿人被连接在一起；2008年IBM高性能计算机的计算速度已突破每秒钟1 000万亿次，在11年内提升了1 000倍。

在这一背景下，如何智慧地发现、挖掘和使用信息，让世界的基础结构向“智慧”的方向发展，成为我们目前必须慎重考虑的事情。

2011年6月15日，IBM将迎来自己的百年华诞。像IBM这样的一个信息技术公司能够在100年的长河中不断变革，一次又一次引领人类信息技术的革命，堪称奇迹。

从1999年提出的“电子商务”到2002年提出的“随需应变”，再到2008年底全球经济遭遇低迷、很多企业都在为生存而绞尽脑汁的时候，IBM又一次响亮地提出了“智慧的地球”的构想，再次让人们折服于它们的超前思维和研发能量。

在互联网之前，信息是区域性的，随着互联网的发展，特别是无线互联网、物联网的延伸，信息已经渗透到每一个人的生活和世界的每一个角落。当互联网等信息技术带来的泡沫不断破灭，进而对我们的生活产生了质的变化，同时也带来了一些困扰后，信息技术发展的下一个阶段就是如何将信息技术在人类得以深度应用。

2008年11月，IBM公司在美国首先公布了“智慧的地球”战略，展示了建设智慧型基础设施的技术可行性和实施前景，得到了美国各界的高度关注。2009年1月，IBM公司首席执行官彭明盛在《华尔街日报》上发表文章，以确凿的数据和明确的分析提出，美国应当投资智慧型基础设施建设，不但起到短期内促进就业的作用，而且为美国奠定长期竞争优势。

诺贝尔经济学奖得主保罗·克鲁格曼在致美国新任总统奥巴马的公开信里，也明确表示对投资智慧型基础设施的支持。

当奥巴马当选美国总统，其过渡团队立刻联系IBM，要求了解IT投资对于刺激经济和促进就业的效果。

2008年12月，IBM与ITIF联手开展研究，对智慧IT技术的投资方向及其效果进行了细致的研究和分析，并把方案提交给政府。2009年1月28日，奥巴马在会见美国工商业领袖的圆桌会议上发表讲话，肯定了这一思路并予以进一步发挥，认为投资宽带网络等新技术，是美国保持和重夺国家竞争优势的根本所在，奥巴马将它上升到美国国家政策层面的高度。

随后不久，奥巴马即签署经济刺激计划，批准推进“智慧的地球”中两个领域的发展——智慧电网和智慧医疗，前者批准投资为 110 亿美元，后者为 190 亿美元，同时批准宽带网络投资 72 亿美元。

美国政府对“智慧的地球”的投资重视程度让人惊讶不已。

基于信息技术的发展趋势，IBM 提出建设“智慧的银行”的理念，在后危机时代，为全球银行业的发展提供了新的发展思路与机遇。

何谓“智慧的银行”？

这一“网银的升级 3.0 版”的提出与“智慧的地球”整体远景以及第四资本时代的形成有着怎样的关联？

“智慧的银行”的构想建筑在三大基点上，它们是：①更透彻的感应和度量；②更全面的互联与互通；③更深入的智能及洞察。

这三方面有机地融入银行的各个层面，既能推动银行业的转型与创新，更能支持实现“智慧的银行”解决之道。

银行业的特点，首先在于它每天会与几乎所有行业发生着紧密的联系，比如医疗、交通、餐饮、制造业等。当这些行业改变他们的业务模式，例如，为解决城市道路拥堵的问题。当一辆汽车在某个时段路过拥挤的路段时，交通管理部门在路口设置的自动装置就会从这辆车的驾驶司机账户上扣除一定的费用等，这些都需要与银行机构发生联系。银行业的管理者和决策者们要深刻了解世界正在发生的一系列变化，同时认真思考银行业应该如何抓住这个机遇与各行业共同创新。

另外，银行需要通过自身的变革以适应这种变化：它们需要分析自己拥有的客户的类型、客户的行为模式：经常在什么地方消费，对什么流行时尚感兴趣；最近是否有什么新的消费计划；是否对银行的服务满意、多久没有光顾自己的网上银行了等。

如果银行的计算机系统可以将客户的行为模式分析到如此深度，包括银行对未来潜在风险的预测能力、业务创新能力等，银行的业务管理和安全系数将上升到一个新的台阶。

通过与全球金融机构合作，IBM 的“智慧的银行”已经取得了诸多成功案例。在中国的银行系统里，也已经有很多“智慧的事情”发生，而“智慧的银行”亦给中国的银行业带来更多的机会：

——在互联互通方面，IBM 正与国内一家大型银行在全球支付系统方面进行合作，足以保证这家银行能够帮助中国的企业实现资金在全球范围内的支付和转移；

——在可感应可度量方面，IBM 正与国内一家一流银行在信用卡领域合作，全面防范银行欺诈和诈骗行为，同时实现应用合规；

——在智能洞察方面，IBM 与一家银行进行智能服务的合作，以满足客户个性化和多样化的需求。

IBM“智慧的地球”强调的物联、互联和智能这三个领域和原则，而银行在这三个领域的发展相对比较成熟，毫无疑问，银行方面的经验将能够帮助其他产业推动在这三个领域的发展。

银行的“慧芯”

中国的银行业在智慧化方面已经取得很多成就。但是 G20 后，特别是第四资本时期，整个银行业的环境也已发生巨大变化，中国的银行业需要整体改进，才能变得更加精益，更加智慧，更加择善如流。

从 2008 年到现在，IBM 通过与中国银行业的 CEO、CIO 和 CFO 进行沟通、交流，研究未来 3～5 年中国银行业将面临的挑战，以期在“智慧的银行”的愿景下，帮助中国的银行业找到更加智慧化发展的解决方案。

透过上述的研究和分析，可以确认：中国未来的银行的“慧芯”，应该集中在解决以下四个问题的焦点上：①业务运营创新与转型；②整合的风险管理；③新锐的洞察与应变能力；④部署动态的 IT 基础架构。

具体来说，即是：

(1)在业务运营创新与转型方面，重点拓展三个层面：银行核心转型、多渠道的转型创新以及财富管理；

(2)在风险管理方面，主要专注于三大领域风险管理，即信用风险、运营风险和市场风险；

(3)在新锐的洞察与应变能力方面，中国银行将与 IBM 的“中国分析决策创新中心”合作，在中国的银行建立智慧的商业系统，进一步完善商业决策机制；

(4)在部署动态的 IT 基础架构方面，将从提升服务、管理风险和降低成本三方面入手，通过战略合作与外协服务机制，引入流程外包、设计外包、服务外包等多种形式，降低管理运营成本，帮助中国的银行更好的专注于核心业务发展。

目前，全球银行业已基本形成一个共识：更新陈旧遗留核心银行系统已成为一个必须项而不是一个可选项。

毋庸置疑，更新陈旧遗留核心银行系统不仅是必要的，而且是必须的。银行陈旧遗留核心系统的更新，是一项非常复杂、投资巨大的工程，“智慧的银行”已经在这方面做了大量的工作：IBM 打造了一支非常强大的更新银行核心系统的专家队伍；同时加大了在硬件方面的投入，以保证实现智慧化的硬件支持；另外，还有很多优秀的商业合作伙伴包括软件合作伙伴，共同为中国的银行业提供优质服务。

G20 峰会以来，中国不同层次的银行都在研究如何更新陈旧的遗留核心系统问题。山东、江苏在地区的层面上开展了两个核心系统的项目更新，取得了极大的成功。上海、深圳、广东珠海等其他地区较大的银行与 IBM 合作，开展了六七个更新银行核心系统的项目。

近年来，银行客户的消费理念变得更自由化、个性化、多元化。中国的银行拥有大规模的传统常规业务和针对中高阶层的私人银行业务，财富管理目前虽然是国内银行业服务竞争激烈的“战场”，但其同质化倾向却十分严重。银行适应中国消费市场的新格局，实现“以客户为中心”的业务发展模式，必须借助云计算系统。

如今银行业竞争激烈的原因，不仅是外资银行的进入，主要在于客户可选择性的增多和对服务要求的增强。非银行金融机构进入传统银行服务领域，也使定制客户化的服务变得更为重要。

中国银行业在私人银行及财富管理方面，目前主要面临两方面的突出问题：一是如何更好地与业已进入中国市场的外资银行进行竞争；二是如何建立一个强有力的体系，支持银行吸引更多高端客户、提供更优质的服务，并不断推出创新产品。

在这方面，云计算可以通过一整套的解决方案，为财富群体提供个性而准确化的服务。作为私人银行发展的第一步，需要帮助这些银行定义一个超前的私人银行的业务流程并进行网络化服务。

在推出私人银行改造的同时，也需要完成多渠道整合的理念和相关解决方案，包括网点转型，渠道间的技术整合。目前，国内有两家大型银行合作重新整改银行网点的业务流程，建立前台人员的 KPI 考核指标，同时依据“多渠道整合”的概念，主张把电子银行、网点、ATM 机、呼叫中心以及手机服务中心整合在一起，在此基础上细分网点功能，为客户提供一种持续、精确、统一的服务。

银行多渠道整合对提升银行的服务质量及效率具有极其重要的作用。例如，顾客办理开户，在呼叫中心打电话办理时，如果没有办完，到网点能够实现从上次停止的地方继续办理，这就是渠道整合；再比如，顾客在柜台办理业务时，柜员通过输入客户的卡号，即可了解客户的资产分布情况，预知客户的需求，并能够推荐适合的金融产品，在提高服务水平的同时，发掘更多高端销售机会。

从全球来看，支付方式数字化渐成主流趋势，但就中国而言，部分国人依旧持着较为传统的支付理念。云计算足以改善这一现状，推动银行数字化浪潮的真正到来。

实际上，尼葛洛庞蒂很多年前就提出了“数字化生存”的理念。从技术上讲，在数字化支付方面，无论是像 IBM 这样的大型技术公司，还是银行都已经做好了准备。目前数字化支付在国内的推广，更多的还是一种理念的转变，从安全性、高效性、节约性上去做全民宣传，包括像 IBM 这样的技术公司、银行以及全社会都有责任做这个工作。

数字化在金融业的应用，云计算拥有独特的优势，这些优势作用于银行“慧芯”主要体现在四个方面：①拥有一支非常专业的银行服务团队；②拥有具备丰富经验，既了解当地情况也了解全球情况的专家团队；③在软件方面，既有在整体平台层次上的优势，在面向具体的行业或部门，也能够提供独特和富有优势的解决方案；④在基础设施方面，银行与技术公司合作面对客户及合作伙伴，在大型的基础设施解决方案上寻求巨大的成功，除了在基础架构、软硬件方面提供优质的服务，还有更大的目标，就是实现点对点的服务，为客户度身打造针对具体问题的解决方案

“云计算”的强大优势在于，可以把咨询、软件、硬件的业务全部整合起来，链接全球各地的优势资源，包括我们的智力资产和专家资源等各方面的资源为本地客户提供服务。

有人说，2011 年是云计算大显身手的一年。而对于使用云存储技术的各家网盘，大众也是充满了期待。专业国产网盘的 2009 之路走得并不辉煌，联想网盘取消免费服务更是让大量网盘用户对国产网盘产生失望

之情。国产网盘多年来一直七拼八凑，且缺乏优秀领军人物。飞速网和纳米盘虽然占据了个人网盘用户的半壁江山，却一直没有找到好的发展方向，不能提供更好的体验和服务，口碑渐差，尽显颓势。永硕 e 盘作为一个老牌网盘，看不到服务的提升，更看不到质的飞跃。

另一方面，2009 年末新浪 UC 正式开通网盘，腾讯 QQ 邮箱推出有别于 QQ 网盘和 QQ 中转站的随身盘内测，网易网盘则在更早的时候就已经扩大容量。细心的网友更是发现开心网、天涯社区等网站已经内置了网盘应用。即使是 2009 年移动才推出的 139 社区，也提供了网盘功能。各大门户网站已经开始悄悄部署网盘市场。

只有 Dbank 数据银行脱颖而出。尽管国内大牌互联网企业都想在强大的网盘市场占据自己的位置，但是市场却只相信专业者，Dbank 数据银行在这个时候高调亮相。短短数月，凭借其稳定的速度和简洁的界面俘获了众多的网友。它明快的页面设计、稳定的上下行速度，让网友们惊羡不已，给整个网盘市场带来一股清新的空气，增添了一抹亮色。

Dbank 数据银行的相关技术人士分析，2010 年将有新的更大的厂商加入网络硬盘服务的阵营，同时随着门户网站的步伐加快，网盘服务将不仅仅为 PC 提供服务，将会加快手机网盘服务提供的步伐。而类似于 Google docs 的在线编辑功能将会被逐步提供。相信更多的用户愿意为网络硬盘付费。

云计算的时代，是服务至上的时代。如果说 2010 年是“云存储时代”，那么 2012 年就将是“云链接时代”，而 2014 年将是大规模“云依赖时代”。

银行业全球化的后盾

随着 G20 后中国银行业的国际化以及银行业的无国界发展，中国银行界的云计算程度面临越来越大的挑战。

作为支撑国家经济运转的重要行业，我国的银行业如何在“智慧的地球”寻找自己的定位，以面对不断变化的国际经济形势，成为国家、政府和银行从业人员必须深入思考的问题。

从 20 世纪 90 年代亚洲金融危机，到 2008 年席卷全球的金融海啸以及2009年的迪拜主权债务危机，在过去10多年中，中国的银行业在危机的洗礼中革新图强，采取了剥离不良资产、国家注资、股份制改造、引进战略投资者、公开上市等举措，中国银行业的整体结构业已变化。

据银监会发布，我国银行业资本充足率达标资产占比从2003年底的0.6%上升到2008年末的99.9%；主要商业银行不良贷款从2003年底的17.9%下降到2008年末的2.4%，拨备覆盖率从2003年底的19.7%上升到2008年末的117.9%，资产回报率和资本回报率达到甚至超过了国际先进银行标准。

在英国《银行家》杂志公布的全球银行排行榜中，按2008年的年盈利水平，工行跃居全球银行之首，并有3家中资银行跻身于市值的前10名。金融危机导致国际银行业格局震荡，外资银行巨头在这场危机受到重创，而中国的银行业则迎来了拓展海外市场的难得机遇。

从国内来看，2008年中国的百万美元资产家庭数位居全球第三，并且中国财富市场未来5年内将持续保持较快增长，我国财富群体的不断壮大以及居民理财意识的不断增强，给银行业的发展带来新的机遇。

对于中国的银行业来说，在迎来历史性发展契机的同时，也面临着艰巨的挑战。根据WTO协议，我国金融业在2006全面对外开放，外资银行的进入导致同业竞争加剧；金融脱媒将是一个长期的趋势；银行利差逐渐收窄；客户需求呈现日益多样化和高端化等等成为大趋势。

从全球范围来看，根据IBM在2006年和2008年对全球1 000多位银行CEO的调查，其中高达92%的CEO认识到云计算的重要性，80%的CEO认为银行业需要依据云计算进行彻底的变革。

根据中国银行业协会与普华永道联合发布的《2009年中国银行家调查报告》——在公司治理方面，多数受访银行高管指出，现行公司治理水平与理想目标仍存在差距；风险管理方面，多数受访银行家认为当前银行信用风险管理面临挑战，而完善风险管理体系和推进先进的风险管理文化是银行的重要战略；金融创新方面，85%的银行家认为应该继续鼓励和支持银行在风险可控前提下的创新活动。

在新的市场形势下，孕育云计算进行银行业的创新发展和业务转型已经成为一种共识。

根据我国国家领导人在G20峰会做出的承诺，至2020年时，我国金融业将实行完全的自由市场制度融入国际社会。IMF对中国银行业的改革给出8年的期待。在这8年中，中国金融界将面临翻天覆地的变化，其中一个重要的变化就是在信息化、智能化、电子化方面与世界接轨。

云计算的银行系统会使银行业务大幅提升数十倍到数百倍：

1. 银行前台与后台业务与交易的数字化处理；

2. 银行建立大型数据存储与处理系统；

3. 银行卡系统、加密系统、管理系统的电子化；

4. 网络银行系统的构建与全媒体管理；

5. 银行与互联网、呼叫中心、手机短信、手机银行的勾连与配套服务；

6. 银行安全与风险预测、监控、管理系统的运行；

7. 银行财会工作模式和内部审计模式的建立；

8. 银行风险的分析与预警系统的完善；

9. 银行信息发布与咨询、服务系统的立体化、扁平化、实时化；

10. 网络银行、手机银行、自助银行、家庭银行、电视银行、电话银行与电子银行的联通与合一。

毫无疑问，未来银行的竞争，将主要依靠电子而不是依靠柜台。电子服务的好坏将成为银行的核心竞争力的关键。

云计算将使银行业发生质的飞跃，它的业务、模式、客户需求、盈利来源都将发生相应变化：网站替代网点，电脑帮助人脑，实体借助媒体，虚拟化助推现代化……

中国现有3.8亿网民，2.2亿手机用户，7 600万银行卡持有者，他们的服务越来越基于我们的电子手段和全天候的、跨时空的、人性化的服务。

整个银行业的前景有赖于专业的技术、资讯、设备、人才队伍的迅速成长。

在人类历史上，从来没有这样一个时代使货币化与电子化、国际化如此紧密地联系——信息实时布达，手段快速便捷，机遇无所不在，财富触手可及——中国银行业的全球化已经驶入了快车道，前途未可限量。

第十章

巧资本——金花悄悄开

当下时代，衡量一个人的实力，不是看你拥有多少资本，而是能看你能整合多少资本；不是看你拥有多少财富，而是看你能调动多少财富。

真正的实力是一种巧实力，真正的资本是巧资本。

巧资本是实资本与虚资本的结合，硬实力与软实力的结合，是运用数学组合模型实行协同效应所产生的1+1>2的效果。

对巧资本的应用，是第四资本时期由“自由王国”向“必然王国”转变的重要条件。

巧资本的概念

有道是“世上无巧不成书”。“巧资本”就缘自“巧实力”。

2009 年 1 月 13 日，由奥巴马提名出任国务卿的希拉里·克林顿，在国会参院外交委员会就其提名举行的听证会上说：美国面临的现实安全的威胁要求新一届政府必须诉诸“巧实力”，动用一切可以动用的手段，包括外交、经济、军事、政治、法律和文化等领域的可行手段，团结一切可以团结的力量，巩固现有的关系，结成新的联盟，以便打开美国外交的新局面。

希拉里说的是美国外交的策略，然而她的话却表明了一种观点，仿佛一股微风，洞开人们思维的窗扉。

这便是“巧实力”的概念。

最早运用“巧实力”名词的是美国驻联合国使团的苏珊妮·诺塞尔，她在 2004 年 3/4 号的《外交》月刊发表题为《巧实力》的文章，首次提出“巧实力”的概念，认为布什的单边主义损害了美国的国际形象，未来美国政府应该回归威尔逊、罗斯福、杜鲁门、肯尼迪时期的受“自由国际主义”影响的政策。

这一新的思路的提出引起人们的广泛兴趣。哈佛大学肯尼迪政治学院教授、美国前助理国防部长约瑟夫·奈连续撰写文章，系统阐述“巧实力”的内涵。

“巧实力”是“硬实力”与“软实力”的结合。软实力是指通过吸引力而非强制或奖赏达到目的的能力。而一个国家的软实力的来源包括文化、价值观和政策。

约瑟夫·奈在接受记者采访时，就“巧实力”、“硬实力”、“软实力”三者的关系解释道：一个国家的综合国力分为“硬实力”与“软实力”，其中“硬实力”指支配性实力，如基本资源、军事力量、经济力量、科技力量等，“软实力”则指精神性力量，如国家凝聚力、文化和意识形态方面的认同程度等，通俗地说，“软实力”是你通过吸引而非强迫的途径得到你想要得到的东西的一种能力。而如何让将“硬实力”与“软实力”结合，则是“巧实力”。

苏珊妮·诺塞尔和约瑟夫·奈的理论给予我们很大启迪，在探讨资本时，我们完全可以将其分为“硬资本”和“软资本”两部分。

“硬资本”指土地、矿产、河流、技术、资金、资源、劳动力、团队等，“软资本”则指理念、知识、文化、精神等。

将二者合理地科学地结合起来的即是“巧资本”。

实现“巧资本”需要的是一种整合能力，亦即笔者在《打开创意经济的魔盒》一书中所说的“创意”。

世界已进入数字化、知识化、全球化时代，网络技术的快速发展和知识的爆炸，使得传统的技术、货币和劳力决定一切的时代向想象力、创造力决定一切的时代转变。今天，人们获取资本，靠的是创意——一粒种子引发的宇宙爆炸。

关于创意，我喜欢的定义是：在能力范围的边缘思考，而非中心。

面对复杂的经济问题，解决的方案往往来自我们知识的临界，也往往由某几个专家在其领域的临界上努力。原由在于，当今单项专业训练的轴心，所能显露的内容已经越来越少了；当我们越来越清楚所有的事物都无可避免地相互关联时，单个专业领域提供的知识已经不够了。这并不是贬低专业人员，而是现实需要多方面的专业和通才，需要相互吸收，补充，协调，共同运作。

尽管创意(Originality)总是和创造力(Creativity)联系在一起，但创意的内涵显然比创造力更为确切，它强调的是有远见、有目标、有目的的创造力。

创意经济的发展更是一个持续的过程，所有事物的处理之道都不是定局——它是动态而非静态的，关乎一个行业主要的内因、发展趋势以及市场需求。创意模式应该嵌入经济运行的肌理，亦即其产业、环节与权力结构。也正因此，企业的创意经营需要高度想象力的发挥，需要包容不同的专才，需要与所有志趣相投的团队一起进行多样的取舍、过滤、兼收并蓄，以期实现完美的结局。

所以，我们见着了谷歌公司的非同寻常的做派。可以带狗上班、弹琴听乐、读报、浏览网页、与人聊天、品茶、喝咖啡、游泳、打太极拳、穿着溜冰鞋和蹬着滑板穿来转去，也可以上街溜达，但一切浪漫与自由别忘了你的正业：创意。

你得想出利用卫星技术"搜索地球"、"邮箱旁挂广告"以及把两个互相憎恶的企业对手的广告"背对背捆绑在一起"之类鬼主意而且不会吃官司……

自从1962年马萨尔·麦克尔汉第一次在书中使用"世界村"的词汇，"共享性""互利性"就成为人们的渴望。而由于相互的需要——任何一方都不可能是完美的——残缺性、互补性、协同性的要求迫使各方寻求"合作"与"共赢"，如此，资本被纳入一个"互生互利"系统，当他们以组合姿态重新亮相后，就是"巧资本"所展现的"巧实力"。

据此我们可以定义："巧资本"就是充满创意的"橙色资本"。

巧资本的基础

"巧资本"可以"无中生有"，但不是"无本之木""无源之水"。

"巧资本"的生发需要一个基础，那就是知识的集成与管理。

当代资本运营尤其重视知识的集成与管理能力，它表现为三个方面。

1. 集成性

管理对象包括人、物、资金、时间、信息等，它是一个关系交错的复杂系统，对管理对象的综合把握方能发挥管理的综合效应。

管理理论的发展是在下阶段吸收上阶段合理因素的基础上进行的，所以管理学理论发展的这种扬弃保证了其自身的集成性。

科学管理关注的主要是物和时间，行为科学仅仅关注了"人"，但未能发挥"人+信息(知识)"的综合效应。管理科学引入了科学的研究方法，数字管理开始关注信息，企业文化理论关注了制度、环境、人。组织学习理论关注了人、环境、组织发展等。信息管理关注了时间、信息、人等因素。知识管理不但关注了人、物、信息，还关注了时间。

2. 人本性

管理要以人为中心，把提高人的素质、满足人的需求、调动人的主动性、积极性、创造性放在首位。这就是管理的人本性。行为科学理论正是在扬弃科学管理理论基础上产生的。知识管理从企业文化、组织结构、薪酬设计等角度突出了对人的管理，特别是知识型员工。

3. 导向性

比较明显地重视信息与知识在管理中的作用的管理理论是从数字管理开始的，巧资本理论是运用文化特点和规律，在尊重人的主体地位前提下，提高人的素质，以争取企业最佳社会效益和经济效益为目的。该理论开始重视人与信息的结合，把握信息、重视知识、即时导向的作用更为直接。

在信息高度发达的今天，知识的“集成”能力尤为重要，它包括：吸纳、拼接、组合与配置。

(1)吸纳，也叫“仓储技术”，你能够把经济运营和目标实现需要的各种信息、知识、数据、技术、文化等等集合成一个“有用的仓库”“有条理的仓库”“有价值的仓库”就是本领。

(2)拼接，也叫“焊接技术”，你能够在错综复杂的事物中找出联系，并实现“合理的结合”“有机的结合”“超值的结合”就是能耐。

(3)组合，也叫“组装技术”，你必须变成通才，富有想象力和创新力，或“变废为宝”，或“互补互惠”，或创造“1+1>2”的效果。

(4)配置，也叫“搭配技术”，建筑工程师和形象设计师的秘密武器就是器件与饰品巧妙的搭配，要求搭配的合理、合度、合算，达致社会效益与经济效益的统一，硬实力与软实力的和谐。

在知识的集成与管理过程中，还需要解决一些专业技术问题，比如：

- 对产品快速设计知识管理框架的研究；
- 基于企业或产业知识形成过程的会议系统研究；
- 使用 SharePoint Portal Server 技术促进现代企业信息协作；
- LED 产品设计制造知识管理系统的研究；
- 基于 KM 的电子政务系统设计与实现；
- 以知识管理为核心的办公信息流处理系统研究；
- 知识管理与决策支持系统；
- 基于 XML 的知识管理系统的研究；
- MIS 发展的探索—知识管理；
- 知识管理系统—信息系统新的发展阶段。

集成是由部分构成整体、由单元构成系统的主要途径，是通过接口实现不同功能系统之间的数据交换和功能互连；集成意味着将分散的异构部件联合在一起形成一个协同的整体，从而实现更强的功能，完成各个部分不能独自完成的任务。

以科技园区集成创新为例，可以从以下三个方面来理解：①在创新内容上，以技术创新为主但又不仅仅局限于技术创新，形成技术创新、市场创新、知识创新相结合的集成创新；②在创新主体上，形成以园区企业为主要创新主体、科研机构、高校、政府及中介机构等多主体参与的集成创新格局；③在创新形式上，实现企业独立创新、企业间联合创新以及产学研网络型创新相结合。

平台的基本含义是指在生产和施工过程中，为操作之需而设置的工作台，平台的本质是一种支撑物体，也可视为某项活动的运行基础或后援。

高科技园区创新平台是指高科技园区内的各创新主体综合利用各种创新资源、接口和联系所构成的一组共有结构和共享性的制度性安排，它具有共有性、相对稳定性、能动性、结网性、根植性、开放性等特点。

从构成要素方面看，创新集成管理平台可分为软件和硬件两部分。

硬件部分是指那些能够辅助实际管理活动的工具、设备、技术手段，组织结构以及管理运作中涉及的其他的技术设备等有形的实体。

软件部分是指导管理运行的思想、观念及方法，还包括管理程序等起决定作用的无形因素。

按照性质进行分类，集成创新管理平台包括市场创新平台、技术创新平台和知识创新平台。市场创新平台以推进供需信息对称、扩大应用为目标，为园区企业的技术、产品和服务进入市场提供支持，形成区域采购和区域技术、产品和服务的一整套配套条件体系。

从本质上来说，上述三种类型的创新集成管理平台并无优劣之分，但由于它们各自的内涵特点互有差别，因而对科技园区自主创新的作用也就有所不同。

科技园的整体资本性，表现在实际需要市场创新集成平台、技术创新集成平台和知识创新集成平台，他们共同构成科技园区的集成创新的“巧平台”体系。

巧资本应用的四条新规

2006年，一家创意网对国内从事创意产业中的一批企业进行了调查，最后写出了一份综合研究报告，试图对创意产业进行评估。

报告涉及的地域和企业有张江科技园产业基地、大连软件园、中关村软件园、石景山创意产业基地、北京电视台、北京青年报、上海动漫产业基地、盛大网络、空中网、金山软件、视觉中国、设计在线、蓝色理想、5D多媒体、设计联盟、东方视觉、52design、CHINAUI、闪客帝国等。报告的亮点在于聚集了许多创意现象，列举了许多个性化案例，融会了许多成功经验，读来可圈可点。阅后的最大感受，是可以归纳概括出创意经济的规则。

既然创新是对前人的超越，它就会遇到许多新矛盾、新问题，因而也需要采取新办法，制定新规则。

当今时代，许多领域是个空白，谁最先进入，谁最先发现，谁就拥有发言权，谁就可以制定新规则，为后人提供指路灯塔。

就巧资本本身来说，它拥有如下规则。

巧资本规则之一：级数比加法重要

传统资本讲究一分投入一分收获。小投入小收获，大投入大收获。网络投资则不同，它可以是小投入（通过网络正反馈放大）得到大收获，也可能大投入（通过网络负反馈）得到的却是小收获。网络呈级数地放大成功和失败。这就是为什么胡戈与陈凯歌围绕同一事件，口碑在短期和大范围内却此消彼长……

网络对经济效果具有级数放大的效应。这种级数放大的时间和空间阻力几乎为零。这是新创意经济与传统经济的一大重要区别所在。那些坚持古代也存在创意经济活动的人，不得不正视这个区别。《红楼梦》这一创意产品的“市场推广”，花了几十年的时间，中间还损失了许多信息（如作者、后四十回）；而《一个馒头引起的血案》从上网到流行不过花了几天时间。

又以杨臣刚和庞龙而论，二者的成名都赖于歌曲在网络上的传播。一曲《老鼠爱大米》和一曲《玫瑰花》，歌词并不深奥，旋律也较平常，演唱者功力亦不深厚，但它的平民化风格和朗朗上口、人人皆可传唱的特点以及网民博友的热捧，使他们的知名度迅速蹿升，获得了几何级数的名利双收的正效应。

巧资本规则之二：梅特卡夫法则比杰克·韦尔奇法则重要

人脉价值的总和，是其成员数目的平方。随着网络节点的数量以算术方式增加，人脉价值以指数方式增长。

指数增长，在英文中，就是指爆炸性增长(Explosive Growth)。

实际上，梅特卡夫法则针对的只是一对一的电话网络或人际网络。

互联网上产生的关系，远不止一对一形成的平方关系，还有各种一对多，多对一的关系。具体对这些关系进行计算，并不是我们的目的。我们只是说明，互联网这种拓扑、交互的技术特性，为新金融资本模式的商业实现，提供了技术可能性。换句话来说，在传统的经营中，仅仅是由于不具备这种技术或生产力上的条件，因此不可能产生新创意经济的商业效果。

互联网的这种作用是逐步显现出来的。互联网成为主要媒体的转折点发生在1997年。在这一年，出现了两个标志性的事件：一是互联网浏览压倒了传统电视，调查显示，“现在美国人更愿意上YAHOO而不去看MTV”；二是数字化通信压倒了传统通信，标志是在进行的抽样调查中，当被问到最常使用的通讯方式时，36%的回答是E-mail，26%是电话，电子邮件第一次压倒了电话——可计算的交互方式。

正是互联网的发展，为新资本主义提供了技术基础以及“经济”一词含义的诸多变化。在传统的经济模型中，让创意变得“经济”，首先考虑的是花在复制、传播上的成本：我们没有计算过，当年山东“秦池”酒厂花在建设分支机构的代价，在终端培训花费了多少时间，在铺天盖地的轰炸中耗散了多少广告费，但依稀记得记者刘对他们夺得央视“标王”后的失败结局所发的惊人定语：“秦池每天开进央视一部奥迪，开出一辆夏利。”

显然，那种蒙事豪赌式的运作，是一种极不“经济”的运作。即使广告的效果再好，在使创意变得“经济”的过程中，也有大量成本耗费在生产者与消费者之间的路途上。传统的流程，一瓶啤酒，从下线到消费者手里，至少需要20天时间，而借助网络手段，流程最快只要一周。传统看电影，必须进影院，而在宽带互联网上，现在每个人都可以实时观看电影节目。在3G手机上，下载一个短小的视频，只需要0.25秒；下载整个电影，也不过8分钟。互联网让人们"坐家不出门，随时享成果"。

这一切，在$V=n^2$的梅特卡夫法则里都可以实现，而在杰克·韦尔奇法则里却无法实现——需要借助分销、广告、人员培训以及现代展示厅，这太麻烦了，因为在瞬息之间，人的注意力和情感就会转移，消费方式和消费途径就会改变……

所以说，创意在市场空间上的"爆炸性增长"，是梅特卡夫法则的最佳商业实践，它远比杰克·韦尔奇的"厉精图治"效率高超。

巧资本是梅特卡夫法则的主要受益者，也是梅特卡夫法则实现的主要推动者。

巧资本规则之三：普及比稀有重要

传统的资本运营，遵循的仍然是供给方规模经济。与传统的创意经济不同，巧资本遵循的是需求方规模经济。正如凯文·凯利指出的：当制造技术已臻完美，副本可以大量流通时，产生价值的是普及性而非稀有性，这改变了传统的商业定律。

在传统的经营运作中，市场份额越大，销售额越大，成本递增和收益递减同时起作用，最后利润反而比当初缩水。举例来说，一部大制作的电影，比如《夜宴》或《无极》，只要收回成本，并获得1亿到10亿的票房收入，就已经很不错了。虽然此时的观众不过在百万到千万这个量级上，如果非要把国内潜在的目标观众一网打尽，投入的广告和其他推广费用，将是效率低下的。《学习的革命》这本书，由于商业策划，曾在非常短的时间内突破一百万册的发行量，但当它们继续向一千万册的目标挺进时就发现，其代价越来越大，得不偿失。

而巧资本不存在这样的限制。由于边际成本递减和边际效益递增，市场份额越大，收益越高。举例来说，WINDOWS XP 如果排除反垄断等方面的因素，仅凭市场的自然选择，占有目标市场最后百分之十到二十的市场，从成本来说，不过是增加一点点微不足道的拷贝费用，但从收益来看，却在基本不追加投资，或边际投入极小的情况下，获得比占有最初的市场份额理想得多的收益。

这一规则，在它的上游，来源于网络的两个更为基本的特征：正反馈与正的外部性。

传统经济与文化经济，虽然同样具有“固定投入大，边际投入小”的特点——用这一特点可以区分有形资产与无形资产、专用性资产与外部性资产，前者分别呈现“固定投入小，而边际投入大”的特点——但二者又有明显的区别。区别在于，新创意经济，是边际投入“更小”的经济。它之所以比传统创意经济的边际投入“更小”，完全是因为传统创意经济未经编码化，它必须依附于传统介质而扩散，因此使自己加上了“重量”；而新创意经济可以借助编码化，完全“轻量”地软着陆和软扩散、从而占据高市场份额的目标。举例来说，《英雄》和《无极》虽然从第一个电影拷贝到最后一个电影拷贝，边际投入递减而边际收益递增，这一点与新创意经济相同，但它的最后一个电影拷贝和第一个电影拷贝一样，都必须依托有形的院线来发行。即使是对于它们的DVD产品来说，由于版权化经营，也必须借助于无形产品有形化的形式，从而产生一系列的有形成本，如盒子、包装成本、批零差价成本等。

新创意经济，可以通过网络直接派发产品，而通过其他形式获得收益，例如广告、知名度、服务费、手机流量费等无穷无尽的形式获得回报。这意味着，普及，也就是需求方的规模经济，是新创意经济的“硬道理”。因为，需求方规模经济与创意的关联在于，创意及相关产品，恰好是体现正反馈最明显的领域，而正反馈与正外部性是需求方规模经济的基础。创意要想成为经济，它的生命力在于普及。一个不为众人和市场所知的创意，内容再好，也不可能成为“经济”。

正反馈从需求角度讲，就是需求曲线向上。通俗地讲，就是东西越贵越买。能够产生需求曲线向上效果的产品，除了烟草、伟哥、毒品等有形产品之外，多是创意产品和精神产品。需求曲线向上所涉及的需求，与需求曲线向下所涉及的需求，具有本质的不同。需求曲线向上所涉及的需求，主要是自我实现需求；而需求曲线向下所涉及的需求，主要是生存与发展需求。举例来说，网上流行的《双节棍》《两只蝴蝶》以及“芙蓉姐姐”“毒药”“流氓燕”“大哥”，就是以其“酷”而满足了一大批新新人类的自我意识而产生正反馈效应的。

创意可以在任何产品上体现，但是它在精神和文化产品上体现得最为充分。因此，人们往往把创意经济与创意文化产业直接联系在一起。

新创意经济，就是创意与消费方规模经济的结合。其中的创意，首先就体现在满足自我实现需求的精神和文化产品之中。

巧资本规则之四：倍率比概率重要

10年前，美国人开始通过一种叫“克瑞格列表”的工具，来发布各种生活告示：期货交易、现物买卖、房产信息、交友征婚、创业求助、就业求职等，极大地方便了人们的日常生活，拉近了同城居民之间的距离。

“克瑞格列表”抢了报刊分类广告的饭碗，却赢得了老百姓的欢迎。全球第一大拍卖网站易贝公司费尽心思，方获得该公司25%的股权。后来，一个澳大利亚大学生用这种方法搞数据分析的咨询。他的创意是“拿来主义”，整个方法就像一面格子墙，他在网上发布广告，也动员熟人来填写格子，然后根据信息格子的多少进行信息返点——给予报酬，他无须从事什么实际劳动就可每单赚取数十万美元。

这种现象，在传统做法里根本不可能，因为，面对同一个市场，大家往往采取大同小异的办法，结果只能“共谋市场”——拥挤在同一条小道上，同时动手宰杀一头牛，赚取的只是一个概率。

规则属于发明，是理性与感性、经验与智慧的结晶。

巧资本的四条新规，本身就是创新的表现，说到底是根据网络时代的资源、技术、资本、信息、市场、人脉等特点，制定的与时俱进的新规则，同时更是现实的新经济规律的总结，是具有划时代意义的指导纲领。

先行者涉及的领域往往是无竞争领域，亦是无规则领域，亦即“蓝海”而非“红海”。

“红海”属于拥挤在一处互相厮杀白热化的领域，而“蓝海”则是非强烈竞争的领域，属于捷足先登的“月球”或“火星”。

所以率先进入这个领域的人拥有新规则的发明权，理所当然，制定的规则对自己有利，对所有后来者更有益。

传统的规则是众人共同制定的，巧资本的新规则恰恰是探索者先行者制定的。然而，也正是他们的作为，填补了新领域的空白，推动了经济发展的进程。

非对称巧置换

资本置换是当代竞争与合作中常见的手段，亦是实现巧资本构思的一种。它包括货币互换、利率互换、股权互换、资产互换以及多方多工具多手段的互换。这种置换既是对称的(等值要求)，又是非对称的(非同质要求)。

时代收购华纳，使用的手段并不是现金，而是股票互换，也就是股权置换。当时，华纳的股价是 45.875 美元 /股，而时代的股价是 109.5 美元/ 股，双方采用对价方式折合交易，重新确定股权。最后，时代出 5 700 万外发股，占 41%股权，华纳出 8 290 万股外发股，占 59%股权，双方合并为 1.399 亿股“时代一华纳”股票，这一消息随后使股票价格上涨了 40%。

这就是资本互换，也就是货币互换。这是资本运营中经常遇到的问题和采用的手法。时代与华纳公司通过互换方式实行了战略合作，同时也实现了漂亮的资本重组。

货币互换的最简单形式是双方的一种协议，即以一定金额的一种货币交换另一种货币，并在将来联本带息偿还另一种货币。例如全球公司以 6%的利率借入 2 亿瑞士法郎(SF)，并希望将这种债务转为美元债务。同时，世界金融组织，想将利率为 8%的 1 亿美元债务转为瑞士法郎债务。现货市场上通行的瑞士法郎对美元的汇率为 2 瑞士法郎/1 美元。两公司的债务均 4 年到期，且等级都为 AAA 级。

考虑到这种匹配或规避风险的需要，在全球公司与世界金融机构之间可进行一项双方都满意的互换，即全球公司向世界金融机构支付 8%的瑞士法郎利息，并在 4 年后债务到期时支付 1 亿美元的本金，而世界金融机构则连续 4 年向全球公司支付 6%的瑞士法郎利息，并在 4 年后债务到期时支付 2 亿瑞士法郎的本金。

用这种方式，各借款人正好能偿还各自贷款人的债务，并选择有利于它们自身的付款币种。

2009 年 2 月，中国央行与白俄罗斯签署额度为 200 亿元人民币/8 万亿白俄罗斯卢布的双边货币互换协议。其实施有效期为 3 年，经双方同意可以展期。

所谓互换协议，就是双方承诺一定的互换额度，一旦任何一方发生了危机的特定情况，这笔资金将启动。具体而言，中国和白俄罗斯两国的央行，可根据实际情况，安排总规模为200亿人民币/8万亿卢布的资金投放，为本地商业银行在对方分支机构提供融资便利。

这样，既有利于保证两国的金融稳定，同时也为两国的贸易往来提供更充裕的流动性。

有时候，银行直接充当其公司客户的互换对方。由此，国际银行常常通过竞报多种到期日、多种货币的买卖利率，形成了一个货币互换市场。

货币互换也是企业、银行和政府规避汇率风险的一种手段。世界银行常常通过这种货币互换来调整自身的不良负债和不良资产。

利率互换也是一种形式的衍生业务。它能将浮动利率的资产和负债转换成固定利率工具，反之亦然。与货币交换同理，双方条件对等，交换需求正好相反。

利率互换并不牵涉本金的交换。它们只是在约定的时段内交换利率。由于公司可以低成本筹集资金，因而可以根据币种差异和时段息差套利。

此中操作，常常成为企业远期信用和远期经营避险的保证。

利率互换市场的客观存在，产生了大批经纪公司和经纪人，他们从中充当说客和买入与卖出的投机经营。

而作为中介方的银行也成了金融中间体的受益者。

由于利率的交易成本比较低，且能减少利率与债务的损失，因而成为一种很有吸引力的管理风险和降低成本的工具。

在新兴经济体中，没有比巴西的雷亚尔再灵活的了。从投机者的角度而言，没有比巴西雷亚尔更好的新兴市场货币了，它已经连续3年成为对冲基金的“宠儿”。

巴西在听取国外专家的建议后，很早就完全放开了对资本账户的管制。世界上任何人可以随时购买或出售巴西雷亚尔，并且雷亚尔的汇率也是完全由市场决定的。

从前年12月19日起，巴西雷亚尔从2.400对1美元大幅升值为周四的2.183，升值幅度10%。同期巴西圣保罗交易所股指从32 860点涨至最高的 38 804 点，涨幅 18%。

据 CreditSights Inc. 数据，1 月份，巴西股市中流入外资 26 亿雷亚尔（12 亿美元），为近一年来最大单月流入额度。据巴西第五大银行巴西的 Uniaode 银行外汇交易主管 Sergio Meniconi 说："国际社会对巴西包括 IPO 在内的股票需求越来越大，这是造成雷亚尔上涨的主因。"

巴西的通胀率有个约定俗成的指标，即 IBGE 通胀指数（或称 IPCA 指数），周四巴西正巧公布该指数一月数据，为上升 0.59%，而去年 12 月升幅为 0.36%，显示出加速的态势。

彭博社调查的 24 位分析师事前预测为涨 0.55%。另外，在过去的 12 个月中，巴西的通胀年率为上涨 5.7%。据官方透露这主要是因为燃料乙醇价格上涨，一月份乙醇上涨了 9.9%，这构成通胀因素中 1/3。

在全球加息环境下，巴西算是特立独行，比英国走得更远，利率不升反降。但由于巴西资产的高收益性和全球资源价格大涨，外资还是不断吸纳巴西雷亚尔计值的资产。由于通胀率加速，使得巴西央行在未来减息过程中更加谨慎，从某种程度上讲，这对雷亚尔是种支撑。

自去年 9 月起，巴西央行开始减息，因为物价上涨和 GDP 从前年的 4.9%增幅降为 2.4%的增幅，巴西本轮利率高点在 19.75%，经过五次下调后，目前仍高达 17.25%。多数分析师认为有可能在 3 月份调降 0.75 个百分点，年内余下时间会再降 0.5 个百分点。

与此同时，巴西央行采取高利率政策。由此，货币互换的机会来了。

投机者可以很容易以零利率在日本借到日元，而巴西的利率是 19%，因此，投机者可以出售日元，用于购买雷亚尔，然后用于购买巴西的投资基金，赚取每年超过 40%的利润。

为什么是 40%？因为 19%的利润来自于利息，余下的利润则来自于货币的升值。如果每个人都在购买雷亚尔，那么雷亚尔将会相应升值，因此，客户将不仅赚取 19%的利润，事实上还可以赚取货币升值所带来的利润。

美元对雷亚尔汇率，从 2004 年开始不断下降。在 2004 年，1 美元可以兑换 2.8 雷亚尔，而在 2008 年末几个星期之前，2 雷亚尔就可以兑换 1 美元了。在两年中，雷亚尔大约升值了 40%。

真是巨大的利润！

在短短两年中，投机者几乎可以使资本翻倍了。

在巴西 BM&F 商品交易所挂牌的美元兑雷亚尔期货 3 月合约目前报为 2.197，显示巴西雷亚尔显然后来升值不少。虽说市场对未来走势仍有一定不确定性，但一点也不妨碍冒险家趋之若鹜地前往淘金。

巧资猎手沃伦·巴菲特

次贷及其衍生产品引发的全球金融危机，让大部分的投资者谈"衍生产品"色变。有段市场不断传闻巴菲特的 Berkshire Hathaway 公司在衍生产品上的风险敞口有 371 亿美元，并已遭受数十亿美元的损失。

对巴菲特染指衍生产品提出最大质疑的，即是一位著名的卖空投资者道格拉斯。道格拉斯在 2008 年的时候就看空 Berkshire，并在其股价 140 000 美元的时候就一直卖空。近期 Berkshire 的股价跌至 8 000 左右，道格拉斯这次卖空获利甚丰。道格拉斯近期更在媒体上放言：Berkshire 在股指期货合约部位有超过 100 亿美元的账面损失。

这一言之凿凿传说，令很多追随巴菲特的粉丝感到困惑：一向坚持价值投资的巴菲特何以染指投机性极高的衍生产品？这是否误传？

在一年一度例行发布的《致投资者信》中，巴菲特就投资者关注的衍生品问题，作了较为详细的解释。Berkshire 公司目前确实持有 251 份衍生产品合约，风险敞口为 371 亿美元。

巴菲特坦承衍生产品十分危险，并列举了大量关于衍生产品的风险。但他很负责地告诉投资者，公司在这方面的投资十分理性，并仔细衡量了风险和收益。他举了一个例子：若要避免性病，不仅要注意你和谁睡在一起，更要关注她（他）曾经和谁睡在一起。衍生产品的风险一方面来自于高杠杆，另一方面来自于基础产品。如果基础产品健康，则承受的风险有限。

Berkshire Hathaway 所持的 251 份衍生产品合约，其中大部分是股指认沽期权合约。这些股指认沽期权合约主要是基于全球四大股票市场的指数：美股 S&P 500；英国 FTSE 100；欧洲 Euro Stoxx 50；日本 Nikkei 225。

这些衍生品的行权日大多在 2019～2028 年，即大多数合约存续期都有 10～20 年，在行权日之前合约的对手方不能提前行权。现在 Berkshire Hathaway 的所谓损失，也仅是按合约的市场公允价值计算的账面损失，而不是实际损失。

所谓的 371 亿美元的损失是建立在上述 4 大指数全部跌至 0 的假设，这显然是一个近乎天方夜谭的假设条件。假定上述 4 大指数平均跌 25%，那在 2019 年至 2028 年，则公司需要赔付 90 亿美元，但 49 亿美元的（出售认沽期权合约）权利金及这笔权利金 10～20 年的投资收益足以弥补这笔赔付支出。假如 49 亿美元，投资 15 年，按年回报率 10%计，总收益为 205 亿美元，这既是这笔保险生意的盈亏平衡点，同时也意味着，这些衍生产品合同项下的标的物——全球 4 大指数，在合约到期日 10～20 年后，跌幅超过 50%（比行权指数低 50%），才有可能产生真正意义上的财务损失。但这种极端情况的可能性是极低的。如果到期日时，指数的跌幅很小，或高于合约的行权指数，巴菲特形容权利金 10～20 年的投资收益，就像蛋糕上的糖霜。

信中，巴菲特列举了一个极端的例子：

假定卖出一份 100 年期的基于标准普尔 500 指数的认沽合约，合约价值 10 亿美元，行权价格为 903 点（2008 年 12 月 31 日收市价），依据布莱克－斯科尔思的期权定价公式计算的合约期权金为 250 万美元。在过去 20 世纪的 100 年里，由于公司留存收益的积累和增加，推动道琼斯工业指数翻了 175 倍。假定在未来的 100 年后，我们遭遇了极端的情况，指数跌 50%；根据过往的数据，在 100 年后指数跌 50%的概率远远低于 1%。假定为 1%的概率，这张合约在行权日（2018 年 12 月 31 日）的时候，合约的出售方需赔付合约买入方 500 万美元。其公式：10 亿美元×1%×50%＝0.05 亿美元。

即这张认沽期权合约的出售方承担的最大的风险是赔付 500 万美元，但合约出售方之前已经收取了 250 万美元的期权金，实际可能的损失只有 250 万美元。如果我们把前期收到的期权金当作一项 100 年期的长期贷款看，则年利率只有 0.7%！如果有 100 年期的，年利率只有 0.7%的钱借，有谁会担风险？这样的贷款条件又哪里去找？

如果增加一个假设条件：投资者将 250 万美元的期权金投资，并获得 10%的年均收益。100 年后则可获得 345 亿美元。这其实是大部分保险公司生存之道。

如果我们就公司目前持仓的股指衍生合约，做一个小小的财务压力测试，假定：我们获得一笔长达 15 年（平均行权期限）的贷款，金额是 49 亿美元；该笔贷款用于投资，平均年收益率为 10%。15 年后，则本金和收益合计约：205 亿美元。这即是公司对这批衍生产品合约的财务平衡点，同时也意味着，在 15 年后衍生产品的基础产品——标准普尔 500 指数跌幅要超过 70%，公司财务才会出现实际的亏损。

如果参考巴菲特过去 44 年的年均复式回报率高达 20% 投资绩效，我们可以看到这批衍生产品合约的风险十分有限，而收益潜力巨大。因为当这批合约的到期日时，如果相关指数高于合约的行权价，则意味着 49 亿美金和其产生的投资收益则可袋袋平安！这种袋袋平安的几率其实十分高，即使出现极端情况，只要跌幅不超过 50%，巴菲特还是有所斩获。这些衍生产品合约更像是一份保险合同，甚或长期贷款合同。所以巴菲特并没有把这些衍生合约暂时的账面损失视为"愚蠢之举"，反而处之泰然。

当眼下金融危机肆虐的时候，或许正是销售这类（保险）和合约的最佳时机。一则由于恐慌，市场存在对这类衍生合约的巨大需求；二则在这个时候可以卖出"好价"。这其实有一个"时间窗口"的问题，因为只有在这种危机的时候，"风险"才有可能被"错误定价"。

巴菲特提到的风险被"错误定价"的情况，正是市场遭遇了百年不遇的金融风暴，投资者的信心受到摧毁才产生"暂时的市场失效"。巴菲特买的股指认沽合约，其实就是一份保险合约，只有发生意外时才会赔付。这一次的金融风暴可谓"百年不遇"级，即 100 年里发生的概率只有 1/100。现在刚刚发生金融海啸，我们很难想象在未来的 10～20 年还会来一次同样级别的危机。以巴菲特在去年底的时候销售标准普尔指数 500 的认沽期指合约为例，行权价为 903 点（已经比高位的 1 300 点跌了 30%），我们很难想象 10～20 年后标普 500 指数会跌到 450 点。这样的概率可能就是 1/500！投资者有必要担心这种 500 年一遇的风险吗？

近期关于巴菲特投资衍生产品造成巨大损失的说法，一部分来自于普通投资者对衍生产品的不理解；一部分来自于以讹传讹。国内媒体关于这方面的报道更多的来自于后者，因为并没有多少人认真看完巴菲特《致投资者信》，大家更愿看一些恐怖的公司倒闭、骗子被捕、CEO 自杀、讨债人爬上摩天大厦以及演艺圈张三与李四手拉手、王六把老公捉奸在床、某官员贪腐被双规、某官员神通广大连升三级和某人 10 元中千万元彩票之类奇闻异说，哪里有心读股神的一篇文字性的东西呢？

巴菲特的格言是：别人贪婪我恐惧，别人恐惧我贪婪。

依他的性格，是个不言败的人，词典里只有“胜利”二字。尽管他知道美国将经历不可遏止的衰退，他的对冲基金公司将面临监控，但他一直很镇静，一直鼓励人们买股票，决不“金盆洗手”，隔岸观火。

如果回顾巴菲特过去半个世纪的投资记录，我们会发现他持股最早，时间最长的一只股票就是 GEICO 保险公司。在巴菲特的投资组合中，保险公司占了相当的比重。巴菲特对保险行业情有独钟，也深得保险经营之道，保险是经营风险的行业，同样投资之道也是风险经营之道。

需要理性地计算风险，仔细权衡风险和用数学模型验证收益的匹配——在他那里，因为积累大量经验，因为一直创造奇迹，臣服他、钦佩他和崇拜他的粉丝多得不可胜数，他亦满可以凭经验加运气就可以拍脑袋的，可他就不拍，因为他觉得投资既是一门技术，更是一门艺术，即经营风险的技术和艺术——讨巧的艺术，哪里可以有一丝一毫的马虎呢？

巴菲特之所以能累积如此巨大财富，又何尝不是“曲中探”“巧中取”呢？

绝妙的“高尔夫运动”

自从华尔街银行家们出事之后，社会产生了两种认识：一种认为金融衍生品是一种欺骗和投机行为，是国际炒家为了获取高额利润而蓄意设局的烟幕弹；一种认为衍生品与金融危机的关系好比酒与车的关系，酒是好东西，车也是好东西，司机醉酒驾车出事，您能怪酒怪车么？

然而我们决不能因为金融危机就否认衍生金融工具的作用——泼出脏水，但不要泼出孩子。

常识告诉我们，作为金融机构，银行是买卖货币的场所，它拥有的是大量的虚拟产品，因为它的实有资本不过8%～10%而已。当货币与黄金脱钩后，它就成了一种信用工具和法币符号，衍生金融工具是它的生命线、生存线和幸福线，也是巧资本的延长线。

老子说，世上万物皆生于一，一生二，二生三，三生万物，即是金融衍生品的帽子戏法。

衍生品越复杂，国际金融机构的金融专业知识与定价能力优势就越大，而产品设计方之间的竞争也越少，因而设计者的潜在利润也越高，当然，这也意味着买方的风险会越大，而没有相应的高额回报和套保优势。

在金融市场上，"衍生产品"（Derivative Instrument，也叫衍生工具），这一术语通常用来描述这样一种金融工具或证券，这一工具（证券）的未来回报依赖于一个潜在的证券、商品、利率或指数就称为标的（基础）证券或标的资产。

举例说，一个黄金期货合约就是一个衍生产品，因为这个期货合约的价值取决于作为该合约标的的资产的黄金的价值。

又如，一个股票期权也是一个衍生产品，它的价值依赖于标的股票的价格变化。

再如，最近基金市场出现了第二只分级并带有杠杆公募基金产品——长盛基金旗下的长盛同庆可分离交易基金，这是继2007年7月国投瑞银瑞福基金推出后首次出现的分级基金的追随者。

这个可分离交易基金分离上市有两个份额：A和B。

三年末在该基金损失不超过53.3%的情况下，A类份额获得16.8%的约定收益（年单利5.6%）；在基金收益超过60%时，超出60%的收益，A类份额按照一定的比例增强收益。三年期末，扣除A类份额的约定收益外，剩余收益（或损失）由B类份额持有人获得（或承担）。

还有，中信证券推出首款伞形理财产品——"聚宝盆"集合管理计划。

该伞形产品包括三只子集合计划：聚宝盆A计划属于债券型，投资风格追求稳健；聚宝盆B计划属于平衡型，投资风格追求波动；聚宝盆C计划属于积极型，投资风格追求运气。

伞形理财产品是在一个资产管理计划下拥有不同的子产品，投资者可在较短时间和低费率情况下，在各个子计划之间飞快地转换。

根据标的物的性质，衍生产品可以分为商品衍生产品和金融衍生产品。

顾名思义，商品衍生产品就是以商品作为标的的资产的衍生品，如黄金期货；类似地，金融衍生产品就是以金融产品作为标的资产的衍生产品，是市场中主要的衍生产品，如股票期权。

一般来说，在金融市场中，一些证券通常被看做基础工具，如股票和债券，而常见的衍生品则包括远期、期货、期权和互换等。实际上，衍生产品自诞生以来，其内涵和外延就无时不在动态的变化发展当中，尤其是进入20世纪80年代以后，金融创新的蓬勃发展使得上述衍生产品得以通过复杂的形式进一步的衍生，分解和组合，形成新的证券，可谓品类繁多，五花八门，令人眼花缭乱，但他们大多可在远期、近期、期货、期权、互换等基本衍生品的框架内解读与分析。

远期合约——双方约定未来在某一个确定的时段，按照某一确定的价格买卖一定数量的资产的协议。也就是说，交易双方在合约签定日约定交易对象、交易价格、交易数量和交易时间，并在这个约定的未来交易时间进行实际的交割和资金收付。

近期合约——双方约定近期某一时间，按照某一确定的价格买卖一定数量的资产的协议。

期货合约——期货合约实际就是标准化的远期合约。同远期合约一样，也是交易双方在合约签定日约定交易对象、交易价格、交易数量和交易时间，并在这个约定的未来交易时间进行实际的交割和资金收付。

与远期合约的区别在于：前者没有固定交易场所，后者有；前者的一些条件是变动的，而后者的一切，基本都是固定的，只有价格是唯一的变量；前者是亲自操作的，而后者买卖双方都是通过第三方——交易所来实现的。

期权合约——持有人有权在约定时间内按照约定的价格买入或卖出一定数量的某种资产。

互换合约——两个以上当事人按照商定条件，在约定时间内，交换一系列未来现金流的合约，如股票互换、货币互换、利率互换、利息互换等。

抵押贷款衍生品——银行和金融机构将原先基于一定的抵押品（如房产、交通工具、黄金首饰、收藏品等）发放的贷款再次作为抵押，对这些贷款未来可能的现金流进行打包处理和转化，发行多种不同类型的证券，出售给市场那个上的投资者。美国的次级债券即使如此。

信用衍生产品——银行用来分离和转移信用风险的各种工具和技术的总称，主要指以贷款或债券的信用状况为基础资产的衍生金融工具。具体说，就是信用衍生产品双方签署的一项金融性合约，改合约允许信用风险从其他风险中分离出来，并从交易的一方移至另一方。

其他衍生产品——通过对基础性衍生产品和金融然生产品的分拆、解析、组合、创新，创造出不同风险——收益结构的衍生产品以及他们的变形，比如期权、股权、货币、利率互换，柜台交易，指数交易，甚至天气的变化等。

衍生品之所以在市场大受欢迎，一是因为品种丰富，选择性强，迎合了不同投资者的心理需求；二是由于存在投资空间，活跃了市场，拉高了交易指数；三是由于存在某些不确定性（风险），也因此刺激更多人投入冒险的博弈。

无论从哪个角度看，衍生产品都是银行和金融机构的主要武器。

它的产品就是"球"，供人击打的球，而"球杆"就是信用，而信誉和背景就是"场地"，比赛规则就是"标的物"，而输赢全在技巧，用心计，用技术，用巧劲，一句话，打得艺术就能"赢"，就能打得潇洒。

用衍生产品代替标的头寸，有一个很突出的优点：一个人可以同时持有多种产品和交易工具，而不需要增加保证金，这就大大降低了交易成本。另一个比较优势在于产品丰富，市场活跃，具有更大的资本流动性。如果投资者选择股票指数期货或股票指数期权，就不仅可以降低交易成本，而且可以拥有因衍生品流动性较高而带来的滚滚收益。

而对投资银行来说，是它实现由虚拟资本到真实财富的唯一途径。

高尔夫（高球）运动在中国一向被认为是贵族运动，其高昂的费用使众多爱好者望"球"兴叹。但在欧、美、日等发达国家和地区，这一运动却已相当普及，近10%的人拥有自己的高尔夫球具。在车厢内放一套高尔夫球具，约几个亲朋好友周末驾车外出度假，到开放的高尔夫球场打球，这是许多欧美人的休闲方式。

高雅的高尔夫运动是富人的爱好，富人的俱乐部。但对我来说，最大的收获则是关于球、杆、洞的相互哲学原理：轻轻挥动塑杆，将球击向远方，巧妙打入洞穴。整个的过程充满悬念，也充满美感。

金融衍生品的博弈难道不是一场巧资本的高尔夫运动吗？

第十一章

社会资本,货币的"群众运动"

许多外国学者对中国经济连续20年保持10%以上的增长速度感到不可思议,对中国经济的成长奥秘不知所以,殊不知,个中答案之一便是六个字:善用社会资本。

中国是个拥有13.4亿人口的国家。"人口众多"这个曾被视为最不利的因素,在市场经济下恰恰焕发出无穷的力量:

最多的人口表现最大的内需;

最大的内需成就最大的市场;

最大的市场促进最大的消费;

最大的消费累积最大的资本;

最大的资本形成最大的速度;

最大的速度创造最大的外储;

最大的外储增进最大的底气;

最大的底气缔造最大的崛起!

所谓的"社会主义优越性"正在于此。

将社会资本集合运用,其实就是货币的"群众运动"。

社会资本的概念

在社会资本身上，历史学家、政治学家、人类学家、社会学家和决策者以及各个领域“内”的各阵营，又一次找到了一种存在于公开的和建设性的争论中的共同语言，一种以过去的150年中受到狭隘的学科主义严重压制的语言。

——以上论述出自布朗大学的社会学教授迈克尔·伍考克等的《社会资本与经济发展：一种理论综合和政策构架》一书。

社会资本是一种非货币形式的货币资本，无法量度的资本。

诺贝尔经济学奖得主贝克尔曾经对社会资本有过很好的描述，他将社会资本的定义概括为一种非货币形式的货币价值。

也就是说，社会资本不可以用货币作为度量单位，它具有不可量度性。

社会资本理论起始于20世纪80年代，发展于90年代，形成于世纪末，其主要代表人物有美国的莱达·贾德森·哈尼凡、简·雅喀布斯、罗伯特·普特南、詹姆斯·科尔曼、迈克尔·舒德森、锡德·斯考波尔、理查德·M·瓦莱利、亚历山德罗·波茨、鲍伯·爱德华、米切尔·W·弗雷、彼得·埃文斯、卡拉·M·伊斯特斯、简·弗泰恩、罗伯特·阿特金森、托马斯·福特·布朗、皮埃尔·布迪厄、格伦·卢里、汉斯·科曼等。

社会资本学说国内外研究尚处于探索阶段，准确地说，它是现代西方社会学中的一项新成果，主要用来解释地区经济发展的理论。

它的内涵大体包括以下几项。

区域发展论

莱达·贾德森·哈尼凡于1916年描述乡村学校共同体中心时第一次使用“社会资本”这一术语。

简·雅各布斯在其经典著作《美国城市的兴亡》一书中也提出，在比较古老而又具有混合用途的城镇聚居区内存在的密集社会网络，构成了“社会资本”的一种形式，此类社会资本促进了公共安全。

经济学家格伦·卢里以及社会学家伊万·莱特在20世纪70年代运用“社会资本”这一术语来分析市中心贫民区经济发展问题，他们认为美国黑人在其自己的社区内缺乏亚裔美国人和其他种族社区所存在的那种信任联系和社会联系，这充分说明了黑人小型工商业相对缺少发展的原因。

资源集合论

1980 年，法国社会学家皮埃尔·布迪厄在题为《社会资本随笔》的短文中，正式提出“社会资本”概念，并界定为“实际或潜在资源的集合，这些资源与由相互默认或承认的关系所组成的持久网络有关，而且这些关系或多或少是制度化的”。

一年以后，经济学家格伦·卢里在批判新古典经济理论时也提到了这个概念，他从经济学的角度使用社会资本概念。1988 年，社会学家詹姆斯·科尔曼(James S. Colman)在《美国社会学杂志》发表题为《社会资本在人力资本创造中的作用》一文，把社会资本定义为“许多具有两个共同之处的主体：它们都由社会结构的某些方面组成，而且它们都有利于行为者的特定行为——不论它们是结构中的个人还是法人”。

科尔曼从社会结构的意义上论述了社会资本概念，并在此基础上形成了他的“经济社会学”理论。

协调效率论

真正使社会资本概念引起广泛关注的，是哈佛大学社会学教授罗伯特·普特南。普特南把它理解为“能够通过推动协调的行动来提高社会效率的信任、规范和网络”。

对协调行动、社会效率、规范网络这三个方面的不同强调，构成了关于社会资本概念的不同解释。普特南和一些同仁花了差不多 20 年时间就社会资本问题对意大利行政区政府进行了调研，写成《让民主政治运作起来》的畅销书，在社会上引起广泛影响。

公民力量论

此后几年，普特南又在《美国展望》杂志连续发表《独自打保龄球：美国下降的社会资本》《公民美国的奇怪消亡》《繁荣的社群、社会资本和公共生活》等文章，对美国的自发社群组织、公众参与和“公民心”的变化状况作了大量的评论。

与此同时，该杂志还先后发表了迈克尔·舒德森《如果公民生活没有，死亡怎么样？》、锡德·斯考波尔《自上而下的拆散》、理查德·M·瓦莱利《电视迷的民主》等文章，与普特南教授商榷，并对其观点进行了批评。普特南则在同期杂志上对上述批评作出反应，写了《罗伯特·普特南的回应》一文，对有关批评表示了欢迎，并就四个方面的问题作了他认为是必要的说明。

同年夏季，普林斯顿大学社会学教授亚历山德罗·波茨等也在《美国展望》上撰文《社会资本的下降趋势》，参与这场有关美国公民心问题的讨论。至此，关于社会资本的讨论，可说是进入了一个高潮。

社会创新论

“社会资本”的概念引起人们的广泛关注。人们从不同的角度来探讨有关社会资本问题讨论的，还有东卡来纳大学的鲍伯·爱德华与美国和平研究所的米切尔·W·弗雷，两人合作的《超越普特南的公民社会与社会资本》一文，对公民社会与社会资本以及二者的关系等问题作了进一步的阐述。

加利福尼亚大学的彼得·埃文斯教授，也撰写了《跨越公私界线的发展战略》，认为社会资本理论进一步拓展了发展理论中的制度理论。

耶鲁大学的卡拉·M·伊斯特斯撰文《组织的多样性和社会资本的产生》，用两个合唱团的不同组织和结构特点以及不同运作方式对社会资本概念作了举例说明。

哈佛大学肯尼迪政治学院的简·弗泰恩博士和罗伯特·阿特金森博士联合撰写《创新、社会资本与新经济——美国联邦政府出台新政策、支持合作研究》的文章，阐述了社会资本对于科技创新的现实意义。

在这一阶段，社会资本理论得到扩展，也就是由研究社区发展到从制度层面，从研究公司发展到关注国家发展。

社会信任论

被学术界普遍认可的社会资本概念是由哈佛大学社会学教授罗伯特·普特南所做的定义——社会资本是“能够通过推动协调的行动来提高社会效率的信任、规范和网络”。

由于社会资本是由社会或社会的一部分普遍信任所产生的一种力量，具有社会性，只能为一个群体所获取，不可能仅靠个人的力量来获得，所以社会资本具有公共物品的特性。

社会黏合论

20 世纪 90 年代末期，冲出一匹黑马，这就是威斯康馨大学社会学教授托马斯·福特·布朗于 1999 年在因特网上发表的《社会资本理论综述》，它系统归纳有关社会资本的观点与理论，对社会资本理论进行了集合性的总结。

1999 年，Routledge 出版公司在英国、美国和加拿大同时出版了一本由简·W·范戴斯、马科·马拉菲、肯·纽顿以及保罗·F·怀特利等合编的名为《社会资本与欧洲民主》的论文集，标志着对社会资本概念和理论的研究已达到一定高度。书中的文章分别从不同的角度，对社会资本概念的政治学意义进行了多方面的论述。

著名政治学家汉斯·科曼为该书所作序言说："社会资本近来作为一个很有潜力的概念出现在现代政治学中——社会资本被看做是公民社会的黏合剂——许多集体行为的问题只通过个人行为无法解决，但是由遥远的国家调节或间接的正式民主程序也不容易解决。相反，社群的自我调节，结合民主国家及其机构的权威，倒可以使问题得到解决。"

布朗大学的社会学教授迈克尔·伍考克等在的长文《社会资本与经济发展：一种理论综合和政策构架》全面系统地论述了社会资本概念以及社会资本与社会发展的关系，指出国家的信用与权力、群众组织的严密与正确引导、大众自发要求与社会的变革意识的结合，会形成一种势能，一种动力，一种不可小觑的力量。

综合众多学者对社会资本的阐释，关于社会资本的观点我大致简要归纳如下：在以公民为基础的社会组织中，蕴藏着巨大的社会潜力——资金、资源、人力、智慧、想象力、创造力、行动力等，分散个体的集中与资源的组合，就能形成一股排山倒海的强大力量，实现国家意志和发展目标。

公众资源的集合就是一笔巨大的资本。在当今社会，评价真正的资本家，不是你拥有多少金钱或资源，而在于你能调动与控制多少金钱与资源，能否形成一种高度集合的资本。

在现代社会，无论东方与西方，无论你的政治制度如何，谁都无法漠视社会资本的力量。美欧的政府、企业和银行的资本，它的唯一来源和依赖就是社会资本，只不过它是用"信用杠杆"撬动的，表现为大众购买的股票、债券、基金、期货、保险等。

甚至，大众拥有的持续的消费力也成为一种社会资本，因为消费拉动生产、贸易、投资和税收，消费成为推动市场经济发展的决定性的资本。

而在中国，一党执政的格局，政府的垂直管理和强大的政治动员力量，加上“同舟共济”的文化传统和“振兴中华”的自觉要求，最终成为一股巨大力量，从集资修路、建桥、造林、建房、建厂到援建灾区、重建、水窖、“希望小学”和支持奥运，无不是政府示意，民间力行。2008 年，中国先后遭受雪灾、水灾、震灾和金融风暴，但政党调动起民众的力量与政府“共度时艰”，民间资本发挥巨大作用。汶川大地震发生后，前往救援最踊跃的是老百姓和企业家，仅捐款就达到 380 亿元。

事实证明，社会资本是难以量度的资本，亦即无法考量的资本，无以匹敌的资本。社会资本不仅可以兴办国家大事，更能抵御自然灾害，表现出很强的民族凝聚力。任何政府、任何政党、任何执政者忽视社会资本，就是犯傻。重要的是襟怀，关键的是激活，急需的是创意，根本的是运作。

社会资本的多视角透析

经济学中的物质资本和人力资本可以解决很多的市场问题，但却不能解决所有的经济问题，经济主体——企业所拥有的物质资本和人力资本已构成决定企业成败与否的核心竞争力，这一点已形成广泛共识。

资源的配置是通过市场交易且借助基层组织的指令来完成的，投入生产的资本形态主要有两种，一是物质资本（如土地、机器、货币、房屋等），二是人力资本（参与生产过程的劳动者和企业家）。

20 世纪 60 年代，美国经济学家舒尔茨和贝克尔把人力资本引入经济学分析之中，认为社会拥有的、受过教育和训练的健康工人决定了古典生产要素的利用率。

人力资本的提出使“资本”向广义扩展成了可以带来增值的所有资源的代名词，为社会资本的提出奠定了修辞学上的基础。

对社会网络的研究促进了社会资本的产生。20 世纪 70 年代，美国学者格兰诺维特和林南在个人社会网络与其拥有的社会资源关系领域的研究，成了“社会资本”理论研究的先拓者。

作为概念和专业术语的“社会资本”是由经济学家罗瑞于 1977 年在

其《种族收入差别的动力学理论》中首次提出的。

20世纪80年代，法国社会学家、哲学家皮埃尔·布迪厄在《社会科学研究》杂志上正式提出"社会资本"概念。布迪厄率先对社会资本的定义、社会资本运作的条件、社会资本的积累和维护、社会资本与经济资本的关系等方面进行了系统分析和研究。

他这样定义：

社会资本不完全独立于经济和文化资本。

社会资本是实际或潜在的资源集合体，这些资源是同某种持久性的网络占有分不开的，这一网络是大家熟悉并得到公认的，而且是一种体制化的网络。个体所占有的资本数最依赖于他所占有的网络规模和数量，依赖于和他有联系的所有行动者以自己的权力所占有的资源数。

美国学者普特南对社会资本定义如下：

社会组织中诸如信任、规范以及网络等特点，它们可以通过促进合作的行动而提高社会的效率。换句话说，社会资本是处于一个共同体之内的个人、组织，通过与内部、外部对象的长期交往、合作互利而形成的一系列认同关系，以及在这些关系背后积淀下来的历史传统、价值理念、信仰和行为范式。

美国社会学家科尔曼从理论上对社会资本作了更全面的分析研究，在其《社会理论的基础》一书中，科尔曼将格兰诺维特和林南以及布迪厄等人的研究成果纳入自己的理论框架，对社会资本定义的界定、社会资本的特征、社会资本的功效、社会资本的表现形式等进行了系统阐释，提出了自己的"社会资本"理论。

他从结构和功能主义角度出发，将社会资本定义为：

人们在一个集体和组织中为了共同的目的而在一起工作的能力，它是在两个方面具有共同特征的实体，这些构成了社会结构的许多方面。在这种结构框架中，它们促进了行为主体(无论是个人还是公司)的某些行动。

普特南开创性地把社会资本这一范式应用到更大规模的民主政治和经济社会发展研究中。他认为：

社会资本是社会组织的特征，例如信任、规范和网络，它们有助于参与者更加有效地共同行动以追求共同的目标，提高社会的效率，能够提高物质资本和人力资本投资的收益，是全世界经济发展的关键因素．普特南的定义目前被各方面基本认同和普遍接受。

福山则认为社会资本是——

群体成员之间共享的非正式的价值观念、规范，能够促进他们之间的相互合作。如果全体的成员与其他人将会采取可靠和诚实的行动，那么他们就会逐渐相互信任。信任就像是润滑剂，可以使人和群体或组织更高效的运作……

福山的社会资本理论把社会资本结构纳入到文化的范畴，在突出文化传统对经济与社会发展重要性的同时，忽略了经济、政治和其他制度因素对社会结构的影响。

后来，经过罗纳德·伯特、波茨、林南等学者的一系列研究，社会资本理论和分析方法得到了进一步完善，研究重点集中于社会资本概念的界定、社会资本的特征、社会资本的功效等方面。

20 世纪 90 年代以来，社会资本成为许多学科关注的重要概念和分析工具。目前，社会资本理论已被广泛应用于家庭和青年行为问题、工作和组织问题、企业家和企业绩效问题、社会资本与科技创新、社会资本与民主、民主与政府治理、公民精神与公民社会、经济社会发展等社会学、经济学、政治学领域，并取得了显著的成果。

经济学视角的社会资本

随着经济社会学的兴起，社会资本的内容也变得日益宽泛，可用来指称推动经济社会组织成员间互利性的配合和协作的任何一种无形资源。

社会资本被认为是一种资源，即存在于社会结构关系中的资源，它体现为：①个人关系；②成员身份；③社会网络；④信任关系。

其中核心要素或基础要素就是信任关系。

之所以把这些要素均称作“社会资本”，一是因为它们存在于社会关系之中，二是因为它们可以带来增值，是无形资产：个人关系可以打通阻碍，减少运行程序，提高效率；成员身份可以享用组织或网络提供的内部资源；社会网络可以让其找到归属感或证明成员的社会存在，从而提升其信誉度；利用网络节点汇集而成的各种资源，可以最大限度提升交易速度；信任关系可以让其形成合作，降低交易费用，使交易顺利达成。

总之，社会资本能够创造价值，可以使各种资源要素得到增值。这里所谓“增值”，用新制度主义经济学的分析方法看，其包含两层意思：一是创造新的价值；二是减少交易费用，降低交易成本。

作为一种不可或缺的资本要素，社会资本具有如下实际作用：①推动市场交易制度的建立；②推动组织的创新；③推动经济社会主体之间的相互合作。

与物质资本和人力资本迥然不同，社会资本的最大特点在于可以提高投资于物质资本和人力资本的收益。

因此，社会资本类似于制度经济学中的非正式制度约束，只是一种能存在于人际关系网络中的公共品。社会资本产生与发展的基础在于网络社会，由之，社会资本成为现代网络经济社会中所独特的一种资本品种。

具体而言，社会资本主要涵盖三方面内容，即信任或信用、社会网络和规范体系。一般说来，经济社会的运行有赖于信任或信用，人际关系的持久也同样要靠信任来维持，没有信任，就不会有任何组织机构或网络的存在，也不可能社会结构的产生；而信任或信用的积累在很大程度上与制度和社会规范有关。在市场经济条件下，理性经济人是否选择诚信，主要由一定制度安排下的成本—收益原则来决定。

经济学家诺斯指出，经济史上的每次重大变迁都源于稀缺生产要素的更迭，比如，从游牧时代进入农业时代时，稀缺的生产要素是有限的土地；而在工业社会中，用于购置机器设备的货币资本是人们竞相追逐的稀缺要素。而当人类社会进入信息时代时，网络、计算机技术及广泛使用成为这一时代的显著特征，同时，网络也就成为稀缺要素。与此相适应，兼具网络与信息传递功能的社会资本（一个具体的表现形式为社会网络），就成为把“网络”和“经济效益”联系起来的新的资本形态。

那么，社会资本是通过什么途径来影响经济绩效的呢？

作为一种新的资本形态，社会资本主要是通过经济社会主体之间的反复博弈而逐步生产、积累起来的。社会资本能够增加交易的频率和次数，减少市场中的逆向选择和道德风险，有效降低交易费用和协调成本，实现网络效应，为参与者或交易者提供便利。比如，与“老客户”做交易的费用和风险要远远小于同陌生人交易的成本。

社会网络一个很大的特点就是信用附加，它可以赋予人们交叉交易、多边交易、多次交易、重复交易和互换交易的机会，成员从社会网络中会明显地获得溢出收益，这就是社会网络的优势及其吸引力所在。

与市场制度中的契约及企业制度中的产权相比，社会资本不仅交易费用低，组织费用也低。在节省费用的同时，还可以增进收益机会。因此，社会资本对经济绩效具有明显的倍增放大或乘数效应。

当然，任何事物的存在都需要一定的条件，若要使社会资本充分发挥效益，首先必须有一个假定前提，即所拥有的社会关系是一种社会交换网络，跟别人维持合作互动关系的主要目的是用来满足各自的需求。与商品交换不同，这种交换是主体与主体之间关系的交换。因此，这种交换就成为不同价值之间的延期交换。

由此可见，社会资本通过对人际关系的协调、对互动能力与合作潜力的开发，增加了物质资本和人力资本的收益，从而提高了生产效率和经济绩效。因此，对企业而言，社会资本的存在既是一种潜在的挑战，又是一个难得的机遇。厂商如果不能营造足够多的社会资本，就很难获得持续长期的市场成功。在这个意义上，每一个企业都应该寻求社会资本的最大化，深谙社会资本的营造和交易之道，以发挥企业的战略优势，占领市场经济的制高点。

社会资本具有生产性特点，能够通过促进人们的相互合作来提高社会总效率，同时通过相应的规范，如制度、政策、契约来促进社会公平。以社会资本作为均衡公平与效率关系的手段时，公平与效率被视为同等重要，没有先后次序，二者必须均衡，即以最小的不平等换取最大的效率，或以最小的效率损失换取最大的公平。

同样，将人们之间的社会互动与联系以社会资本形态作为调节手段，既保留财产所有权和个人自由，又存在政府对收入再分配的调节，二者互为补充，就能够有效地均衡公平与效率，实现经济社会的稳定增长。

社会资本强调人们之间非正式参与网络以及体现在这些参与中的规范，包括相互之间的信任、互惠、合作网络、公共精神、宗亲关系等。不同性质的社会资本对经济发展有着不同的影响。

为什么许多国家或地区在地理环境、气候条件、自然资源禀赋等方面有着惊人的相似，而经济发展水平却有着天壤之别呢？从经济社会学的角度来看，主要是因为他们的社会资本不同。

社会资本对经济发展的贡献主要体现在三个方面。

一是降低信息搜寻成本、交易成本和法律实施成本，产生溢出效应，促进资源的节约和配置效率的提高。比如，诚实合作和集体主义行为有助于社会资源配置效率的提高和经济的发展，这是对传统经济学的一个重要突破。传统经济学家用“公有的悲剧”来证明公有财产的无效率，但社会资本理论却认为，良好的人际关系和合作可以把“公有的悲剧”变为“公有的繁荣”。

二是社会资本理论把体现个人主义的利己动机与体现集体主义的利他动机有机地结合起来，使个人理性与社会理性、个人利益与社会利益有机统一，有效地体现了公平与效率的均衡关系。

三是提高社会资本水平有助于促进人们之间的合作、信任和互惠。美国学者福山在其著作《信任》中提出社会资本即人们在一个组织中为了共同的目的去合作的能力，拥有社会资本多的地方，能够形成较大范围的诚信关系和合作关系，致使社会成本降低从而导致其他交易成本降低。

福山还提出，社会资本不同的地区，其企业的成长度也不同。他把所有社会资本的核心归纳为“信任”，认为在低信任社会里，即信任只存在于血亲关系之内的，是很难发展成大型企业的。反过来，如果社会信任范围超越血亲关系的社会，它就具备了产生有效率的大型企业的社会基础。

社会学视角的社会资本

社会资本是从新经济社会学演化出来的概念，是与物质资本、人力资本相对应的新的资本形式，其研究对象包括制度、组织、文化凝聚力、人际关系和共有信息等，主要涉及上层建筑和生产关系等方面，国家的法律体系、道德水准、民主制度、先进文化、民族凝聚力等都属于社会资本的范畴。

亚当·斯密、大卫·李嘉图、约翰·穆勒、卡尔·马克思都强调社会制度与文化的作用。马克思在《资本论》里将“社会资本”称为“那些直接联合起来的个人的资本”。

在复杂的社会竞争条件下，社会关系和人们的信仰、道德、价值观等主观因素，都具有“资本”的功能，在社会发展中发挥着越来越重要的作用。

社会资本有两个特点：一方面它是隐性的，是一种无形的、渗透性的、难以转移的资本；另一方面，对于每一个受益者来说，它不需付出什么成本，是一种公共品。

20世纪七八十年代以来，随着社会学、新制度经济学、发展经济学的发展，人们逐渐认识到经济发展既有赖于物质资本和人力资本投入的增长，也受到制度设计和文化遗产的制约。并且，随着物质资本的日益丰富，制度与文化因素在经济发展中的作用日益凸显，文化与制度成为21世纪各国核心竞争力的重要组成部分。

社会学关于社会资本的界定是基础性的，实际上，社会资本以声誉、社会地位为符号，以社会规约为制度化形式。它是在物质资本、人力资本基础上提出的一种新型的研究社会网络的理论，它的出现说明了良好社会运行的机制不但要靠政府及其正式制度，而且还要有公共领域、社区意识与公民参与。例如，法国社会学家布迪厄对社会资本的界定，区分为经济资本、文化资本、社会资本。

布迪厄认为，社会资本是一个社会或群体所具有的现实或潜在的资源集合体，它主要由确定社会或群体成员身份的关系网络所构成。那么社会资本就变成了一个更加明确的概念，指所有有利于增进一个社会或群体共同收益并促成集体行动的社会规范和社会网络关系。

社会学研究认为，社会资本作为社会黏合剂，表现为人与人之间期望与义务的关系；社会资本具有公共物品性质，是具有使用价值的资源，但具有不可转让性；社会资本与其他资本一样，需要不断的投入与更新：个人、社会和政府通过适当的“投资”可以提高社会资本的存量；社会资本发生的前提在于个体是否愿意通过自愿连接的各种方式——市场、俱乐部、志愿者、协会、非政府组织等，来加入社区或一些组织并积极参与其活动。

社会资本是指建立在信任和互助合作基础上的社会关系网络，更多地着眼于一种社会关系、一种文化环境或背景，表现方式为组织合作。社会资本具有能够降低协调与合作成本、增加社会生产能力的特征，参加社团、社区、社交、非盈利性组织活动等，能够产生成员彼此之间的认同或相互信任的社会资本。不仅物质资本与人力资本能提高生产力，而且良好、合作的人际关系既促进社会资本的发展，也能产生更有效率的生产力。

社会资本有两种生成模式，其一是功利主义模式，即人们通常信任那些在活动过程中有利于他人而不求回报的人，对那些有利于公共利益以及利他主义者也会产生信任；另一种生成模式为家庭、教育、媒体，它有正反之分，比如家庭教育孩子做诚实的人属于正面教育，而暴力家庭、单亲家庭则会对孩子的成长造成负面影响。

政治学视角的社会资本

社会资本历来强调集体行为或组织行为的重要性，强调信任、规范和网络的重要性，它对社会稳定和社会政治发展具有重要意义。

政治学家对社会资本的研究主要集中在两个方面。

第一，从政治学角度界定社会资本的构成。社会资本被定义为三个方面的内容：①与公民信任、互惠和合作有关的一系列价值观念和态度（属于政治文化的一个部分）；②社会网络组织（将朋友、家庭、社区、工作、偏好、见解等生活联系起来的社团组织）；③社会结构和社会关系（将个人联系在一起的社会关系）。

第二，着重考察社会资本对于制度绩效和政治发展的关系。值得关注的是，罗伯特·普特南研究社会资本与政治行为的关系，以解释美国投票率下降的原因。其研究社会资本与制度绩效的关系，用以分析说明意大利南部与北部地区的经济社会差异。

尽管目前对社会资本概念尚存争议，人们对它的确切界定、它的可测量性和它的实际应用还没有达成一致意见，甚至有人认为它是一个宽泛、笼统的概念，没有实用性与针对性。但是，社会资本所提出的社会组织结构和社会信用的积极作用却得到了普遍承认。正如政治发展概念一样，它在20世纪50年代被提出来的时候，就引起了学界的广泛争议。直到今天，围绕它的争论依然没有平息，但是，这并不妨碍人们在这一概念之下和这一主题领域之内开展广泛的学术研究并取得富有建设性的运行成果。

从近年来学界的讨论情况看，社会资本也是一个具有广泛包容性的概念，它既被当作一个分析概念来使用，也被看做一种社会管理或社会治理的实用性根据的社会资本的一般理论。

一个社会（大到国家、区域性组织和国际性组织，小到社区、企业和自治组织）的社会资本构成和性质，影响着社会成员的个体和集体行为，也影响着社会的制度性安排和治理模式。从政治学的角度讲，社会资本的构成和性质与现实政治生活有着密切的关系。首先，社会资本作为一种社会资源，它的变化直接关系到一个社会资本总拥有量的变化；其次，社会资本作为政治权力的要素和基础，影响着政治权力主体在政治过程中的投入和产出。

此外，社会资本作为一种社会关系的存在，影响着社会成员的行为方式，“低水平的社会资本会导致一些政治功能失调”。

许多研究人员注意到管理的集权会产生一种过度僵硬、反应迟钝的政治体制，而管理的集权恰恰与社会自组织的发育不足、社会自治水平的低下有关系。有人已经把低水平的社会资本与特定地区地方政府的无效率和到处泛滥的腐败联系了起来。普特南《让民主运转起来》说，“公民社会的作用就在于平衡国家的权力，同时保护个体免受国家权力的侵扰”。

文学视角的社会资本

人文学是以观察、分析及批判来探討人类情感、道德和理智的各门学科和知识的总称。

人文一词的中文，最早出現在《易经》中贲卦的彖辞：“刚柔交錯，天文也。文明以止，人文也。观乎天文以察时变；观乎人文以化成天下。”

关于“人文”这个词的注解很多，宋代程颐《伊川易传》对此的解释是：“天文，天之理也；人文，人之道也。天文，谓日月星辰之錯列，寒暑阴阳之代变，观其运行，以察四时之速改也。人文，人理之伦序，观人文以教化天下，天下成其礼俗，乃圣人用贲之道也。”（见《伊川易传》卷二）一般认为，中国传统的人文概念是指人的各种属性。

到了近代，人文这词被用来翻译 Humanism，也就是人文主义，这个词是欧洲文艺复兴時期一些知识分子在超越和反对中世纪欧洲宗教传统的过程中，以古希腊、罗马文化为学习典范，以此回归世俗。这些人就被称为“人文学者”。

到 19 世纪的欧洲又有所谓的人文学课，20 世纪英美的大学里面也开始出现人文学科。人文学科的意思不是说人文的东西用一种科学的理论来解释，而是说对于人的各方面的一种求知、对于人的知识的一种探讨。

人文学注重人的欲望、感受、梦想、要求，更重视人的真实的情感传递。人与人的接近、交流、互动、同情、怜悯、悲愤，人与人的依存、信赖、互助，人的个体自由与集体意识、国家意识等，都可以发掘、组织和集合成强大的资本，消解个体的困境、群体的苦难和民族的忧患——集体达尔文主义。

美国还通过次贷危机，对免疫力较低的中小经济体来了一场赤裸裸的“达尔文主义”式洗劫。在美国看来，人口不足30万的冰岛是否重拾捕鱼之路并不重要，美国看重的是战略位置重要的东欧、中亚和反恐前线国家巴基斯坦。偏偏上述地区根本经不起次贷危机的冲击。

例如，经济高度依赖短线外国直接投资的东欧部分国家，在外资急速撤离之后，目前已经陷入了集体恐慌。由于经济实力不足，本国无法实施西欧式的大规模救市计划，匈牙利、乌克兰、塞尔维亚等国被迫向IMF求助，这就使得东欧经济加深了对美国的依赖。甚至哈萨克斯坦、土耳其和阿根廷这些中等国家也在向IMF下跪。

这就是当前国际金融生态下免疫力低下的中小经济体的悲惨遭遇。

此轮风暴过后，中小国家对美国的依赖将进一步加深，亚欧经济大国短期内仍难摆脱美国占优策略的支配，各国改变自己的全球化附庸地位依然任重道远。

目前，西方国家的社会资本流失得很严重，美国公民之间的相互信任程度越来越低，对政府的信任度也大大下降，从而使得人们对社会活动的参与热情大幅度降低。社会资本的流失导致一系列社会不良现象的产生，如犯罪、单亲家庭、离婚率上升以及非婚生子女的增加、对经济社会政策的抵制等。

有些学者用历史研究方法分析社会资本流失的原因，发现第一次工业革命以后以及以知识经济为标志的新产业革命以后，都出现了社会失范及社会资本的流失。

从最一般意义上说，分析社会资本与政治体系的关系，从理论上阐明社会资本对于政治发展的作用和价值，对于本土化的中国政治研究具有积极的现实意义。

社会资本理论向我们揭示，人类面临的许多社会问题仅仅凭借国家力量或市场力量都无法得到解决，通过宏观的国家调节或间接、昂贵的民主法律程序也不容易得到改善。相反，社群和社区的自我调节，结合国家和法律的权威可以产生良好的效果。所以，对社会资本的研究分析与实际应用，对构建我国“均富社会”具有重要的现实意义。

与此同时，通过组织行为使社会资本集合与发酵，可以最大可能地减少闲散资本的浪费和流失，可以最大限度地保障社会资本使用的正当性、合理性和有效性。

集合数学与大数法则

社会资本分散在民间，潜藏在公众。在某种意义上，它比政府、企业家更有力量。

从数学上说，它是集合数学和大数法则。

何谓集合数学？集合是近代数学中的一个重要概念，集合思想已成为现代数学的理论基础，与高等数学的许多内容有着广泛的联系，模糊数学所研究的各种对象都可以看作集合或集合中的元素，用集合语言可以明了地表述数学概念，准确、简捷地进行数学推理。

集合论的创始人是德国数学家康托尔。他的集合思想的主要特征包括概括原则、外延原则、一一对应原则和实无穷思想。

其概括原则用于造集，外延原则保证了集合的确定性，一一对应原则引出了基数概念，揭示了无穷集的本质特征。

三个原则的采用，使数学中引入了实无穷思想。

数学教师在教学中还可以运用集合思想建立数学概念系统，或在复习教学中帮助学生归纳、整理数学知识。对于数学学习来说，要帮助学生养成这样一种集合的思维习惯：善于把在某些方面有类似性质的对象（或满足某一条件的对象）放在一起视为一个集合，然后利用集合的有关概念或通过集合的有关计算来研究和解决问题。

只有深刻理解集合概念，明确集合中元素的属性，熟练地运用集合与集合的关系解决具体问题上下工夫，才能读懂用集合语言描述的数学命题，并顺利地用集合语言解答方程或不等式问题。

布鲁纳说过，掌握数学思想可使数学问题更容易理解和记忆，领会数学思想是通向潜移大道的“光明之路”。

上述列举含有丰富的集合智慧：

- 数形结合的思想；
- 分类讨论的思想；
- 等价转化的思想；

• 正难则反的思想；

……

数学公式的解析，揭示的思想十分明细和深刻，开启了一扇资本运行的智慧之门。

社会资本论借鉴的就是"集合数学"的思想。

在领驭国家发展的过程中，学会集合数学思想的挖掘、提炼和渗透，不仅可以帮助我们掌握资本的本质，驾驭问题的求解，而且对于开发民间资本的潜能，提高政府的整合能力，优化发展的经济结构，提高经济运行的整体效果，具有十分重要的意义。

社会资本论吸取的另一个数学精华是大数法则。

何为大数法则?

大数法则又称"大数定律"或"平均法则"。人们在长期的实践中发现，在随机现象的大量重复中往往出现几乎必然的规律，即大数法则。

此法则的意义是：风险单位数量愈多，实际损失的结果会愈接近从无限单位数量得出的预期损失可能的结果.

我们用掷硬币来说明大数法则，大家都知道硬币掷出人头和字的几率各是50%，可是实际上掷二次却很难得到人头和字各一次，那这个几率到底是如何得来的呢？以前有位数学家，掷了一千次，得出来人头和字的几率不是等于50%，他又继续掷，掷了五千次、六千次、一万次，发现得到人头和字的几率愈来愈平均，也就是50%。

使用大数法则来确定金融衍生品的大众接受程度，可作如下思考：全世界的人那么多，有60多亿人口，有哪些人可以作为我的人脉关系呢?许多人都会提出这个问题。

首先，你必须有一个目标定位，然后，决定找哪些类型的人，当这些目标确定之后，就找一个简单的方法，贯彻始终。这个方法不是别的，就是使用"大数法则"——概率论。此一法则的意义是：在随机险象的大量重复出现中，往往呈现几乎必然的规律，它的精神实质在于观察的数量越大，预期损失率结果越稳定，所以，大数法则是市场预测精算中确定费率的主要原则。比方说，国家统计局会告诉你某个产品全国每年有多少人消费，多少人重复消费，什么年龄，什么原因，什么性别，什么国籍，误差只有0.1%。

民间资本登堂

中国的居民储蓄率很高，数十万亿的资金，像一群群“知了龟”（蝉蛹），只能在地下活动。

虽然中央推出4万亿经济刺激计划，各省还有更多资金的配套，但事实证明，政府投资对经济的拉动有限，如果没有民间资本带动，不仅经济增长乏力，还会增加财政赤字。

国际上的通行经验是，1块钱的政府投资可带动5块钱的社会资金，这意味着拉动经济，更多要靠政府想办法来撬动民间投资。

但我们现在对民间资本的限制还有很多，许多允许外资进入的领域，比如银行、证券、保险等，至今还对我们的民间资本紧闭或只开一小扇门。在公共基础设施的建设上，各地政府也习惯于把工程交给国有大型企业，民间资本难有作为。种种或明或暗的限制，就成为中国民间资本无法进入的“玻璃门”。

2008年开始，上海、浙江等长三角地区相继宣布，高速公路建设放弃之前“经营性公路”的投融资模式，转而全部改为政府投资，政府收费。此外长三角不少高速公路属于民营企业的股权，正在被地方政府逐步收回。在政府资金投入希望撬动民间资本的背景下，出现如此“官进民退”一幕，让人心生感慨。

2005年2月，国家出台的旨在促进民营经济发展的“非公经济36条”中，明确提出允许非公有资本进入公用事业和基础设施领域。在此次中央和地方抛出的数额不菲的投资大单中，从目前公布的项目中涉及的行业和企业来看，民营企业仅获得10%的份额。在这波投资热潮中，政府和国企拿到了绝大多数资源和优质项目，民间资本再次被边缘化趋势已经越来越清晰。

在2008年达沃斯论坛上，可以深切地感受到全球私募股权投资的巨头们对中国市场的浓厚兴趣，在给他们机会的同时，也应给我们自己的民间资本同样的机会。

允许成立小额信贷公司是“只贷不存”，手里盘子不大，作为也必然有限。

应该鼓励和允许成立民间信贷银行，互助银行和离岸银行。

信贷银行是发挥民间商业投行功能，在利率与服务方面与国有银行展开竞争。

互助银行是允许民间信贷机构互相拆借、货币互换、利率互换，发挥更大的效益。

离岸银行是民间资本在国外避税国家或保税区成立银行，进行非居民的国际融资和金融后台服务。

对民间信贷机构进行培训辅导，帮助他们成长是当务之急。

民间资金的过剩量很大，而希望获得民间贷款的需求量很大，希望通过"钱生钱"手段获利的人数量就更大。

这就是地下钱庄屡禁不止的原因。

福建龙岩市公安局公布了3起因资金链断裂、犯罪嫌疑人卷款潜逃的特大非法集资案。非法集资者往往编造高收益"神话"，以入股矿山、房地产开发为诱饵，非法吸纳亿元个人资金。当公司资金链断裂，便卷款潜逃。

龙岩市警方指出，非法集资案中，犯罪嫌疑人通常采用"高额回报"为诱饵，从亲戚、朋友、同学以及本单位同事处募集资金，用"拆东墙，补西墙"的方式延长集资款支付周期，在资金链断裂情况下，卷款潜逃。

与龙岩、南平相比，身处沿海，经济较发达的闽南地区，民间集资方式早已成型。

据了解，在泉州地区，民间借贷的利率标准主要依据借款人的实力、信用和借款时间长短而定。对实力较强、借款时间在半年以上的，月利率一般在1%至1.5%之间；对实力较差或借款用于周转银行贷款和临时性需要的，月利率一般在2%至3%之间，极个别的达到5%的水平。

随着民间借贷的发展，社会上出现了一个靠放贷为生的"食利阶层"。由于政府征地，陈明亮(化名)在22岁时就有了近100万元的身家。拿着征地款却无所事事，陈明亮开始了放贷生涯。据他描述，经中间人担保，他把70万元借给了当地一制造企业，20万元参与了民间标会。同陈明亮一样，这个阶层的大多数人，拥有百万元或者更多的现金，他们自己不从事实业经营，依靠放贷的利息为生。

"这些人，没有法律风险意识，一个担保人，一张收据，甚至连收据都没有，就把上百万元借出去。"曾经帮过不少"食利者"追款的一位律师表示，放贷人为了追逐高额利息，通过各种途径"求"人家接受贷款。由于法律意识淡薄，他们通常陷入被动。

"龙岩金融第一案"至今仍是龙岩市民茶余饭后的谈资。据坊间传闻，这是迄今为止当地涉及金额最大的非法集资案。30 多岁的郭某从 2007 年开始，以投资矿产、房地产等名义，向数十家企业和个人集资近 5 亿元(有说法是 9 亿元)。由于还不起高额利息，前年年底郭某"失踪"。据了解，郭某旗下有房地产、矿业等多项产业，在召集集资时，通常以某贸易公司为担保人，在他名下非直接注册的公司有二十多家。

一名参与此案的集资方委托人至今仍然不明白，仅凭一张收据，为什么会有那么多的人敢于把钱交给郭某。据该委托人介绍，其当事人在前年年中借了郭某 2 000 万元用于投资矿产，承诺的利息是三分(每月可得利息 60 万元)，一年后归还本金。但一年未到的时候，郭某已经人间蒸发。

据了解，参与该集资的多是依靠煤矿发家的企业，甚至部分政府官员也牵涉其中。由于闽西地区有紫金矿业的财富神话在先，这些集资者或许是希望能借郭某之手，获取高额回报，缔造另一个财富神话。

至于郭某到底跟多少人借了钱，这些钱又去了哪里，目前还没有答案。一位自称是郭某好朋友的人士描述："他跑路的时候身上也没钱，谁也不知道那些钱去了哪里，可能是投资失误，血本无归。"

加强对民间信贷的监管的问题值得重视，重要的是要找到消弭祸患的渠道。

最好的方法是放开民间投资渠道。与其让"蝉蛹"在地下活动，莫如让他们走出地面，长出翅膀，爬上树去，引吭高歌。

如果用涓涓泉细汇成溪流形容民间闲资，那么政府应该建立合法的契约性的"大水库"，让它们有逗留的地方并获取合法投资的"溢出效应"。

在金融危机面前，银行倒闭和金融机构出现问题，生产和消费两头"闭门"，货币市场高度通缩，此时更应发挥民间资本"百万雄师"的力量。

IMF 前总裁卡恩指出，在全球金融危机面前，深受其害的发展中国家应该大力动员私人资本，以弥补资本市场的严重流动性不足。

在动用了 1 万多亿美元救援资金仍然难挽颓局的情况下，美国政府再次把目光投向私人资本，采取了一系列措施。据法新社报道，美国政府剥离银行不良资产的计划包含三大要素。

(1)通过财政部、美联储和联邦存款保险公司的投资基金吸引私人投资者。

(2)确保参与计划的私人投资者与政府共担风险，同时政府也将与这些投资者分享收益。为了得到尽量多的投资，盖特纳表示，项目基金对所有投资人开放，包括抚恤基金。

(3)为了保证政府不花“冤枉钱”，不良资产及证券的定价将由私人投资者主导，以充分发挥市场的力量。

不难看出，私人投资将是此次剥离计划的重要力量。

很显然，要彻底把不良资产从金融机构中搬走，动用的资金数额将十分惊人，能否吸引私人投资者参与是关键所在。按美国财政部的构想，引入私人投资者的原因是希望能为这些毒资产定出合乎市场供求关系的价格，不会浪费纳税人的金钱，也不会损害银行的利益。

剥离计划的关键一点是如何给不良资产定价，因为这些资产早已不在市场上流动。私人投资者不想多付钱，银行不想吃亏，政府则把讨价还价的工作留给他们去进行，一切遵循市场经济的规律。

借助民间的力量，让问题化解于私人资本，这是美国政府的传统经验。

历史上四次大的的金融危机，美国都把私人资本的救赎作为危机处理的最后力量。

1837年的经济恐慌

1837年，美国的经济恐慌引起了银行业的收缩，由于缺乏足够的贵金属，银行无力兑付发行的货币，不得不一再推迟。这场恐慌带来的经济萧条一直持续到1843年。其中的原因是多方面的，但主要是因为：贵金属由联邦政府向州银行的转移，分散了储备，妨碍了集中管理；出于英国银行方面的压力；储备分散所导致的稳定美国经济机制的缺失等。

范布伦于1836年竞选总统获胜，进入白宫之前，就已经发现不少严重的问题。他沿袭了安德鲁·杰克森的金融政策，也成为1837年经济大恐慌的最大原因。

1837年，当马丁·范布伦担任总统后，许多银行都面临很大的问题，有些准备歇业、业绩下滑、还有成千上万的人失去了自己的土地，让这个年轻的国家遭逢了有史以来最严重的经济衰退。最终造成了美国持续 5 年的经济危机。这就是史称“1837 年的经济大恐慌”。

即使国家遭逢经济危机，范布伦仍然忠于汤玛士·杰弗逊与安德鲁·杰克森的政治哲学，认为联邦政府只能掌握有限的权力，也拒绝倾听那些认为联邦政府应该透过国家新设银行、借以稳定并控制国家衰败经济者的言论。

他唯一愿意做的事情是将联邦基金从各州银行移至独立基金，但这举动并未能发挥效果、解决经济混乱的问题，因为上述问题和其他许多不同的因素，范布伦在 1840 年参与竞选时，被彻底地击溃。

后来的继任者威廉·亨利·哈里森吸取范布伦的教训，在“政府失灵”情况下转向“私人投资”以提振民心。通过减税、降息、资源优惠等一系列措施，扶持大公司的成长。

于是，诞生了后来的宝洁、IBM、通用电气、通用汽车、联合技术公司、联邦快递六大公司，成为美国经济的领头羊。

1848 年，美国经济开始复苏，不久因加州发现巨大旧金山金矿而迅速好转。

1907 年的银行危机

1907 年银行危机始于当年 10 月，美国银行危机爆发，纽约一半左右的银行贷款都被高利息回报的信托投资公司作为抵押投在高风险的股市和债券上，整个金融市场陷入极度投机状态。害怕失去资本的股民排着长队提现，银行兑付告急。

在政府动员下，摩根开始了他蓄谋已久的计划，首先拿出 3 000 万美元托市，赢得一片叫好。一周后，又将纽约金融圈子里商业银行家悉数请到他的图书馆，商讨拯救田纳西矿业和制铁公司的计划。

在《反垄断法》的制约之下，摩根始终对这块大肥肉无法下嘴，而这次危机给他创造了一个难得的兼并机会。银行危机使大批企业倒闭，失去一生积蓄的成千上万愤怒的人民形成了巨大的政权危机，老罗斯福不得不借重摩根的力量来稳定大局，当摩根拿到总统批准书时，距星期一股市开盘仅剩5 分钟！

纽约股市闻讯大涨 。形势接着扭转。

1929 年经济大萧条

1929 年 10 月 24 日华尔街股市掉落到谷底。随着股市以平均每天 18 点的速度狂泻，惊慌失措笼罩了华尔街。由于投机者们蜂拥着争取在股价跌得更低之前卖出手中的股票，股票行情自动收录机已跟不上股市迅速下跌的行情。紧接而来的大萧条，“使一半人像狗一样生活”。

罗斯巴德 1963 年在《美国大萧条》一书中提供了他的解释，轻易地推翻了传统的想法。他认为，华尔街股市下跌之所以那么严重，并不是因为充满了劫掠的资本主义体系没有得到限制，而是因为政府始终通过扩张信贷，进行通货膨胀的方法使繁荣人为地延续下去。股票市场持续下跌，现实经济每况愈下，并不是因为政府干预得太少，而恰恰是因为它干预得太多了。他认为，20 世纪 20 年代的时代精神就是让政府去计划、去干预、去安排、去刺激经济，到了 30 年代更是如此。胡佛总统正是因为在战争中成功地执行了救济计划才获得了世界范围的声誉，他也因此在整个 20 年代成为管理经济问题的高层官员，直到 1929 年他正式入主白宫，首先为已经过热的经济注入更多的信贷，随后，当泡沫爆裂，他通过自己的权力，竭尽全力组织政府拯救经济。

富兰克林·德拉诺·罗斯福的政府相对于赫伯特·胡佛的政府只有两个重要的不同：它在管理公共关系上更加成功，它花费了更多纳税人的金钱。在罗斯巴德的眼里，正是胡佛—罗斯福时期的政策才使经济衰退更加严重，正是他们的政策使得经济萧条一直延续到 30 年代末。大萧条不是资本主义的失败，而是过度积极的国家造成的失败。

1987 年华尔街大崩溃

因为财长贝克“如果联邦德国不降低利率以刺激经济扩展，美国将考虑让美元继续下跌”的一句话，1987 年 10 月 19 日变成黑色星期一，“金元帝国”之都华尔街掀起了一场震惊西方世界的风暴：纽约股票交易所的道·琼斯平均指数狂泻 508 点，6 个半小时之内，5 000 亿美元的股票面值烟消云散。标普指数下跌了 20%，一夜间，无数投资者被深深套牢，并陷入了痛苦境地。

翌日，美国各类报纸上，“10 月大屠杀”的通栏标题压得人喘不过气来。不断恶化的经济预期和紧张的中东局势，造就了华尔街的大崩溃。这就是“黑色星期一”。

里根总统在白宫椭圆形办公室里听取了有关股市动荡的汇报后，下令有关要员立刻同经济专家组成特别工作小组。

先稳住阵脚再说。总统走出通向南草坪的大门口，对早已等候着的记者们大声说："我看大家不必惊慌，所有经济指标都很健康！"

星期二清晨，在华盛顿，联邦储备委员会主席格林斯潘终于捱过了1987年夏天走马上任以来最漫长的失眠之夜，他抢在华尔街开盘之前，宣布了中央银行保证向全国各商业银行提供充足资金的决定。这步棋同1929年中央银行在紧急关头收紧信贷的步骤刚好相反。

贝克财长的助手争分夺秒地给企业界巨擘们挨个拨电话，唯恐他们中的某位漏掉了这条消息。"定心丸"立刻奏效。两家主要商业银行随即宣布降低优惠利率。中央银行的承诺，使那些在华尔街股市挂牌的许多企业重树信心……

白宫决策性的会议在紧锣密鼓之中。格林斯潘和贝克都奉劝总统尽快同意增加税收。危机到底迫在眉睫。总统终于作出让步，答应就增加税收和削减财政赤字问题尽快同国会两院领袖会晤。

此后，华尔街的道指出现明显反弹，与此同时，伦敦、东京的股市也都有所起色。华尔街的风暴暂时过去了。

纵观美国历史上四次大的金融危机，除1837年范布伦过于书生气和1929年胡佛总统干预过多之外，其他领导人都把私人资本作为拯救危机中的一根重要支柱。

奥巴马政府与私人投资者合作的重要之处还在于它涉及下一项计划的开展。接受《华尔街日报》采访时，盖特纳表示金融体系得以稳定后，将推进此前的一项计划，向银行注入资金、启动消费和小企业贷款，并帮助一些房主偿还抵押贷款，从而帮助整个市场恢复。

在借助私人资本拯救半壁金融江山这一点上，奥巴马这一次可谓发挥到极致。

天使投资展翼

VC和PE这两个英文单词已经成为我们生活中的一个热门话题：投资。

投资是银行的基本行为，亦是机构从事资本运营的重要手段。不过，VC和PE还是有本质的区别，前者属于风险投资，后者则是天使投资的一种。

当我们了解到金融垄断资本的种种劣迹，我们更看重天使投资，创业早期的投资，橙色的投资。

在美国，如果你有300万美元，理财分析师会这样向你建议：100万美元用于固定资产的增加；100万美元用于适度购买股票、债券、期货或收藏品，还有100万美元你给最需要的种子期的创业者吧，你帮助一个人获得成功做了一件善事，同时也可能获得10～30倍的回报。

更重要的，你还能获得一个具有公众价值的名衔：天使。

"天使"(Angel)一词最早诞生于19世纪的纽约百老汇，是指为获得与所倾慕的戏剧演员亲密接触的特权，而对风险颇高的戏剧创作提供资金的人士。由于当时的那些投资者主要是基于对艺术的支持与爱好而投资，因此公众尊称他们为"天使"。20世纪80年代，美国新罕布什尔大学的风险投资研究中心，首次把具有一定闲置资本的个人对在种子期、具有巨大发展潜力的技术项目或初创企业进行的权益资本投资，统称为"天使投资"(Angel Invest)。

所谓天使投资，是指个人出资协助具有专门技术或独特概念而缺少自有资金的创业者进行创业，并承担创业中的高风险和享受创业成功后的高收益。

天使投资属于风险投资的一种，是个体投资者或代理投资者直接对原创项目构思或小型初创企业进行的前期投资，一般投资额在100万美元内。

天使投资与其他机构投资共同构成了现在的风险投资系统。

天使投资有广义和狭义之分，广义天使投资资金包括创业者亲朋好友的投资额和专门从事天使投资的投资人的资金，而狭义的只包括从事天使投资事业的天使投资人的投资额。

同样，广义的天使投资人包括创业者的亲朋好友和职业天使投资人。而狭义的天使投资人是指职业天使投资者。

天使投资人是指以自有财富投资于具有巨大发展潜力的初创企业，以帮助创业者或者以期带着丰厚利润退出的投资者。

起源于美国20世纪初的天使投资，今天依然在全球范围内流行，很多国家的新兴产业，比如互联网产业的发展都离不开天使投资的环境。在过去的20多年中，天使投资的市场规模，随着美国经济的增长和创新科技驱动的创业企业一起迅猛扩展。从1996年开始，由天使投资者投资的创业企业数量以每年35%的速率增长。在美国约有300万天使投资人，每年的投资总额是创业投资的两倍。

西方国家的实践及研究表明，在企业成长早期阶段，非正式途径融资远高于正式渠道。其中天使投资的贡献非常大，活跃的天使投资人的数量也在快速增长。据来自美国权威天使协会的统计，从1996年开始，由天使投资人投资的企业数量，每年以35%的速率增长，总增长率约为236%。在2000年，天使投资人对创业企业共投资687.56亿美元，远远超过机构风险投资行业的投资总量。目前，全美国每年有400亿美元天使资本投入5 000家初创公司，大约有300万人有天使投资经历，其中大约有40万人为稳定的天使投资人。而在欧洲，天使投资的力量也不容小觑。欧洲区的积极天使投资者有12.5万人，潜在天使投资者更高达100万人。英国存在的天使投资基金达到30亿欧元，荷兰、芬兰和爱尔兰的相应数字分别达到15亿、3亿和2亿欧元。建立在人口估算基础上的预测显示，欧洲天使资金规模在100亿到200亿欧元之间。

天使投资分为两种:直接融资和资源投资。

直接融资是天使投资最为直接的一种投资方式，它由富有的家庭和个人直接向企业进行权益投资，是创业企业最初形成阶段(种子期)的主要融资方式。

资源投资是指给创业者提供资金、管理经验、渠道、人脉等。天使投资者不仅向创业企业提供资金，往往还利用其专业背景和自身资源帮助企业获得成功，这也是保证其投资的最好方法。

天使投资的特点如下。

个人行为，程序简单。天使投资一般以个人投资的形式出现，其投资行为是小型的个人行为，对被投资项目的考察和判断程序相对简单，时效性更强；

程序简单。不像一般投资公司需要严格的考察，评估、审计、烦琐的程序与等待的课程。

小额投资。天使投资者一般只对规模较小的项目进行较小资金规模的投资。

早期介入。投资者对投资对象的介入往往在种子期,萌芽期。

天使投资是产业链较弱的一环。

美国的天使投资有很长的历史。远在1874年,贝尔就作为天使投资人投资创建了贝尔科技,并造就了如今庞大的电信帝国;1903年,5个天使投资人给亨利·福特投资了4万美元,才有了今天的福特汽车王国;现在的苹果电脑、亚马逊网络等国际知名公司最初的启动资金也是来自于天使投资者;而今正如日中天的谷歌在早期创业阶段也曾经获得过天使投资的支持。

过去20年,美国每年有超过60万家小企业诞生,小企业雇佣近60%的劳动力、占有全国销售总额的54%、国民生产总值的40%、私人部门产量的50%、所创造的重要革新比大企业多一倍以上。小企业的繁荣成为美国20世纪90年代经济保持稳健增长(年均增长3%)、低通胀和低失业率(低于5%)的重要因素,其中天使资本功不可没。美国每年大约有25万天使投资者向约3万个初创企业提供资金,资金总额约200亿美元,每个小企业平均融资量约66万美元,每个天使投资者投入约8万美元。这大致相当于机构性创业投资基金年投资量的2倍,等于获得创业投资的小企业数量的15倍。

在美国,天使投资风气已经形成,天使投资人和天使机构已经成熟。根据美国证券交易委员会(SEC)的规定,只有身价超过100万美元者才有资格跻身天使投资人的行列。美国的天使投资人主要由成功的企业家、大公司主管、富有的演员、体育明星、医生、律师、会计师等富有的中产阶级人士以及成功的创业者组成。这些人平均年龄约在48～50岁,其中约97%为男性;大多数天使投资者受过高等教育;80%～94%的天使投资家具有本科学历;另外有42%～56%的人具有研究生学历。

大部分美国天使投资人都喜欢特立独行。但是近年来,美国天使投资已经普遍开始采用天使投资联盟的方式进行运作,天使投资和创业投资之间已经形成了良好的产业链关系。天使投资人一般以团体的形式集合在一起，每个投资团体大约平均拥有 85 位投资人会员，每个团队每年的投资额大约为 200 万美元至 500 万美元，一般一个创业企业可以从天使投资团体获得 35 万美元的投资。目前，美国活跃着约 150 个正式的天使俱乐部。其中 Keiretsu Forum（天使投资论坛，简称“KF”）最大，它是一个集资本、资源和项目流于一体的网络机构，由合格的私募股权投资者、风险投资资本家和公司、机构投资者组成，在北美地区已设立 9 个分会，被认为是一个为了共同利益、围绕私募股权投资而组织起来的个人或是小型公司的联合体。论坛成员重点关注新兴科技、生命科学、医疗保健、生物科技、房地产等领域的投资机会，同时关注任何具有高增长潜能的行业。目前，该论坛 70% 的投资投向了技术性公司，30% 投向了寻求非技术机会。2006 年，美国天使投资论坛首次走出北美地区，在北京设立分论坛，为中国中小型企业提供一个新的融资平台，并致力于支持中国自主品牌的发展。

在美国每年发生的 70 多万笔投资交易和 560 亿美元交易额中，天使投资约占 300 亿美元。这其中大约有 20 亿至 40 亿美元的资金被直接投入到种子期和创始期的融资企业中。每年有 50 多万家公司从天使投资者市场获得资本。

天使投资和创业投资之间已经形成了良好的产业链关系，天使投资和机构创业投资已经开始平分天下。根据美国小企业局比较保守的估计，美国的天使投资者约有 25 万人，每个天使投资者平均投资额为 80 万美元，每年投资额达到 100 亿至 200 亿美元，投资企业达 3 万个，天使投资资金总规模约为机构投资的 2～5 倍，接近非金融企业 IPO 的筹资总额。天使投资项目总数约为机构投资的 20～50 倍。

据美国天使投资协会的统计，从 1996 年开始，由天使投资者投资的创业企业的数量以每年 35% 的速率增长。从投资总额上讲，天使投资已经占到了风险投资总体的 40% 至 50%。根据道琼斯所属研究机构 VentureOne 及安永会计事务所公布的季度报告显示，截至 2006 年 9 月 30 日，2006 年第三季度风险投资商共投资了 611 笔交易，共计 63.6 亿美元，其中有 38% 的资金都投给了种子期或者初期的创业项目。

美国的天使投资市场之所以发达，跟美国的社会结构、生活习惯及理念息息相关，当然也离不开政策的鼓励和民众的支持。

首先，美国是一个富有的社会，拥有众多的天使投资者。1990 年，美国消费者财富总值是 8.2 万亿美元；到 21 世纪初，这一数字约增加到 9.8 万亿美元。在美国，拥有 50 万美元以上净财富的家庭有 260 万户。其中，拥有 50 万美元净财富的家庭有 170 多万户；拥有 100 万至 500 万美元净财富的家庭大约 67.2 万户；拥有 500 万至 1 000 万美元净财富的家庭大约有 9 000 户。当然，有钱人不一定都能成为天使投资者。除了有钱外，天使投资者还具备了以下某一种或某几种素质：有精明的经济头脑，有一定的投资经验或企业管理经验，有对创业者的同情和关爱，有积极参与、敢冒风险的精神。1992 年，美国拥有 100 万至 1 000 万美元净资产的富人，将自己资产的收益升到 80%以上。当然，这 80%的权益资本投资并非都是天使投资。其中相当一部分是持有上市公司的股票，进行天使投资的部分约占他们财富的 5%～10%。

其次，在美国，创业行为已成为一种社会潮流。大约有 1 600 万名美国人在从事某种企业的创业经营活动，这批创业者约占美国非农业工人的 13%。如今，每三户美国人中就有一户已经或试图开创一家小企业。众多的创业者，使整个美国社会形成了巨大的融资需求。同时，美国人崇尚创新的生活理念拉近了创业者与财富持有人之间的距离。在美国，创新的思想和环境比较好，只要创业项目的模式足够好，团队的能力突出，就不用担心天使资本不降临。

再次，政府的推动功不可没。美国天使资本市场经历了一个由区域性向全国性发展、由自发组织走向政府导向的过程。从 1996 年以前的 20 年时间里，美国以东、西海岸为首的区域性天使资本市场发展迅速。位于硅谷和波士顿 128 号公路两个高科技产业带的天使投资者、机构性创业投资基金和本地大学（尤其是斯坦福大学和麻省理工学院）之间形成了非常紧密的联系，进而发展成为独特的创业环境，即知识服务提供商（如银行、律师行、会计师行）和投资者、创业者群体之间相互依存，共同参与技术创业活动。上述各方开始时建立的是非正式的联系，后来创办了正式的区域性网络。1996 年 10 月，以克林顿总统为首的联邦政府建立了天使资本电子网，由于具有典型的制度创新特点而被认为是新型的全国性股权报价市场，重点弥补初创企业在 50 万美元至 500 万美元的资金缺口。2000 年 4 月，天使资本电子网经过接近 4 年的运作之后，通过严格的认证程序被改造为非牟利机构，大大推动了天使投资的发展。

VC 完整的产业链体系，是从种子期的天使投资及孵化器、到早期投资的创投基金（VC）、成熟期及后期投资的私募基金（PE），然后到投资银行、收购基金（Buy-Out），最终由完善的证券及并购（M&A）市场接手。

中国的 VC 大军们，往往缺乏产业链的“上家”（天使投资）培养及传送的优质项目，市场越来越呼唤天使投资。

由于天使投资是风险投资的一种，天使投资市场是风险资本市场的一个子系统，与机构风险资本是互补关系，创业企业从天使资本市场获得初创资金，将来才更有可能从更加正规的风险资本市场获得融资。美国天使资本系统（ACE-net）中受访的风险投资家无一例外地表示只对提交的融资方案的 1%～4%提供融资，而且几乎不对未经天使投资人推荐的企业提供融资，可见一个健康的天使资本市场对创业资本市场的繁荣之重要。

和风险投资一样，天使投资具有“三高”特征。

(1)高科技，投资对象多为处于种子期和初创期的中小型高新技术企业，投资目的不是项目本身，而是高新技术背后所潜在的巨额利润。

(2)高风险。天使投资从投入到退出一般需经过 3～7 年，具有较大的投资风险。在美国，有超过 34%的天使投资是亏损的，还有 13%的天使投资处于盈亏平衡的状态，只有 23%的天使投资的盈利高达 50%。

(3)高回报，每年的投资回报率约在 30%左右。硅谷电脑系统公司创始人康威先生 1993 年以来进行了 30 多次天使投资，每次投入 5 万至 15 万美元，最快的收益在 60 天内翻了 4 倍。

由于天使投资被称为“非正规”风险投资，是风险投资的先锋。当创业设想还停留在创业者的笔记本上或脑海中时，风险投资很难对其进行投资。此时，一些个体投资人对创业者的设想倍加青睐，进行投资。有投资专家将投资对象比作学生，风险投资公司着眼大学生，机构投资商青睐中学生，而天使投资者则注重培育萌芽阶段的小学生。

表 11-1 天使投资和风险投资的区别

	天使投资	风险投资
金融性质	直接金融(将自由资金直接投资于企业)	介于直接金融和间接金融之间(资金来源于其他投资者)
投资主体	个人或机构	专业化的风险投资机构
投资阶段	项目种子期、初创期	企业发展、成熟期
投资目的	经济回报,社会责任感,成就感	经济回报
投资规模	一般不超过 100 万美元(5 万美元到 50 万美元)	500 万美元以上
投入方式	一次性投入	多次追加
投资偏好	十分广泛	主要是高科技企业
审查程序	投资人主观判断	专业机构严格审查
参与程度	提供资金、管理经验、社会资源等多方面支持	仅提供资金支持
决策时间	决策快,程序相对简单。 在美国,找到并与天使见面需 1 个月,第一次见面到获得资金,需 2.5 个月	找到并与天使见面需 1.75 个月,第一次见面到获得资金,需 4.5 个月
投资成本	低(自由资金,与风险企业有一层代理关系)	高(双重代理)
预期风险和收益	注重代理风险,预期收益 32.5%	注重市场风险 预期收益 40%
退出方式	更多通过私人市场出售	IPO 或者大金额并购

由于天使投资并非正式的风险投资,因而大多是民间的、小型的、隐蔽的和非正规的投融资方式,它是风险投资的一种特殊形式,是自由投资者或非正式风险投资机构对原创项目构思或小型初创企业进行的一次性的前期投资。它的民间性、自发性、个体性使它独立于风险投资和其他投资行列。

总之,与风险投资相比,天使投资的投资额度偏小,投资期偏早,投资决策更快,承担风险更大,一旦投资成功,其投资收益更高。

中国最早的天使投资起源于 1986 年开始实施的“863 计划”和 1988 年开始实施的“火炬计划”,这是两个由政府主导的投资于种子期的天使投资计划。为了促进科技成果转化和技术型企业的创立与发展,1986 年《中共中央关于科技体制改革的决定》明确指出,“对于变化迅速、风险较大的高技术开发工作，可以设立创业投资给予支持”。我国第一家创业投资公司—中国新技术创业投资公司随即于1987年9月正式成立，拉开了中国创业投资先期探索的序幕。

如果说政府的推动仅仅是个起步的话，中国天使投资的真正诞生则得益于互联网、高新科技企业的兴起和国外创业投资机构的进入。20世纪90年代，随着高新技术产业开发区的建立和发展，中国创业投资进入初步兴起阶段，科技主管部门纷纷设立科技风险基金，官方半官方的创业投资基金或创业投资公司相继设立，境外创业投资也开始进入中国市场。

1998年“两会”期间政协一号提案明确提出了发展“风险投资”的建议。1999年8月，《中共中央、国务院关于加强技术创新、发展高科技、实现产业化的决定》的推出，极大地鼓舞了各地政府和民间发展创业投资实业的热情，中国创业投资从此进入全面加速发展的新阶段：各地政府大量出资创办高新技术创业投资基金或投资公司；境外风险资本加快进入中国市场；民间资本也逐渐开始启动。

2000年的三四月期间，美国硅谷的互联网泡沫破灭，风险投资机构开始关注中国和印度市场科技领域的投资机会。2005年底，民间积累的限制资本高达101 617.65亿元。浙江拥有8 300亿元的民间资本。2005年底颁布，2006年3月1日正式实施《创业投资管理暂行办法》，旨在规范创业投资企业的投资运作，促进创业投资尽快发展成为专门行业，通过制度创新，为创业投资行业提供法律保护，并方宽了投资额限制。2006年1月1日出台的新《公司法》，2006年6月的中国青年创业小额贷款项目，都在降低创办创业企业的门槛，创业贷款申请等方面做出了相应调整。

目前，我国大约有创业投资公司600余家，注册资金超过1 000亿元，初步形成了以北京、上海和深圳为中心的区域性创业投资中心。国外的风险投资机构在众多利好因素的驱动下大批进入中国，中国风险投资研究院(香港)的研究显示，境外风险投资机构投资额张中国风险投资总额的55%以上，成为主力军。大牌机构如美国的IDG、日本的软银收益率高达20%以上，而且大都投资于高科技产业。

然而，由于政策环境的敏感性，产业/行业投资定位不准、民间资本参与不够、缺乏政策法律支持、退出渠道、专业人才、社会信用体系和服务机构等因素影响，本土创业投资没有得到长足发展。

在观念上，天使投资仍是一个新事物，但在实践中这种经济行为早已存在。改革开放以来，在国内通过个人奋斗，积累了一定财富且具有经济头脑的社会阶层已经形成，另外外资公司的代表或者高级管理者、外国人、海外华侨和海归人士等，都有意无意地已经从事了天使投资的事业。

很明显，天使投资在国民经济发展中起着非常重要的作用。但这一投资形式目前在中国微乎其微。当前国内风险资本的主要来源仍是财政科技贷款和银行开发贷款，近几年成立的科技风险投资公司的出资方主管机构仍主要是政府财政和政府部门。这种单一狭窄的资金来源直接导致了我国风险资本增长缓慢，远远满足不了需要。

民间资本进入风险投资领域已经成为推动我国风险投资业发展的引擎。我国现在存在大量民间资本，目前业诞生许多小额信贷公司和投资担保公司，但由于投资渠道狭窄，不能吸储，金融规模有限，运营天地受缚。目前活跃的仍然是地下钱庄，户籍 8 000 亿元以上，在深圳，民间拆借的月息已经达到 12%，风险高扬。因此，尽快把发展天使投资提上日程，不仅能扩大天使投资在经济发展上的种种有利因素，也能更加有效地规范国内金融市场。

第十二章

宇宙定律:资本暗能量

战国时的公孙龙说,白马非马。他认为“白马”是既名“色”又名“形”的,“马”只是“名”而非“形”,故曰“白马非马”——白马是马自身,也非马自身,因为马本身亦是一种概念。

无形资本就其本质而言,是在资本的发展过程中,从有形资本中独立出来的不具有实物形态的经营资本。

以技术、品牌、商誉为代表的无形资本具备了资本的一般属性,而且具有远比有形资本强大的价值增值能力。

无形资本的特征和运动规律与有形资本有所不同,故无形资本理论亦是对资本理论的拓扑。

正如白马黑马蓝马红马皆离不开“马”一样,任何资本同样不能脱离无形资本而存在。故无形资本亦称“资本暗能量”。

在第四资本时期,资本暗能量将像泉流一样喷涌和暴发。

资本暗能量的概念

资本暗能量的概念,包含以下六个层面的含义。

资本暗能量是指无形资本,即特定财产主体所拥有和控制的不具有实物形态却能为其带来持续的超过同行业一般经营收益的各种资本的统称。无形资本也是无形资产的价值形态。

资本暗能量是指投入商品生产的一切有价值的没有实物形态的资源,它是一个政治经济学概念的流程式组织结构和流程式组织的内涵的同一。

资本暗能量是指不具有实物形态的非货币性资本,如专利、商标、著作权、土地使用权、非专利技术、商誉等与有形资本不同的是看不见摸不着的不具有实物形态的资本。

资本暗能量之无形资本是指无形资产的所有者以无形资产出资而形成的资本性权益,无形资本是对无形资产价值认定的高级形式。在人们的生产力发展的一定状况下,就会产生一定的"交换与消费形式"。

在现代市场经济条件下,既要重视有形资本的明能量,更要重视无形资本的暗能量——指在市场经济条件下不具有独立实体而对生产经营长期发挥作用并带来经济利益的资源。

在知识经济的运行中知识要素不仅具有资本的属性而且已是新的资本要素,我们将这些知识性要素称为广义的无形资本。无形资本概念的产生不仅丰富了资本范畴的内涵,而且直接改变了资本的运行和增值过程,从而构成了知识经济的重要特征。

综上所述,资本暗能量涉及产权、形态、专利、交换形式、经济价值、增值效益和一切影响力,它正以一种历史性的力量使有形的"资本"向无形的"知识"转变,并深刻地影响着时代进程。

资本暗能量的特征

资本暗能量的独异性,使之具有鲜明的四大特征。

价值取决于个别劳动时间

大多数无形资本是由劳动创造的，其中包含着大量的高风险、创造性的智力劳动，因而具有很高的价值。像特许经营权这样的无形资本，是“权利资本化”的结果，没有价值，但却有价格。

从均衡价格理论来看，由于无形资本对企业有很高的效用强度，使其成为市场中一种稀缺的商品，因而有较高的市场价格。无形资本的创建，具有个别性生产的特点，不像一般商品那样可以成批重复生产，所以它的价值量应由个别生产者在个别生产中耗费的个别劳动来决定。

实践中，企业在创建无形资本中的各种耗费，很难完整准确的计量，现在通行的做法，是用无形资本可能带来的收益，确定无形资本的价格。

使用具有可重复性

无形资本使用的可重复性表现为，它可以被一个主体反复使用和被多个主体同时使用，这使得无形资本被侵害的机会大大增加。加之无形资本存在方式的非实物性，造成产权主体对无形资本的独占能力弱化，因而无形资本的安全对法律有绝对的依赖性。

发挥空间很大

无形资本的增值能力源于它的强大的竞争功能和垄断能力。新技术可以数倍地提高劳动生产率，降低生产成本，提高产品的技术附加值，给企业带来超额利润。

品牌、商誉、特许经营权等经营用无形资本，可以使企业的产品占有更高的市场份额，使同样质量的产品可以以更高的价格出售，使企业垄断某种产品的某个细分市场，从而使企业获得丰厚的利润。

无形资本自身的增值过程，是一种典型的质量型而非数量型的资本增值方式，其价值可以在数量不扩张的情况不断地积累，这也是无形资本具有较高价值的一个重要原因。无形资本在使用过程中，本身并不发生有形磨损，有些无形资本反而可以自动增值。例如品牌资本，使用的次数越多，其知名度越大，价值越高。

与资本明能量形成良性互动

实现无形资本与有形资本的良性互动是无形资本经营的主要方式，即“有中生无，无中生有”。

企业以有意识、有计划的有形资本的投入，催生和扩张无形资本，即所谓的“有中生无”。同时，企业应发挥无形资本的强大的增值功能，以无形资本带动有形资本增值，提高资本利润率，迅速扩张企业规模，即所谓的“无中生有”。

无形资本作为一种价值存在，多数具有相对独立性，而且具有可重复使用的特点，企业可以通过资本市场用无形资本进行投资、出售、出租、特许经营，以实现其目标。

关于知识资本的 24 种解释

世界已进入知识经济时代，传统的依靠资金、技术、资源和劳力的时代正在被想象力和创造力所代替，知识集合、知识管理、知识爆炸、知识制胜已是不争的事实。

一部《阿凡达》，是艺术、娱乐、想象力的作品，也是工厂的商品和赚钱的机器，20 亿美元的票房收入，是许多企业和城市所不能比拟的生产力。

事实说明，知识已经成为一种极其重要的资本，它远比资源、技术、劳力来得重要。

知识资本可以被看做是公司所拥有的全部股本或以知识为基础的资产净值。也可以被看成是转化为公司的知识产权和智力资产的知识本身。

在知识资本中，这些财产是在会计结账中被正式认可的唯一形式。用知识的眼光来看待企业，企业的组织就被看成是一个对知识进行整合的机构，生产中的关键投资和价值的基本来源都是知识；人类的全部生产力都离不开知识，机器只不过是知识的体现而已。

作为一种不同于有形资产的无形资产，知识资本之所以成为企业最重要的核心资产，是因为其具有创新性、垄断性、杠杆效应、收益的不确定性和信息不对称性等特征。

“知识资本”，英文称作 knowledge capital。

从宽泛的意义上讲，知识资本是指一种知识资源。

作为其载体的资本形态有三种类型，分别为硬件、软件和湿件：

硬件——承载知识的物质实体，例如在空中运行的通信卫星；

软件——知识被编码后的存在形式，例如完整记载某项技术的一篇文字，或录入磁盘的这段文字的计算机软件符号集；

湿件——存在于人脑中的所能产生出的想法、创意、点子、路径等思维活动……

确切地说，知识资本的范畴包括下列内容。

(1)“知识资本”的定义是人们有意识地投入资金开发和使用新的知识。因此，知识存量以和物资设备存量增加的相同的方式扩大。

(2)“知识资本”是指企业人力资源、结构性资本所共同形成的资本，是企业有形资产和无形资产的总和中比较稳定的技术开发经费来源。

(3)“知识资本”测度的概念模型认为，知识资本是指知识(广义知识)在一定条件下转化而成的、是企业在其生产经营及其管理活动中所积累起来的最具有价值增量的预付价值。

(4)“知识资本”是指本身不具有独立实体形态依附于一定载体而存在在一定时期内能为企业带来经济利益的一切经济资源的观念范畴借助于知识资产(或资源)形式表现出来价值化表达。

(5)“知识资本”的载荷是指以现代信息媒介为载体的科学与技术在知识经营中的关系，是皮和毛的关系。

(6)“知识资本”的存在形式是指存在于组织之中，能够提高企业竞争力，为企业增加价值的无形资产。

(7)“知识资本”的作用是指知识载体所拥有或控制的并通过其运动实现其价值的知识资源，具体包括知识资本和非具体知识资本两部分，是以消耗知识资本为主的活动。

(8)“知识资本”可以评估，是企业价值中高于账面价值的部分，包括人力资本、结构性资本和顾客资本三部分，因而它不同于以往的文化存在方式，在空间上具有多样性，在时间上具有共时性。

(9)“知识资本”是指能市场化并给企业带来利润的知识和技能，其本质核心是特定人才和技术组合之后的创造能力和这种能力的持久性。

(10)“知识资本”的溢价，是指能够为企业带来利润的可以用企业资产的市场价值与账面价值之间的差额来衡量的资本——拥有大量的知识资本正是微软这种企业在股票市场上被持续看好的原因。

(11)“知识资本”的扩张性，是指以知识为主体可参加社会再生产循环且具有高增值性的资本化的知识要素。无形性和支配性是知识资本的显著特征。

(12)“知识资本”的外延，是指包括市场资产、人力资产、知识产权资产和组织管理资产这四个方面的高知识高技能高信息高能量的“暗物质”。

(13)“知识资本”具有复制性，知识经济中的知识商品成为实现价值增值的手段。

(14)“知识资本”不仅可以复制，而且可以重复使用和消费，是可参加社会再生产循环、具有高增值性的资本化的知识要素及服务手段。

(15)“知识资本”显性是可以立竿见影，是能够转化为市场价值的“活性物质”，亦即企业运营所能够带来利润的经验和技能。

(16)“知识资本”也讲成本与效益的比率，它在社会生产中体现为研究与开发资金的投入量。

(17)“知识资本”的专属性，是指其所有权属于个人或公司、并且能够给公司带来收益的特殊资源，这种特殊资源有三个基本特性：独有性、前锋性、实用性。

(18)“知识资本”的权重，是指市场价值与账面价值之差，且分别占有不同的比例，这样一种比例量即是权重。

(19)“知识资本”的竞争力，表现为企业对知识、实用经验、组织技术、顾客关系和专业技能的拥有的使公司产品具有市场竞争力的资产，如企业的研发及技术创新能力等。

(20)“知识资本”非财务资本性质，亦即没有被目前财务会计系统反映的企业资源的资本化，不一定使用货币尺度来衡量，一般使用非货币指标来量化。

(21)“知识资本” 隐形，表现为可变成实际财富的、以知识为内涵、以人的智力为主体的资本。

(22)“知识资本”是知识经济时代传统的构成资本要素的无形资本逐渐演化成的一种独立的生产要素——它的重要性甚至为商业资本、货币资本所不能等同。

(23)“知识资本”本质上是运用知识的一种综合能力，是远远高于实有资本的一种技能和本领并可投射到市场效益上。

(24)“知识资本”是智慧资本，是复合能力、整合能力和复利能力的一种积聚，是资本中的资本，财富中的财富。

无形资本的隐性和显性价值

无形资本的价值包括隐性与显性两部分：隐性属于潜在的可感的待开发的价值；显性则是已经表露、彰显和可以度量的价值。

具体说来，无形资本包括：专利权、商标权、专有技术、特许经营权和版权等。为了更形象地了解无形资本的扩张方式和途径，从无形资本的具体内容来研究无形资本的扩张方式也是有必要的。结合具体的不同的无形资本，其扩张的方式也会不同，总体来说会存在以下几种方式。

收费扩张

通过收取专利费的形式，间接占领发展中国家的市场，获取垄断利润；或者通过收取专利费，增加发展中国家厂商的生产成本，降低其市场竞争能力，扩大发达国家自身市场份额。如 2002 年 3 月 28 日日经 BP 社报道的中国 DVD 厂商和 6C 之间的专利风波就是一个很好的例子。日立、东芝、松下、三菱、JVC、美国时代华纳等六家管理 DVD 专利的厂家，对约 100 家中国 DVD 厂商发出通牒要求交纳专利费。继 6C 之后，由飞利浦、索尼、先锋组成的 3C 联盟也向中国厂商提出了收取专利收费的要求。最后中国 DVD 生产厂家不得不妥协，向 6C 和 3C 支付数量可观的专利费，目前已经支付 30 亿元人民币，今后还将陆续赔付 200 亿元人民币之多。缴纳专利费之后的中国 DVD 产品在国内和国外市场都普遍涨价，降低了市场竞争能力，价格低廉的竞争优势荡然无存，市场份额也有所下降。而且，通过收取专利费，6C 和 3C 兵不血刃地间接控制和占领了中国 DVD 市场。

特许经营权

特许经营可以获取垄断利润，并利用发展中国家的资源实现低成本扩张，扩大有形资本经营规模，增加在发展中国家的影响和市场份额。如作为快餐业巨头的麦当劳，在全球有 3 万多家连锁店，其中有 1.7 万家设在美国本土以外的国家，而且大部分是在发展中国家。麦当劳最近几年来一直积极推行在全球范围内通过特许经营扩张分店的措施，扩大市场占有率。在此经营理念推动下，麦当劳如今已在全球 120 多个国家开设了连锁店，平均 17 个小时就有一家新店诞生。发展中国家的市场已经成为麦当劳利润来源的一个主要支撑点。目前，麦当劳在中国 70 个城市已经拥有 500 多家快餐连锁店。中国日益成为其迅速扩张的基地，成为其最有利可图的市场。

变相垄断

核心专利、专有技术，利用发展中国家无自主核心知识产权的弱点，输出有形产品，获取垄断利润。如计算机芯片，属于核心技术，目前大多数发展中国家还没有完全掌握该技术的工艺水平，不得不大量从英特尔等公司进口计算机芯片，英特尔也因此而大发横财。在中国市场，英特尔公司卖给中国的台式电脑和个人便携式电脑的芯片每个大约是 1 500 元，而其成本仅 120 元左右，利润率达到1 216.2%。这个家喻户晓的世界芯片巨头垄断着目前世界上 90%的高性能通用 CPU 市场，市场份额大得惊人。

直接生产

投资、吞并或削弱发展中国家同类品牌产品，推广自身品牌产品，实现有形资本和无形资本的同时扩张。如 1994 年联合利华提出与上海牙膏厂合资建厂，联合利华以 1 800 万美元现金入股，取得控股权，上海牙膏厂仅占 40%的股份。联合利华的品牌是“洁诺”，上海牙膏厂是“中华”和“美加净”。这两个品牌是当时上海牙膏厂的主力，英方把这两个品牌加入合资公司作为合资的前提。但是联合利华在合资公司成立以后不久对“美加净”采取了一项被人们认为是致命的措施：把美加净的价格从 4.5 元压到了 3 元一支，并且从 1997 年开始，联合利华停止在各种媒体上投放美加净的广告。美加净是中高档品牌，降价使它低档化了，部分消费者肯定流失，而且大多数从美加净游离出来的顾客成了洁诺的用户，这正是联合利华所需要的。在 1994 年双方合资之初，美加净牙膏在中国可以算得上是威名赫赫，年销量 6 000 万支，出口量全国第一，但到 2001 年，年销量却只有 2 000 万支，而且市场地位还在下降。这是发展中国家品牌在合资过程中遭受外资企业暗算的典型案例之一。

控制版权

通过收取版税或者独家出版发行而在文化产业领域获取垄断利润。发达国家在向发展中国家扩张过程中，文化输出也是很重要的一方面。

它们不只满足于向发展中国家灌输西方思想和意识形态，而且也力图从文化产业的输出过程中获利。发展中国家出版发行西方国家的书籍、音像制品等，都要交付一定的版税，然后才能进行；对于一些市场前景较好的文化产品，发达国家则倾向于自己垄断出版发行，从而获得更高的垄断利润。

控制核心源代码

向发展中国家高价出售计算机软件，获取高额垄断利润。据行业专家称，微软 Windows 操作系统在印度占据着电脑用户的统治地位，印度计算机用户必须为此支付高额费用，购买一套微软个人电脑 Windows 软件包大约需要 150 美元，合人民币 1 200 多元，占计算机整机购买成本的将近三分之一。据日经 BP 社 2002 年 11 月 27 日报道，美国微软的结算报告显示，该公司的主力产品即 Windows 的利润率高达 85%之多！目前发展中国家，除了印度软件业发展较快以外，其他发展中国家都不能与美国等发达国家相提并论。即使如此，印度消费者也不得不从国外花高价钱进口大量软件，微软 Windows 操作系统就是其中一例。

文化影响力就是 TNT

2001 年 3 月，牛仔总统乔治·布什收到了美国文化艺术中心的一份关于《艺术、文化与国家对策》的研究报告，阅后久久不能平静。

美国文化艺术中心并不是政府的一个重要部门，不是财政部、国土部、国防部或管外交的国务委员会，而只是一个非盈利性的社会组织，研究的问题也非“特事特办”或加 A 标识的“急件”，标题很实在，文字不厚重，可谓平平常常。但是，打开《美国的文化资本》的扉页只掠了几眼，总统立即感觉到了它所承载的分量——前总统克林顿一直重视文化产业，经常在白宫组织社会名流的聚会，“知识经济”的名词就是他发明的。作为一个新登台的以强硬派著称的对“软实力”了然的领袖，他敏感地觉着了它的重要性，“几乎一口气读完了全文”。

报告认为，“美国文化是美国智慧和创造精神积聚而成的一种资本。这种特殊的资本既是人类成就和历史的宝藏，也是人类创造力和创新精神的源泉。美国文化资本在当今全球知识性经济社会中，作为一种关键性社会资源，对于美国人民和世界各国人民，在寻求保存各自的民族特性和达成相互了解的过程中，正日益显现其重要性。”

《美国的文化资本》是该中心系列研究成果的第一篇，也是致布什的公开信。作为美国文化艺术中心的重要研究成果，报告认为迄今为止，美国政府有关部门对艺术、人文学科以及文化保护的决策是凌乱片断、游移不定的。为改变这种状况，报告向布什总统提出了四项重要建议，以期全面改善美国联邦政府在文化领域的决策力度，使之更加符合建立全球化的知识型社会的需求。

(1)建议总统设立一种机制，以便对总统行政办公室就文化方面事宜决策提供咨询和协调。

(2)建议美国国务院也设立一副国务卿专司文化(产业)事务。

(3)建议美国国会涉及文化事务立法之前应更广泛协调有关各方。

(4)建议国会和总统联手设立一个国家创造力和文化产业(遗产)论坛。

报告鞭辟入里，丝丝入扣，像一枚重磅炸弹极大地震撼了总统，不能不使布什心动。他立即组织智囊研究美国文化经济的现状，调整相关政策，包括产业结构、行业特点、就业人群、美国文化企业与国外的联系、税收指标等，并且不放弃在一切演讲场合强调“知识经济”、“文化竞争力”和“创新主导未来”……

正是由于这份研究报告的出笼和总统的导向性宣传，在美国企业界掀起了一股“化重为轻”“创意制胜”的变革之风，从而也把美国文化经济在 GDP 中的比重由 40%提高到 55%。

创意在经济中的作用是实质性的。在美国，所谓的版权经济，包括电影，录像，音乐，出版，软件诸行业，一年就创造 4 500 亿美元财政收入，几近全部 GDP 的 5%，为上述行业贡献了 790 亿美元的销售额。

据估计，上述行业吸纳就业人数为 760 万人，“在家办公”人数 620 万人，这个数字每年还在以远远超过其他行业的速度增长。从属版权经济的文化部门，就占到了美国 GDP 的 2.5%。

仅此几例，已经凸显创意经济的巨大能量。

人们对创造性的日益关注，是对信息经济时代创新步伐日益加快的回应。作为一种新兴资本，文化已经在新经济中创造财富并在急剧变化的时期满足着人们的各种需要。

美国联邦储蓄主席格林斯潘提醒说：近几十年是思想激发了国际贸易增长的浪潮，同样还是思想促进了生产力和国民财富的跃升。他说，我们目睹了一场“思想、新的洞见、替代物质材料和纯人力的投入”。

让我们解析一下这句话的深刻含义。

思想——思想是一种巨大和无形的力量，思想不直接创造财富，但它是精神财富并且能以其震撼力辐射力感染力转化为巨大的物质财富；硅谷的奇迹和硅谷模式就是在“数字化生存”的影响下造就的。

新的洞见——新的思维具有洞察未来的前瞻性和挑战性，也因此具有强大生命力、创造力和拓展力。

替代物质材料和纯人力的投入——尽可能减少有形的投入，增加无形的投入，说到底是靠人力和智慧的投入，实现成本的最小化、效益的最大化。美国时代—华纳集团的日益虚拟化就是证明。

在这里，格林斯潘这位精于算计的经济学家用长于分析的逻辑实证方式揭示了创新的底蕴。

的确，思想、概念、人力、洞见、智慧是无法用尺子度量和用货币计算的，它的含金量不可估量，一经与资本、技术和市场结合，立即就会产生无穷无尽的财富，造化巨大的神话。

日本学者、《新经济与文化力》一书作者衫浦勉认为，人才经济、注意力经济和创造力经济是新经济的三种形态，所共通的地方在于，给人、物和人的活动增添魅力变的很重要，而能够增添这种魅力的就是“文化力”。

为什么香港女性衣服没穿几天就认为不合时宜、要去淘汰它？为什么一个足球队有 11 个队员，但头发可能有 12 种颜色？为什么一张《机器猫》的专辑卖了 173 亿张？为什么东京青年乘专机飞到北京不为别的，就为看女子十二乐坊？

在流行的背后，不可抗拒的是文化的力量。

世界银行在佛罗伦萨会议上，已经把文化产业定义为广泛的领域，既包括设计、时尚、体育、博物馆、交响乐，也包括餐饮、广告、咨询、娱乐活动乃至软件、包括游戏软件的开发。

2005 年以来，因《传奇》的运营及版权问题而产生的上海盛大与韩国 ACTOZ 公司之间的争端引起了社会各界的广泛关注，争端导致的直接结果就是催生了盛大拥有自主知识产权的网络游戏《传奇世界》。

《传奇世界》故事以中国的古文化为背景，围绕着3个不同种族之间的分分合合，以及人类自身在与邪恶势力的斗争中不断成长的过程而展开。它提供了一个高度仿真的虚拟社会，让玩家去实现一个个在现实社会中难以实现的梦想。

作为新型资本，文化影响力就是软实力。

19世纪是军事战略的世纪；20世纪是经济发展的世纪；21世纪是以文化建立新时代的世纪。——这三句话是3年前韩国文化部长在国际论坛上发表的看法，如今得到了广泛的认同。

2003年4月至2004年3月，日本的动漫市场销售额（动漫电影票房、动漫电影以及动漫电视录像带、电视专门频道等的营业收入总额）达3 739亿日元，比2002年度的2 135亿日元增长了1 604亿日元，增幅高达75.1%以上。以动画片形象制成的相关衍生产品的授权收入则更拥有2万亿日元的市场。

日本是个崇尚柔道的国家。日本在经济上的竞争中也是采用柔道之法的——文化是软黄金，在不经意的经营中，日本实现了经济扩张的野心。

由日本反观中国，我们看到，东方儒家文化与亚洲经济崛起的相互关系是密切攸关的。中国是个历史悠久、厚德载物的文化资源大国，文化创意产业在我国可谓古已有之。在西安看到的秦代兵马佣，那么庞大的阵势和大型雕塑工程需要8 000个工匠，其系统工程令人叹为观止；西汉出土的铜车马和侍女神灯，构思精巧得美轮美奂；三星堆的人形铜雕，你说不出“鱼凫”族想象力的来源；还有众多洞窟的佛雕和悬崖上的建筑，几千年前的巨鼎，丝绸刺绣，四大发明，孙子兵法，哪一样不充满创意的智慧？至于中国当代的工艺品、广告设计、广播电视产业、动漫产业、软件业等，它们的文化创意可谓触目皆是。陈天桥只用了3年就成为业界的翘楚，李彦红由150万元做到20亿元也只有短短5年。而安徽淮北人周继红牛粪卖到1 000万元、河北馆陶人靳汉汉养苍蝇卖到200万元，重庆人何东平野菜卖到6 000万元，山东临沂人朱克荣做糖葫芦做到3 000万元的故事，不仅见证了普通人的成功，而且印证了创意无所不在、无所不能、无所不敌的道理。

知本与市场的结合绝对是一桩完美的婚姻。就名词和内涵而言并不神秘，但历史溯源却很漫长，重要的是正确认识它的意义并将资本撬动产业做大做强。

知本优先权法则的经济学意义

在市场的生产链——资金链——价值链环节中，知本是享有优先权的。

何曰优先权？

1883 年的《巴黎公约》是这样规定的——

优先权原则是指已经在一个成员国正式提出了发明专利、实用新型专利、外观设计专利或商标注册的申请人，在其他成员国提出同样的申请，在规定期限内应该享有优先权。在规定的申请优先权期限届满以前，任何后来在公约其他成员国提出的申请，都不因在此期间内他人所作的任何行为，特别是另一项申请、发明的公布或非法利用、出售设计复制品或使用商标等行为而失效。并且此类行为不能形成任何第三者的权利或任何个人占有的权利。但是，在作为优先权根据的初次申请日以前第三者所取得的权利，应按公约各成员国的国内立法加以保留。

《巴黎公约》的表述是说，在优先权期间内对其他人的同样申请不能授予工业产权，工业产权应授予该优先权人。

对于已在本国取得工业产权，而后又需要在国外注册的工业产权的所有人而言，优先权原则至关重要。如果没有优先权，就必须同时在国内外几个国家提出申请，否则，后提出的申请可能得不到保护。

《巴黎公约》中的优先权并不是对公约所指的一切工业产权全部适用，它只适用于发明专利、实用新型、外观设计和商标。而对于商号、商誉、产地名称等则不适用。

对于服务商标，《巴黎公约》第六条规定：各成员国应保护服务标记，但不应要求各成员国规定对这种标记进行注册。此规定表明，公约没有把服务商标的注册作为对成员国国内法的硬性要求。成员国可以对服务商标提供注册保护，也可以不提供注册保护。当提供注册保护时，该国有权决定对服务商标适用优先权原则。

公约规定，已在一个成员国内正式提出过一项发明专利、实用新型、外观设计或商标注册的申请人或其权利继承人，在规定期限内在公约其他成员国提出同样的申请时，享有优先权。

从上可见，优先权申请人有两类：申请工业产权的人、其权利继承人。

如根据以实用新型申请为基础的优先权在一个国家提出外观设计申请时，其优先权期限应与对外观设计规定的优先权期限相同；在一国以发明专利申请为基础的优先权在一个国家提出实用新型申请也是允许的，反之亦然，优先权申请期限以后以申请的期限为准。

申请人可要求该副本附有原受理申请机关出具证明申请日期的证明书和译本。

除上述程序外，被请求国不得要求申请人再办理其他关于声明优先权的手续。申请专利证书或发明人证书的国家，发明人证书申请人也产生优先权。

优先权原则源自1883年签署的保护工业产权《巴黎公约》，其目的是为了便于缔约国国民在其本国提出专利或者商标后向其他缔约国提出申请。所谓优先权是指申请人在一个缔约国第一次提出申请后，可以在一定期限内就同一主题向其他缔约国申请保护时，其在后申请在某些方面视为是在第一次申请的申请日提出的。换句话说，申请人提出的在后申请与其他人在其上次申请日之后就同一主题提出的申请相比，享有优先的地位，这也是优先权一词的来源。

《巴黎公约》之所以确立优先权原则，是因为专利权是有地域性特点的，如果申请人想在多个国家寻求专利保护，那么申请人应当在多个国家分别提出专利申请。因为世界上大多数国家都确立了先申请原则，即同样内容的申请只授予最先申请的人专利权，而且绝大多数国家都将新颖性、创造性判断的时间标准确定为申请日，所以为了防止他人抢先申请、防止他人在申请人向外国提出专利申请前公布公开同样的内容而导致申请丧失新颖性，申请人最好能在希望寻求专利保护的多个国家同时提出专利申请。但是，因为申请人要考虑这项专利申请在哪些国家更有价值申请，以及确定需要申请的国家后还要根据各国的法律规定在可以的范围内调整申请文件、翻译申请文件、准备申请手续文件等大量工作，申请人在同一天向多个国家提出申请是难以办到的。通过优先权原则，对于发明或者实用新型申请，申请人就获得了 12 个月的时间用于完成上述工作，对于外观设计专利申请，申请人就获得了 6 个月的时间用于完成上述工作，这给申请人在多个国家获得专利保护提供了极大地便利。

通过了解优先权原则的来源以及设立该原则的原因，我们可以明确，在后申请享受优先权的部分所记载的内容应该是在先申请中已经记载的内容，也就是说“相同主题”是享受优先权的条件之一，只有相同主题的发明创造才能享有优先权。这一要求也是理所当然的，否则在后申请就明显损害了其他申请人和公众的利益。

我们在 2001 年版的审查指南中可以看见优先权中相同主题的发明创造的定义是这样的：相同主题的发明或者实用新型，是指技术领域、所要解决的技术问题和技术方案实质上相同，预期的效果相同的发明或者实用新型。但应注意这里所谓的相同，并不意味在文字记载或者叙述方式上完全一致。

同时，我们在 2001 年版审查指南上可以看到，新颖性中同样的发明或者实用新型的定义是：同样的发明或者实用新型，是指技术领域、所要解决的技术问题和技术方案实质上相同，预期效果相同的发明或者实用新型。判断新颖性时，应当以此作为判断相同的发明或实用新型的基准。

对比这两者的定义，我们可以发现，2001 年版审查指南中对优先权中的相同主题的发明创造和对新颖性中的同样的发明和实用新型在定义上没有严格的区分，都是强调技术领域、所要解决的技术问题和技术方案实质上相同，预期效果相同。然而，由于新颖性原则和优先权原则的立法目的是明显不同的，我们在判断新颖性时、在判断是否是同样的发明或者实用新型时，不仅要考虑两者完全相同或者仅存在简单文字转换的情况，我们还要考虑两者是否有上下位关系、是否存在数值范围包容关系等；而在判断在后申请是否能享有优先权时、是否属于相同主题的发明创造时，我们只能考虑两者完全相同或者仅存在简单文字转换的情况，我们不能考虑两者的上下位关系、两者存在的数值范围包容关系等，否则优先权就超出了巴黎公约设立优先权原则的本意，明显损害了其他申请人和公众的利益。可以说，2001 年版的审查指南没有把这两者的定义严格区分，不利于我们理解这两个之间的区别。

无论对于个体、企业和国家而言，优先权不仅是一种象征，一种证明，更是行动的基础和经营的资本，可以比别人享有更多的竞争力、合作力和实现力。

国家的优先权或个体优先权，是国家硬实力与软实力一致性的表征。在市场条件下，它更是生杀予夺，关系重大。

在国际通行规则中，优先权的优化与优待表现在录用、投资以及参股、竞价等许多方面。而一旦某个事项、尤其事关全局的事项获得优先权，更是居高临下，摧枯拉朽。

美国之所以玩弄汇率，就在于它的优先权。是它带头制定了布雷顿森林协议，亦是它最先抛弃了当初的条约和原则。是它发明了美元并将它变为国际货币，亦是它利用美元机制，或升或贬，谋一国之私利甩掉了3 000万亿美元的债务。

优先权是可以谈判的，也是不可谈判的。美国股东让别国购买它的国债，可是却实行贬值耦合零利息，你赔了钱还没地方发脾气。

优先权也表现在定价机制上，比如股票，石油价格，比如黄金、宝石，比如货币间的比值，比如贸易惩罚政策等可谓牵一发而动全身，胜者雄鸡高唱，败者悲歌戚戚。

优先权极具优先效力。它表现在：

- 优先主导趋势；
- 优先市场割据；
- 优先资源配置；
- 优先套利保值；
- 优先做到成本最小化、利益最大化；
- 优先实现国家目标。

当今，优先权已经成为国际竞争中的一种战略武器。

第十三章

风险管制——生命线

生活充满了不确定性和策略行为。就像风浪是航船的伴侣、雷电是雨神的翅膀，风险是贯串金融运行始终的无所不在的伙伴。

1992年，美国国会“反对虚假财务报告委员会”(National Commission on Fraudulent Reporting，简称COSO)发布的《内部控制——整合框架》，因其严密性科学性很快成为世界通行的内部控制权威文献，被国际和各国审计准则指定机构、银行监管机构和其他方面的机构所采纳。2004年9月，COSO发布的修订版《企业风险管理——整合框架》，不仅涵盖和拓展了前者，而且具有更高的理论价值和现实意义，得到世界各国经济界的更大认同。

什么叫风险？风险是一个事项将会发生并给目标实现带来负面影响的可能性。

风险是事项的同行者，只要做事就有风险——事物从来包含两重性——只要风险存在也就有希望伴随，因为成功就站在风险的背后。

但与此同时，我们必须对风险加以管制。

风险与管制——这是一枚硬币的正面与背面。

风险意识与风险识别

风险这种不确定因素的存在造成经济运营环境的不确定性，最终带来了企业或项目运行结果的不确定性，使经营目标不能实现的可能性。

简而言之，风险是运行结果与目标之间的偏移。

金融是高获利行业，同时也是高风险行业。金融运行者的第一要务是必须善于识别风险和防范风险。

需要识别的风险有两种：外部风险与内部风险。

外部风险是金融合作机构可能的风险，包括：财务风险、市场风险、经营风险、信用风险、流动性风险、人力资本风险、法律风险、国家风险、不可抗力风险等。

内部风险是金融机构本身的风险，主要有：信息风险；战略风险；设计风险；定价风险；声誉风险；道德风险；操作风险；团队风险；其他风险等。

风险识别需要借助工具与技术。

文件审查

项目班子一开始所采取的步骤通常是从项目整体到范围细节的层次上对以往项目档案及其他资料中的项目计划与假设进行系统的审查。

信息搜集技术

风险识别中所采用的信息搜集技术的例子包括：集思广益会、特尔斐技术、面谈和 SWOT 分析（即优势、弱点、机会与威胁分析，简称态势分析）。

集思广益会——集思广益会也许是最常用的风险识别技术。其目的是取得一份综合的风险清单，供日后风险定性与定量分析过程使用。集思广益会通常由项目班子主持，虽然也可邀请多学科专家来实施此项技术。在一位主持人的推动下，与会人员就项目的风险进行集思广益。会上，与会者在广泛的范围内识别风险来源，将其公布，供与会者审议。然后再对风险进行分门别类，并对其定义进一步加以明确。

特尔斐技术——特尔斐技术是专家就某一专题（例如项目风险）达成一致意见的一种方式。先确定谁是项目风险专家，然后请他们以匿名方式参与此项活动。主持人用问卷征询有关重要项目风险的见解。问卷的答案交回后随即在专家之中传阅，请他们进一步发表意见。此项过程进行若干轮之后，就不难得出关于主要项目风险的一致看法。特尔斐技术有助于减少数据中的偏倚并防止任何个人对结果不适当的产生过大的影响。

面谈——访问有经验的项目经理或某项问题的专家可以识别风险。负责风险识别者先物色适当人选，向他们扼要介绍项目情况，并提供工作分解结构与项目各项假设等有关资料，被访者根据自己经验、项目的有关资料及他们感到有用的其他资料来识别项目的风险。

优势、弱点、机会与威胁分析（SWOT 分析，态势分析）——保证从态势分析的每个角度对项目进行审议，以扩大所考虑风险的广度。

核对表

风险识别所用的核对表可根据历史资料、以往项目类型所积累的知识以及其他信息来源着手制订。使用核对表的优点之一是风险识别过程迅速简便。其缺点之一是所制订核对表不可能包罗万象，而使用者所考虑的范围却被有效地限制在核对表所列范畴之内。应该注意探讨标准核对表上未列出的事项，如果此类事项与所考虑的具体项目相关的话。核对表应逐项列出项目所有类型的可能风险。务必要把核对表的审议作为每项项目收尾程序的一个正式步骤，以便对所列潜在风险清单以及风险描述进行改进。

假设分析

每个项目都是根据一套假定、设想、或者假设进行构思与制订的。假设分析是检验假设有效性（即假设是否站得住脚——译注）的一种技术。它辨认假设的不精确、不一致、不完整对项目所造成的风险。

图解技术

图解技术可包括：

- 因果图（又叫石川图或鱼骨图）——对识别风险的原因十分有用；
- 系统或过程流程图——显示系统的各要素之间如何相互联系以及因果传导机制；
- 影响图——显示因果影响、按时间顺序排列的事件，以及变量与结果之间的其他关系的问题的图解表示法。

风险是客观存在的，发现它需要技术、手段、流程控制，更需要一双眼睛。

最近，刚刚获得政府1 700亿美元救援的AIG，居然立即给中上层员工发放1.65亿美元的奖金，其中71名高官每人领取100万美元以至更多。如果全部兑现奖金，将付出12亿美元。此事被媒体披露，人们纷纷质疑政府的救援资金流向。

总统奥巴马闻之大怒，将其行为斥之为“无耻”。财长莫西·盖特纳严厉批评AIG，要求他们立即还回这笔款项，并说政府要征收高达70%的奖金税以示严惩。

面对国会和媒体的压力，AIG首席执行官爱德华·利迪赶忙登报认错，并且要求高层员工退回3 500万美元奖金。

道德风险使AIG面临政府信任和公众信任问题。

然而爱德华·利迪也诉苦衷，说奖金制度是公司与员工订下的合同，如果不履行合约，公司会面临法律风险。

问题是，在公司面临倒闭的巨大风险面前，究竟应该给哪一种风险让路和怎样降低自己的公众风险呢？

老总爱德华·利迪是否因政府注资后险情缓和而晕掉呢？

对来自纳税人和国债的政府救援资金应不应该加以爱护呢？

事物的复杂性在于：当我们远离一种风险时，可能另一种风险正在悄然向我们逼近。任何时候我们头脑中都不可丢掉那根弦，不可丧失对危机的警惕。

我们更要从历史的危机中吸取经验和教训——无视过去就会重蹈覆辙。

“两房”的教训：重复历史的错误

风险识别出来后，最重要的要记录下来，形成一个风险清单，识别其存在的根本原因，确定潜在的应对措施。

不同的风险应该指派相应的应对机构和应对负责人。

对于消极、威胁的风险须果断采取措施：①回避，如筛选不熟悉的承包商；②转嫁，如外包；③减轻，尽早采取行动，降低风险发生的概率、结果。

有时风险也是一种机会，应该开拓、发掘它积极的作用。对历史上曾经发生过的风险要用文字和制度记录并加以教育传承，变为后来者的财富。

“人不能两次踏进同一条河流。”古希腊哲学家亚里士多德如是说。

美国人太健忘，所以错误也就重叠着脚印。

美国的“两房”危机，其实就是昔日危机的重现——今日的次级贷危机与30年前的储蓄信贷协会危机如出一辙。

美国的储蓄信贷协会(S&L)，是一种在政府支持和监管下专门从事储蓄业务和住房抵押贷款的非银行金融机构，通常采用互助合作制或股份制的组织形式。美国共有4 700家储蓄信贷协会，其中55%在联邦政府注册，45%在州政府注册。第一家储蓄信贷协会于1831年诞生在宾夕法尼亚州。

20世纪70年代，美国住房市场需求旺盛，给储蓄信贷协会的发展带来了一段黄金时期。储蓄贷款协会就像金钱机器，他们通过吸收短期储蓄存款，用以发放固定长期利率和抵押贷款，从而获取稳定的收益，贷款规模高速增长。

从第二次世界大战结束到20世纪70年代末，美国储蓄信贷协会的总资产已突破6 000亿美元，成为美国的金融巨头之一。然而，谁也无法料到，几年以后，美国的储蓄信贷协会就陷入了重重危机。到了80年代后，伴随日益严重的通货膨胀，银行和储蓄贷款的资金外流难以制止。如果不采取大幅提高存款利率的措施，就会失去储户，经营面临苦难。美国政府当即决定在1982年实行利率自由化，市场上存款利率随后大幅度上扬，储蓄贷款协会向储户支付的贷款利率大大超过了从购房贷款利率中所获得的固定利息，而且这部分固定利息在通货膨胀中不断贬值，储蓄贷款协会一下变成了金钱陷阱，400多家储蓄贷款协会濒临破产危机。

1989年2月，布什总统亲自宣布了处理美国储蓄信贷协会危机的紧急计划。根据这一计划，美国人民需要在今后30年时间里花费大约4000亿至5000亿美元，才能彻底还清储蓄信贷协会所带来的巨额债务。房地产泡沫的破碎，使全美众多的房地产协会大面积亏损，造成的损失达数千亿美元，灾难性的后果使储蓄贷款协会和整个行业几乎消失殆尽。

是什么力量使得这个曾经圆了千千万万美国人民乔迁新居美梦的金融机构遭到如此的重创呢?

美国储蓄信贷协会原来的角色是协助推行政府的住房政策,为购房者提供长期定息贷款。美国政府设立了一个存款账户,以低于住房贷款利率的利息率向协会提供资金。同时,还允许协会以高于市场水平的利率吸收存款。因此,美国储蓄信贷协会带有国营色彩,拥有制度性的垄断利润。然而,进入70年代末期,美国社会的通货膨胀率和市场利率不断升高,储蓄信贷协会的大量贷款被套在低于通货膨胀率的利率水平上,实际贷款率变为负值,大多数协会出现亏损。到80年代初,协会的亏损已超过500亿美元。1980年,美国国会又通过法案取消了各金融机构在存款利率方面的差别性条例,致使储蓄信贷协会失去了大量存款,经营更加困难。

为了使储蓄信贷协会重新回到盈利状态,从1980年3月开始,美国国会和联邦住房贷款银行管理委员会相继出台了一系列法规措施,放宽对储蓄信贷协会的限制。允许其在房地产、证券、保险等几乎所有领域与其他商业银行竞争。不幸的是,长期处于政府保护下的储蓄信贷协会,并不具备相应的管理能力,信息系统和硬件设备从事高风险投资,加上政府监管乏力、内部管理混乱,松绑的结果是出现了大量的呆账坏账、投资亏损和欺诈行为。协会在亏损的泥潭里越陷越深,从1982年到1985年,有25%的协会持续亏损,10%的协会事实上已经破产。在马里兰州和俄亥俄州,储蓄信贷协会的失败使两州存款保险基金破产。在得克萨斯州,有一个协会甚至参与了非法交易,使纳税人损失了300多万美元。尤其是在美国西南地区,几乎所有的协会都破产或濒于倒闭。到1989年,一直苦苦支撑着信贷储蓄协会的联邦储蓄信贷保险公司终于宣布破产。

同年8月,联邦住房贷款银行管理委员会被解散,其职能由一个新成立的机构取代。美国政府专门成立了一个机构清理破产的协会。与此同时,司法部也专门组织力量起诉储蓄信贷协会中的犯罪分子。

储蓄信贷协会的问题发展到如此严重的程度,其原因要从美国政治和监管体制两方面来分析。在政治方面,储蓄信贷协会在美国社会中是一支强大的政治力量。协会成员分布在全国各选区，为当地带来就业与繁荣，还为各选区的国会议员捐献了大笔竞选资金，协会的宗旨也代表了美国中产阶级的利益。因此，储蓄信贷协会在华盛顿极具影响力，一直处于国会的保护之中，多位国会议员甚至公开干预了对协会的审计和监管。

在金融监管方面，协会的监管机构——联邦住房贷款银行管理委员会形同虚设，没有力量监管众多协会的高风险贷款和投资。更为严重的是，该委员会与协会具有利益关联，委员会同时扮演了监管和推销储蓄信贷协会的角色。正是这种角色上的冲突，才使得有关法案一再被修改，亏损的储蓄信贷协会得以继续经营。美国信贷储蓄协会危机从单纯的亏损事件开始，演变成席卷全美的金融风暴和政治风波，暴露出了美国政治和金融监管的弱点。

事实证明，风险如影随形，时刻存在并渗透金融运行的各个环节。实行风险的全面管理，必须首先提高风险防范意识和掌握风险识别技巧：

- 必须弄清全面风险的策源地；
- 必须准确区分风险的种类并将其分级；
- 必须评估风险对目标的危害度并采取应对措施；
- 必须学会运用风险识别前沿技术和工具从事流程图分析；
- 必须掌握首要事项指标的定性分析和扩大触发器；

……

风险管制的误区：知而无行

消除思想的误区，树立正确的观念，是加强风险管制的前提与必要条件。

误区一：视风险为畏途，弃发展大机会。风险其实是无处不在的，特别是金融经营活动中，其结果本身就有不确定性。不少机构缺乏前瞻性，对未来盲目恐惧，视风险为不可抗力，采取回避的方式防范风险。殊不知，新的发展机会往往是由前期高风险带来的，放弃风险有时候就等于放弃机会。

误区二：将风险管理当筐，什么都往里面装。不少金融机构的风险管理尚未开展,仅是写在纸上、念在嘴上、挂在墙上的表面性的东西,很多高层管理者认为一旦实施全面风险管理,所有事务都可以归集到其中来处理。殊不知,风险管理其实仅仅只是企业管理活动中的一个方面而已,它不可能也不应该涵盖金融活动的全部工作。

误区三:以偏概全,忽视多面风险因素。金融风险管理应包括战略、信用、人才、市场、运营、制度、法律等诸多方面,并非某一方面风险所能描述的。有些单位片面强调信贷风险,而忽视对规模扩张、衍生品设计、投资、理财等其他方面风险因素的控制。

误区四:舍本求末,不能抓住风险管理的关键。很多单位都有一整套完备的管理制度,有些认为只要这些制度的顺利贯彻执行,就是内部控制的全部,就可以有效防范风险。但实际情形并非如此。如果机构将主要精力放在微不足道的控制上,表面上控制得很好,实际上不仅浪费许多管理资源,而且还会忽视重大风险。

误区五:注重风险制度设计,忽视制度执行。每个单位或多或少都存在一定的内部管制条例。很多公司很重视制度的设计,甚至高薪借助"外脑"。但事实是,制度的执行比设计更为重要,良好的金融风险管理制度如果不能得到有效的执行,其效用就无法发挥。

因此,全面风险管理框架的设立,应该遵循以下原则。

(1)预测先导原则

成功的风险规避,必须建立在对风险发生可能性科学预测的基础上,这就要求在选择具体操作方法时,坚持理论与实际、定性与定量、历史与未来相结合的方法,以确保实施方法的准确性和有效性。

(2)权衡轻重原则

对风险的性质、风险程度做出合理评估,结合企业管理、财务等综合能力,制定风险管理方针和策略。

(3)避免超载原则

上级单位应对所属机构管理者的风险管理能力进行监控,避免超出其承受能力的经营风险。

(4)成本效益原则

对因进行风险管理而产生的成本及其绩效进行比较,择优采用。如果风险防范成本超出了最终风险可预测损失,那么,该项风险防范措施的效果无疑应该大打折扣。

风险管制的核心：强化预警

多少年来，银行和金融机构一直把盈利作为管理的核心。在这一错误思想指导下，往往因为偏重盈利而忽视对风险的警惕和规避，以至造成因小失大、蚁溃堤坝的后果。

经验告诉我们，在任何时候任何情况下，风险管理都是金融管理的核心。风险管理不仅是高压线，更是生命线，而风险的防范需要主动、坚决、敏感。

比如银行的准备金率就是风险管制的基本要求，是保证客户提取存款和资金结算的重要条件。如果银行的存款准备金不足，一旦风吹草动引发客户恐慌发生提现风潮，银行就会“空巢”，最后导致兑现困难、信用缺失而致银行倒闭。

又比如贷款，是否手续齐全钱放出去就万事大吉？不，还得关注借贷者的经营状况，了解贷款资金的流向、产生的效果，防止贷款使用不当和资不抵债。

金融监管机构以及国际金融组织在监管上存在诸多漏洞：

- 信奉市场万能而放松政府对金融的管制；
- 金融机构为了利润不惜丧失基本道德底线；
- 金融评级机构公正性缺乏以及职业失责；
- 金融机构自身不能自律；
- 教育培训的缺失和行业操守的失范；
- 国际货币基金组织的弱化等。

有关对美国金融危机讨伐和分析的书籍很多，安德森·维京的《美元的坠落》、斯蒂格利茨的《喧嚣的九十年代》、克鲁格曼的《萧条经济学》、郎咸平的《谁都逃不脱的金融危机》、《第一财经日报》的《拯救全球金融》、埃文茨的《流动性黑洞》，已经对这场危机的成因作了鞭辟入里的分析以及对风险监管作出了深刻反思，可谓“英雄所见略同”。

如何管理风险是一门很深的学问。

风险管理的核心是加强预警性：风险发生或风险当头，直面、勇敢和抗击令人钦佩，但若能听风知雨，闻洪防汛，则可把损失减少到最低层级。

加强预警性的唯一办法，是针对经营管理所做的风险界定、风险识别、风险评估和计量、风险控制四个方面所采取的业务技巧和方法，主要包括以下几点。

风险的数据分析

设定了金融产品以后，我们就要根据市场的不同目标，对可能导致目标实现负面影响的障碍、缺陷、因素、条件进行内、外两个方面的风险源分析。

所谓风险源，就是它的成因与根本。

首先要进行调查研究，掌握确切的事实、资料与参数，然后运用工具加以分析。

具体可须做两个方面的分析：一是定性分析，对风险的性质、风险的级别、风险的扩散性和延展性以及风险产生和波及其他事项的关联因素，由此可以界定风险的危害系数的大与小，持续时间的长与短，经历阵痛的烈与缓；二是定量分析，借助表格、图形、数学模型，将风险数据做分类的解读与模型的分析，实兵的推演，由此明晰风险的规模、等级、强度、波及范围。

具体的方法有：

- 表格调查法；
- 并列比对法；
- 财务分析法；
- 数据测试法；
- 指标筛选法；
- 波段五力分析法；
- Swot 分析法；
- 清单检视法；
- 排除法等。

通过科学的数据分析，然后作为决策的依据，举一反三，对症下药，制定切实的风险防范措施。

2008 年 11 月，民营奥凯航空公司停飞。事情起源于温州大股东不肯即时注资到账，导致航空公司流动性缺血。

事情的矛盾并不突然。公司在开航前只对外部风险——市场因素作了评估，而未对内部风险——资金流动性进行评估分析，找出应对之策，结果导致航空公司突然停飞、不仅造成航线和机场的浪费，还面临罚款。

见微知著，未雨绸缪。定性和定量的分析，正可以导引我们在风险的防范面前处于主动地位。

风险的流程控制

流程控制是逻辑性、严密性和有序性的管理方法，更便于通过图示一目了然地了解事情的进程和时间管理。

流程控制的表达有内部流程图与外部流程图、实物流程图与价值流程图、领导架构图与分工协作图、总体目标图与分歧进展图、部门设置图与人力配置图等等。

流程控制的是事物发展的过程，是事情的开始、中间和结束的序列，还有事情的进展与结果、设想与实现、目标与现状的具体指标和数据。

比如应对外汇汇率的波动与美元与人民币之间的比值，中国外汇管理局和央行实行严格的外汇管理制度流程控制，巧妙实施限额管理、信贷审批、贷后管理、防范了汇率风险。

风险的收益判定

任何一项投资，都要考虑到收益可能面临的风险，包括现金流风险、再投资率风险、利率风险、购买率风险和货币风险。

现金流风险包含销售风险、运营风险和财务风险。

利率风险是将终值转换成现实价值的贴现率发生变化而导致资产价值的变化所引起的不确定性。

购买率风险是货币价值的变化所引起的不确定性。

货币风险是由于不同货币之间的变化所引起的不确定性。

将桑树风险统合考虑并与收益一起计算出收益与风险间的离散系数，然后根据敏感度寻求最佳组合式投资方式，以确保投资在稳取情况下还可获取风险溢价所带来的收益，从而大获全胜。

风险的战略管理

假如把银行比作一辆汽车，人才、产品、市场、技术是它的四个轮子，而战略就是它的方向盘，实施战略管理关乎它的现在与未来。

风险的战略管理最重要的是进行 SWOT 分析，弄清自己的优势、劣势、机遇、挑战，从而找到自己的竞争优势，研究规避风险和将风险减少到最低程度的方法，针对风险管理中的风险界定、风险评估、风险序列、风险控制等四个方面的内容而采取业务技巧和有效方法，在重要关口实施"红线"与"绿线"处理，力争做到风险最小化、利益最大化。

风险的同治共管

面对大面积的全局性风险与危机，个人和单位的甚至一国一区域的努力都可能无济于事。这就要求大家携手，共同对付危机与风险。面对这次金融危机，主要国家不约而同采取协调行动，此次 G20 伦敦峰会就开创了共治共管的先例。会议不仅达成共识，而且就解决危机的重点、步骤、责任作了划分，就加强金融管制的措施、机构以及增加特别提款权、资金用途等作出明确表述。会议还相约年底举行第三次 G20 领导人峰会，继续就重大问题进行讨论并作出决策，这给世界危机的解决和经济的复苏带来了希望。

分散商业风险的十大策略

风险如风逐云，可谓与生俱来，恐惧无济于事，抗拒徒费力气，最好的办法是分散风险，将其隔离、切分和淡化，亦即尽可能做到大险化小，小险化了。

具体说来有，须采取十大策略。

风险隔离

设置防火墙，将有关政策风险、成本风险、市场波动风险等不确定因素考量在内，设置不可逾越的警戒线——银行内部叫"一票否决"。

风险组合

通过承担各种性质的不同风险、利用不同风险类别的相关性，金融机构形成最优风险组合，使诸种风险相加得出的总体风险水平最低，同时又可互相消解，获得较高的风险收益。比如银行实行资产种类分散、行业分散、地区分散、客户分散、资产质量分散，就获得了低风险资产的稳定收益和高风险资产的高收益，帮助银行实现收益的最大化和风险的最小化。

风险自留

通过设立专项资金、基金、自保公司等手段将风险留给自己承担，处置稳妥而快捷。

风险对冲

在大宗商品交易中，为了保护未来在现货市场中的收益，交易商通过在期货市场建立相反头寸的操作，达到规避价格波动风险的目的。后来在金融市场亦出现类似操作，人们利用不同货币间的利率、汇率差别以及金融期货、金融期权等衍生工具，在买入一种资产的同时卖出另一种资产，以此达到套利保值的目的。巴菲特和索罗斯就是精通对冲手法的大鳄。

风险转移

在风险发生之前，通过某种交易活动，将可能发生的风险转移给他人承担，从而避免自己承担的风险损失。它的过比方法有：①风险资产出售，如银行不良资产债券发行；②担保，如放贷时要求贷方提供担保；③保险，如通过对不动产、动产或债权向保险公司投保，或激昂债权人的抵押品抵押保险公司，用把保险受益人权益转让给银行的方式将风险转移给保险公司；④金融衍生工具，银行通过一系列的金融衍生品，将风险转移给那些愿意承担风险的交易对手，从而达致转移风险的目的。

风险规避

风险规避是在某项交易或某个事情发生前，通过冷静分析而主动放弃或拒绝承担某种风险的保守策略。常见的有通过网银、信用卡合理避税，通过拒绝大额保单抵押贷款而根绝风险等等手段。

风险补偿

在损失发生前，通过谈判或契约手法，对高风险的客户收取高的金额产品价格。商业银行的核心收益就在把握金融产品的定价，国际炒家巨额获利的秘密业在掌握定价权。对于那些无法分散、无法转移的风险，而自身又不得不承担的风险，交易银行就采取给交易价格认为加入风险因素、增加回报的手法获得承担风险的就爱个补偿。一般来说，商业银行根据信用等级和风险等级，对客户实行在基准贷款利率的基础上适当浮动的方法控制价格。

风险减震

银行是信誉很高的企业，从理论上说，是高风险和高收益行业，加上政策惠顾、交易区隔以及掌握定价主动权等优势，一般是不会发生货币危机的。

ART技术

20世纪80年代以来，综合了保险和衍生品二者特点的风险转移产品大量出现，他们被称为另类/非传统风险转移ART(Alternative Risk Transfer)产品，如盈利保护保险单、有限保险、综合风险与多触发保险单、多触发保险单、多年期多险种保险单、保险联系债券、信用违约掉期、证券化、天气衍生品等等。

风险外包

将风险单位交给他人组织或建立子公司，将含有风险的企业特许或出售给别人经营，将风险产品外包给有专业管理能力的单位生产或承销，将带有风险的活动转移到外面与人合作，如此便大大分散和降低了风险的困扰。

全面监控:人—过程—系统

菲利普·乔瑞所著《风险价值VRA》一书，被称为“金融风险管理的圣经”。该书提出了一系列风险管理的新标准。

作者总结了巴塞尔协议的最新规范，补充了使用VAR进行风险预算和全面风险管理。本书的及时更新旨在为那些力图驾驭来势迅猛和变化迅速的金融风险的管理者提供帮助。

风险是伴随金融而滋生的，金融不可能脱离风险而存在，银行只要开门营业就会有风险。除非不做任何业务，不发放任何贷款。银行要维持生存、获得利润就必须承担风险，而且只有通过有效的风险管理来获益和生存，舍此别无他途。

对银行而言，风险是不可避免的。可见，风险既是损失的可能，也是盈利的来源。

风险管理战略转型必须遵循独立性、统一性、控制性和服务性的四项基本原则，运用各种先进的风险计量模型和测量系统，对银行各个业务层次的信用、市场、流动性、操作等风险进行全面、有效的识别、计量、监测和控制，并将与上述风险相关的各种金融资产与资产组合、各个业务单位都纳入到统一的风险管理体系中，最终构建全员、全范围、全过程、长效化的全面风险管理体系，确保全行在合理的风险水平下安全、稳健经营。

外部环境的错综变幻给中国商业银行的风险管理带来了很大的挑战，银行风险具有不确定性，风险导致的最终结果将会呈现出何种状态是难以准确预料的。因此，风险具有“双侧”性质，无论正面反面都会对银行的经营产生影响。

传统的风险定义往往更加关注风险可能造成的损失，也就是突出“下侧风险”。

现代银行的风险观开始重视风险积极的一面，将风险视为机遇，视为盈利的来源，视为一种可以利用的资源，这就是“上侧风险”。

风险被承担下来后究竟给银行带来的是损失还是盈利，主要取决于银行对风险的管理。只承担而不管理风险只会给银行带来损失，消极回避也消除不了风险，风险的盈利性需要积极的管理才有转化为现实的盈利的可能。这种积极管理具体表现为认真分析风险、主动并有意识地承担风险，科学地管理风险，从而稳妥地获取风险收益，实现风险管理的目的。

风险是复杂的，其来源亦是多方面的。因此，银行要以全面的视角来分析和管理风险，实行积极的全面风险管理。

承担风险和管理风险是需要资源的。银行要承担风险就必须有足量的资本金，因为承担风险就有可能造成损失，而损失需要有资本金来冲销。所以，银行在承担风险时要有足够的资本金作为吸收损失的资源，这也构成了银行承担和管理风险的资金方面的要求。

此外，管理风险还必须有相应的风险管理技术和懂得这些技术的人才，这些都要银行和金融机构花力气去运作。所以，必须把风险看成是一种管理成本，强化对风险的承担和管理需要的部门、财务、装备、技术、专业人才等各种资源的支持。

事实上，要在经营中实现“巧运行、高收益、低风险”的监管决非一个人、几个人的事，也非一个部门一个阶段的事，而是要实行全流程、全方位、全天候的全面监管。

全面监管的关键是把握人、过程、系统三个环节。

人——选择最合适的人，放在最合适的岗位，配置最强最有责任心的队伍，并且具有专业管理水平，懂得如何识别风险、评估风险、弱化风险以及降低风险。懂得如何运用教育、督查、制度、法律等手段进行风险管理，尤其要善于争取领导的支持，把风险管理纳入企业的议事日程，贯串工作运行的过程，落实到具体的环节与目标，真正把企业“防火墙”建设成铜墙铁壁。

过程——风险的发生先期总有印迹与端倪，聪明的人往往见微知著，把风险消灭于萌芽状态或控制在一定限度之内，而不致使风险积小成大、酿成大患。这里的关键是将风险管理制度化、程序化、全员化、扁平化、透明化。既要分兵把守，也要整体联动；既要层层设防，也要一管到底；既要大处着眼，也要小处着手；既要快速反应，临阵不慌，也要无雨绸缪，防患未然。总之，要把风险管理贯彻经营的每个环节，每个时分。

系统——风险管理绝非领导和某个职能部门的职责，而是一项高要求高水平高标准的系统工程，它包括风险的战略管理、人力的合理配置、员工的精确分工、网络的实时监控、制度的全面建设以及教育培训的经常化。

系统的建设要求布局全面、结构完整、执行严密和富于战斗力。

中国的银行系统之所以能在国际金融危机面前经受冲击，原因就在于通过 20 年来的改革，建立了一整套比较完善比较坚实比较灵动的符合国际国内趋势的经营理念、组织架构、管理制度和监督机制，从而成功躲过亚洲金融风暴和规避此次国际金融危机的冲击。

把握 CAMEL 标准

为确保银行信用和防范风险，1988 年的“巴塞尔协议”，从监管角度，对银行资本的构成和“风险减震器”作用及处罚，对银行的资本储备金、资本充足率、资本流动性作出了硬性规定，并对银行的会计资本、监管资本、经济资本分别给予不同的考评计量，这也成为银行评级的依据。

最佳资本需要量又称银行适度资本量、银行资本适宜度，是指在满足了银行管理当局规定的最低资本比率后，使资本成本最低，资本收益最佳，资本风险最小的资本充足度。

银行资本需要的测定量，有两种方法：单一比例法和综合测定法。

单一比例法是以银行资本金与银行资产和负债之间的某个比率来确定银行资本金需要量的一种方法。这是西方国家较早采用的方法。它参照的数据有资本/存款比率、资本/资产总额比率、资本/风险资产比率、分类比率法，采用分头计算、总量相加的办法求取平均值，然后确定一个合理的指标。

综合测定法则是从从某一个角度对银行资本金需要量提出要求。但一家银行资本需要量受到多种因素的影响，如存款数量、资产数量和结构、银行经营管理水平、经营者能力、资产的流动性等。在其他条件相同的情况下，经营管理水平高、经营能力强的银行只需要较少的资本就能抵御所面临的风险。因此各国开始普遍采用综合分析法来确定商业银行的资本需要量。通过综合分析法，虽然比较容易得出银行资本金需要量的一般水平，但难以计算出较为精确的数值，且计算时也比较繁琐，要与其他方法并用，现在均按照“巴塞尔协议”统一的资本标准。

综合分析法是把银行的全部业务活动作为分析对象，在综合考虑各种影响银行经营管理状况因素的基础上，确定银行应保持的资本量。美国的货币监理官提出以下几点作为确定银行应保持资本需要量的因素：银行经营管理水平、银行资产的流动性、银行盈利及留存盈余的历史、银行股东的信誉及特点、银行营业费用的数量、银行存款结构的潜在变化、银行经营活动的效率、银行在竞争环境下满足本地区目前和今后金融需求的能力等。

显然，用综合分析法比用单一比率法来衡银行资本金需要量更加全面、合理、科学。后来在此基础上又演变出在西方国家非常流行的一种评估制度，即骆驼评级制。

骆驼评级制是由美国商业银行创设的一种重要的评价银行经营能力、管理水平的评级制度。评估的内容有五个方面：

- 资本充足率(Capital)；

- 资产质量(Asset);
- 经营水平(Management);
- 收益(Earning);
- 流动性(Liquidity)。

因为英文头一个字母组合恰为英文单词“骆驼”(CAMEL),所以被称为骆驼评级制。

我国对银行的资本储备金和资本充足率要求在30%~40%,这对抵御风险提供了可靠的保证。而华尔街银行集群的危机,恰恰在于他们背离了最基本的风险准备金原则。

像花旗银行,它的市值是2 000亿美元,自有资本是74亿美元,可股市狂泻后账面资本只有60亿美元,实际资不抵债了。如果不是奥巴马政府施以1 380亿美元的巨额援手,花旗早就横尸荒野了。

警惕“市场失灵”与“政府失灵”

哈维尔·马科维茨,在金融经济学领域的研究成果被誉为“华尔街的第一次革命”,其主要贡献是关于银行监管的资产组合方法。

他特别强调两点:一是承认任何银行监管理论必须以银行的行为模型(或理论)为基础;二是承认当局只能不完美地控制银行活动。

哈维尔·马科维茨理论模型的意义也许并不完全在于其观点的完备性与正确性,而在于其把微观信贷市场与宏观货币运行相对接的努力,把货币政策、金融稳定和银行监管统一到一致性框架内以建立一般均衡的努力。

今天,新自由主义已经被批的体无完肤,“市场失灵”的功过和对“市场失灵”的警惕已是不争的事实。与此同时,谈论政府监控和强化政府管理日益成为潮流。在美、英、俄、法等国家,围绕着是否将银行收归国有的争论几近白热化。

于是,出现“市场失灵”与“政府显灵”的命题。

“市场失灵”是指通过市场价值规律这个看不见的手无法实现资源最佳配置、效率最高的情况,是指市场机制在不少场合下会导致资源不适当配置,即导致无效率的一种状况。市场失灵是自由的市场均衡背离帕累托最优的一种情况。

换句话说，微观经济学说明，在一系列理想的假定条件下，自由竞争的市场经济可导致资源配置达到帕累托最优状态，但理想化的假定条件并不符合现实情况。

在下述情况下市场都会失灵：不完全竞争，公共物品，外部影响，信息不完全等。

欧文·费雪认为，市场不灵的两个重要因素是："逆向选择"和"道德风险"。"逆向选择"指的是由于信息不对称作出依据假想情况的背离规律的选择；"道德风险"则是为了获利和避险而人为制造的陷阱。

由于上述因素的存在，市场给出错误的信号，破坏激励机制，瓦解市场。

综合情况，归纳起来，导致市场失灵的原因主要有十个方面。

(1)个人自由和社会规则的矛盾。

(2)基于个人效用最大化原则的帕累托最优概念与社会公平原则不一定一致。效率与平等是市场无法自行解决的一对矛盾。

(3)市场无法解决个人价值与社会价值取向产生的矛盾。

(4)现实中的经济运行不能满足完全竞争假定。如市场存在着的独占、垄断、过度竞争等，都会引起社会效率的损伤。

(5)某些领域不适用一般竞争均衡分析，尤其是那些体现效率递增的经济活动，如研究与开发等。

(6)完全市场假定不成立。如完全的风险保障市场是不存在的。

(7)信息不完备或信息无关性的存在。

(8)存在不完全均衡，资源不能被充分利用，如失业等。

(9)存在外部效应。

(10)公共物品市场无法自行保证供给。

政府失灵就是政府为了矫正和弥补市场机制的功能缺陷所采取的立法、行政管理以及各种经济政策手段，在实施过程中往往会出现各种事与愿违的结果，最终导致政府干预经济的效率低下和社会福利损失。

现实生活中存在的政府失灵，主要表现在以下三个方面：

(1)无效调节导致政府失灵。在那些本该由政府发挥作用的领域，却由于财力不足、制度不完善等原因，致使政府应该进入的领域而没有进入或没有完全进入,政府有心无力,有位无方,调控缺乏手段,缺乏机制,缺乏力度,或调控流于形式,无以奏效,从而造成机关形同虚设,政府管理悬浮。

(2)过度干预导致政府失灵。在那些本该由市场发挥作用的地方,却拼命使用行政手段来管理,政府应该退出的领域而没有退出或没有完全退出,应该防守的领域不但没有放手,反而事无巨细,大包大揽。权力集中,责任无限,结果不仅没能弥补市场的缺陷,反而扬短抑长,妨碍了市场机制正常发挥作用。

(3)领导渎职导致政府失灵。官僚主义、人浮于事和权力内耗以及腐败导致渎职行为。像石家庄市政府对三鹿毒奶粉事件的处置不当导致大范围事故、前苏联政府对车臣叛乱处置不当导致局势失控以及1837年马丁·范布伦总统在经济大恐慌发生后依然“不理朝政”,导致经济危机蔓延四年之久。

国务院发展研究中心资深研究员、著名经济学家吴敬琏教授指出,“市场失灵”还是“政府失灵”,这是经济学中两个学派的争论,是在自由市场机制,即价格机制在资源配置中起基础性作用的范围内进行的,这并不意味着有哪一个学派主张回到政府包办一切的计划经济旧体制去。即使他们支持对某些企业实行国有化,那也只是一种短期的应变措施,而不是一种长期的制度安排。20世纪社会经济制度变迁的基本脉络提示我们:在市场制度范围内,明智合理地界定政府与市场之间的适宜边界,是经济稳定运行和长期增长的一个重大问题,必须根据具体情况加以确定。

他说,我们必须注意的另一个问题,就是中国人常常把宏观经济管理(宏观调控)和政府对经济活动的微观干预混为一谈。假宏观调控之名行微观干预之实,实际上等于复辟命令经济。这不但会造成资源的误配,损害经济活动,还会带来强化寻租环境、使腐败活动泛滥等恶果。这是必须坚决制止的。

为什么“政府失灵”比“市场失灵”更加危险?北大特聘旅美学者汪丁丁指出,政府的失灵可以被腐败者的“收益递增”自动地扩展为政府的“普遍失灵”,而市场的普遍失灵在经验世界里几乎不可能出现。

斯蒂格利茨论证过“市场失灵”根由基于“信息不对称性”;弗里德曼

论证过“政府失灵”基于“官僚化”的政府行为。于是经济学家，特别是持“中间立场”的经济学家们，把市场与政府都看做可能失灵的制度而相提并论。

其实，只要运用数量分析和实证分析的方法，结合近几年反腐败暴露出的问题，人们就会看到：同市场的失灵相比，政府的失灵是更需要警惕和后果更严重的失灵。

个别市场的失灵，即便存在极端的“信息不对称性”，毕竟难以扩展到一切领域。一切市场都失灵的情景，在实际上是不可能的，例如，很难想象我们日常消费的油、盐、酱、醋、柴以及住房、汽车等受监督的商品质量的全部专业的信誉都是假的，都难以辨别。关于“合谋博弈”的基本原理更告诉我们：相互竞争着的制造家以及供给商们，不论怎样谈判，都难以结成稳固的垄断联盟。正是基于“托拉斯”的内在的不稳定性，一切市场都失灵的情景从未上演。

另一方面，政府的失灵，在基于集权、官僚和经验主义的管理中，却很容易因个人行为和不正之风扩展为政府的“普遍失灵”——即普遍的无效率。这是因为，不像“市场失灵”的情况那样，导致了“政府失灵”的既得利益群体，它们所垄断的，不再是市场信息，而是真实的政府权力——名义上合法的、执行特定意图的权力——权贵资本。

权力对竞争性资源配置的扭曲作用，不再像“市场失灵”那样由于内在的不稳定性而难以扩展为普遍情况。恰恰相反，政治权力对经济资源的垄断，天然地具有一种“收益递增”效应。一如哈佛学者施莱佛曾经指出过的那样：腐败所带来的好处，提供着政府官员为更大的腐败设置管理权力的激励，从而腐败意味着更大的腐败，“寻租”意味着无穷无尽的“设租”与“租赁”。

湖南株洲市就是如此。由于市委主要领导人李大伦的腐败，导致市长、纪委书记、市委副书记、副市长、规划局长、公安局长、土地局长等领导层、管理层的70%官员和部门的腐败，有的甚至和黑社会抱团。

上梁不正下梁歪。政府部门效仿领导，公开索贿和谋私，在土地审批、招商引资、城市建设、矿山开发、项目审批、扶贫救济等一系列权力部门的牟利公开化、特许化和均等化，整个城市管理完全背离党性和法律、道德和良知，最后被立案侦查、双规以及内部处理的干部达数百人，涉案金额数十亿。

案发前这个地方，表面看政府存在，实际整个机构已经沦为假公济私、以权谋私的泥沼，政府管理失控。

如此看，“政府失灵”比“市场失灵”更加危险。

查尔斯·沃尔夫，美国民间智库兰德公司的著名学者，他的《市场，还是政府》作为该公司最著名的研究成果之一，精辟论述经济政策制定的根本问题，即在经济体制的运作中，如何在市场和政府之间作出恰当的选择——

既不能放任不管，也不能越俎代庖；

既要挺身而出，也要全身而退；

政府和市场都不能相信神话。

第十四章

G2 基轴与不动点

学者们一直在思考：有没有一种方法，能使国际金融秩序稳定而不周期性发生危机。

如果有，这个"不动点"在哪里？

答案似乎要从拓扑学寻找。现代的数学研究的是不变量的数学，不变量的轨迹，拓扑最能够体现出不变量的性质，所以拓扑是很美妙的。而 Brouwer 定理，Hopf 定理是我所接触的结论中非常漂亮的两个。

面对危机和风暴后的混乱，我们需要对残局进行拓扑，让世界重新回到或曰找到它的不动点。

这个不动点即是第四资本的立足点——解决金融冲突的 G2 轴心。

特里芬难题

事情要从特里芬难题说起。

特里芬难题来源于美国经济学家罗伯特·特里芬对美元的研究。由于它的逻辑模型是建立在以美元为主导的国际货币体系基础上的，则国际货币体系的改革和美元的国际作用的改变成为解决这一难题的根本途径。

早在1960年的论著《黄金和美元危机》中，特里芬就指出：随着世界经济和贸易的不断增长和国际货币需求的日益增加，美元的对国外供给将不断扩大。如果美国国际收支持续出现逆差，则不利于美元价值的稳定；相反，如果美国国际收支持续出现顺差，则美元的供给就将减少，就难以满足国际需求。这样，以美元为主导的国际货币体系就会陷入“两难境地”。

也就是说，要满足国际货币的需求，保证国际货币的供给，美国的国际收支必须持续保持逆差；而国际收支持续保持逆差，又必然导致美元的贬值。

这就是后来被称为“特里芬难题”的著名悖论。

在两次世界大战后美国主导世界经济的背景下，美元通过布雷顿森林体系确立了自己的国际货币主导地位。

第一，确定了美元对黄金的基准价值。

第二，确定了各国货币对美元的基准汇率。

第三，确定了美元是唯一的干预货币。

第四，美元的稳定成为各国中央银行的共同义务。

第五，美元成为国际流动性的来源。

第六，美元成为全球的主要国际储备货币。

在初始的布雷顿森林体系下，美元汇率的稳定依赖各国中央银行积累的美元储备。

显然，美国没有这样的需求，反而能够通过其他中央银行积累储备过程为其赤字部分提供融资。但是美国原则上必须保持足够的黄金储备以维持黄金——美元平价。自布雷顿森林体系的固定汇率平价崩溃以来，美国仍然无须持有其他国家的货币储备，它可以通过自身的货币创造能力，增加国际储备和国际流动性，实现“美元扩张—增加国际流动性—弥补国际收支赤字”的循环。

美元的扩张，决定了美国能够采取独立的宏观经济政策，而其他国家，尤其是发展中国家却没有这样的货币优势。

事实上，在美国经济周期性向上波动时，美元的扩张特权会被过度利用，迫使发展中国家作出调整。正如美国经济学家斯蒂格利茨所分析的那样，经常项目赤字对美国经济活动有紧缩的影响，也就是说，在向上扩张政策期间产生的刺激作用可以给美国以外的国家带来好处。因为周期性的向上波动通常以美元升值为特征，其他国家在这种情况下通过所持有美元资产的真实价值（以它们本国货币计算）增值获得收益。

美元的国际储备地位，决定了美国对资本化力量的支配作用。美国的部分外债是其他国家积累的美元储备，通常这种美元储备是以存款和流动性工具的形式持有的，美国只支付较低的利率。这就出现了全球不合理的资源分配的问题，造成世界经济的资本化力量分配失衡。

收入（外汇储备）从发展中国家向主要发达国家再分配的情况被称为“反向援助”。自2007年爆发的次贷危机以来，这种资本化力量表现得更加强大。当银行间市场发生信用紧缩和流动性突然停止的时候，联邦基金系统的美元或美国政府的债券便成为全球美元储备的唯一选择。需要指出的是，即使存在与美元竞争的货币作为国际储备货币和支付手段，这些问题也不能全部解决。资本化力量还将集中在那些富裕国家，因而“反向援助”将依然是这个体系的一个特征。

美元的国际货币地位，决定了美元在扩张过程中一旦发生贬值就会使美国的外汇资产表现为正的财富（真实平衡）效应，因为美国居民持有的外汇资产价值会上升，而他们的债务却没有发生变化。因此，美元贬值对全球经常项目不平衡的调整可以产生弱效应，美元贬值的财富效应与相对价格效应相反。而对其他用美元衡量外债的国家来说，当本国货币贬值时，就会蒙受净财富损失。

从“特里芬难题”看，美元的扩张似乎是美国和其他国家之间的双向选择，是国际社会对美元的供求关系的选择，解决这一矛盾就应该从美元的供求关系中寻找答案。

自然，各国应该积极调整国际收支平衡，供应方应该积极解决国际收支赤字问题，而需求方则应该减少大量贸易顺差和资本的大量流入。许多国家主张，美国应该采取紧缩的国内货币政策和保持国际收支顺差。然而长期以来通过财政和国际收支双赤字实现的美元扩张给美国带来了巨大的国家利益，就此而言，美国很可能会继续利用美元的国际地位把“特里芬难题”发展到极致。

由于“特里芬难题”是建立在以美元为主导的国际货币体系基础上的，国际货币体系的改革和美元国际作用的改变是解决“特里芬难题”的根本途径。当前由美元扩张和信用危机引发的全球金融危机，也可以说是一次“特里芬难题”所包含的美元供求矛盾的集中释放。

尽管美元过度扩张已经损害了大多数国家的利益，尤其是持有大量美元储备的发展中国家的利益，但是由于美元的国际作用是美国实现国家利益的重要手段，因此不可能通过一次金融危机完全改变美元主导下的国际货币体系。

中国人民银行行长周小川在G20峰会前提出以国际货币基金组织的“提款权”为基础建立“超主权储备货币”的主张。

周小川指出，理论上讲，国际储备货币的币值首先应有一个稳定的基准和明确的发行规则以保证供给的有序；其次，其供给总量还可及时、灵活地根据需求的变化进行增减调节；第三，这种调节必须是超脱于任何一国的经济状况和利益。当前以主权信用货币作为主要国际储备货币是历史上少有的特例。此次危机再次警示我们，必须创造性地改革和完善现行国际货币体系，推动国际储备货币向着币值稳定、供应有序、总量可调的方向完善，才能从根本上维护全球经济金融稳定。

创造一种与主权国家脱钩、并能保持币值长期稳定的国际储备货币，从而避免主权信用货币作为储备货币的内在缺陷，是国际货币体系改革的理想目标。

被西方媒体尊称为“人民币先生”的这一主张的提出，立即引发美国政府的反弹。美国财长盖纳克表示美国救市有效，美国经济复苏没有问题，世界对美元应抱有信心；美联储主席伯南克声称“美元依然强大和不可替代”；而美国总统奥巴马则对“建立超主权储备货币”的要求表示了断然拒绝：NO，NO，NO，美元异常坚挺，美国对美元以外的其他建议不予考虑。

尽管中国行长的主张受到卢拉、梅德韦杰夫、卡恩、斯蒂格利茨等的高度评价，联合国关于国际金融危机的报告予以肯定，但显然要实行这一主张尚待时日。

“特里芬难题”还将在一定时期存在。因此，破解“特里芬难题”，应对美元扩张及其危害的有效途径，就是最大限度地降低美元国际储备需求，减少对美元的依存度，改善自身的国际收支平衡水平。

看来，消除此种不平等的最好的办法，就是实行“一篮子国际货币”政策。

外储：巨大的财富

迄今为止，中国官方公布数字的外汇储备是3.21万亿美元，而美国智囊外交学会专门研究中国外国资产的专家布拉德·塞策认为，真实的数字接近3.3万亿美元，相当于每个中国国民2 800美元。

塞策算出，在3.3万亿美元中，大约有18 000亿美元用于投资美元资产，使中国政府远超其他国家成为美国的最大债主。2008年，美国面临巨大压力时，中国政府借给美国4 300亿美元，2009年继续增持，达到8 000亿美元，相当于中国国内总值的20%以上。

塞策写道：“日复一日，中国是市场上最大的美国买主，美国在资金上从来没有像现在这样依赖另一国政府。”

处在经济危机中的多少外国政要青睐中国的硬通货，而围绕两万亿美元的处置也成了国人争论的焦点。

一种人认为，外汇是巨大的财富，是国力强盛的表现，不能轻易动用，应作战略处理，比如继续增持美国国债，购买石油、矿产等有效资源，增加国际货币基金组织的特别提款权份额，加强中国在西方的话语权。

一种人认为，外汇存着不动和投资频频失误，不如造福国内民生工程。

围绕着外汇收入问题，同样存在两种声音：

一种说，美元的褒贬机制掌握在美国人手中，国家保留个六七千亿美元足矣，外储过大和过多是无意义的，一旦美元缩水，等于被人拿走了几十年的劳动成果；

一种说，继续保持强大的外汇储备是必要和必须的，因为外汇是国家资本，是中国崛起的象征。

比较有代表性的人物有两个，一个是北大光华管理学院的教授张维迎，他主张“远离美国国债”，将外汇储备的一半拿出来分掉，全国人均10 000元人民币。

另一个是吴晓灵，原央行副行长、中国外汇管理局局长，她认为外汇是一种国家担保的特殊资产，应该慎用和善用。

比较中和的一些专家，认为在没有更好选择的情况下，可适当增持美国国债。

为之，《第一财经日报》开展了“2009 年经济学家调研”，接受调查的 70 位一线经济学家中有 71.4%的人认为“不应该继续购买美国国债”。

同行们得出相同的结论就是真理么？我们不妨就“该不该购买美国国债”问题做一个“庖丁解牛”式的推论。

问题的回答不仅涉及实证领域，而且不能摆脱价值取向的影响。

答案取决于三大要素：①美国国债本身的投资价值；②美元汇率；③战略考量。

战略考量是最难量化分析的，但有很多人把这一政治经济学范畴的要素作为得出“不继续购买”的重要依据，比较流行的逻辑是美国救助政策 ARRA 沾上贸易保护主义的些许色彩之后，其他经济体采取“减少对美融资”属于“你来我往非礼也”的应对策略，让美国感受到“金德尔伯格螺旋”的威胁，可能有助于遏制贸易保护主义的得寸进尺。

可是细分析一下就会发现，从美国经济结构看，贸易重要性远不及消费和投资，在启动和刺激消费和投资尚需外部资金支持的背景下，美国政府一般都会将贸易利益置于前列，亦不会倡导“保护主义”。

“该不该购买”的另一考量是美元汇率，对于大量美国国债外部持有者而言，如果资金长期以美元形式贮藏和应用，只关心美元收益率，那么这一要素的影响几近于无，但如果本币收益率十分重要，就不能忽视汇率风险。目前一个较为普遍的共识是，从美元均衡汇率的测算结果看，美元贬值进而向长期均衡的回归势在必行，关键问题并不是美元会不会贬值，而是何时贬值。这个拐点的形成与全球经济周期分化、金融危机演变和市场心理波动等一系列不确定因素息息相关，2009 年 3 月初，美元指数依旧较年初上升了 8.69%，也许，美元的韧性及其路径依赖会超出预期，回忆一下“在长期中我们已经死了”的凯恩斯警句，美国国债的汇率要素可能值得进一步辨证深思。

对于前两个话题，人们似乎投入了更多的追问，但最基本同时也最值得市场人士分析的，却是最后一个要素，即美国国债本身的投资价值。

策略分析师们关注的是国际资本流动的两种可能影响：一方面，伴随着以贸易萎缩为代表的经济全球化“暂时停滞”，受“避险需求”和“谨慎心理”的影响，全球资本流动有收缩趋势，这构成了债券市场的可能利空；另一方面，从结构上看，一系列救助政策的出台并未改变全球股市大幅下跌的趋势，截至 2009 年 3 月初，道琼斯、标普、纳斯达克、富时 100、CAC、DAX 和日经指数较年初分别下跌了 23.36%、22.91%、16.23%、20.79%、20.62%、23.27%和 17.57%，资本流动的可能倾斜将有利于债市。

其次，着眼债券市场的区域分析，美国经济基本面与欧日和新兴市场经济体的比较，本质上还是美国国债比较划算。虽然 2008 年第四季度美国经济季环比年率增长为－6.2%，创 27 年新低，但同期欧元区同比收缩 1.2%，创有指标统计以来新低，日本季环比年率收缩 12.7%，创 35 年新低，欧日虽然在经济衰退时点上慢美国一拍，但衰退程度却是有过之而无不及。更值得注意的是，欧日和美国有一个质的不同，前者对贸易的依赖明显高于后者，这种潜势意味着，美国的经济周期具有更强的“独立性”。在美国经济依靠内需复苏之前，欧日经济会受累于外需乏力难以先期走出困境，只有在美国经济回暖进而全球经济反弹之后，滞后的传导才能帮助欧日复苏。至于新兴市场经济体，一方面，其没有成熟的债券市场，另一方面，新兴经济体固有的脆弱性在危机之下益发显现，东欧、俄罗斯、泰国、韩国经济及金融的近况表明，对新兴市场经济体的未来，须深入思量并谨慎看待。

最后，是否购买美国国债须做风险评估，以当下最值得切入的点而对于危机新背景中美国国债本身风险作基础性研究，目前美国国债的风险大致有四类：

一曰发行风险——表现为财政支出过多依赖国债发行导致国债依存度超过警戒线；发行总量超过市场潜在吸纳能力导致供大于求，价格下降，收益率上升，进而使中长期利率曲线出现不合时宜的陡峭化；或是发行的吸纳方式存在隐患，例如美联储吸纳国债发行将导致通胀预期形成。

二曰存量风险——表现为国债存量负担超出实体经济所能承受的极限，或是市场预期的“极限”，进而导致国债信心的突然下降。

三曰偿付风险——表现为国债还本付息额与财政收入的比例超出政府预期水平，或是对政府施行刺激性政策形成掣肘；或是国债余额与居民储蓄存款余额的比例超过微观主体财富积累的对应承受极限。

四曰通胀风险——表现为宽松货币政策导致通胀预期形成，进而对固定收益的非通胀调整类国债造成不利影响。结合次贷危机后的经济状态，融合国债依存度、国债负担率、国债偿债率、赤字率、国民应债率、净资本流入、国债收益率等指标进行计量处理，应该对美国国债本身的风险有一个直观、理性、兼顾短期和中长期的认识。

奥巴马政府 2009 和 2010 财年高达 1.752 万亿美元和 1.171 万亿美元的赤字可能将加大发行风险和存量风险，但 2013 财年将赤字 GDP 占比降至 3%的承诺又相应弱化了赤字长期化问题，而近来美国储蓄率的上升则可能一定程度上降低了偿付风险。总之，尽管还没有确切测算结果，穆迪将美国国债定于 AAA 的第二档可能反映了美国国债风险加大、但尚未触及危险境地的可能事实。

综上所述，美国国债的整体风险可能是不断变化的，这似乎暗示着海外持有者对美国国债最优反应策略可能是与时间序列高度相关的复杂变量，而并非简单结论式的买或不买。

但推论归推论，难题归难题，中国外贸继续顺差，外储数字不断刷新，有人望梅止渴，有人画饼充饥，有人垂涎三尺，有人嫉妒骂娘，但不变的是中国人的底气和自豪感。买也罢，卖也罢，博弈就是赌底气。

无论从哪个角度看，外汇都是巨大的国家财富，强劲的资本力量。

外汇储备，又称为外汇存底，是一个国家货币当局持有并可以随时兑换外国货币的资产。

并非所有国家的货币都能充当国际储备资产，只有那些在国际货币体系中占有重要地位，且能自由兑换其他储备资产的货币才能充当国际储备资产。

狭义而言，外汇储备指一个国家的外汇积累；

广义而言，外汇储备是指以外汇计价的资产，包括现钞、黄金、国外有价证券等。

外汇储备是一个国家国际清偿力的重要组成部分，同时对于平衡国际收支、稳定汇率有重要的影响。

一定的外汇储备是一国进行经济调节、实现内外平衡的重要手段。当国际收支出现逆差时，动用外汇储备可以促进国际收支的平衡；当国内宏观经济不平衡，出现总需求大于总供给时，可以动用外汇组织进口，从而调节总供给与总需求的关系，促进宏观经济的平衡。同时当汇率出现波动时，可以利用外汇储备干预汇率，使之趋于稳定。因此，外汇储备是实现经济均衡稳定的一个必不可少的手段，特别是在经济全球化不断发展，一国经济更易于受到其他国家经济影响的情况下，更是如此。

一般说来，外汇储备的增加不仅可以增强宏观调控的能力，而且有利于维护国家和企业在国际上的信誉，有助于拓展国际贸易、吸引外国投资、降低国内企业融资成本、防范和化解国际金融风险。

当然，这并不是说外汇储备越多越好，因为持有外汇储备是要付出代价的。

第一，外汇储备表现为持有一种以外币表示的金融债权，并非投入国内生产使用，这就产生了机会成本问题。如果货币当局不持有储备，就可以把这些储备资产用来进口商品和劳务，增加生产的实际资源，从而增加就业和国民收入；而持有储备则放弃了这种利益。因此，持有外汇储备，要考虑机会成本问题。

第二，外汇储备的增加要相应扩大货币供应量，如果外汇储备过大，就会增加通货膨胀的压力,增加货币政策的难度。

第三,持有过多外汇储备,还可能因外币汇率贬值而遭受损失。

据此分析,可以看到,外汇储备应保持在适度水平上。

适度外汇储备水平取决于多种因素,如进出口状况、外债规模、实际利用外资水平等。总之,应根据持有外汇储备的收益、成本比较和诸方面的状况,将外汇储备保持在适度水平上。

中国和世界其他国家在对外贸易与国际结算中经常使用的外汇储备主要有美元、欧元、日元、英镑等。

中国外汇储备的结构没有对外明确公布过,据估计,美元资产占70%左右,日元约为10%,欧元和英镑约为20%。①

中国实行货币局制度有以下几方面的历史原因和理论原因。

(1)储备货币发行国的经济活动要以国内经济为主。虽然美国占国际贸易的比例很大,但是与美国庞大的国内生产总值相比仍然比例很低,远远低于日本、德国、瑞士的相应指标,后者三国的主要经济活动是外向型的,其货币价值容易受到国际资本流动的干扰而大幅波动,不利于保值。

(2)除美国外,日本、德国、瑞士的央行拒绝其货币在国际金融市场上扮演更重要的角色。

(3)美元是历史形成的国际支付手段、交易中介、价值储藏首选。

(4)国际贸易中2/3国家以美元结算。

(5)国际金融市场上的批发交易绝大多数以美元交易,各国央行的金融操作也主要采用美元。

(6)各大国的外汇储备主要是美元资产。

(7)国际银团贷款和国际债券市场的绝大多数交易都是美元或美元债券。

由于上述原因,我们选择了以美元为基础的外汇储备。

外国人很不理解,一个并不富有的国家,为什么保留如此多的外汇并

---

① 中国外汇储备的结构没有对外明确公布过,目前属于国家金融机密。据估计,美元资产占70%左右,日元约为10%,欧元和英镑约为20%,依据来自于国际清算银行的报告、路透社报道以及中国外贸收支中各币种的比例。

把它借给美国人花？

哈佛大学校长萨默认为这种现象很怪异。他说，一个自己的诸多需求尚未得到满足的国家，为什么会让这10 000亿美元从一个朝气蓬勃的地方流向一个成熟富有的地方？

我们是否被国际金融炒家游说，陷入“斯蒂格利茨怪圈”？

在国际资金循环中出现新兴市场国家以资金支援发达国家的得不偿失的资本流动怪圈，表现为新兴市场国家在以较高的成本从发达国家引进了过剩资本后，又以购买美国国债和证券投资等低收益形式把借来的资本倒流回去。

合理的解释也许是国际金融经验不足，深层的原因可能与拍脑袋有关。

经济学家解释说，外汇投资可以获得高于中国储蓄率的较好的收益。这听上去很令人称羡，但如果过于极端，就表明中国人没有跟上世界的步伐。相比较，印度的储蓄率约为25%，这表明印度人民消费了他们共同生产的东西的75%。最近，美国的储蓄率有时候为负数，这意味着它消费的东西多于它生产的东西，不足部分通过进口弥补。

北京大学中国经济研究中心教授宋国青，针对有关外汇局将调整外汇储备结构的传言表示，外汇储备的经营应该谨慎。他认为，外汇储备不是国家的资产，是央行拿个人储蓄换的，央行一手从储户借了钱，一手买了外汇。如果现在去买石油等战略资源，到时候如果储户要取款，这钱到哪里去找？如果要去买什么资产，必须能够挣钱。但是未来人民币肯定要升值，将来储户取存款的时候，银行也要付人民币，银行不能给储户美元，储户也肯定要人民币。“因为美元相对人民币肯定要贬值，而人民币升值了，如果付美元，储户肯定不干。”

他还发现，在中国外汇储备资产中，欧元比例一增加，欧元就升值，美元比例一增加，美元就升值。所以作为一个大国，外汇储备中个别货币的比例也轻易不能动。

中国商务部外资司司长李志群在“2008外国企业（机构）青海行恳谈会”上表示，当前中国拥有巨额的银行储蓄和外汇储备，但仍须继续利用好外资。

李志群说，虽然我国目前拥有巨额银行储蓄和外汇储备，但从人均角度看，并不存在利用外资过多的问题。2006年中国人均利用外商投资只有47美元，远低于发达国家人均534美元和世界人均107美元的水平。

李志群说，中国作为发展中国家，不仅存在外汇缺口和储蓄缺口，还存在观念、人才、技术、管理、市场、品牌等缺口。“资金不等于资本，虽然中国目前银行储蓄和外汇储备较为充裕，但缺少的是资本。随着国有企业改革和民营经济的发展，资本形成力会逐步增强，但需要经历相当长的过程。中国就业压力很大、技术状况比较落后、企业管理水平比较低，仍然需要注重发挥外资的作用。”

李志群还表示，利用外资是利用全球各种资源的重要载体。“全球直接投资的70%都是投向发达国家。对于发展到一定水平的国家来说，利用外资并不仅仅是因为国内没有资金，而是要利用资金流动中搭载的竞争能力。”

他的话，似乎为我们拨去一部分疑云，打开另一扇窗户。

外储的本质：央行的负债

外汇储备是国民经济运行的结果，是与企业和居民的货币财富相对应的。

很少有人知道，外汇储备是不能随便动用的。因为，外汇储备对应的是央行的负债，不同于储蓄和财政资金，也就不能简单的分给个人或政府部门直接使用。

这是外储与其他资金的不同点。

外汇储备在不同的国家有不同的管理制度。有些国家，比如日本，外汇储备是财政资金收购形成的，一般由财政部代表国家进行管理，委托中央银行按财政的管理政策进行操作。

中国外汇储备的使用，由人民银行收购，直接管理并操作。

还有一些国家兼而有之，财政、央行均有外汇储备，各自管理，但在动用外汇储备干预汇率时一定是由中央银行或委托中央银行进行操作，否则市场信号的混乱会影响国家金融的稳定。

1994年外汇管理体制改革后，中国实行结汇售汇制度，即企业获得的外汇要卖给银行，企业需要外汇时向银行购买。1996年中国实现了经常项目可兑换，对非资本项下的用汇，企业可以凭真实需求向银行购买，企业获取的外汇在外管局核定的额度内可保留现汇，超出限额的部分要向银行结汇。

2003年以来，外汇局放宽了企业保留现汇额度和允许开立外汇账户的企业范围，但由于人民币有升值的趋势，企业和居民个人都把外汇出售给了银行，经常项下结汇制度已名存实亡。

按照外管局规定，企业可在上年度经常项目收入的80％和支出的50％的总额内自主留用外汇。2003年底，我国企业外汇存款余额519亿美元，到2008年底外汇存款余额988亿美元，年均增长13.7％，远远低于同期我国进出口总额年均24.7％的增长速度，企业保留外汇的意愿非常之低。

近几年来，中国经济外向度逐步提高，国际贸易持续顺差，利用外资也不断增加，形成了国际收支在经常项目和资本项目下双顺差的局面。企业和居民把得到的外汇卖给银行就形成了人民币存款或手持现金。商业银行没有那么多人民币资金收购外汇就把外汇卖给人民银行，形成人民银行的外汇储备和商业银行在人民银行的存款。由此可见人民银行的外汇储备从本质上是与社会的企业和个人的存款、现金相对应的，是国民经济运行的结果。

上述过程表明，外汇储备在人民银行的资产负债表上是资产，但对应的是商业银行在人民银行的存款和购买的中央银行的票据，间接体现的是企业和居民在商业银行的人民币存款。为保障存款人的利益，人民银行必须保证外汇储备的保值增值。

外汇储备之所以称为国家外汇储备，一是因为它是由中央银行用发行人民币的方式收购进来；二是因为它是国家对外履行国际债务的保证，即政府、企业和个人要使用外汇偿付对外债务时能用人民币换成外汇去偿付债务。

由于这个原因，外汇储备更多的是国家对外担保的资产。

安全性、流动性、盈利性

各国政府管理和经营外汇储备，一般都遵循三个原则。

安全性——外汇储备应存放在政治稳定、经济实力强的国家和信誉高的银行，并时刻注意这些国家和银行的政治和经营动向；要选择风险小、币值相对稳定的币种，并密切注视这些货币发行国的国际收支和经济状况，预测汇率的走势，及时调整币种结构，减少汇率和利率风险；还要投资于比较安全的信用工具，如信誉高的国家债券，或由国家担保的机构债券等。

流动性——保证外汇储备能随时兑现和用于支付，并做到以最低成本实现兑付。各国在安排外汇资产时，应根据本国对一定时间内外汇收支状况的预测，并考虑应付突发事件，合理安排投资的期限组合。现金和国库券流动性较强，其次是中期国库券、长期公债。最近，中国企业在国外洽购澳洲、巴西矿产、非洲、北美石油、远东、东南亚建立小商品市场等等，外汇都给予了及时充足的支持。

盈利性——在保证安全和流动的前提下，通过对市场走势的分析预测，确定科学的投资组合，抓住市场机会，进行资产投资和交易，使储备资产增值。按照美国目前的利息，外汇储备大概有 4%～5%的收益，再加上人民币的升值因素，基本上外汇储备的收益勉强能够打平。可以说，虽有浮亏，总体还是保值的。最近，美国国债升值，中国适当增加购买份额，从一定程度上增加了收入。

但是，安全性、流动性和盈利性三者不可能完全兼得。

一般说来，高风险才能有高收益，盈利大的资产必然安全性差，而安全性、流动性强的资产必然盈利低。

所以，各国在经营外汇储备时，往往各有侧重。比如富国多重视流动性，以随时干预外汇市场或用于对外支付，小国和资源贫乏国家多看重价值增值和财富积累。

科学的方法是尽可能兼顾三项原则，采用投资组合的策略，人民币的汇率 2005 年 7 月 21 日改为“以市场供求”为基础、参考“一篮子货币”进行调节、有管理的浮动汇率制度。“不把所有的鸡蛋放在一个篮子里”，实行外汇储备的多元化经营，以降低风险，保值增值。

外汇储备的常规使用，一般由国务院动用外汇以充实中国银行和其他银行的资本金。通常注资行为不属于外汇储备的常规运用范畴，2003 年 12 月 16 日成立的中央汇金投资有限责任公司承担执行人的角色。

对于外汇储备规模，有观点认为，实行浮动汇率制的国家外汇储备以GDP的10%左右为好，中国目前的外汇储备水平明显偏高。亚太区国家的外汇储备额占GDP的比例平均上都要比西方国家高出很多，这个现象并非中国所独有，而且高外汇储备对于维护金融市场的稳定也是有帮助的。有些观点认为，考虑到中国的银行呆账坏账情况比较严重，适当的增加外汇储备不但是必要的，而且现在的储备水平还太低。

人民币汇率曾经采用盯住美元的做法，在人民币/美元购买力平价失衡、全球预期人民币将会相对美元升值的情况下，大量美元热钱涌入中国换取人民币，以求收买廉价资源并获得汇率波动收益。中国央行为了维持固定汇率，不得不大量买入美元，加剧了中国外汇储备问题，导致了通货膨胀的风险。统计表明，2004年约有1 600亿美元热钱通过各种渠道进入中国。

外汇储备是人民银行的资产，但同时也是人民银行对社会的负债。保持外汇储备的安全是最重要的。既然是负债，人民银行要对商业银行的存款和所购买的央行票据付息，外汇储备也必须盈利。既然企业和居民随时有可能用人民币购买外汇，外汇储备的流动性，即随时变成外币现金的可能性也要强。

从安全性、流动性和盈利性出发，各国外汇储备一般是购买外币发行国的政府债务、高信用等级的公共机构债务。这当中为了分散风险要进行币种配置、债务期限配置，要考虑国家贸易和投资的地区、国别结构。

从这个意义上讲，中央银行的外汇储备经营战略是保守的。人民银行的外汇储备中含有美国房利美、房地美的债券，也因为它们是美国政府支持的公共机构，有美国政府的隐性担保。从中央银行外汇储备经营的原则中，我们不难理解为什么外汇资产的配置中美国国债占比较大。

近年来由于各国央行外汇储备增长较快，美国国债收益率不强，央行也就外汇投资做了一些“小试牛刀”式的尝试，但是这种尝试规模较小且不显迹。

据中国人民银行副行长兼外汇管理局长易纲介绍，我国的外汇储备都实现了在“保本”的基础上有一个比较好的收益。我们最重要的管理方法就是把资产配置好。在资产配置上要强调分散风险;在货币层次上,我们有美元、欧元、日元、新兴市场国家货币,是一个分散的组合。

在货币层次上的配置,我们充分考虑了中国的外资、外贸、外债和对外支付的比例,并且货币的配置还要考虑投资市场的容量,这是在货币层次上的分散化和配置。

第二个层次是在资产层次上配置,你决定了货币的配置之后,你要决定你的资产投什么,比如说政府类、机构类、国际组织类、公司类、基金类等等的资产,也要把一个个资产配置好。通过一个分散化的配置,可以达到"东方不亮西方亮、黑了南方有北方"的分散风险的"此消彼长"的中和。在投资中,中国没有投资次贷、CDO等这样高风险的产品,对风险的防范和管理一直都是我们最重要的工作。

看来,人们关注的巨量外汇储备还是在"安全性、流动性、盈利性"的框架内,无须"日惦夜念"。

不过,外汇贮备长期搁置不用和长期购买美国国债显然收益率不高。2010年以来,中国银行外汇管理局开始探索将外储投资高回报率的对冲基金。

据报道,外管局在美国投资的基金公司至少包括太平洋投资管理公司(PIMCO)、贝莱德和布里奇沃特投资公司公司,已经注入数十亿美元。

PIMCO是全球最大的债券基金,截至2009年管理着10 000亿美元资产。"债券之王"比尔·格罗斯1971年在加州Newport Beach创立了该公司。

新任中国外管局首席投资官朱长虹在就任前曾担任PIMCO公司投资委员会委员,负责衍生品投资并管理着公司内部的一个对冲基金系列,所以与比尔·格罗斯合作起来比较顺手。

外管局在PIMCO的钱都投资在单边做多的固定收益抵押债券上,还有一部分投资在对冲基金中。

资产管理公司贝莱德也在帮外管局打理资金。贝莱德总部设在纽约,该公司去年6月以135亿美元收购巴克莱资产管理部门后,成为全球最大的资产管理公司。截至2009年9月30日,贝莱德在股票、固定收益投资、现金管理、替代性投资、不动产咨询策略等领域管理总资产3.2万亿美元。

另一家传闻中的布里奇沃特投资公司是全球最大的对冲基金。布里奇沃特最初几位雇员都是中国人。他们从上世纪80年代底就与外管局有过来往。

外管局投资对冲基金的方式之一，是采用无资金支持的委托。假设对冲基金为其客户构建10万美元的风险敞口，客户就需要向对冲基金提供10万美元资金。如果允许对冲基金使用杠杆的话，比如2倍杠杆，客户也需要提供5万美元资金。

外管局委托基金经理，为外管局构建一个委托投资组合，刹那品多是衍生品，包括期货合同、远期合同等。假如要构建10万美元的投资组合，可能只需要10 000美元的保证金。

外管局会给委托基金一个风险预算，也称风险限制。在这个范围内，委托基金经理通过购买衍生品帮助客户构建投资组合。假设风险预算为3%，意味着委托投资组合的收益与所选定的基准收益之间的标准差不能超过3%。

2008年1月，外管局1.8亿美元投资澳大利亚澳新银行、澳洲银行和澳洲联邦银行，获得1%股份；4月，20亿美元投资英国BP，获得该公司1%股份；4月，28亿美元投资法国道达尔公司，取得1.6%股份；6月，25亿美元投资美国TPG公司，获得20%股份。现在，外管局又用委托经营的方式与美国几家大公司签约，投资对冲基金。

尽管中国缺乏投资外汇衍生品的经验，但这不妨碍我们借助跳板，大胆试剑，取得突破，做大蛋糕。

任何时候任何情况下，盈利都是硬道理。

两难之境与两用为策

《每日经济新闻》报道说，长期关注中国外汇资产的经济学家、纽约智库——对外关系委员会的布拉德·赛斯特估计，中国或许已在全球购买了高达1 500亿美元股票资产。他还估计，在前年增加的美国股票中，只有80亿美元是中投公司所为，其他绝大部分出自外管局之手。

美国财政部公布的外国投资者持有美国证券资产初步统计数据显示，截至2008年6月末，中国持有的美国证券类资产首次突破万亿美元关口，达到 1.205 万亿美元！

巨额资产放着不动无异于供人白使。中国尝试海外投资，然而中投公司 50 亿美元投资大摩，30 亿美元投资黑石，54 亿美元被套 PrimaryFund，损失惨痛。至于各大银行的海外投资，随着诸如雷曼兄弟破产这样的事件发生，内情陆续浮出水面，动辄数十亿美元的损失。国人不免忧从中来。美国财政部公布的数据，让国人又吓了一大跳。原来，外管局也在购买股票，且以非凡的魄力，在金融危机已经爆发之时大幅增持。当美国股市从 2007 年 10 月 11 日的14 198.10点，一路跌到 2009 年 3 月 3 日的 6 705.79 点，不知道多少国人手心捏着一把汗。如果美国官方不公布信息，国人吃到的永远是"中国的外汇储备资产总体是安全的"这样的"宽心丸子"——仿佛亏钱的是别人，或者，仿佛是别人亏的钱，或者，仿佛亏的是别人的钱。

中国毕竟是个并不富裕的国家，一点一滴都会牵动国人的神经，关心中国外汇资产的安全应是常理之事，但也给深处一线人员很大压力。也正因此，中金、汇金公司如履薄冰，战战兢兢。

就货币交易而言，本身就包含风险，有亏必有盈，有涨必有落，经多了，习惯了，也就不会一惊一乍了。

由于金融知识缺乏以及对国际宏观情况欠缺把握，国人难免管中窥豹。

最近，美联储出手 3 000 亿美元购买国债，到底是好事还是坏事？

从前面对美联储历史的介绍中，我们已经知道它的实际存在意义和运作模式，就是采用虚拟资本运作法，即首先将 3 000 亿美元国债"记"到美联储账上，也等于美国政府向它们"借"了 3 000 亿美元，实际使政府获得增印 3 000 亿美元新票的权利，如此便增加了美元的流动性，缓解了通缩的压力，同时亦降低了全球通缩预期。

此种"非常规货币工具"是伯南克的杀手锏。伯南克正将他的"圣杯"理论运用于实践之中。伯南克认为，解释大萧条是宏观经济学研究的"圣杯"，他的结论是，抑制总需求的主要因素是世界范围内的货币供给紧缩。所以，在他力主下，美联储"开闸放水养鱼"了。

在美联储声明当日，全球各交易市场出现了戏剧性的变化：金价由 885 跳升至 950，道指由 7 172 反弹至 7 571、欧元兑美元由 1.31 升至

1.35、10 年期美国国债收益率更是大幅下跌了 54 个基点至 2.49%，创下近 20 年来最大单日降幅，相应美元指数则由 86 滑落至 84 附近。

美国这一宽松货币环境，对缓解人民币的升值以及出口压力以及一篮子货币升值均起到梅雨作用。由于传导机制，中国外汇储备中购买美国国债部分近时升值，购买的其他币种也有所斩获，人民币对一篮子货币汇率预期，比前时升值的 2%～3%下调至不升值。

与此同时，中国 2009 年 CPI 和 PPI 的预期也由此前的－1%和－6.3%上调至－0.3%和－5%，2010 年的 CPI 和 PPI 分别上调至 1.6%和 4%。

如何用好外汇储备是国人无不关心的一个重要问题。

中国改革开放 30 年，使 6 亿人摆脱贫困，但在社会不断发展的同时，社会的不公平性也不断地显现出来，中国现在的基尼系数从 0.29 增长到 0.47%，基尼系数越靠向 1 就越是不平等。美国是 0.4，印度是 0.31，日本是 0.25。

在这个方面，中国与美国发展的初期相比，不公平性可能会更加显著一些。当然现在巴西可能是一个市场发展、同时也是社会不公平的比较显著的国家的典型，它的基尼系数是 0.53 这样一个水平。

因此，能否利用外汇储备改善国人的生活、尤其是改善不公平性，是值得期待的。

对外储内用问题，吴晓灵指出，外汇储备是人民银行的资产，但同时也是人民银行对社会的负债。既然是负债，人民银行要对商业银行的存款和所购买的央行票据付息，外汇储备也必须盈利。既然企业和居民随时有可能用人民币购买外汇，外汇储备的流动性，即随时变成外币现金的可能性也增强。保持外汇储备的安全是最重要的。

从人民银行外汇储备的来源，我们就可以知道外汇储备是不能像张维迎说的那样随意分配的，也是不能用于社会保障的。外汇投资由于缺少经验也不顺手。那么，外汇储备可不可以用于启动内需？

从广义上讲是可以的，比如随同国家领导人出访，商务部带领企业家用 130 亿美元到欧洲进行高技术产品的采购。如果采购成功一定是要支付外汇的。还有一些正在进军欧洲采油、采矿、采林的企业，外汇会保证供给的。

吴晓灵指出，用外汇到国际上购置资源性商品，进行资源股权投资或对一般企业投资是国家近几年鼓励的方向。但由人民银行直接投资是不行的,因为这些钱是对中国居民的负债。

企业和个人要投资,可以用人民币把外汇买过去,由买外汇的人承担投资风险。考虑到短时间内企业和个人大量购买外汇,外汇储备会迅速减少,有出现国际支付危机的可能,因而国家对外汇投资还有一定的管制,即资本项目管制。但面对我国 2.3 万亿美元的外汇储备,出现支付危机局面的概率极小。

外汇储备还有一种用法就是成立国家主权基金。这些基金绝大多数是政府花钱购买外汇然后对外投资,由政府承担投资风险。中国政府 2007 年发行 1.5 万亿元人民币国债,购买2 000亿美元外汇,成立中国投资有限责任公司就是这类用法。

目前社会上有许多购买战略储备物资和成立资源、能源投资基金的建议,这些建议是可行的,但必须拿人民币来购买外汇。

购汇的人民币从哪里来?

如果是政府行为,可以由财政出钱,哪怕是政府发债筹集资金。

如果是企业行为,可以是企业的资本金,也可以是银行贷款,当然贷款的企业,其资产负债状况要在银行评定的安全范围之内。

总之,使用外汇储备是一件非常审慎的事,保值为首,增值次之。当然,保值并非存着不动,而要寻求动态平衡。增值要承担一定风险,只要看准了就要干。

最应该鼓励的是企业在国内筹集人民币股权投资基金购汇后对外投资。企业直接对外投资有许多不可预见的风险,政府也可以用成立产业投资引导基金的方式帮助企业分担部分风险,鼓励企业走出去。

华为集团就尝试采用出口商品带信贷的办法销售产品,遇到国外客户有购买意愿但资金紧张的情况,便在给买方提供产品的同时提供卖方信贷。这样,既卖掉产品,又使用了一定外汇额度,对方非常满意。

华为的思路,值得企业借鉴。

近期美元开始贬值,对于中国企业用外汇储备额度购买国外资源和兼并收购外国企业变得非常有利。有实力的企业应该抓住这一有利契机出门一搏,与狼共舞。

与此同时,华为模式亦启迪我们思考一个问题:既然外汇储备是央行的负债——拿人民币购买外汇，那么，可不可以先不兑换人民币，而用外汇直接进口、收购、兼并外国的资源、设备、技术、专利、房屋、大宗商品，然后投资、参股到国内企业，变成他们的生产动力，然后再用获取的收益交付所欠的外汇？

来一个倒思维显然也应行得通——将“外储外用”变为“外储内用”，其实只需换一个按钮，这个按钮就是“动动脑子”。

“峰高谷深”与“G2 重奏”

历史有时惊人地制造巧合：太平洋两岸的两个社会制度完全不同的国家被捆绑到一起，形成伙伴关系。

“峰高谷深”——这就是目前 G2 对峙的经济态势：中国的巨额外储和美国的巨额负债；美国经济的危机和中国经济的高速增长。

所以，世界银行行长佐利克与副行长林毅夫联合发表署名文章，认为世界金融危机的解决需要中美两国联手：“中国经济增长率 2009 年会下跌。美国经济处于严重的衰退之中。世界经济要想复苏，这两个经济发展的发动机必须合作，并成为 20 国集团的引擎。没有 G2(两国集团)强劲发展，20 国集团就将令人失望。”

中美两个大国以及分别代表的发达国家和发展中国家及新兴经济体，使得双方在国际金融秩序中需要沟通、理解、妥协和协调立场。这一台式决定了，在 G20 中，中美实际充当了 G2 基轴——没有两个大国的协调与共同立场，很难形成有效的协议。

实践已经证明，G20 峰会也好，哥本哈根气候大会也好，没有中美两个大国的二重奏，就不会有和谐的声音。

在世界资本市场中，美中同样担任着领导者和协调者的角色，共享着话语权。

曾经有人担心，中国持有 8 000 亿美元的美国国债以及10 000亿美元的资产，如果中国采用压力手段抛售美元，势必造成美元的动荡，所以有人称中国主权债务是悬在美国财政部头上的一把“达摩克利斯剑”。

可是，情况并非如此。专家发现，中国购买美国国债并非出于战略考虑，而是因为中国的外贸盈余以及尚未实行外汇自由兑换制度的结果。

在没有找到更合适的项目以及交易之前，购买美国国债仍然是中国的主要选项。中国存在美联储的25 000亿美元的资产，完全可以放心地借给美国使用并因此而增值。反之，如果中国抛售美元债务和资产，则会推高本币的升值，对外贸出口和本国货币稳定造成影响。

所以，细心的美国人发现，尽管中国的主权财富基金是悬在美国门楣上的一把“达摩克利斯剑”，但系在剑上的并非丝线而是坚韧的皮绳，对美国并无威胁。

相反，中国深知，在美元依然坚挺的条件下，保持庞大美元资产价值的唯一办法，就是帮助美国克服危机，实现经济复苏。

而另一方面，中国意识到美国的金融危机给中国经济的发展和中国的崛起带来了机遇，中国经济的稳定与发展不仅会带动全球经济的复苏，而且会促进世界金融秩序的综合平衡。

正是美中之间现存的犬牙交错的经济关系，使得双方在G20中成为主要轴心，成为保持G20金融管理框架中平衡的“不动点”。

第二次世界大战结束后，美国经历了三次大的国际收支不平衡，其中以当前的国际收支不平衡所积累的数量最大、持续的时间最长。美联储前主席格林斯潘认为，全球金融整合的加深已经使经常项目的不平衡无论是持续性还是对世界经济的意义都有别于20世纪70年代和80年代的情形。因为在完善的资本市场，经常项目不平衡仅仅反映了私营决策把储蓄配置到最优化的投资领域。事实上，所谓完善的资本市场是建立在美元扩张和国际金融体系的不稳定的基础上的。

有分析认为，经常项目不平衡会持续很长时间，因为这个体系已经逐渐进入第二布雷顿时代。事实上，亚洲国家为了避免汇率升值而保持出口主导型的重商主义决策意味着它们愿意继续为美国的经常项目赤字提供融资。对这些国家来说，稳定或疲软的汇率所带来的经济利益超出了储备积累的成本。因此各国中央银行持续的美元储备积累允许美国通过扩大国内需求来促进经济增长。

不过值得警惕的是，美国的债务正在积累风险，如果美元进一步贬值可能产生巨大损失。届时，不仅私人部门，甚至官方机构，尤其是各国中央银行都可能不愿意继续积累美元资产。由于当前美国经常项目赤字的现状增加了资本流动逆转的风险，这就使相关国家的资本流入不可持续。

有专家指出，美国的赤字是为国内消费而不是为投资提供融资，美国投资正在转向非贸易部门，赤字日益通过短期资本流入而不是直接投资来加以弥补。

最后需要关注的是美元利率与汇率因素的背离。只要美国国库券在世界经济中持续被当作最安全的资产之一，决定美国利率的因素就会继续相对独立于决定美元汇率的因素。但是有时也会发生改变。纠正全球不平衡的最负面的情形包括外汇和金融市场（债券和股票市场）之间的关联，典型的情况是收支平衡危机：美元资产的挤兑（包括国库券）会迫使美元贬值和美元利率提高，导致美国经济衰退并蔓延到全球。

外汇和金融市场的关联带来的全球不平衡，因之产生的宏观经济风险以及由金融创新和市场巩固而产生的潜在的脆弱性之间的相互作用，永远是一盘下不完的围棋。

“蒙代尔三角”与克鲁格曼的发现

资本自由流动、货币完全独立与汇率稳定，被称为“蒙代尔三角。”

这是在20世纪60年代初，蒙代尔—弗莱明模型所揭示的理论命题。

关于汇率政策与货币政策的协调问题，蒙代尔和弗莱明认为：资本的自由流动、货币完全独立、汇率稳定三项目标中，一国政府最多只能同时实现两项。

在1998年初发表的一篇讨论亚洲金融危机的文章中，克鲁格曼也谈到“蒙代尔三角”的问题，他称之为“永恒的三角形”。

研究开放经济条件下的内外均衡问题时，对IS—LM模型进行了扩展，这就是蒙代尔—弗莱明模型，它不仅能够揭示“蒙代尔三元悖论”，还为研究开放经济条件下的财政政策效力问题提供了强大的工具。

模型表明，在固定汇率制和浮动汇率制下，财政政策效力截然不同。在固定汇率制和资本完全流动的条件下，财政政策极具效力，比封闭条件下的IS—LM模型所揭示的政策效力要高，而与45度线模型中所揭示的财政政策效力相同。这是因为在固定汇率和资本完全自由流动条件下，独立的货币政策不可能达到，货币供应量已不再是中央银行所控制的外生变量，而是内生于固定汇率和资本自由流动这一经济系统之中，因而当财政政策变量对其产生扰动时，内生的货币供应量作出适应性调整，从而使得国内的利率始终与国际利率保持一致而没有发生变化，消除了封闭条件下 IS—LM 模型所揭示的挤出效应。

然而在浮动汇率制和资本完全自由流动的条件下，财政政策存在完全的挤出效应，但是其发生作用的机制与封闭条件的挤出效应不同，虽然都是由于财政扩张所引起的利率上涨所导致。封闭条件下的挤出效应的作用机制是政府支出的增加挤占了稀缺的货币市场资金或者增加了资金的使用成本而挤出了私人投资和消费。而在开放经济条件下，由于资本的自由流动，资金对一国来说已不再是稀缺的资源，财政扩张而导致的高利率在资本完全自由流动的条件下促使了资本的大量流入而弥补了资金的不足，但是却导致了本币升值，从而使得本国商品的国际竞争力下降，同时外国商品的国际竞争力上升，因而外国商品"挤占"了本国商品的国际和国内市场，因而积极的财政策导致了汇率机制的挤出效应。

因此，根据蒙代尔—弗莱明模型，财政政策在固定汇率下，会迫使货币供应量内生适应性变动，从而减弱甚至消除财政挤出；但在浮动汇率制下积极的财政扩张由于降低了本国商品的国际竞争力，从而使得国外商品挤占了本国商品的国际、国内市场，因而产生挤出效应，甚至发生完全的财政挤出。

金融学家、中国银行副行长易纲总结为"蒙代尔—克鲁格曼不可能三角形"，并且提出 X＋Y＋M＝2 定理。

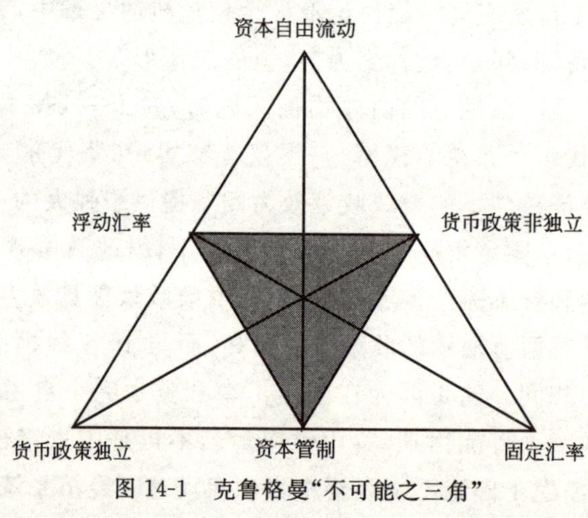

图 14-1　克鲁格曼"不可能之三角"

图中三角形坐标系三角形的三个角点表示三种不同的汇率制度。中国占住两条边，即可以独立制定货币政策和保持汇率稳定，但要实行外汇管制，资本不能自由流动。

X+Y+M=2 主要用来分析我国未来的货币政策和汇率政策的走势。

按照定理，X、Y、M 三者之和一定等于 2。货币政策必须保持独立，因此 M 不能变，必须接近 1 或等于 1；而随着对外开放不断扩大，资本自由流动不断增加，Y 一定要增加；变化的唯一可能性就是 X 值要缩小，这意味着汇率要朝着有弹性的浮动汇率方向发展。

这个模型常被引用来说明关于我国为什么应该实施浮动汇率制，或者说明实施浮动汇率制是发展的方向。

美国前财长保尔森访华也传达了同样的观点。他在接受采访时说，中国要扩大对外开放，从中国自身的利益角度出发，应该实施由市场供求决定的灵活的汇率制度。政府不要干预过多，否则不可能存在比较独立的货币政策。关于央行的此次紧缩银根的行动，国内有看法认为，央行最终选择提高准备金率来控制过快的国内信贷增长，这种选择显然受到我国盯住美元的汇率制度的约束，汇率稳定优先的考虑使得央行在一定程度上丧失了货币政策的独立性。

事实上，目前我国货币政策并不具有完全的独立性，我国 M 并不等于 1。货币政策通过利率影响生产和消费的渠道并不畅通，没有形成市场供求决定意义上的利率。按照“先利率，后汇率”的开放原则，利率的市场化比汇率放开更紧要。因此在我国建立一个有效的货币政策体系前，必须保持汇率稳定，以减少风险和波动。正如罗伯特·蒙代尔所言，中国货币政策最大的成就就是保持了外汇稳定。外汇稳定已成为中国实施货币政策的重要基础和指导方针。中国应当坚持稳定的汇率制度。如果人民币汇率出现大幅度波动，将给中国经济带来许多不稳定因素，并很可能使中国重蹈 20 世纪七八十年代日本经济衰退的覆辙。

瑞典皇家科学院把 2008 年诺贝尔经济学奖的绣球抛给了美国经济学家保罗·克鲁格曼。声明特别提到了克鲁格曼关于国际贸易模式以及地理因素在贸易中的作用的开创性分析。这些分析在自由贸易、全球化以及城市经济集聚方面形成了一套理论，奠定了新国际贸易理论和新经济地理学的基础。

这个决定并不那么让人理解。尽管在学术建树上，克鲁格曼可谓实至名归，但全球化和自由贸易似乎并不足以成为他今年获奖的理由。毕竟，克鲁格曼的年龄不算大，还可以等。而且不言自明，自由主义在当下并不讨巧。金融动荡不可避免地召回了国家干预乃至国有化浪潮，"国家社会主义"开始在全球登场。而从理论上看，克鲁格曼的上述工作遵循并弘扬了自由主义的传统。

克鲁格曼新贸易理论的出发点在于解释产业内贸易的起源。在李嘉图之后，新古典贸易理论把比较优势的来源归因于各国要素禀赋的差异。这些理论预言，国际贸易应该主要在不同产业之间进行，即不同国家专注于自己具有比较优势的产业。但现实是，大量的国际贸易和产业分工是在要素禀赋雷同的发达国家之间展开的，国际分工主要不是基于不同产业，很多时候各国会同时从事某个产业，国际贸易也在同类产业内部进行。规模报酬和不完全竞争是解释产业内贸易的聪明视角，这两个条件的放松，赋予了贸易理论更强大的解释力。

所以人们更愿意相信克鲁格曼获奖的直接原因在于对国际金融危机的预测。对危机凸现的直觉式的分析以及重构国际经济金融体系的探索。诺贝尔经济学奖标杆鼓励的是原创性的基础理论研究，但按这一标准排在克鲁格曼前面的还大有人在。在当前具有转折意义的历史背景中，诺贝尔评审委员会不可能无动于衷。此前曾被奉为典范的北欧银行体系，现在也是危机重重。此刻所有人都需要认识危机。事实上，克鲁格曼正是在这一领域卓有建树。

最为人津津乐道的是，克鲁格曼在1994年的《外交》杂志上撰文指出，所谓的"东亚奇迹"就像20世纪五六十年代苏联的经济增长一样是不可持续的，因为增长中找不到全要素生产率(TFP)的贡献。这被认为成功预见到了亚洲金融危机。

实际上，在此之前的1979年，克鲁格曼在学界就以首创的第一代货币危机理论闻名，这个理论是预警亚洲金融危机的更好框架。克鲁格曼指出，政府过度扩张的财政货币政策会导致经济基础恶化，它是引发对固定汇率的投机并最终引爆危机的根本原因。其中的逻辑直截了当，一语中的。假定一国的货币需求稳定，而货币供给由国内信贷和外汇储备构成，在其他条件不变时，该国居民将会通过向外国居民购买或出售商品劳务投资等国际收支活动引起外汇储备变化，从而使货币供给与货币需求达到平衡。

在某种程度上说，克鲁格曼就是当代的凯恩斯。他不是像学院派新凯恩斯主义者那样赋予凯恩斯理论以新的生命力，而是致力于劝说公众和决策者回到凯恩斯的立场上来。凯恩斯有本文集叫《劝说集》，成功的劝说有时候比完善模式更为重要。在全球金融大厦陷入风雨飘摇之际，市场至上的教条和对道德风险的担忧显得苍白无力。对于破除这些教条和担忧，克鲁格曼总能让我们不再犹豫。

在亚洲金融危机之后推出的《萧条经济学的回归》一书中，他写道："世界经济还没有进入萧条，可能也不会在短期内进入萧条，尽管萧条没有来临，萧条经济学，即专门讨论30年代世界经济面临的问题的经济学，已经重返历史舞台了。"

或许为了激发人们重视萧条的可能性和破坏力，克鲁格曼向世界发出了大萧条的警号，并且将亚洲金融危机及其对全球经济的冲击，与20世纪30年代的大萧条相提并论。

这番言论在当时可谓振聋发聩，可多数人还是仅仅把克鲁格曼的话当耳旁风，并未把他的话语当作警示。即便是在现在，很多经济学家还认为衰退是微不足道的，对衰退的有关研究也是一个逐步消失的话题。

克鲁格曼力图告诉我们的是，自由市场的推崇者认为政府干预刺激需求的做法是自由市场的敌人；但是，他们错了。在一个没有足够需求的世界里，自由市场原则是难以运行的。

克鲁格曼的话是极有道理的。试想，混乱的足球场上如果没有裁判和警察，那么除了上演拳脚之战和球迷骚乱还有什么？

萧条经济学是对免费午餐的研究。因为在危机时期，部分资源是闲置的，我们可以信手拈来，仔细解读。

危机是不应该白白浪费的。危机不仅产生萧条，产生停滞以至倒退，但危机也同时产生机遇和思想，危机恰恰是转型的机会。危机其实就是人体扁桃体的发炎，可能有高烧、头痛、咳嗽以及种种不适，但危机使我们经受考验和学会坚强，更重要的是增长免疫力。

然而，免疫力的增长却似乎十分困难，因为危机总是经常爆发，甚至"多次踏进同一条河流，"这是为什么呢？

克鲁格曼没有说，但我们可以回答：只要不从资本的根本上解决问题，危机和萧条就是永远的蠕虫。

IMF：顶角的作用

由"不可能之三角"，我们看到，既然在资本自由流动、货币完全独立与汇率稳定三角之间各国只能有两个方面的把握，那么任何一个国家都不可能实现完全的资本市场；

这是由资本的规律所决定的，也是三角定律所制约的。

这也就是各国需要国际货币基金组织的原因，因为有一角色必须由它担当。三缺一，不成器。

最最重要的一个角色由它来担任，三角就完美了——IMF 是领导者，协调者，也是参与者，是一个极其重要的"顶角。"

国际货币基金组织，是政府间国际金融组织。1945 年 12 月 27 日正式成立。1947 年 3 月 1 日开始工作，1947 年 11 月 15 日成为联合国的专门机构，在经营上有其独立性。总部设在华盛顿。截至 2007 年 1 月有成员 185 个。

国际货币基金组织的基本宗旨和首要任务是：稳定国际汇率，消除妨碍世界贸易的外汇管制，在货币问题上促进国际合作，并通过提供短期贷款解决成员国国际收支暂时逆差的外汇资金需要。

IMF 主要业务活动有：向成员提供货款，在货币问题上促进国际合作，研究国际货币制度改革的有关问题，研究扩大基金组织的作用，提供技术援助和加强同其他国际机构的联系。

该组织的资金来源于各成员认缴的份额。该基金建立时共有资本 88 亿美元，美国占 27%的份额；现在的基金总数达到 1 800 亿美元，美国占 20%，发达国家占份额 60%以上。成员享有提款权，即按所缴份额的一定比例借用外汇。1969 年又创设"特别提款权"的货币（记账）单位，作为国际流通手段的一个补充，以缓解某些成员的国际收入逆差。成员有义务提供经济资料，并在外汇政策和管理方面接受该组织的监督。

主要出版物有:《世界经济展望》、《国际金融统计》(月刊)、《国际货币基金概览》(周刊)、《国际收支统计》(月刊)、《政府财政统计年鉴》。

中国是该组织创始国之一。1980 年 4 月 17 日,该组织正式恢复中国的代表权。中国在该组织中的份额为 33.852 亿美元特别提款权,占总份额的 2.34%。中国共拥有 34 102 张选票,占总投票权的 2.28%。

多年来,IFM 几乎成了西方模式的推销者,成了某个国家的代言人,成了无关紧要的货币管理机构。第三世界嗤之以鼻,大牌学者多有微词,IMF 也不多言多语,似乎处于半梦半醒状态。可面对这一回经济危机,IMF 醒了,不停地发出响亮的声音:

• 本次金融危机是 50 年一遇,各国必须协调行动,全力以赴……

• 危机有蔓延扩大之势,世界经济陷入空前衰退,数百万人失业和陷入贫困,搞不好会引起社会动乱和战争……

• 长期以来华尔街金融界所谓金融创新的衍生品是影响各国经济的祸源……

随着时间的推移,IFM 的声音越来越刚烈:

• 必须改革现行国际货币管理体制,提高 IMF 的权威性,赋予 IMF 更多权力……

• IMF 的储备金必须扩大一倍,以应付不测……

• 中国等新兴经济体国家的代表权话语权必须提高,资金认缴份额必须增加……

IMF 尤其加强了对银行搞管理的指导,经常发布一些监测数据,让业界和政府了解风险管理失控的代价,深化风险管理的技术手段,强调金融部门的风险管理必须转型:

• 由信用风险为主向全面风险管理转变;

• 由事后处置向事前预警、事中控制和事后处置相结合转变;

• 由单笔贷款、单一行业、单纯的风险监测向企业整体风险、资产组合管理和风险收益的整体监测转变;

• 由国内管理向全球管理转变;

• 由强调风险防范向构建风险管理体系转变;

• 由定性分析为主向定性、定量分析相结合转变;

• 由条线分割向垂直化管理转变；

• 由风险与发展的对立向风险与发展的和谐统一转变；

• 由单一的、独立的发展或资产质量指标为主的考核，向经济利润体系考核转变。

……

IMF 醒了，IMF 要有所作为了，这是好事儿！中国表示坚决支持，在 G20 财长、行长会议上，IMF 的老头儿卡恩的强硬姿态是给人深刻印象，而他的继任者拉德也表示要同“金砖五国”协调行动，打一场对付金融危机、建立国际金融新秩序的阻击战……

好，“蒙代尔三角”描述将予修正。IMF“补天”了，三角的支撑将是可能的了！

第十五章

人民币挺进第三极

世界上人口最多的国家，拥有最具特色的货币：人民币。

人民币的历史不足百年，但它却是世界上最“坚硬的石头”：保值和增值。

尽管美国和欧洲绞尽脑汁压人民币升值，用以平衡美元和欧元的贬值和外贸亏空，但中国有理有礼有节的周旋则使他们的种种努力悉数完败。

没有办法，当西方一片阴霾，这里偏偏风景独好。

于是，世界的看法发生了180°的大转弯、360°的大回环：

由看淡人民币到看好人民币。

于是，人民币义无反顾地挺进第三极。

“坚硬的石头”

“人民币”的名称源自开国领袖毛泽东的“人民”情节：

他宣称执政党的宗旨“一切为了人民”“是完全彻底地为人民服务的，是为着人民的利益而工作的”。他亲笔为中南海影壁题词“为人民服务”，把国家取名为“中华人民共和国”、政府取名“中央人民政府”、军队取名为“人民解放军”，纪念碑命名“人民英雄纪念碑”，大会堂取名“人民大会堂”，货币也叫做“人民币”。

“¥”是人民币的符号。中国 1948 年 12 月 1 日开始发行的人民币，是以“元”为单位，而“元”的汉语拼音为 YUAN。取元的拼音的第一个字母，再添加两横，组成“¥”，规定为人民币的符号。

1948 年，随着人民解放战争的顺利进行，分散的各解放区迅速连成一片，为适应形势的发展，亟需一种统一的货币替代原来种类庞杂、折算不便的各解放区货币。为此，这年 12 月 1 日，在河北省石家庄市成立中国人民银行，同日开始发行统一的人民币。至 1951 年底，人民币成为中国唯一合法货币，在除台湾、西藏以外的全国范围流通。

为了改变第一套人民币面额过大等不足，提高印制质量，进一步健全我国货币制度，中国人民银行自 1955 年 3 月 1 日起发行第二套人民币(16 枚)，收回第一套人民币。第二套人民币和第一套人民币折合比率为:1 元等于 1 万元。

第二套人民币成为中国第一套完整、精致的货币，对健全中国货币制度，促进社会主义经济建设发挥了重要作用。

为了促进工农业生产发展和商品流通，方便群众使用，中国人民银行于 1962 年 4 月 20 日开始发行第三套人民币(13 枚)。第三套人民币和第二套人民币比价为 1∶1，并在市场上混合流通。

现行流通的第五套人民币(11 枚)是 1999 年 10 月 1 日一次公布、陆续发行的，各面额纸币年版号均为“1999 年”。因此，通常称为 1999 年版第五套人民币。与第四套人民币相比，第五套人民币的防伪技能由十几种增加到二十多种，主景人像、水印、面额数字均较以前放大，便于群众识别。

2005年8月31日，中国人民银行开始发行2005年版第五套人民币(6枚)，保持了1999年版第五套人民币主图案、主色调、规格不变，从构成货币的基本要素来说，不是发行一套新的人民币。但由于在印制生产工艺、防伪措施方面进行了改进和提高，并将年版号改为"2005年"。所以把改进印制生产工艺、技术后的第五套人民币称为2005年版第五套人民币。

62年来，人民币经历了计划经济向市场经济的历史转变，其功能也由单纯的计价与结算向多种财富符号的方向发展。

在世界众多的货币品种中，人民币是最为硬棒的货币，有"坚硬的石头"之称。

人民币币值的稳定和坚挺源于中国"一切为了人民"的宗旨、"共同富裕"的理念以及适度的科学的货币政策。

改革开放以来，人民币曾经在1983年、1995年、2005年发生三次货币波动与金融危机，但由于宏观调控得当和采取措施果断，都在比较短的时间内化险为夷，保稳平安。

成功预测并抵御1997年亚洲金融危机对本国的冲击。

近10年来，随着中国经济连续以10%的幅度持续高速增长，人民币不仅继续保持稳定，而且人民币与美元间的差幅日益缩小。

2008年以来，坚挺的人民币已经成为国际外贸结算的使用单位，数额达到100亿元。

面对人民币的稳定，西方失去心理平衡，纷纷把本国的负债和外贸赤字归罪于人民币比值的低估，不断对人民币升值施加压力。

然而，随着中国金融信息的透明和西方对中国的了解，特别是学者们对人民币利率、汇率的了解，事情发生了180°的大转弯、360°的大回环，去年11月以来，美英一些主流媒体的网站不断刊文批驳"人民币升值论"。这表明，即使在西方国家，被某些人操弄的"人民币升值论"也并未获得广泛支持。

美国《福布斯》网站和英国《每日电讯报》网站分别发表文章，对少数人提出的"人民币升值论"进行了驳斥。《福布斯》的文章认为，要求人民币升值的主张不仅将损害中国经济，也将损害美国消费者利益以及整个世界经济复苏。《每日电讯报》网站的文章则批评一些西方经济界人士对中国人民币汇率问题进行片面指责，认为中国按照自己的需要来调整汇率“完全是合情合理的”。

“人民币升值论”之所以连遭驳斥，是因为它本身就站不住脚，出发点亦值得怀疑。国际金融危机全面爆发一年多来，中国采取了一系列应对危机的举措，其中就包括维持人民币汇率基本稳定。目前，中国经济复苏势头明显，对亚太地区乃至全球经济的复苏也起到了积极作用。这说明，人民币汇率政策是恰当的、成功的。摩根士丹利公司亚洲区主席斯蒂芬·罗奇在去年10月接受美国外交学会网站采访时就指出，所谓的“人民币估值过低”，是美国为转移注意力而提出的“政治话题”。

在当前形势下，鼓噪人民币升值还可能危及世界经济复苏。虽然金融危机最严重时期已经过去，但世界经济复苏的基础尚不牢固，势头仍然脆弱。人民币大幅升值可能打击中国出口，进而产生连锁反应，危及中国和世界经济复苏。罗奇本月曾在新加坡表示，对中国人民币汇率政策的担忧被“严重夸大”。他认为，应让中国自行决定如何处理人民币汇率问题，以确保经济增长，人民币“大幅升值”将损害中国经济复苏势头。

“人民币升值论”在遭到批驳的同时，中国的汇率政策在国际社会赢得了更多理解。人民币汇率问题事关中国核心经济利益，如果让投资者产生人民币将持续升值的强烈预期，势必引发热钱投机等一系列问题。诺贝尔经济学奖得主、美国经济学家迈伦·斯科尔斯去年10月上旬应邀在北京大学光华管理学院演讲时说，一旦人民币急剧升值，中国出口势必受到打击，外汇储备也可能缩水，因此处理人民币汇率问题时理当考虑中国切身利益，中国“不应为金融危机买单”。

正如众多经济学家此前已论证的那样，改善美国经济状况的良方是改革其经济结构，调整消费和生产、储蓄和投资的关系。而迫使人民币升值，也不可能从根本上解决美国自身的贸易赤字问题，由于产业结构和国际分工方面的原因，美国即使不从中国进口，也会继续从其他国家和地区进口众多产品以满足国内需求。

目前，国际金融危机的不利影响尚未完全消除。一些经济学家甚至担心，世界经济看似较快复苏，其实掩盖了国际经济和金融体系中的一些深层次问题。此时此刻，反思危机、调整结构、改革世界经济和金融体系才是当务之急。从这个角度讲，夸大人民币汇率问题，是在转移焦点，不利于"后危机时代"重塑世界经济秩序，也不利于世界经济真正实现可持续增长。

汇率的弹性

逐步向国际货币靠拢的人民币现在实行的是汇率浮动制。

一种货币能否成为国际货币，取决于这种货币背后的经济实力、经济稳定程度、外部均衡以及在国际经济中的地位。

另外，历史或者说惯性的因素也决定了国际货币的演变是一个渐进的过程。人民币要成为国际上普遍认可的价值尺度、支付手段、储备货币工具决不是可以一步到达的直通车。

这是因为，能充当国际储备货币资产的货币必须具备以下三个条件：①能自由兑换成其他储备；②在国际货币体系中占有相当比重；③其购买力具有稳定性。

以上三个条件均是以一国的经济实力为基础的。最早充当国际储备货币的是英镑，20 世纪 30 年代英镑和美元成为两种主要的国际货币。二战后美国经济实力占世界的三分之二，美元遂取代英镑成为最重要的国际储备货币。70 年代以后，美国经济实力渐趋衰落，日元、德国马克挤进国际储备货币圈，欧盟的统一则使欧元在本世纪成为国际货币的"第二小提琴手"。

此次源于美国的国际金融危机给中国提供了发展机会。庞大的外汇储备和坚挺的人民币以及 G2 集团在亚太地区扮演的越来越重要的角色，使得人民币成为国际货币的步伐越来越近。

但是，人民币要成为一种有国际影响力的货币，首先它必须遵循的原则就是实行浮动汇率。

一说汇率，有人就会祭起"阴谋论"的大旗，认为国外让人民币升值是"捣乱破坏"，其实是对汇率的本质认识不清引起的。

对外贸易与国内百姓之间的交换并无本质上的不同，同样也能促进交换双方的财富增长，这就是为什么各国政要都把捍卫贸易自由作为口号吊在嘴上的原因。但对外贸易与国内也有不同，因为各自的产品在计价时使用的计价单位并不一样，美国人用的是美元，中国人用的是人民币，用多少元人民币的中国产品才能换回一美元的美国产品，这是一个难题，于是汇率的问题应运而生。

由于双方的认知和估值不同，所以汇率也不尽相同，汇率的差异性需要谈判解决。

人民币不值钱固然有利于我们出口，可攒美元并不是我们的目的，我们的目的是要用这些美元从美国或者世界市场上买回我们国内需要的东西，此时要靠进口企业担纲大任。进口就需要美元，那么进口企业该用什么样的价格向银行购买美元呢？当然是要按照银行从出口企业购买美元的价格执行，并且要加上手续费，否则银行岂不赔本？可是，此时进口企业根本就没有积极性，因为按照 6.8 元人民币才能兑换 1 美元的价格来购买美元，进口企业觉得除了少数诸如大飞机之类的高精尖产品之外，其他几乎无论买什么回到国内都不合算，要么他们自己的人民币不够多买不起这些产品，要么买回来这些产品回到国内价格昂贵不会有人购买。出过国的读者想必都有过类似的经历，当我们换了一大把美元到了国外之后，我们发现几乎无论买什么，如果折算成人民币都比国内贵，只好又把美元带回来重新换成人民币。也就是说，在现行汇率制度下，我们中国人大部分是用不起美元的。

那么从另一个角度说，人民币升值，也就意味着我们可以得到更多美元或别的外汇。如果普通人大量使用人民币兑美元消费或做生意，也就可以享受到更多的舶来品、品牌，过上更有质量的生活，幸福指数霍然提升。

当然，决定在什么样的水准上交换商品和服务，需要仔细测算后确定汇率及浮动区间。

从 2008 年第三季度起。人民币汇率事实上重新回归到盯住美元的刚性水平，一直徘徊在 6.83 区间。随着中国经济复苏，美欧和环太平洋国家以及 APEC21 财长会议，都发出人民币应该升值的呼声。它们认为，中国政府刻意把人民币压制在较低的水平，让出口商获得较大竞争力是不合理的，从实行国际贸易平衡角度，人民币实行浮动汇率也是必须的。

升，还是不升？中国面临两难选择。

维护人民币的稳定，是为了对付金融危机和全球经济的复苏。其实，汇率并不是导致经常项目盈余的原因，仅仅是国际贸易失衡的一种结果。自 2005 年汇率改革以来，人民币已升值 26%左右，但这并未改变某些国家的外贸逆差和庞大财政赤字。外汇改革无力提振西方的经济起到立竿见影的效果，问题的关键是改革增长结构。

但就中国来说，不改变人民币长期低估和依赖外贸出口的主导型经济模式，势必使国内失衡的经济结构进一步失衡，因为劳动密集型和低价格的出口虽然赚了些硬通货，但却意味着大量本应属于普通老百姓应享受的福利源源不断地向海外流失，大大降低了社会福利水平。而因人民币低估带来的环境污染、资源过度开发以及最紧迫的通胀风险则由人民群众“买单”。

从人民币国际化的角度看，一种可作为替代货币的国际储备货币，除了币值的稳定之外，相较于本币它应与市场呼应，具有较强竞争力。

所谓汇率浮动，就是在货币当局制定的中间价周围有一定的波动范围(日波动率 0.3%左右)。从理论上来说，这个规定能让人民币迅速升值到位。但事实上没有，说明政府干预中国的汇率政策的情形是存在的，而且干预力度不小。

浮动汇率是货币自由化的重要内容，好处是有利于宏观经济的调控，能提高人民币在国际金融市场中的地位，方便大家更方便的使用外汇。

另外，按照“蒙代尔三角”的理论，利率/汇率/通货膨胀只能控制其中两个，汇率浮动了，那么另外两个就可以控制了。

当然，固定汇率制度有其好处，可以稳定国内的产业，减小出口商和进口商面临的风险。固定汇率的优点主要是稳定，因为在国际贸易中汇率的不确定是很大的风险，如果你卖出商品是人民币兑美元 830，但实际收到货款时已经涨到了 790，那就是说你卖出 100 美元的商品要少了 40 元的收入。汇率固定的话就不会出现这样的问题。所以固定汇率比较受发展中国家的青睐。

固定汇率最致命的缺陷是与货币政策的矛盾，也就是著名的“不可能之三角”——固定汇率、开放的贸易环境、独立的货币政策不可能共存。也就是说如果在中美贸易中实行固定汇率，那么人民币必须随美元的升息而升息，不然国内的货币政策无效，并且容易受到投机者的攻击。

相反，浮动汇率的优点是有利于国内的货币政策，但不利于消除贸易中的汇率波动。

所谓的“盯住”是一种固定汇率的另一种形式，只不过较为缓和，我们一般理解的盯住货币篮子，就是人民币与几种货币的加权组合挂钩。相对而言，贸易伙伴比较分散时适合采用这种方式。如果中国对美贸易占80%，那当然应该盯住美元，但如果对美40%，对日本30%，对欧元区20%，那就应该用一揽子货币。

另外一种变化是有范围的浮动。制定一个目标区间，使汇率在这个区间内浮动，这样的优缺点介于固定和浮动之间，取决于目标区间的大小，相对比较灵活。

总的来说，人民币要成为国际储备货币，必须实行国际通用的科学的汇率浮动机制。

浮动汇率制能够取代固定汇率制，是因为它有一些明显的长处。

第一，自发调节国际收支的功能。如一国出现国际收支逆差，其货币会对外贬值，这种汇率变动有助于该国恢复国际收支平衡。

第二，它有助于遏制大规模的外汇投机风潮。因为它使汇率不断调整，汇率扭曲的程序较小，即留给外汇投机者牟利的余地较些小。

第三，它使各国政府摆脱了固定汇率制对经济政策自主权的约束；在固定汇率制下有着严格的货币纪律，使政府很难针对本国的需要采取相应的政策。

第四，它有更强的适应世界经济环境的生命力；如固定汇率制要求国际收支平衡，而它自身又不具备自动调节国际收支功能，所以，浮动汇率制取代了固定汇率制。

第五，它有助于提高资源配置效率；因为它有调节国际收支功能，从而减轻政府对各种直接管理措施的依赖，这有助于市场价格信号更有效地发挥资源配置功能。

中国意识到这一点。央行最新公布的2009年第三季度执行报告，对汇率政策作出了新的表述：应结合国际资本流动和主要货币走势变化，完善人民币汇率形成机制。

对于今后的人民币汇率走势，中国人民银行货币政策委员会委员、清华大学教授李稻葵接受新华社记者采访时表示，总体来看我国国际收支比较平衡，未来人民币汇率应该是一个双向浮动的态势，人民币汇率不会一次性大幅升值。

不过，与金融危机期间相比，人民币汇率弹性将会进一步增强。按照央行规定，自 2007 年 5 月 21 日起，银行间即期外汇市场人民币兑美元交易价日浮动幅度已由 3‰扩大至 5‰。

由于国内经济恢复增长以及需要平衡国际贸易余额的压力，人民币的升值是不可避免的，继续按照主动性、可控性和渐进性的原则实行浮动的弹性汇率将是长期的政策选择。

浮动汇率符合长远利益。今后中国银行会继续按照已公布的外汇市场汇率浮动区间，对人民币汇率浮动进行动态管理和调节，保持人民币汇率在合理、均衡水平上的基本稳定。与此同时，要确保汇率波动幅度可控，防止市场力量引起人民币汇率超调的可能性。

有关部门正在研究，选择适当时段将人民币大幅升值，预计其幅度在 3～6 之间，并且一步升值到位，防止市场波动、热钱套利。

走出国门的行动

同国内货币一样，国际货币也具有计价手段、支付手段和价值储藏手段这三种职能。

一种货币是否成为国际货币，取决于这种货币背后的经济实力、经济稳定程度、外部均衡以及在国际经济中的地位。

另外，历史或者说惯性的因素也决定了国际货币的演变是一个渐进的过程。人民币要成为国际上普遍认可的价值尺度、支付手段、价值储备货币工具不是可以一步到达的直通车。

这是因为，能充当国际储备货币资产的货币必须具备以下三个条件：①能自由兑换成其他储备；②在国际货币体系中占有相当比重；③其购买力具有稳定性。

以上三个条件均是以一国的经济实力为基础的。最早充当国际储备货币的是英镑，20 世纪 30 年代英镑和美元成为两种主要的国际货币。

二战后美国经济实力占世界的三分之二，美元遂取代英镑成为最重要的国际储备货币。70 年代以后，美国经济实力渐趋衰落，日元、德国马克挤进国际储备货币圈，欧盟的统一则使欧元在本世纪成为国际货币的“第二小提琴手”。

在金融危机中，中国银行仍然实行了贷款余额和不良贷款率“双降”的佳绩，银行业境内外外币总资产已达 78.8 万亿元，比上年同期增长 26.3%；负债总额 74.3 万亿元，比上年同期增长 26.8%。中国境内商业银行不良贷款余额 4 973.3 亿元，比年初减少 629.8 亿元；不良贷款率 1.58%，比年初下降 0.84 个百分点。

此次源于美国的国际金融危机给中国提供了发展机会。庞大的外汇储备和坚挺的人民币以及 G2 集团在亚太地区扮演越来越重要的角色，使人民币成为国际货币的呼声越来越高。

中国银行已经与 125 个国家和地区 200 多家银行建立关系。中国的建行、工行和交行已在美国设立分支机构。截至去年底，中行已在全球 29 个国家和地区建立 800 多家分支机构，并与 1 500 家国外代理行及其 47 000 家分支机构保持了代理业务关系。2008 年 12 月 1 日，中国银行(瑞士)有限公司正式开业，主营私人银行业务，这是中资银行在瑞士设立的首家机构。

面对金融风暴，中国银行及时调整战略，在危机中捕捉发展机遇，不断发掘新的业务增长点，实现了逆势发展，海外机构资产规模仍增长 41%。

作为中国银行界的海外劲旅，2008 年 12 月 30 日，中国工商银行和印尼 Halim 银行股东签署了收购协议，收购其 90%的股份，另外 10%的股份暂由原有股东持有。

本次收购是中国工商银行完成的首次跨国银行收购，也是该行第一次以收购方式进入国外市场，为该行今后在国际金融市场间进一步渗透和拓展积累了宝贵的经验。

从 1993 年在新加坡成立第一家境外分行以来，工商银行一直积极推行跨国经营战略。截至今年 6 月 30 日，工商银行在全球各主要国际金融中心通过设立和控股方式先后拥有了 98 家分支机构，构筑了综合服务体系，海外业务实力迅速提升。2000 年，工商银行成功收购了香港友联银行，改组为中国工商银行（亚洲）有限公司，2004 年又收购了华比富通银行在香港的零售和商业银行业务并成功进行了整合。

工商银行存款余额为 8.9 万亿元（约 1.3 万亿美元），比美存款第一银行多 2 907 亿美元，稳居全球之首。工行总资产已达 70 000 亿元人民币，是中国最大的商业银行，拥有超过 250 万公司客户以及 1.5 亿个人客户，在境内主要的银行业务领域保持着最大的市场份额。今年 10 月 27 日，工商银行成功在上海、香港两地同步上市，集资总额达 219 亿美元，为全球有史以来最大的 IPO。

2008 年，中国银行业金融机构实现税后净利润 58.34 亿元，同比增长 30.6%；资本回报率 17.1%，预计比全球银行业高出 7 个百分点；全行业利润总额、利润增长和资本回报率等指标名列全球第一。

2009 年 1 月 12 日，中国正式加入泛美开发银行，并向泛美集团下属泛美开发银行、泛美投资公司、多边投资基金分别捐资 2 亿美元、7 500 万美元和 7 500 万美元，以支持拉美及加勒比地区的经济发展和减贫事业，为该地区发展贸易融资创造良好的外部环境。

中国的银行进军国外的步伐越来越大，人民币的国际信誉与日俱增。

苏格兰皇家银行经济学家本·辛芬德费尔说，“事实上人民币成为亚洲货币单位的局面”也许会在“全球平衡”贸易流量期间出现。

华侨银行经济学家塞丽娜·林说，随着亚洲贸易的重要性不断增加，也许不与某种“外部货币”绑在一起是明智之举。由于担心美元会贬值，把人民币作为储备货币是聪明的做法。

美林公司经济学家陆挺说，对于与中国接壤并有密切双边贸易关系的国家来说，人民币实际上已经发挥储备回避的作用。

为了让人民币成为亚洲储备货币，下一步中国将向亚洲发行“熊猫债券”，以及用人民币来结算大宗贸易。

国务院发展研究中心金融研究所副所长巴曙松指出，衡量人民币的国际化程度，就是衡量人民币在国际范围内具备国际货币的特征和功能的程度，其度量指标由价值尺度的国际化指标、支付手段的国际化指标、价值储备的国际化指标和国际经济政策工具的指标这四大指标构成。

作为价值尺度，人民币计价范围主要在贸易。边境贸易主要以人民币计价。中国内地与周边经济体的贸易额越来越大，在人民币汇率稳定的前提下，出于减少货币交易环节和降低成本的需要，一些与中国内地贸易、投资往来频繁、数额较大的经济体，即使在人民币未完全实现可自由兑换的情况下，像泰国、蒙古、韩国、尼泊尔、马来西亚、老挝、缅甸也愿意接受人民币作为计价货币。在国际金融市场上，以人民币计价发行的债券的零的突破，数额为3 000万元。已在六个国家开设人民币结算点和人民币与他国货币互换。世界最大的期货交易所芝加哥商业交易所(CME)推出人民币对美元、欧元及日元三种主要货币的期货和期权，首次将人民币纳入交易所交易。

作为储藏币种，人民币开始出现制度性变迁。菲律宾货币委员会开始接纳人民币为菲中央银行储备货币。中国香港首次推出人民币存款业务，2005年9月达到226亿元。恒生银行在汇改后一周曾出现一天存款5 000万元的"井喷"现象，远远超过平时人民币单日存款最高峰1 000万元；东亚银行一日增长了数百个存款账户，占升值前3周新增账户总数的一半。中国和阿根廷3月签署了700亿元款假协议，可以进行等值交换，介意避险和避税，降低交易成本。这是中国与第六个国家实行货币互换，在此之前签署协议的国家是和地区是韩国、香港金管局、马来西亚、白俄罗斯和印尼。至今，中国货币互换总额已达6 500亿元。中国与外国的货币互换不仅有助于这些国家促进贸易，是降低金融风险，同时也在美元独大的铁幕上打进一根楔子。

作为国际经济政策工具，人民币深受许多国家青睐。一些海外热钱流入中国内地，参与中国内地资本市场和房地产市场，显示对人民币升值的预期。印度储备银行宣布调整汇率指数，将人民币纳入一篮子货币。欧洲央行已在其每日统计并发布的欧元指导汇率体系中加入了人民币等7种新货币。而且，利率变化对国际资本流动的流动影响也愈来愈大，人民币作为一种政策工具，开始得到世界各经济体的重视。在改革国际金融监管机构的呼声中，许多学者和专门人士也把人民币列入重点参考的"一篮子货币"之首选。

如此看，人民币声望日隆，国际化乃大势所趋。但是，从上面四个硬性指标分析，总体来看人民币还不是一个国际货币。人民币国际化还处于货币自由化的深入阶段和货币区域化的初始阶段。

货币国际化是一个渐行渐进的过程，其实现受到诸方面条件的综合影响。在人民币实现国际化的众多条件中，必须解决三个关键问题：

一是良好的国内金融环境——货币市场、资本市场和金融市场的稳定和成熟，投融资活跃，资本供应量充裕，银行对外开放，本币与外币的兑结算自由；

二是人民币成为本区域中影响较大的货币——地区诸国和企业愿意用人民币结算和汇兑，人民币相较他国本币表现出稳定和坚挺的比较优势，人民币现金持有量、交易量和流量在区域交易中达到一个相当影响的质量级；

三是人民币在国际货币市场占有相当的份额——不仅表现在 IMF 的投票权，而且表现在人民币成为可直接兑换的工具后拥有稳定和具比较优势的汇率。

金融环境的支持是核心条件。人民币国际化本质上来说一个经济、金融问题，在其实现过程中，与金融业的良性互动是一个必要条件。

开放、稳定和发达的金融市场，内地金融市场的完善和对外开放，保证着人民币对内价值（利率）和对外价值（汇率）的合理和稳定，这是人民币拥有国际信用、为国际市场广泛接受的前提。

美国财政部 2009 年 3 月 16 日公布的国际资本流动报告称，2009 年 1 月份外国投资人购买美国国债的数字净增加了 107 亿美元，其中中国增加 120 亿美元。也就是说，没有中国的购买，外国人购买美国国债的数量在 1 月份是下降的。

2009 年初，一些传统的美国国债购买大国已经宣布：严禁国内机构购买美国非政府担保债券，购买美国国债也需要谨慎，防止美国因滥发国债可能引发的巨大（美元贬值）风险。

全世界的投资者都在看中国的“态度”：中国一方面明知风险巨大，一方面又决定继续购买美国国债。

这是胆识。明知山有虎，偏向虎山行。台风的中心最平静。中国相信，作为唯一“超级大国”的美国，不会使美元跌破。

这也是智略。中国持有的美元资产越多，美国越重视中国的态度。实际情况证明，存在美国的钱，到现在为止还是安全的。2008 年曾经尝试转移美元储备——多买了一点欧元、英镑，或者加大央企对外直接投资，结果都事与愿违。

现在，非常多的专家在呼吁减少美元储备，减少购买美国国债，甚至提出“分掉”外汇储备的建议。显然，这不是本末倒置，就是胡乱指点。

减少外汇储备过于集中的风险，最需要做的是大幅度减少外贸顺差，减少对美国等发达国家的出口依赖，用内需的增长补外需的下降。也就是说要调整产业结构，显然，这需要时间。而现在是时间不等人，美元很可能出现大幅度下跌，中国的美元资产很可能大幅度贬值。此时，我们必须拿出智慧，想出好主意，而这个主意就是：让美国政府包括全世界的投资者一起保证中国在美资产的安全。

这话听起来像天方夜谭。中国能让美国人俯首帖耳吗？中国能调动全世界的投资者吗？中国你能够在世界金融潮中冲浪么？

能。只要人民币保持坚挺，只要人民币的国际化程度越来越高，只要使用人民币的国家越来越多，世界大多数国家就会跟风而动，美国也不敢用美元主动大幅度贬值的办法来赖债。

中国农业银行高级经济师何志成指出，所谓美元会大幅度贬值的预期，主要是因为美国的经济衰退和为了应对衰退所采取的巨额赤字政策。而我们看到的现实是：全球经济衰退越严重，美元的避险作用越强。虽说经济危机，但美国经济的基本面还是好的，金融危机中美元反成了避险资产，非常多的国家在闹美元枯竭危机。G20 财长和央行行长会议，都希望中国增加对 IMF 的援助资金以及非常多的国家希望向中国借钱，这显示中国手握的巨额美元储备是个“香饽饽”。

人民币的稳定或坚挺，正是中国可以继续增加美元储备的关键条件。只要中国经济不进入持续衰退，人民币不会贬值，中国就没有必要大幅度地减少美元储备，世界货币体系就能够维持稳定，美元也就不会大幅度贬值。

另外，中国美元储备的相对稳定除了直接对美元体系形成支撑外，还可以间接地帮助美元，这就是通过 G2 的紧密合作，使美元的调整相对其他世界主要货币的调整更温和，更友善。无疑，中国的美元储备也可以相对升值。

人民币走向世界的步伐越坚决，中国的美元资产越安全——这是一管双响炮！

未来的“三个货币世界”

40前，毛泽东主席曾提出“三个世界理论”，指出美苏超级大国是“第一世界”，西欧、日本、加拿大、澳大利亚等发达国家是“第二世界”，亚洲、非洲、拉美等不发达国家是“第三世界”。毛泽东主张依靠“第三世界”，利用“第二世界”，对付“第一世界”。

冷战结束后，苏联解体，俄罗斯衰落，在国际储备货币问题上与中国站到了一起，认为用人民币做国际储备货币是可行的。

当今国际金融的发展再次证明毛氏理论的正确性。

在经历过美国次级贷引发的国际金融危机后，对美元独大的国际储备货币的反思再次成为严峻的问题，而中国总结以美元为主的外汇储备所带来的风险和被动局面的教训，开始调整自己的金融战略。

在未来10年间，亦即中国实行与国际接轨的完全的资本自由流动和货币兑换制度之前，外汇储备将主要奉行“三个世界理论”：将美元、欧元、人民币作为通行的国际储备货币。

围绕这三种货币，中国将实行国际储备货币的“三个世界”：美国、加拿大、墨西哥为美元区；欧洲为欧元区；东亚和非洲为人民币区。

根据这“三个货币世界划分理论”，中国将着力调整国际储备货币的比例，即持有40%的美元，28%的欧元，32%的人民币。

也就是说，在三个世界区域，世界外贸将分别用三种主要货币来结算，同时也带动相关国家来协调行动。

中国不想取代美国成为基础货币的发行国，一时也不具备这样的国力。中国的目标是，在防止美元暴跌的同时，力争使人民币成为与美元和欧元鼎立的储备货币并建立起相应的国际金融体系。

具体说，就是实行“三大货币篮子制度”——以国际货币基金组织(LMF)特别提款权作为储备货币，以“三个世界理论”划分美元区、欧元区和人民币区。

为之，中国加大了人民币进军世界的步伐：

- 中行、工行、建行、招行四大银行挺进华尔街；
- 中投增资摩根银行；

• 增加黄金储备。

世界黄金协会的数据显示，世界上黄金储备超过1 000吨的国家有6个，分别是：美国（8 133.5吨）、德国（3 412.6吨）、法国（2 508.8吨）、意大利（2 451.8吨）、中国（1 054吨）、瑞士（1 040吨）。

2009年底，中国的GDP超过日本成为世界第二，而外汇储备则占世界第一。这两个条件决定了中国将成为特别提款权资金的最大出资国。毫无疑问，中国在IMF的话语权也将提升，世界金融版图也将重塑。

由于欧洲国家众多且制度不一，而日本和英国也不可能摆脱在国家意志方面对美国的依赖，则未来国际货币的操控权将掌握在美中两国手里，世界金融将开创经济学家弗雷德·伯格斯坦所云的"G2时代"。

毋庸讳言，改革后的IMF将开创由美中两国实际操持的"G2基轴货币时代"，人民币将成为与美元和欧元三足鼎立的国际储备货币。

彼时，中国也才领略昂首跻身国际货币之巅的风光……

第十六章

货币之最——世界元

学者们一直在探讨建立一种全球通用的可自由兑换的“世界元”的可能性。

对于经历过多次危机的人们来说，“世界元”似乎可使他们不再重温噩梦。

对于那些怀有乌托邦梦想的人来说，“世界元”仿佛眼前出现的一道彩虹。

然而，摧毁和重建都非易事：货币信用和金融法则涉及的方方面面远比牦牛身上的绒毛还多，G20峰会标志世界进入第四资本时代走向，但眼下人们似乎更关注金融危机后的路线图。

大路小路近路远路难走的路便捷的路直通的路迂回的路都要走，但并非条条大路通罗马。

金 本 位

《货币简史》里说过，每当危机来临时，人们就转向黄金市场，因为黄金不仅可以保值，而且可以贮藏和变现，是地道的硬通货。金融危机发生以来，世界黄金市场的价格，总体一路上扬。

黄金使人们很容易联想到金本位，似乎一切危机都是金本位缺失搞的鬼。许多学者直言不讳地批评说，此次金融危机是 1971 年以来货币体系试验的失败。

什么叫金本位？

国际金本位制度是以黄金作为国际储备货币或国际本位货币的国际货币制度。

世界上首次出现的国际货币制度是国际金本位制度，它大约形成于 1880 年末，到 1914 年第一次世界大战爆发时结束。在金本位制度下，黄金具有货币的全部职能，即价值尺度、流通手段、贮藏手段、支付手段和世界货币。

19 世纪 70 年代，欧洲和美洲的一些主要国家先后在国内实行了金本位制，国际金本位制度才大致形成了。

国际金本位制度的特点和作用在于以下几点。

黄金充当国际货币，成为国际货币制度的基础。这一时期的国际金本位制度是建立在各主要资本主义国家国内都实行金铸币本位制的基础之上，其典型的特征是金币可以自由铸造、自由兑换，以及黄金自由进出口。由于金币可以自由铸造，金币的面值与黄金含量就能始终保持一致，金币的数量就能自发地满足流通中的需要；由于金币可以自由兑换，各种金属辅币和银行券就能够稳定地代表一定数量的黄金进行流通，从而保持币值的稳定；由于黄金可以自由进出口，就能够保持本币汇率的稳定。所以一般认为，金本位制是一种稳定的货币制度。

虽然国际金本位制度的基础是黄金，但是实际上当时英镑代替黄金执行国际货币的各种职能。英镑的持有人可以随时向英格兰银行兑换黄金，而且使用英镑比使用黄金有许多方便和优越的地方。当时英国依靠它的“世界工厂”的经济大国和“日不落帝国”的殖民统治地位，以及在贸易、海运、海上保险、金融服务方面的优势，使英镑成为全世界广泛使用的货币；使伦敦成为世界金融中心。当时的国际贸易中，大多数商品以英镑计价，国际结算中90%是使用英镑，许多国家的中央银行国际储备是英镑而不是黄金。在伦敦开设英镑账户，可以获得利息，而储存黄金则非但没有利息，还要付出保管费用，持有英镑比持有黄金既方便又有利可图，所以有的西方经济学者把第二次世界大战前的国际金本位制度称作英镑本位制度。

各国货币之间的汇率由它们各自的含金量比例决定。因为金铸币本位条件下金币的自由交换、自由铸造和黄金的自由输出入将保证使外汇市场上汇率的波动维持在由金平价和黄金运输费用所决定的黄金输送点以内。实际上，英国、美国、法国、德国等主要国家货币的汇率平价自1880—1914年间，35年内一直没发生变动，从未升值或贬值。所以，严格的固定汇率制，是国际金本位的重要的特点。

国际金本位有自动调节国际收支的机制。即英国经济学家休谟于1752年最先提出的“价格-铸币流动机制”。为了让国际金本位发挥作用，特别是发挥自动调节的作用，各国必须遵守三项原则：一是要把本国货币与一定数量的黄金固定下来，并随时可以兑换黄金；二是黄金可以自由输出与输入，各国金融当局应随时按官方比价无限制地买卖黄金和外汇，三是中央银行或其他货币机构发行钞票必须有一定的黄金准备。这样国内货币供给将因黄金流入而增加，因黄金流出而减少。

后来，新古典学派又对金本位的自动调节过程做了一点补充，它强调了国际短期资本流动对国际收支平衡的作用，国际短期资本流动将加速国际收支均衡化的过程。

首先，当一国国际收支赤字造成汇率下跌时，外汇投机者深知在金本位制度下，汇率只能在黄金输送点之间波动，而黄金的流出最终将使国际收支和汇率恢复均衡，汇率下跌只是暂时现象，不久就会回升。因此大量外汇投机性短期资金就会流向该国。

其次，当国际收支赤字引起汇率下跌时，进出口贸易商也预测到汇率不久将回升，于是本国进口商将尽量推迟购买外汇对外付款，而国外出口商则倾向于尽量提前付款，这也引起短期资金的流入。

再次,国际收支赤字引起黄金外流后,国内货币信用收缩,因而金融市场利率上升,大量短期套利资金也会流向该国。这样各方面短期资金的流入将加速赤字国收支恢复平衡。根据新古典学派的理论:贸易盈余的国家必然出现黄金流入,国内货币供应增加,收入和价格水平提高,于是出口减少、进口增加;同时金融市场利率下降,资金外流。与此相反,贸易赤字国家必然出现黄金流出,国内货币供应量减少,收入和价格水平下降,于是出口增加,进口减少;同时金融市场利率上升,国外资金流入。总之,休谟的“价格-铸币流动机制”仅以货币数量论作为依据,而新古典学派则看到了资本流动对国际收支调节的影响,比休谟前进了一步。

第一次世界大战以后,在 1924～1928 年,资本主义世界曾出现了一个相对稳定的时期,主要资本主义国家的生产都先后恢复到大战前的水平,并有所发展。各国企图恢复金本位制。但是,由于金铸币流通的基础已经遭到削弱,不可能恢复典型的金本位制。当时除美国以外,其他大多数国家只能实行没有金币流通的金本位制,这就是金块本位制和金汇兑本位制。

金块本位制和金汇兑本位制由于不具备金币本位制的一系列特点,因此,也称为“不完全”或“残缺不全”的金本位制。该制度在 1929-1933 年的世界性经济大危机的冲击下,也逐渐被各国放弃,都纷纷实行了不兑现信用货币制度。

第二次世界大战后,建立了以美元为中心的国际货币体系,这实际上是一种金汇兑本位制,美国国内不流通金币,但允许其他国家政府以美元向其兑换黄金,美元是其他国家的主要储备资产。但其后受美元危机的影响,该制度也逐渐开始动摇,至 1971 年 8 月,尼克松政府决定停止美元兑换黄金,并先后两次将美元贬值,此后,这个残缺不全的金汇兑本位制彻底崩溃了。

金本位制通行了约 100 年,最终崩溃的主要原因在于以下几点。

(1)黄金生产量的增长幅度远远低于商品生产增长的幅度,黄金不能满足日益扩大的商品流通需要,这就极大地削弱了金铸币流通的基础。

(2)黄金存量在各国的分配不平衡。1913 年末,美、英、德、法、俄五国占有世界黄金存量的三分之二。黄金存量大部分为少数强国所掌握,必然导致金币的自由铸造和自由流通受到破坏,削弱其他国家金币流通的基础。

(3)第一次世界大战爆发，黄金被参战国集中用于购买军火，并停止自由输出和银行券兑现，从而最终导致金本位制的崩溃。

金本位制度的崩溃，对国际金融乃至世界经济产生了巨大的影响：

• 为各国普遍货币贬值、推行通货膨胀政策打开了方便之门；

• 因废除金本位制，各国为了弥补财政赤字或扩军备战，便滥发不兑换的纸币，加速经常性的通货膨胀，不仅使各国货币流通和信用制度遭到破坏，而且加剧了各国出口贸易的萎缩及国际收支的恶化；

• 导致汇价的剧烈波动，冲击着世界汇率制度；

• 在金本位制度下，各国货币的对内价值和对外价值大体上是一致的，货币之间的比价比较稳定，汇率制度也有较为坚实的基础。但各国流通纸币后，汇率的决定过程变得复杂了，国际收支状况和通货膨胀引起的供求变化，对汇率起着决定性的作用，从而影响了汇率制度，影响了国际货币金融关系。

回归市场甚于回归黄金

研究金融危机，就会发现“汇率”的不稳定是其根源。

实行了38年的浮动汇率制，带来的是差不多10年一次的危机。如今要稳定国际金融体系，首先得稳定汇率，而稳定定汇率则须实行比较固定的汇率制，由之大家又想到金本位制。

2010年以来，黄金屡创新高，而美元始终低迷。从收益看，1至3月黄金曲线为阳线，而美元曲线则呈阴线。这使得黄金市场波浪翻滚。

不少人说：持美元不如持黄金。黄金大幅上涨推动奢侈品市场上涨，黄金上涨带动黄金理财，黄金上涨还带动黄金矿业投资，开采权炒作。毫无疑问，“金本位”也旧话重提。

可是，一说金本位，许多学者就说，正式固定汇率联系黄金的旧有制度，已经导致了布雷顿森林体系的瓦解，难道还要重蹈旧辙？

对此看法不同的是欧元之父、诺奖大师蒙代尔。在接受《第一财经日报》记者采访时，连说“No，No，No”，表示以为上世纪70年代布雷顿森林体系崩溃的原因是固定汇率和黄金本位的认识是一种误解——

其实不是，这种危机是由黄金在系统中的问题所造成。黄金的价格在1934年被固定为35盎司/美元，二次大战的通货膨胀和战后膨胀，以及朝鲜战争和越南战争后，物价上升了2～3倍，但黄金的价格还是保持不变，所以黄金价值被低估了，而尼克松最终决定放弃金本位。

显然，蒙代尔先生对黄金极其怀念，固定汇率应该是黄金，而不应该是一种政策的工具，或是一个要有目标锁定的政策。在布雷顿森林体系中，只有美元可以兑换黄金，当时还是有效的法则。尽管实行浮动汇率，但美国国内还是形成了一个统一的资本市场。但蒙代尔也坦率承认，各国情况千差万别，用浮动汇率来打破各国的货币的区域的主张是不好的，因为未必公平。

接下来的问题是：我们能否回到过去？世界金融体系是应该回归黄金还是回归市场？

显然，怀念和凭吊过去并不等于回到旧的光阴，蒙代尔说——

没有经济学家会考虑回到金本位，那将会是一个太过巨大的变化，是不会成功的。金本位是一个很好的联系汇率制度，但这个体系本身也有一个非常大的缺陷，就是没有一个能够随着黄金和大宗商品即时浮动的机制。金本位意味着以黄金作为货币或者纸币的储备，所以纸币的发行受到制约。

但是，美国在1934年以后将两者分开了，提高了黄金的价格，改变了和黄金兑换的条件，然后开始减少黄金在货币政策中的作用。上世纪50年代后美国开始流失黄金，不管什么时候都卖出黄金，每年40亿—50亿美元，美联储纽约分行会购买同等价值的债券，结果1948年只有70%的黄金储备，到1971年只剩下不到30%，当其他国家要求美国仍旧将美元兑换成黄金时，尼克松政府决定拒绝这项提议，结束了实质上的金本位。

历史的回顾表明，美国是个“以自我为中心”的国家：

- 当黄金对自己有利时，他们储备黄金；
- 当黄金价格昂贵时，他们卖出黄金；
- 当别人要求它兑现承诺时，它断然拒绝，把金本位废了。

在金融领域，他们像在军事战场一样为所欲为，不受任何制约。

这一次，美国故伎重演，同样来了个釜底抽薪，一废了之，不过不是废除浮动汇率，而是通过精心谋划的金融界破产、兼并、收购和重组的办法，蓄意利用规则甩掉债务和让别国银行承担数百万亿美元的巨额损失。

最近伯南克出手的由美联储出资 3 000 亿美元收购国债的行为，蓄意违背了金融监管机构与商业银行分开的原则，直接充当了国际货币的印钞工厂，其动机就是通过冲淡币值的方法让债权人来为美国买单！

美国还是我行我素，无拘无羁！对于学者们提出的以美元、欧元为“轴心”建立世界法币、或者由美元、欧元、英镑、法郎、克朗、日元、人民币、加元为基础货币的“一篮子货币计划”，美国一概以“集中精力救市”为由坚决予以拒绝，骨子里想的还是“唯我独尊”“美元独大”。

很显然，世界货币体系回归黄金“此路不通”，完全“臣服美元”也无可能，或许“回归市场”是唯一的出路。

在 WTO 推动的全球化情势下，世界市场的一体化表现得越来越明显也越来越有力量，各国和区域市场与国际市场的分工越来越明细也越来越合拍，相互合作与共赢的愿望越来越接近也越来越热络，再次石头推动下，世界的货币市场、资本市场、金融市场越来越呈现出各自的独立性并开始走向混业、竞争和融合的趋向。

市场的力量是任何国家和政府所无法漠视的，也是谁都无法一手遮天涂炭生灵的。

就像目前的危机，离开了各国的配合、协同和帮助，美国将灾难深重，久难抬头。

尽管 3 月 30 日的 G20 财长峰会通过的内容包括增强透明度和可信度、有效的监管、金融市场的诚信、国际合作和改革国际金融机构等有关国际金融体系改革的“五项行动计划”，但总是雷声大、雨点小，操作起来难度很大。

以全球会计机构加强对金融衍生产品的定价机制来说，由于各自的独特情况以及对市场的不同判断，双方在定价上很难达成认识上的一致。

再好的监管机构和评级机构，也难对市场给出一个合适的有效的定价指导，毕竟市场本身存有许多不可见、不可测、不可遇因素，再完美的定价模型也没有市场本身更具效率，所谓行则通，通则变，变则广，广则惠及万众，众则齐呼市场万岁就是这个道理。

19 世纪的思想家马克斯·韦伯很早就清醒地认识到，现时代是一个理智化、理性化和“脱魅”的时代，没有任何宗教先知立足的余地，作为一个以政治为职业的人，只能依照责任伦理去行动。这意味着一个人要忠实于自己，按照自己既定的价值立场去决定自己的行动取向，本着对后果负责的态度果敢地行动，以履行“天职”的责任心去应承日常生活的当下要求。或许，韦伯这一特立独行的见解以及他对作为一种理性的劳动组织之现代资本主义的论述，与眼下的国际金融体制改革形势有某种契合，对国人的思考有某些启发。不是么，中国没有理会那些要求中国充当世界“救世主”的呼声，始终强调重要的是做好中国自己的事情，保持中国的经济复苏和稳定增长就是对世界经济的贡献，就是添砖加瓦的行动。

为了增加中国货币的稳定性，中国近两年有意识地增加了黄金储备，由 600 万吨增加到 1 054 万吨。民间积累的黄金由 1 000 万吨增加到 3 000万吨。中国的黄金储备和使用量均居世界第五位。

纵观中国的表现，从出席 G8 峰会到出台“四万亿刺激计划”，从“继续购买美国国债”的承诺到主张加强中美 G2 的合作和协调，无不像韦伯说的那样“按照既定的价值立场”和“责任伦理去行动”并把它视之为“天职”。

中国的作为已经赢得国际社会的尊重。

世　界　元

既然当前国际货币体系的一个重大缺陷是过于依赖美元，致使一国货币“捆绑”全球，而最后首先脱钩而去的却是始作俑者，那么这种不公平和无奈便深深刺痛一些国家的心。于是，找到一种替代美元的币种就成为现实的思考。

这就是世界元。

蒙代尔是这个主张的马前卒。他是欧元的倡导者和设计师，主张首先用货币的统一去实现欧洲统一的教父。当欧元发行时，欧盟负责人亲手将欧元 0000000001 号赠给蒙代尔，以示对他的感谢。

现在，蒙代尔又成了世界元的狂热鼓吹者。他说世界元的想法 20 世纪 60 年代就有学者提出过，后来搁置。现在的危机，重新又把话题提出来，觉得仍然是切实可行的，因为美元已经“失去纪律”，成为一个不受约束的随便印刷的花花纸票，美元给别国带来的麻烦已经使美元丧失信誉，咒语满天，现在是诞生它的替代品的时候了。

尽管经常受到置疑，蒙代尔还是乐此不疲地宣传他的主张：

> 我们仍旧可以利用这一框架（指1967年关于创造世界货币的会议文件），我认为我们现在需要的是一个国际黄金系统，并在它之上建立世界货币，也就是一篮子主要的货币，包括美元、欧元、日元、英镑、人民币，这个世界上重要的5个经济体皆参与其中设计出世界元，把IMF改造成世界中央银行，改变其资金平衡表，增加修正案，最后行使国际货币组织的权威。世界银行可以发行货币，当然必须取得其他货币的支持
>
> 自从2003年以来，每年我都会在意大利举行会议，讨论创建世界货币事宜，关于议程会议，关于全球货币账户，储备黄金是否考虑其中，关于在2010年在中国世博会期间召开类似布雷顿森林那样的国际世界货币组织会议……

这是蒙代尔的梦想。他和他的同事为之奔走呼号了5年。尽管年事已高，但他从不曾放弃自己的努力。他认为当前的危机，正是推进世界货币的最佳时机，"世界需要这样一个可以信赖的货币体系"。

中国银行行长周小川对此予以赞赏，不过他主张以SDR为基点建立"超主权储备货币"或"世界元"，希望它能够与主权国家脱钩，不受危机影响，独立反应价值。

在中国银行的网站上，周小川全文发表《应创造可保币值稳定的超主权储备货币》的文章，对国际货币的定位、作用以及如何保持信用与汇率稳定、如何建立公平的实际货币秩序表达了自己的思考。

对他的建议，印尼、俄罗斯、叙利亚、巴西等国纷纷予以支持，IMF表示可以考虑吸收其建议。

它的理由无疑是正确的。但它提出的以"特别提款权"为基础建立一种替代货币的想法却存在疏漏，因为"特别提款权"并非货币，只是一种仅贴在人造货币"篮子"基础上的记账单位。

从2006年起，"特别提款权"的权重如下：美元44%；欧元34%；日元11%；英镑11%。

加入国家储蓄"特别提款权"，就是积蓄"一篮子货币"。

事实上，贸易模式决定国际储备货币的地位。在全球贸易中，资金流与贸易流必须达到均衡。贸易出超国必须让盈余回流至贸易入超国。贸

易出超国央行所购买的资产将在很大程度上决定那哪些国家会成为入超国。如果各国央行主要购买美元资产，美国就会承受贸易逆差。

假设在过去10年里，亚洲国家央行按照特别提款权的内部权重来安排储备结构，这就决定在贸易顺差情况下一直延续的前提下，这些国家央行假设购入的美元资产额将仅为它们实际购入额的50%～66%。差额部分将流向日元、欧元、英镑。可能造成的情况是，美元相较于其他三种货币的地位将有所弱化，于是美国贸业产业就将有所扩张，欧洲和其他同类部门就黯然委顿。

而美国的贸易逆差一减少，欧洲和日本的逆差就增加，亚洲各国也会通过购买欧元等方式寻求平衡，而欧洲因为经济危机根本无力承受逆差，唯美国通过调整方能获得经济复苏。

所以，在短期内要发展一种替代美元的国际储备货币几乎是不可能的事。人民币替代则更不可能，无论从流通规模、兑换手段和保值水平来说，都是无法望其项背的。

中国社科院世界经济与政治研究所所长、联合国国际货币与金融改革委员会委员余永定在接受《第一财经日报》专访时也指出：

现行国际货币体系并不必然导致中国的外汇储备猛增至2万亿美元，而是我们长期的出口主导性经济模式所决定的。如果我们认真执行“十一·五”规划的战略目标，在5年前就推行增长战略的转变，刺激内需，采取比较灵活的汇率制度，及早废除对于出口和吸引外资的种种优惠政策，中国就不会如此深深地跌入“美元陷阱”。

现在，我们试图用一种新的国际储备货币来替代美元，概率几无可能。

要实现这样的想法何其难哉！美国的反对、欧洲的暧昧自不待说，就论证、设想、制定规则，组织架构、设计、制造、推广到人们熟练应用一种新的国际货币来说，不仅需要学习、试验和习惯，更需要时间。

在G20峰会上，IMF获得5 000亿美元注资，美、欧、日贡献其中的20%，即1 000亿美元；中国贡献400亿美元，占8%。目前，中国拥有“特别提款权”(SDR)的份额为80 901亿特别提款单位(约合120.23亿美元)，占总份额的3.72%，投票权则为3.65%。即便把中国的注资全部转为和IMF表决权挂钩的SDR，份额也只能提升到10%左右，无法改变欧洲主导、美国一票否决权的互相牵制的结构。

G20峰会的最大赢家是IMF,它不仅得到监管权力,而且扩大7 500亿美元规模。

其实,IMF的背后是美国,代表的是西方的利益。

全球金融政策的新秩序至此大体明朗:由G20峰会商议决定、IMF和世界银行具体运作、依据多边金融监管机构和各国达成的协议进行处罚,如对实行贸易保护的国家、避税天堂、对冲基金征收惩罚性税收。

此次G20峰会达成的结果超出了预期,中国的话语权得到了尊重,但并未有实质性的提高。一切都取决于中国的改革与发展。如果中国国内经济转型成功,人民币实行自由兑换,而西方的金融毒资还未清除干净,那时中国的话语权将更为提高,IMF也将彻底改革。

这一切预计将在2020年实现。人民币资本项目兑换时间表业已确定,中国的金融改革将迈出更大步伐。

美元出问题了,欧元仍然是美元的跟屁虫,其他货币呢,谁不是双目一动不动地盯着美元呀!

美元不好,欧元就好么,其他元就好使么?

尽管美元有这样那样的缺陷和问题,可美元依然不可替代。

其实所有的货币都一样,难脱金钱的习气,获利的本能,资本的基因渗透纸背了,不一样的是币种对应的信仰与规则。

显然,目前我们须取现实态度:

与其铸造一枚新币,无如在旧币上翻新;

与其制定新的规则,无如在现有条款上改革与完善;

与其花费大量人力、财力和智力,无如节省开支、拾遗补漏——

这绝对符合政治家们的稳健化原则,银行家们的成本最小化原则和企业家们的利益最大化原则……

从3%到8%的演变

2009年G20元首会议前夕,法国总统萨科奇和德国总理默克尔已经起草联合国经济理事会的章程,他们决心借助金融危机消除美元的隐患,发起新的布雷顿森林协议,推动建立新的国际货币协调组织,它的名字叫

"联合国经济理事会"。

法德之所以联手,有其历史渊源——1934 年布雷顿森林建议,就是两国倡导的。时过境迁,物是人非,现实的困境早已使法德轴心影响式微,这一回,他们要"借危(桅)出海",出出风头,闯闯新道……

为给 G20 元首会议润墨,3 月 13 日,G20 财长和银行行长会议首先在伦敦召开,会议主题为"拯救衰弱的银行业",并就大家采用同一个步伐、同一个声音向世界展示共同应对危机、克服困难的决心和国际金融机构的改革达成共识。

公报强调:加强国际金融监管机构的合法性、权威性和有效性,确保其能全面反应世界经济的变化。

中国财长谢旭人呼吁各国共同努力,推动建立公平、公正、包容、有序的国际金融体系。

序曲之后,托卡托响起。4 月 2 日的 G20 峰会的最大成果之一,是 20 国集团领导人同意为 IMF 和世界银行等多边金融机构提供总额 1.1 万亿美元资金,其中国际货币基金组织资金规模将扩大至现在的 3 倍,由 2 500亿美元增加到 7 500 亿美元,以增强流动性,并向发展中穷国倾斜,以帮助陷入困境的国家。2 500 亿美元用于贸易融资。还将为区域性的多边发展银行提供至少 1 000 亿美元贷款支持,用来帮助穷国。二十国集团领导人强调仍致力于实现联合国新千年发展目标,要求 IMF 通过出售黄金为发展中穷国在未来 2～3 年内提供 60 亿美元资金。

IMF 和世界银行也将实施改革并赋予新兴经济体和发展中国家更大的发言权。这两大国际金融机构将打破由美欧分别执掌的惯例,今后负责人的选任将改为任人唯贤。

会议还决定成立金融稳定委员会以取代目前的金融稳定论坛,由所有 G20 成员参加,包括西班牙和欧盟委员会,一起讨论和确定关于全球金融政策和秩序的有关问题。

看来,本次 G20 峰会为消弭经济危机和重建世界金融秩序的努力非常出色。

无论联合国经济理事会也好,金融稳定委员会也好,G20 峰会也号,世界确实需要一个能够代表发达国家、发展中国家和欠发展国家参加的国际金融协调组织,它能够把握世界经济发展态势,反映各方意志,公平、合理、科学地制定符合国际要求的宪章并履行管理责任，带领各国一起实现共同繁荣和幸福的远大目标——

或许确定什么样的国际金融机构名称并不重要，制造什么样的世界储备通币并不重要，重要的是既出乎其中又超乎其上的理念、政策、规则、梦想和价值观……

聚集美国匹兹堡举行的 G20 领导人会议最终达成一致意见，将 5% 的国际货币基金组织（IMF）的投票权从发达国家转给新兴经济体的国家。这样，中国在 IMF 的投票权由 3%提高到 8%。

在 4 月初举行的“金砖四国”财长和央行行长会议上，巴西、俄罗斯、印度和中国提出，国际货币基金组织和世界银行的改革重点应放在向新兴市场和发展中国家实质性转移份额和股份上。

中国提出，匹兹堡峰会应进一步推动形成发达国家向发展中国家转移投票权的具体目标，以保证发达国家和发展中国家在基金组织中享有平等投票权。同时希望在基金组织高级管理层中增加发展中国家和新兴市场国家人员的比例，以使管理层具有更广泛的代表性和履行职责的合法性。

中国的这一提议，首先得到美国的支持。财政部长盖特纳 24 日在 20 国集团领导人第三次金融峰会召开前表示，美国支持增加快速发展的新兴经济体在国际货币基金组织和世界银行等国际组织中的投票权。

国际货币基金组织（IMF）总裁施特劳斯·卡恩也表示，当 IMF 在 2011 年完成重组后，中国在 IMF 的投票权将获得最大增幅。

目前，美国在 IMF 的份额比例为 17.4%，中国仅占 3.72%。卡恩表示，欧洲各国是时候进行改变了。毫无疑问，一些欧洲国家的投票权将减少，另一些国家的投票权将会增加。中国在 IMF 的投票权将获得至少 5%的增幅。

这种增幅的意义绝不只是投票份额，它更具有行动意义和领军效应，显示中国在世界金融体系中的核心竞争力。

人民币离 TWRC 还有多远

“人民币或将很快入流 SDR。”IMF 总裁卡恩指出，人民币成为特别提款权(SDR)的一部分,要求人民币能够基于市场来定价。

卡恩称,特别提款权的构成在扩大后得到进一步应用是可行的,而人民币有一天应该被纳入特别提款权之中。

他补充道,使用一揽子货币进行贸易不失为一个好办法。

在香港举行的一次金融峰会上,蒙代尔指出,随着中国 GDP 在世界比重的增加,人民币 2010 年或 2011 年将成为世界第三大货币。到 2030 年,人民币将有机会取代欧元,成为第二大货币。因此,它建议国际货币基金组织将人民币列入特别提款权体系中去。

2010 年 2 月,IMF 任命中国银行副行长朱民为总裁高级顾问。这是 50 年来中国人第一次在世界货币基金组织担任要职,它表明中国在世界金融领域第一次有了吹口哨的人。

中国的实力受到重视,中国的货币话语权进一步增强……

尽管如此,中国离 TWRC(The World's Reserve Currency,国际储备货币)仍然有很长的一段路要走。

成为国际储备货币,必须满足以下要求。

信誉度

当人民币的比值和使用率超过欧元、与美元匹敌甚至超过美元之际,人民币的 TWRC 地位才可能真正建立,人民币业才以其权威性成为世界金融秩序的实际主宰。彼时,人民币的世界性也才称得上"山不言自高,海不严自深"。

稳定性

美元在全世界的流通性占到世界各国总货币量的 70%。就是在金融危机频频发生的情况下,美元所具有的银行和金融系统的完整性、调控性、修复性仍然使美元保持相当稳固的地位。人民币只有具有类似或超过美元的超强稳定性,才有可能成为世界上那个大多数国家"非她莫属"。的外汇选择——"众里寻他千百度,回头蓦见,那人却在,灯火阑珊处"。

开放、自由、灵活的货币体系

目前,中国已经对企业兑换、尤其是外贸企业的货品比结算与货币兑换,在额度上、时间上、方式上作了一些改进,但离制度性的要求还相差很远。所谓制度性的要求,即是政府不得强行干预外汇汇率和结算兑换,一切"随行就市"。这也就是说,你不能光盯着人民币对本国是否有理、有利、有力的“小盘子”，而要盯着国际金融市场的“不动点”，亦即国际货币体系的“大盘子”，只有这个“大盘子”保持稳定和“溢出效应”，世界金融秩序才能比较活跃与稳定——“海跃不干枯，山青生气浓”。

对国际金融秩序和世界经济所承担的责任能力

国际储备货币绝不仅仅是个货币问题，外汇结算方式问题，支撑TWRC的真正“铜墙铁壁”是一个强大而令人敬畏的中国，是这个国家所对世界经济所能承受的“扛得起”、“顶得住”、“冲得上”的能力，包括应对国际风云变幻的统帅能力、协调能力、抗击能力、修复能力以及再生能力——“不管风吹浪打，我自岿然不动”。

作为中国人民银行的老行长，中国社保基金会理事长戴相龙认为，资产数量的领先并不意味着实力的提升。中国金融的崛起须符合以下五项标准：

(1)要有国际化的人民币；

(2)要有经营和管理几种国际货币的大型金融企业；

(3)在香港之后要有像上海这样的国际金融中心；

(4)不但通过货币经常项目、资本项目的可兑换，也通过政府之间、央行之间的信任来推动；

(5)会同有关新兴经济体，在联合国、20国集团研究和决定重大金融问题时发挥影响力。

戴相龙表示，诸多崛起标志中，最重要的一条就是面对双顺差形成巨额外汇储备和人民币长期稳定的外部条件，中国应不失时机地加快人民币国际化进程。他建议，中国可允许外国政府、外国央行和外国企业等到中国境内发行人民币债券。同时，也可和有关国家协商，通过特定安排，扩大人民币在境外的使用额度。

在“中国经济2010论坛”招待晚宴上，戴相龙表示，人民币国际化需要历时15年至20年，应通过常规路径与特定安排结合推进，且政府间的特定安排有利于加快人民币国际化进程。

戴相龙说，人民币可兑换是人民币国际化的先决条件，但还称不上人民币国际化。——只有符合了“可兑换”“全功能”“大比例”三个条件，人民币才真正实现国际化。

人民币国际化将要经历相当长时间。其实现途径应“两条腿走路”：

一条腿是通过常规化路径，按地域、职能逐步推进；

另一条腿是在自愿互利的前提下，通过相关国家政府间的特定安排推进人民币国际化。

安排一次性的定量互换、以人民币支付我国部分逆差、允许国内企业用人民币到境外投资、对部分境外机构提供人民币贷款以及人民币支付对外援助等，都是可供选用的特定方式。

当然，人民币的国际化并不意味着将替代美元，美元仍是国际货币体系中的主导货币。与此同时，人民币在国际化的过程中要正确处理同日元、港币的关系，积极加强同东亚地区的金融合作。

一句话，人民币能否成为 TWRC，取决于中国的综合国力，取决于G20臣服中国崛起的客观要求，取决于中国在经济全球化中的竞争能力，取决于中国领军国际金融的卓越财力。

一言以蔽之，一切取决于中国通向资本自由的未来之路。

第十七章

通向资本自由之路

衡量是否进入第四资本时期的一个重要标志是资本自由度。

资本自由是经济自由的核心。

作为劳动力、资本和土地三大生产要素之一，资本自由直接构成一国经济自由的重要维度。

资本自由的实现不仅在于资本本身的密度与重量，磁性与张力，更在于它的周遭环境、活动范围、增值空间和市场导向。

在中国，虽然资本的活力较之于改革开放之初或者二十年前有了长足的进展，但仍存在着很大的障碍，大量的所谓“资产”或者“资本”属于“呆资本”、“死资产”，有待唤醒、重置与激活。

如果说必然是指客观事物的本质和规律，自由是指对必然的认识和对客观世界的改造，那么达致资本自由就是经营的最高境界。

因此，研究资本自由及消除其障碍，有助于增进资本的活性，提高资本利用率，促进经济和福利的卡尔多—希克斯改进与帕累托改善。

2010 年 5 月 13 日，国务院关于民间资本进入投资领域的“新 36 条”的出台，堪称通向资本自由之路的新的里程碑。

资本自由的概念

秘鲁著名经济学家赫尔南多·德·索托指出，发展中国家有着大量的“死资产”和“死资本”，但它们没有把它转化为“活资本”。

的确，许多企业的资本在那里沉睡，许多城市的资本在那里浪费，许多单位的资本效益一般、回报期漫长，还有很多资本正在死掉，挽救它的生命需要输液、输血甚至丙种球蛋白。

我们只有明白什么叫资本自由，才能做一个自觉的资本经营者和自在的资本运营师，然后也才有可能真正进入境界，成为资本自由的主人。

实现资本自由就是让资本发挥应有的效率。

从概念上说，什么叫资本？资本就是可以用货币度量并能增值的东西。

在经济学定义上，资本是生产必须的、劳动力和以土地以外的资产。在金融市场上，资本指主要用于购置资本货物的融资工具，尤其是债务工具和股票。

德·索托认为，资本并不是积累下来的资产，而是蕴藏在其中、能够开展新的生产的潜能。

什么叫自由？自由是成为自己的主人，自由是对必然的超越。

那么，据此我们可以得出结论，资本自由包含两个方面的内容：一是资本自主的运动；二是资本潜能的发挥。

哲学家以赛亚·伯林告诉我们，自由有两种：消极自由和积极自由。

据此可以推导：消极的资本自由是封闭的孤独的我行我素的；积极的资本自由则是开放的竞争的合作的和多赢的。

中国社会科学院的一份研究报告显示，全国 30 个省区市（不含港、澳、台、西藏）中，浙江省资本自由度高居全国榜首，而贵州则列榜末。报告负责人、中国社科院经济研究所研究员朱恒鹏表示，资本自由度主要反映一个国家或地区给各种类型的企业的自由发展空间，主要包括贸易、货币政策，监管措施，司法制度以及激励机制等。“从一般意义上说，政府机构对企业的干预越少，企业自由度就越大；相对于较为稳定透明的法律框架而言，不透明和不稳定的行政指令和政策干预越少，则企业自由度越大。”

报告表示1999～2001三年中，资本自由度处于第一、二位的分别是广东和浙江，但从2002年开始，浙江跃居第一并保持到2004年。

在这六年中，资本自由化排序上升了4位或4位以上的有北京、上海、重庆、新疆。资本自由化排序下降了4位或以上的有河北、山东、海南、四川。

企业资本自由度的评价包括以下几个数据：①投资；②融资；③观念；④政策；⑤自主性；⑥个人财产保护与出售；⑦兼并、收购与跨区域经营；⑧合作与竞争；⑨资本环境；⑩资本区域和国际流动。

毫无疑问，提升企业资本自由度将促进我国各省市企业的绩效竞争，有利于建立和维持一个竞争秩序，推动经济又好又快地增长，增进全民福祉。

资本自由与经济自由的关系

经济自由度指数是由《华尔街日报》和美国传统基金会发布的年度报告，它涵盖全球155个国家和地区，是全球权威的经济自由度评价指标之一。

该指数根据经济自由度50个指标评价各个国家的得分。每一个指标的最高得分为1分，最低得分为5分。在一个指标上分数越高，政府对经济的干涉水平越高，因此经济自由度越低。各个指标累加后的平均值可以计算出总体系数。美国传统基金会的观点是，具有较多经济自由度的国家与那些较少经济度的国家相比，会拥有较高的长期经济增长速度和更繁荣。

50个指标可以分成10大类：①贸易政策；②政府财政开支；③政府对经济的干预；④货币政策；⑤资本流动和外国投资；⑥银行业和金融业；⑦工资和物价；⑧产权；⑨规制；⑩非正规市场活动（黑市）。

根据得分，所有国家被分为如下四个等别：①自由（2分以下）；②比较自由（2分至3分）；③不太自由（3分至4分）；④受压制（4分以上）。

经济自由度指数最新的评分是2009年的，每个国家的具体得分的描述可以在这里得到。

总体上，相比去年，世界上有 99 个国家更自由，51 个国家更不自由，5 个国家的自由程度没有变化。

10 个改进最大的国家是：巴基斯坦，罗马尼亚，吉尔吉斯斯坦，苏里南，亚美尼亚，土库曼斯坦，格鲁吉亚，土耳其，塔吉克斯坦和哈萨克斯坦。

10 个改进最差的国家是：伊朗，意大利，几内亚，玻利维亚，阿拉伯联合酋长国，阿曼，斯里兰卡，赤道几内亚，埃及和尼加拉瓜。

经济自由度最好的国家和地区是中国香港，连续 12 年跃居第一。

按照加拿大弗雷泽研究所《世界经济自由报告》的说法：经济自由的关键要义是个人选择、自愿交易、自由竞争和对个人及财产的保护。

保障自愿交易、自由竞争和保护个人及其财产所提供的制度和政策，是与经济自由相一致的。

市场经济体制的本质是自由企业制度。自由企业制度是经济效率的代名词。而市场经济的运作基础就是个人和企业的经济自由。一个国家依仗于市场经济体制实现经济效率，实现经济效率的过程就是劳动力、资本、土地三大生产要素获得初始分配的过程。

一国经济自由程度越高，经济增长和经济发展程度越高，劳动力、资本、土地三大生产要素从无回报率或者低回报率朝着高回报率的地方配置的程度也就越高。为什么东部的资本向西部流动？肯定那里有比较好的政策和市场环境。为什么一些外商或外来投资者忽然携资逃离？肯定那里有不利于他们发展的障碍和困境。

经济自由意味着生产要素高回报率的初次分配。经济自由带来了经济增长和经济发展，也带来了可观的税收收入，从而为经济产出在一定规则下的社会再分配（也就是二次分配）提供了坚实的基础。

正因为经济自由对于一国或者一个区域的经济与社会发展有着重大的意蕴，弗雷泽研究所每年都要发布《世界经济自由年度报告》，尤其是世界经济自由指数。该报告按照一定的指标度量 180 多个国家的世界经济自由指数，对这些国家的经济自由加以评分和排序。

继其之后，美国传统基金会也发布了世界经济自由指数年度报告。区域性或者国别经济自由指数的诞生则更如雨后春笋。比如目前至少有阿拉伯国家经济自由指数，美国经济自由指数，印度经济自由指数。

至于中国，北京国民经济研究所部分参照弗雷泽研究所的方法，发布了中国各省市场化指数，引起了各省对其尚存经济自由障碍以及经济自由得分和排序的较大关注。

由于资本在市场配置中的核心地位，更由于资本的变革会给经济带来根本性的改变，则一国一地一企要达到经济自由，首先必须达到资本自由。温州就是我国资本环境比较好的一个城市，温州中小企业的成长源于比较自由的资本环境。

温州现有企业30万家，其中中小企业家14万人。他们早期创业的资本金除了银行贷款外，大体有五个来源：①亲戚、朋友、熟人；②股东、合伙人；③政府支持资金；④企业拆借资金；⑤地下钱庄。这其中，后两种情况大约占70%。

从20世纪90年代以来，温州的民间信贷比较活跃，各种台会、会庄、俱乐部、投资中介机构和专资项目金主（类似基金）有2 000多家，而活跃的放贷人和说客亦有6 000余人，有些传销队伍也混迹其中，充当牵线人。

民间信贷一般有“会长”“庄爷”“金主”，多由比较有威望的“哥们”“姐们”担任，手下则有专门从事撮合工作的“腿子”，亦即获取佣金的“说客”；“点账人”（出纳）、“记账人”（会计）、“担保人”（立据签约者）、“平账人”（追债者）一应俱全。

除了恶意的“拐钱者”“抬会者”和非法集资者，民间融资一般在熟人间进行，如果不知根知底，就得有熟人介绍或担保，保证按期收回资金和投资安全。那时候的利息差不多就是15%～20%，最高的短期借贷达25%。

政府知道民间信贷情况，碍于政策因素，采取睁一只眼闭一只眼的态度，既不倡导也不反对更不介入，“三不做法”使得的民间信贷得以存活。据了解，每年民间流动的资金达600亿元。

正是民间资金融通的手续简单、时间节省和互助行为，使得企业的投资比较自由，如果看准一个项目，需要融资2 000万元，两三个月就可到位。

进入21世纪以来，温州的民间借贷形式有了变化，开始变为两个层次：千万级和过亿级。

但凡过亿级融资项目，都由几个有实力的成功人士充当投资项目操办人，在此基础上利用各自的人脉关系进行资金吸纳。由于项目好，比如房地产、建材商城、矿山、酒店、商场、造船、出口产品等等，组织者有头有脸，项目说明书有板有眼，集资章程有头有尾，投资会议有声有色，加上投资周期短，利息比较高，很快就能集资数亿。有的项目在外地谈判的同时，家里人在组织资金，那边项目签约，这边资金就到账，一打一炮红。

尽管中国的资本自由度排名较后，但相较 2007 年，资本自由度分数从 51.8 提升到 52.8。传统基金会国际经济贸易中心主任泰瑞·米勒大使表示，中国和印度是有趣的例子，因为大部分情况显示，只有经济自由度较高的经济体经济增长才会迅速，但中国得分低，增长快。他表示，中国的地区差异很大，"不能把中国简单地以一个整体来研究，事实上我们有兴趣分地区甚至分省份地研究中国的经济自由度。"不过他同意，今年中国政府若加强对房地产和银行的调控，可能会令中国在 2010 年的评比中影响力上升。

《华尔街日报》亚洲版评论版主编马瑞·科斯亦表示，中国若进一步改善其资本自由度，将大大加快其经济发展。"中国不是一个处于静态的经济体，其在过去数年的改革十分鼓舞人心。"

资本自由的维度

赫尔南多·德·索托认为，资本是蕴藏在资产中并能发掘新的价值的潜能。也就是说，资产并非生下来就成为资本，只有被用于生产过程并满足资本家对剩余价值的欲求，才转化为资本。要使资产成为资本，必须有一个转化过程，即创造一合适的所有权机制，使资产的潜能发挥出来并被加工成实实在在的东西，便于人们清楚地认识、掌握和使用。

在《资本的秘密》一书中，它向人们展示了所有权制度所具有的六种效应。

可以确定资产的经济潜能

正如高山顶上的湖泊所具有的势能可以被确认、然后被转化成动能一样，一幢老屋、一块汉瓦的潜在价值也能通过明确的所有权表述释放出来并转化为活跃的资本。正规的所有权表述可以通过提供信息、参考、规章和执行机制，成为获取其他团体的利益、建立责任制度的出发点。

可以综合分散的信息融入一个制度

资本主义之所以在西方取得成功而在世界其他各国却难以为继，是因为西方国家的大多数资产已经被综合融入一套正规的产权表述制度之中。

可以建立责任制度

发达国家的正规的所有权制度把享有资产所有权的人转化成能够担负责任的个体，人们不再需要依赖邻里关系或地方性协定来保护他们对资产的权利。资产的拥有者从具有限制性的地方法规中解脱出来，进入一个更为全面的法律制度，便于他们在全国范围内负起责任。

可以使资产能够互换

在西方，正规所有权制度的重要任务之一就是使资产更加容易取得，从而使其能够用于创造剩余价值。在正规所有权制度下，每件资产好像是一块冰，所有权制度使人们可以把冰溶解成水，或把它加工成水蒸气，使其能够带动涡轮发动机的叶片旋转或者为轮船提供动力，但它作为水的本质并未改变。

可以建立人际关系网

合法的所有权制度是西方的第一个真正的互联网——它是一个有生命的实体，能够随着每一次交易成长，从不断发展的表述中识别出新的经济潜能和额外作用。正规的所有权制度使资产可以互换，为资产的所有人和资产、资产和地址、所有权地位和执行机制联系起来，使人们可以方便地得到资产所有者的全部资料。

可以像西方国家的正规所有权制度一样发挥作用

其中一个重要原因在于，无论时间和空间如何变换，全部的所有权记录始终都能找到并一直受到保护。这些记录保证了资产以合适的形式得到恰当、准确的表述，能够随时更新，便于查找。

既然正规的所有权制度有诸多好处，通过何种途径到达“彼岸”呢？索托认为最有效的方式莫过于——尊重业已存在的被当局视为非法的制度创新——将实际上是富有效率的“不合理法规”融入正规的法律制度中并加以推广。新中国发展的历程，特别是改革开放以来的发展过程，正是正视生产力发展现实、尊重劳动人民的选择，提高生产力的“规则变迁过程”。

比如安徽凤阳的土地承包，开始就是小岗村 7 户农民自愿将自己承包的 80 亩土地承包经营权，以每亩每年 500 元的价格出租给江苏省张家港市长江村，期限 20 年，还不敢公开。后来省长万里发现办法不错，派人蹲点总结推广“大包干”，不仅使“非法” 变“活法”，而且开创了中国农村改革的先河，解决了农民的贫困问题。

又如温州民间地下钱庄，政府出手“招安”了。国家开放民间信贷试点，温州申请的人逾千，已经登记的小额信贷公司 16 家，担保、咨询和投资公司 200 多家，资金超过 60 亿元。

专家普遍认为，温州民间较为成熟的金融生态，为设立小额贷款公司试点、解决民间资本充裕与企业融资矛盾成为可能。另外，“招安”民间资金，国家更易加强金融监管力度。按照温州市出台的《试点》规定，小额贷款公司注册资本上限分别是 2 亿元和 1 亿元，整个温州只有 16 家。以此计算，实质上“转正”小额贷款公司的温州民间资本一年不会超过 30 亿元，而目前温州民间资本已远超 6 000 亿之巨。

温州小额贷款公司的试点，实质就是试图开辟一条以民间资本输血中小企业的合法渠道。但拥有海量民营企业的温州只有 16 个小额贷款公司试点名额，显然僧多粥少。相对于 6000 亿的民间游资，小额贷款试点每年不超过 30 亿元的上限，显然口子还是小了。

上述事例证明，一个地方经济的繁荣，必须给企业创造一定的资本自由度。

资本自由这一概念应该涵盖以下几个维度的内容：

- 获取资本的自由；
- 保有资本的自由；
- 资本创新的自由；
- 资本竞争的自由；
- 资本进入和退出的自由；
- 资本区域和国际流动的自由。

用以上六个方面衡量，就发现目前资本的进入和退出，就遇到体制上的障碍，比如新闻、出版，电视、社保、核工业以及水资源、航线、森林、航道等资源及大型基础设施建设项目，民间投资就遇到垄断和政策限制，迫切需要政策调整，给民间资本、外国资本公平竞争与合理进入的机会。

维度与经度其实是度量资本的同一个问题。“经度问题”曾是18世纪最棘手的科学难题。在将近两个世纪的时间里，科学家们费尽心机，想找到一种解决方案。当时，整个欧洲的科学界--从伽利略到牛顿--都试图通过绘制天体图，从天空中找到解决方案。而钟表匠约翰·哈里森却独树一帜，大胆地提出了用机械方法（即使用一种能在海上提供精确时间的钟表）来解决该问题。他四十年如一日地潜心制作了后来被称作“精密时计”的完美计时器。

这是一段关于科学探索的传奇历史。整个故事中，随处可见英雄壮举与阴谋并存，智慧灵光与荒谬同在，是一部引人入胜的简明天文史、航海史和钟表制作史。

资本的维度同样如此，贯串其中的是经济发展史、国家复兴史和文明演化史。

卡尔多—希克斯效率

实现资本自由的过程，是一个不断进取的过程，不断改进、不断完善的过程，亦是由残缺到完美、由自由到必然的过程。

1939年，约翰·希克斯提出了卡尔多—希克斯效率，用来比较不同的公共政策和经济状态。

卡尔多—希克斯改进通常被认为建立在基数效用论上，而帕雷托改进则既可以建立在基数效用论上，也可以建立在序数效用论上。

卡尔多—希克斯效率是指第三者的总成本不超过交易的总收益，或者说从结果中获得的收益完全可以对所受到的损失进行补偿，这种非自愿的财富转移的具体结果就是卡尔多—希克斯效率。

可以这样解释：如果阿甲将自己的某种商品认定为值5美元，而阿乙将其商品认定为值12美元，在此情况下，如果两人以10美元的价格（事实上可以是5美元到12美元之间任何价格）进行交易，就会创造7美元的社会总收益（福利）。因为，在10美元的价位上，阿甲认为他获得了5美元的境况改善（利润），阿乙则认为他获得了2美元的境况改善（消费者剩余）。

卡尔多 1939 年发表的《经济学福利命题与个人之间的效用比较》的论文，提出了“虚拟的补偿原则”作为其检验社会福利的标准。他认为，市场价格总是在变化的，价格的变动肯定会影响人们的福利状况，即很可能使一些人受损，另一些人受益；但只要总体上来看益大于损，这就表明社会福利总数增加了。

简言之，卡尔多的福利标准是看变动以后的结果是否得大于失。由此看来，卡尔多补偿原则是一种假想的补偿，而不是真实的补偿，它使帕累托标准宽泛化了。

希克斯补充了卡尔多的福利标准，认为卡尔多原则不够完善，因为它是一种“假想中”的补偿，现实中受益者并没有对受损者进行任何补偿。他认为，判断社会福利的标准应该从长期来观察，只要政府的一项经济政策从长期来看能够提高全社会的生产效率，尽管在短时间内某些人会受损，但经过较长时间以后，所有的人的境况都会由于社会生产率的提高而“自然而然地”获得补偿。因而人们称希克斯的补偿原则为“长期自然的补偿原则”。

如果那些从社会资源再分配中获利的人获得的利益足够补偿那些从中亏损的人利益，那么社会资源的再分配就是有效率的，虽然并没有要求产生实际的补偿。如果实际得到补偿，这个变革就是一个现实的帕累托改善。卡尔多—希克斯有效性标准是潜在的帕累托改进。

卡尔多—希克斯效率对于资本自由的启示在于：政府应当尽可能多地给投资人和创业者提供机会，因为，多一个人投资或多一个人享用别人的投资，就多一次资本使用和作用的机会。虽然不可能人人能够投资或创业成功，但总体来说，成功的概率是很大的，成功者的成功就是经济的发展和财富的增加，不仅对于他自己是一种改善，对别人也是一种补偿，因为只要社会的总财富增加，那么社会的福利就会增加，那么全民的状况和幸福指数都会得到提升。

这就是卡尔多—希克斯改进和帕累托改进①。

---

① 卡尔多—希克斯改进，福利经济学的另一个著名的准则：如果一个人的境况由于变革而趋好，其他人将受到补偿，这叫卡尔多—希克斯改进；而如果一个人成功而其他人不受到损失，这种改进称作帕累托改进。

与此同时，人与人之间也应倡导互助与合作，好企业要关心差企业，大企业要关照小企业，中资企业要关爱外资企业，外资企业要惠顾中资企业，新企业要帮老企业，知名企业要提携无名企业，要把竞争关系变为合作关系，协作关系。

谁是资本不自由的受益者，谁是资本自由的受益者？为什么不发达的国家只对权贵和富人有好处？在资本不自由的地方，穷人就很难获得金融产品和服务，而富人则容易得多。没有抵押物，难以得到抵押贷款，可供抵押的东西越多的人得到贷款越容易。

由此可见，限制资本自由，富人和权贵受益，而穷人和普通人受损。在资本自由不发达的社会，典当几乎是从家族之外获得资本的唯一办法。夏洛克的故事正是发生在这样的背景中，典当物是一磅肉。以人肉为典当甚是残忍，但是不等于交易不公平。

相反，资本自由大大地扩大的公司和创业者乃至普通个人的成功机会，扩大了经济自由乃至其他自由，对一个社会的繁荣也极其重要。资本自由恰恰不是只保护“资本家”的自由，而是给每个人都带来自由，无论是创业者，中小企业，工人，还是整个社会。

资本自由对于个人的创业是极其重要的，对工人也是如此。工作的流动性增加了对资本自由的需求。没有资本自由，就业的自由就收到了极大的限制。受害者是那些现在还是员工的雇员。资本自由首先对员工有好处，增加了员工对雇主的独立性。

在资本自由的氛围中，一个具有技能的人，很可能走向创业，摆脱给人打工的境况，争取一份机会和平等。

对创业者来说，如果缺乏融资渠道，他们会很艰难，成功可能不那么快地到来。

此次金融危机，全世界都在宣传不要随意解雇工人，职员对于降薪减支也持容忍态度。这是一种相互沟通的社会和解行为，防止危机造成社会对立，引发社会动荡使危机雪上加霜。

危机面前，要抱团取暖，互相接济，利益组合，巧用资本，不要孤军苦撑，散心散伙，更不要爹死娘嫁人，各人顾各人。

要运用联袂资本、组合资本、集合资本的力量，比如给别人投资或联合投资、联合贷款、互相担保、发放联合债券等。

须知，你给别人机会也就是给自己机会，你与别人联合也就是自己强大，你发扬好的风格肯定有好的回报。

如果你没有本领或缺少资金，那就让股让利给别人，让别人帮你"填补资产"或"打理资产"，把"呆资产""死资本"盘活，把"空账"变为"实账"，"死钱"变为"活钱"，你们合作了，成功了，也玩了一场痛快的"正和游戏。"

消除资本自由的障碍

资本自由的一些障碍，主要表现在如下方面。

(1)异地投资有时遇到公平歧视问题，这些问题往往与地方保护主义行为有关。

(2)国家通过处于准垄断地位的商业银行系统性吸收居民存款并主要向国有企业提供贷款，民营企业、特别是中小企业存在严重的融资难问题。

(3)法律规定企业之间不得借贷，企业不得从事"非法集资"，吸收公众存款或者变相吸收公众存款，这严重影响企业的跨区域投资。

(4)当前的法律和政策基本上没有为民营银行国际化提供市场准入框架，仅有的数家民营银行只是通过中央金融当局特批设立，这也影响到民营企业通过创建民营银行来进行跨区域资本运作。

(5)我国的股市上市公司总数仍然有限，其中民营企业比例很小，此外股市中的中小企业板块事实上也与较小企业无缘。

目前民营资本在进入海外市场时，面临一系列外汇管理方面的障碍，主要表现为以下几个方面。

(1)审批严格。现汇投资超过100万美元的项目，必须报商务部审批。

(2)政出多门，缺乏统一、权威的管理机构。

(3)程序繁冗，审批周期长。以北京市为例，企业100万美元以下的海外投资项目必须经过立项、项目报批两套程序。审批手续要数次经过主管的商务部门、市商务局、使领馆商务处等，往往错失投资良机，而且对中小企业优惠政策支持的力度极为有限。

(4)企业与金融业的融合进展不大，没有金融业的支持和参与，企业海外贷款和项目担保的风险较大，削弱了企业跨国融资和投资的能力。

(5)进入一般性竞争领域，财政和税收政策歧视。民营经济的税收贡献很大。2004年全国各类所有制企业纳税数量总额为25 723亿元，广义民营经济纳税总额占到了71.3%。虽然民营经济的税收贡献很大，但是民营企业却遭受了许多的税收歧视待遇：民营企业要缴纳33%的企业所得税外，税后利润还要缴纳20%的个人收入调节税。《税法》给予外商投资企业的企业所得税优惠政策，民营企业也无法享受。

以上说的是一般竞争性领域，在垄断领域，民营企业可谓是寸步难行。监管当局对民营资本的进入设立设置了较高的门槛，近年来真正获得批准设立民营银行的案例迄今为止只是个别事件。

从国务院5月出台的鼓励民营资本进入特殊领域的新36条看，在资本准入方面，民营资本进入银行业似乎已经不存在法律障碍，但是实际操作仍然存在大量障碍，目前能够进入金融行业的大部分是实力比较雄厚的民营企业。

一直以来，政府对民间金融行业一般采取打压政策，只允许非组织化的形式，或者一些经过严格审批的准民间小额信贷企业存在。非组织化的形式是个人之间的直接借贷，但是企业之间严禁借贷，而且贷款利率不得超过同期银行利率的4倍以上。经过严格审批的准民间金融行业包括民间借贷的中介公司，典当业企业等。无论是哪一种民间金融组织或者经营活动，均不得从事吸收公众存款或者变相吸收公众存款的行为。

“只贷不存”的规定必然限制民间信贷的“盘子”规模与效益。

可以说，在目前情况下，民间银行还只是公办银行的补充，还没有获得双方平等竞争的公平地位。

值得注意的是，民营企业从那未受监管的民间金融部门是可以自由进出的。但由于其经营往往容易受到政府打压，其退出有时则是强制的，属于被清理的对象。尤其是涉及吸收公众存款或者变相吸收公众存款时情况更是如此，比如孙大午案就是一例。

近年来，国家外汇管理制度已经发生了重大的改革，外汇管制日益放松，但只要还存在外汇管制，是无法鼓励民营企业直接对外自由投资的。

资本自由还可以促使市场资源配置功能的发挥，扩展市场本身的作用范围和规模。市场配置资本的能力非政府所能比拟。只有市场才能使得资本从无回报率或者低回报率朝着高回报率的地方配置。在此市场可以依赖多个供给者和需求者的互动成功发现和利用有关各种市场机会和风险的无数分散知识，从而解决信息不对称和不完全问题。

资本自由之所以如此重要，在于资本自由意味着为自己的资本获得最高回报的自由。资本自由对于经济发展的作用十分重要。资本持有者在创造财富过程中扮演着十分重要的角色。在经济领域，许多发展中国家对企业的最大压制经常就是对资本的垄断和资本自由的压制。这种垄断和压制的存在对于个人的潜能的压抑。民营企业的命运，取决于其保有、吸引、获得和利用国内外资本的能力。而资本自由对这样的能力可起巨大的转化作用。反之则对资本自由的障碍起到巨大的限制作用。

正如自由是免于强制一样，资本自由同样需要免于强制。资本自由和经济自由一样，取决于政府对资本自由流动的干预程度和对私有财产权的保障程度。政府的干预越少，对财产权的保护越有效，资本自由度就越高。一旦政府对资本干预少，财产权得到保护，企业家就会有动力通过对资本的保有、获得和利用来获取回报，从而带动社会财富持续增长。

正是在这个意义上，德·索托在《资本的秘密》一书中，指出了财产权保护所带来的六个效应：①确定资产的经济潜能；②把分散的信息引入一个制度；③建立责任制度；④使资产能够互换；⑤建立人际关系网络；⑥保护交易，等等。

迎接2020的资本盛宴

中国社科院经济研究所的调查表明，浙江省的资本自由度稳居全国第一。

浙江省十余年来之所以高速发展，其经济总量连续多年在全国各省市名列前茅，诀窍就在此：

- 政府的行政干预少了，企业的自由度大了；
- 企业自由度大了，资本自由度高了；
- 资本自由度高了，企业家也就迅猛发展了；
- 企业迅猛发展了，当地经济也就蓬荜生辉了。

道理就这么简单，所谓政府的归政府，市场的归市场是也。

这一直白的因果链诉诸人们，凡是政府扮演好“守夜人”的角色，放手放权，立足服务，一切从“六个有利于”出发，则企业就能自由宽松地成长，一地的经济就能得到快速发展，反之则不然。

政府干预的多少与一地经济的发展呈正相关，无疑已由 2004 年的资本自由度数据表明得清清楚楚：东部地区平均为 7.65 分；中部为 5.86 分；西部为 5.72 分。

这一数据对应着东西部地区的经济总量和发展速度。也就是说，中西部地区要想赶上东部发达地区，首先领导得转变思想观念，然后才能减少政府对企业的干预。

如若不信，还有一组数据足资证明：30 个省区市平均资本自由化程度总评分，按 1999 年的 4.46 提高到 2004 年的 6.53 的算法，平均提高幅度为 2.07。

事实表明，正是随着全国总的资本自由化程度的明显提高，近几年我国的国民经济才保持了持续高速的增长。

话虽这么说，但真要做到政府少干预、不干预企业谈何容易？

我国正处于经济转型阶段，由于政府推动经济增长的格局沿袭至今，加上地方政府习惯了“保姆”的角色，要想让政府放手让企业自主经营还有难度。尤其是随着国家财政包干制度的改革以及地方官员经济业绩考核标准的推行，地方政府承担了更大的财政压力和经济增长责任，这使得地方官员的政治前途与当地企业的兴衰紧密联系在一起，企业行为往往成了政府行为，政府怎么可能做到对企业少干预不干预呢？

资本不自由，又称之为资本压制，这种压制体制在资本市场的进入、运作和退出等各个环节作祟：

• 在资本的可得性方面，是政府，而不是市场决定谁得到信贷；

• 在资本的价格方面，是政府而不是市场决定利率；

• 在资本的进入方面，是政府而不是市场决定谁和哪个机构能够进入金融业；

• 在资本市场的组织机构管理方面，是政府而不是市场决定银行的编制、工资和人事任命、银行规章制度的制定；

• 在资本市场的组织机构产权方面，是政府及其企业，而不是私人全部拥有金融资产支配权；

• 在资本市场的举债方面，是政府决定谁能够按照什么条件在国内外资本市场上举债，而不是需求方自身做主；

……

对资本流动的管制不是依靠市场，不是依靠价格手段来进行管理，而是直接的管理或控制，对资本流动分门别类进行直接管理这种状况必须改变。

在渐进性的改革开放模式下，伴随着国内经济的自由化，对外部门的改革也在进行，资本流动的管制不断放松。间接融资市场开放在先，直接融资市场开放在后。中国开放其证券市场相当缓慢，股票市场是通过严格分割进行管制的，大部分的投资工具对外国投资者都是被禁止的。

中国的固定收入证券市场仍然对外国资本是封闭的，而海外债券发行方面中国在近年来的增长则相当快。中国实行统一的外债计划和严格的集中管理的审批制度以及资本项目下的外汇管制。外汇体制改革逐渐从严格的外汇管制到实现经常项目下的人民币可兑换性，而对资本项目下的外汇管制正在采取灵活性。

中国资本流动的特征表明，中国对不同的资本流动采取的是不同的直接的行政管理。但是，随着开放力度的加大，特别是经常项目的人民币自由兑换的实现，资本流动的自由度在不断扩大。

就资本流动的构成来看，官方或官方担保的资本流动在下降，而非官方或“私人”机构的资本流动份额在增加。同时，规避资本管制的资本外泄规模也越来越大。

因此，即使实行严格的资本项目交易的管制，通过私人部门的套利行为，中国资本流动越来越受国内外市场因素（例如利率、汇率等）的左右。在资本外逃规模达到一定水平的条件下，即使国内不存在相应的风险规避工具，投资者（避险者）也能通过技术手段将资金转移到国外金融市场进行各种风险的规避，这意味着国内经济主体与海外经济主体所面临的无风险利率趋同。

由此可见，中国的资本流动程度不是固定的而是变动的，呈现增加的趋势；而随着金融市场的开放度的上升，资本管制将逐步集中在利率和汇率上面。

政府对货币的垄断与控制被证明是一个经济社会的灾难，在某种程度上可能成为损害经济进一步发展的逆力。

由于缺乏真正的资本市场，中国正在错失资本增值的机会，减弱了革新和创造财富的激励因素。

没有竞争性的资本市场就无法发现企业的真实定势，无法发现市场的价值取向，企业家也就不可能竭尽其能为社会创造财富，社会生产就落在其可能性边界以内，而且生产的可能性边界也会因为缺乏技术创新而不能跨越式发展。

正如裁判打球必然导致结局扭曲，政府在资本市场打拼也必然扭曲竞争结果和价格。对资本自由的疑虑，将导致资本的自由流动放慢并对经济发展的速度减缓。而面对这种新的挑战，唯一办法就是进一步改善资本自由环境，保护个体财产权，建立良好的法治天地，使得资本的流动和运作遵循法治的规则。

一些地方官员也许想不通：政府制定扶持中小企业的优惠政策，建立各种创业园区，进行大规模的招商引资，甚至拿出巨额财政资金作为研发经费并创立引导基金，这样的政府干预怎么会阻碍经济的发展呢？

应该说，这样的干预着实有其积极的一面，而且在短时期内可能会收到一定成效，但权衡利弊，实乃弊大于利。原因是，政府对市场和企业的干预越多，意味着企业主创业自由、签约自由和要素流动的自由越少，越不利于激发企业家的主动精神、挑战精神、创新精神，不利于人的潜能的开发和爆发，对经济自由实乃妨碍；政府干预可能使企业家多个靠山，少份负担，但也因缺乏公平竞争而消磨锐气，养成惰习，丧失时间成本和机会成本，最终无所作为。

另外，政府干预势必然形成亲疏关系，扶持部分企业肯定会压制或者歧视另一部分企业，受压制的企业为了求得政府的支持，难保不会通过权力寻租渠道获取某种支持，这势必腐化政治空气和破坏正常经济秩序。

基于以上理由，不管主观愿意与否，政府都应该少干预或不干预企业事务。如果要帮，也要当咨询的顾问、引航的水手和雪中送炭的亲人，切不可当家长、当教父，当棍头。真要做到这三点，企业也就烧高香，拜如佛。

政府官员更应对 GDP 与官帽之间的关系有个正确认识，切不可为追求政绩效益去强力干预企业发展，更不能强人所难，揠苗助长，最终造成企业的反感和经营的逆转。

政府应有足够的自信。只要保护产权、维持公平交易的法则、创造企业间平等竞争的环境，何能不现万马奔腾，激战犹酣的局面？

2010 年 5 月 13 日，国务院发布《关于鼓励和引导民间投资健康发展的若干意见》(简称"新 36 条")，标志我国资本自由进入新的里程。

在"新 36 条"中，对民资开放的领域不仅有电信、媒体、建材、能源等"垄断行业"，还有军工、银行、交通、公共租赁等"要害部门"，可以说是近 30 年来开放度最宽最有力的政策举措。无疑，它将在新的经济领域，引发新一轮民间投资热潮。

以国防军工企业来说，长期因其"国家安全"的特殊性而未向民资开放，可是这些军工企业毕竟已经成为独立核算的经济运营体，同样面临投资与回报、成本与收益问题。而且，根据国外经验，军工企业如果一味"吃大锅饭"，长期不能摆脱"背靠大树好乘凉"的习惯，不仅不利于"集合各种有利因素"进行技术革新，而且制造尖刃利器的速度也势必受到限制，则国防力量的提升自然也会假以时日。

而民营资本的进入，不仅可以缓解军工企业的资金瓶颈，而且会从管理上注入新的活力。

洛克希德·马丁公司是目前美国第一大国防承包商，它由原洛克希德公司和马丁·玛丽埃塔公司于 1995 年合并而成。公司的核心业务领域是系统集成、航空、航天和技术服务。公司的目标是成为世界上最好的航空航天、防务和技术服务领域的集成商。

洛克希德·马丁公司的最大特点是通过兼并收购整合最先进的资源，不断强壮其自身。1986 年购入桑德斯电子公司，1993 年完成对通用沃斯堡战术飞机公司的兼并，1995 年收购洛勒尔防务系统分部，由此拥有世界上最先进的军工制造能力。

2002 年，洛克希德·马丁公司的总资产就达 139.54 亿美元，雇员 12.5 万人，在美国 45 个州 457 个城市和全球 56 个国家开展业务，2001 年公司名列美国航空航天工业 100 强第 3 位，当年公司销售额约 240 亿美元，其中：国防部 57%，NASA 和其他政府机构 20%，国际销售 17%，其他国内商业销售 6%。2002 年《财富》世界公司 500 强排名第 182 位，在美国 500 强中排名第 77 位。

由上可见，成熟市场经济的标志是让制度、规则、法律和技能发挥效率。实行资本账户的开放就是保障资本自由度的重要条件。

资本账户开放，在经济学界普遍认同是一国跻身国际金融社会的先决条件，也是世界上大多数国家为参与国际经济而着重关注的发展目标。但在近期美国次贷危机及全球金融危机爆发的情况下，资本账户的自由化在某种程度上扮演了危害国家经济安全的角色，众多的不确定性因素使得资本账户开放受到了前所未有的质疑。

显然，应该从中汲取的是教训，扬弃的是糟粕，而不是因噎废食。就中国而言，资本账户的开放是基于融入 G20 主流经济的国际大背景下的开放战略。

构建一套与资本账户自由化相适应的金融市场体系，可以在国家理想的金融市场框架内充分享受资本自由流动的长期利益——合理的制度设计对于潜在的资本流动逆转和相应的金融冲击无疑也是一个重要的缓冲媒介。

当前，谈及经常账户和资本账户的自由化次序问题，国际金融危机的因素无疑成了一个举足轻重的砝码，不同开放次序的差异对于金融危机的抵御能力是迥然而异的。作为经济系统中的一个极其现实的问题，经常账户与资本账户的开放并不存在一个严格的顺序法则，单就资本账户自由化的策略也必须建立在对具体国情通盘考量的基础之上，因而将不可避免地需要清醒判断、相机抉择和富有灵活性的开放政策。

世界上资本账户自由化比较成功的国家的经验无一例外地表明应采取适当的开放模式。

英国于 20 世纪 70 年代末在经常账户自由化的基础上，开始放松资本账户中长期资本项目的管制，到 20 世纪 80 年代初才开始放松短期资本流动的限制，最终实现资本账户自由化。

日本于 1980 年开始资本账户自由化，其率先取消的是长期资本交易的限制，再谨慎地放开短期资本的交易，在 80 年代中后期才最终实现了资本账户的完全开放。

韩国、新加坡、中国台湾等在资本账户的开放过程中也同样采取了渐进的模式，并且按照资本账户开放的基本规律逐步开放资本账户，取得了良好的政策效果。

相比之下，资本账户自由化效果不理想的国家，大体上均采取的是激进式的开放模式，例如南美洲的阿根廷和乌拉圭在资本账户开放的时间和顺序安排上，就采取了激进的方式，在自由化的初期就完全开放了资本账户的所有项目，尤其是短期的资本项目，这导致了两国较严重的金融危机，并且至今还没有完全走出经济萧条的泥沼。

就世界上大多数国家及中国经济社会发展的实践而言，经常账户与资本账户存在着一般意义上的开放顺序，由于不同经济实体发展路径的趋向性和同质性，对资本账户的开放也可以设计出一个宽泛的原则，在促进金融部门稳定性的宏观经济政策和结构性改革措施下率先实现经常账户的开放，随着经常账户的开放。维持全面的资本管制将越来越困难，从而使资本账户的管制必然属于选择性管制。同时，日益庞大的贸易规模和金融交易必然会造成资本管制体系中的漏洞，使得任何残留的资本管制也将趋于无效。所以，现实的问题不是我国要不要实现资本账户的自由化，而是如何实现、多久实现资本账户的自由化问题。

从国际经验看，在资本账户未完全开放的限度内，监管资本跨境流动是需要相当大的政策空间和较为成熟的管理经验的。

我国资本账户自由化应遵循的基本原则为：

- 先流入后流出；
- 先直接投资后证券投资；
- 先长期投资后短期投资；
- 先机构后个人；
- 先债权类工具后股权类工具和金融衍生品工具；
- 先发行市场后交易市场；
- 先放开有真实背景的交易，后放开无真实背景的交易。
- 总之，我们遵循的原则是开放性、次序性和安全性。

天津南开大学经济学教授马君潞认为，鉴于若干国家的深刻教训和我国经济发展过程中问题的复杂性，中国政府对于资本账户完全可兑换的进程应该持有一个非常谨慎、渐进的态度，不可以像国际社会和市场预期的那么激进，更不可以按照国际游资预测的或鼓噪的轨迹行军。

需要指出一点的是，顺序与速度并不矛盾。十年可谓弹指一挥间，资本账户的开放刻不容缓。

中国已经向国际社会承诺:2020 年将实行完全的市场经济制度,其标志性的举措就是实现资本账户和经常项目的完全自由化,亦即实现资本在国际的自由流动。

2020 年,中国将上演资本自由的饕餮盛宴。

无疑,长江黄河汇入蓝色大海,资本的自由流动将使中国金融服务业更为专业,跨国经营更加自由,产业部门获取更大收益,中国经济与世界经济的一体化程度更趋紧密。

这就是中国的资本自由化之路;

这就是保持最大资本自由度经济体的奥秘;

这就是世界上一切发达国家崛起的真谛,第四资本的真谛!